石家庄统计年鉴

SHIJIAZHUANG STATISTICAL YEARBOOK

石家庄市统计局
国家统计局石家庄调查队 编

2016

中国统计出版社
ChinaStatistics Press

图书在版编目（CIP）数据

石家庄统计年鉴 . 2016 / 石家庄市统计局，国家统计局石家庄调查队编 . — 北京：中国统计出版社，2016.9

ISBN 978-7-5037-7990-9

Ⅰ . ①石… Ⅱ . ①石…②国… Ⅲ . ①统计资料—石家庄—2016—年鉴 Ⅳ . ① C832.221-54

中国版本图书馆 CIP 数据核字 (2016) 第 221282 号

石家庄统计年鉴—2016

作　　者 / 石家庄市统计局　国家统计局石家庄调查队
责任编辑 / 陈越月
装帧设计 / 唐静
出版发行 / 中国统计出版社
地　　址 / 北京市丰台区西三环南路甲 6 号　邮政编码 / 100073
电　　话 / 邮购（010）63376909　书店（010）68783171
网　　址 / http://csp.stats.gov.cn
印　　刷 / 石家庄市晟华印刷有限公司
经　　销 / 新华书店
开　　本 / 890mm × 1240mm　1/16
字　　数 /900 千字
印　　张 / 36.125
版　　别 / 2016 年 11 月第 1 版
版　　次 / 2016 年 11 月第 1 次印刷
定　　价 / 300.00 元

如有印装差错，由本社发行部调换。

《石家庄统计年鉴——2016》

编委会

吕军英　石家庄市畜牧水产局局长

王东刚　石家庄市水务局局长

张子云　石家庄市邮政管理局局长

毕拉祥　石家庄市国有资产监督管理委员会主任

刘桂江　石家庄市审计局局长

赵　勇　石家庄市体育局局长

朱献军　石家庄市粮食局局长

赵俊芳　石家庄市旅游局局长

孙宏普　石家庄市交通局副局长

《石家庄统计年鉴——2016》

编 辑 部

编辑说明

一、《石家庄统计年鉴—2016》是一部大型统计信息资料工具书，是《石家庄统计年鉴》创刊出版以来的第20卷。本书系统收录了石家庄市2015年经济、社会各方面的统计数据，以及1995年来分县区主要统计数据，是一部全面反映石家庄经济和社会发展情况的资料性年刊。随着国家统计方法制度的改革，本刊在指标口径和范围上做了相应的调整，但尽量在版本内容、指标体系等方面与前几年保持连贯性。

二、本年鉴内容包括：综合、从业人员和工资总额、固定资产投资及建筑业、能源消费、财政、金融、物价、居民生活、城市公用设施、农村经济、工业交通邮电、贸易外经旅游、教育科技文化、体育卫生民政和附录等14部分内容。

三、本年鉴中使用的度量衡单位均采用国际统一标准计量单位。

四、2013年辛集市列为河北省直管县。本年鉴按照行政区划标准划分，除居民生活、环保和建设局数据部分外，其余部分均含辛集市。

五、2014年石家庄进行了区划调整。本年鉴中市区范围除人行、交通数据外其他均为新调整口径。

《石家庄统计年鉴》多年来承蒙社会各界的厚爱，对此我们深表感谢，欢迎广大读者继续使用《石家庄统计年鉴》，同时欢迎对我们的编辑内容及版式提出宝贵意见，以利于我们进一步提高《石家庄统计年鉴》的编辑水平，更好地为社会各界服务。

《石家庄统计年鉴》编辑部

2016年11月

全市生产总值（亿元）

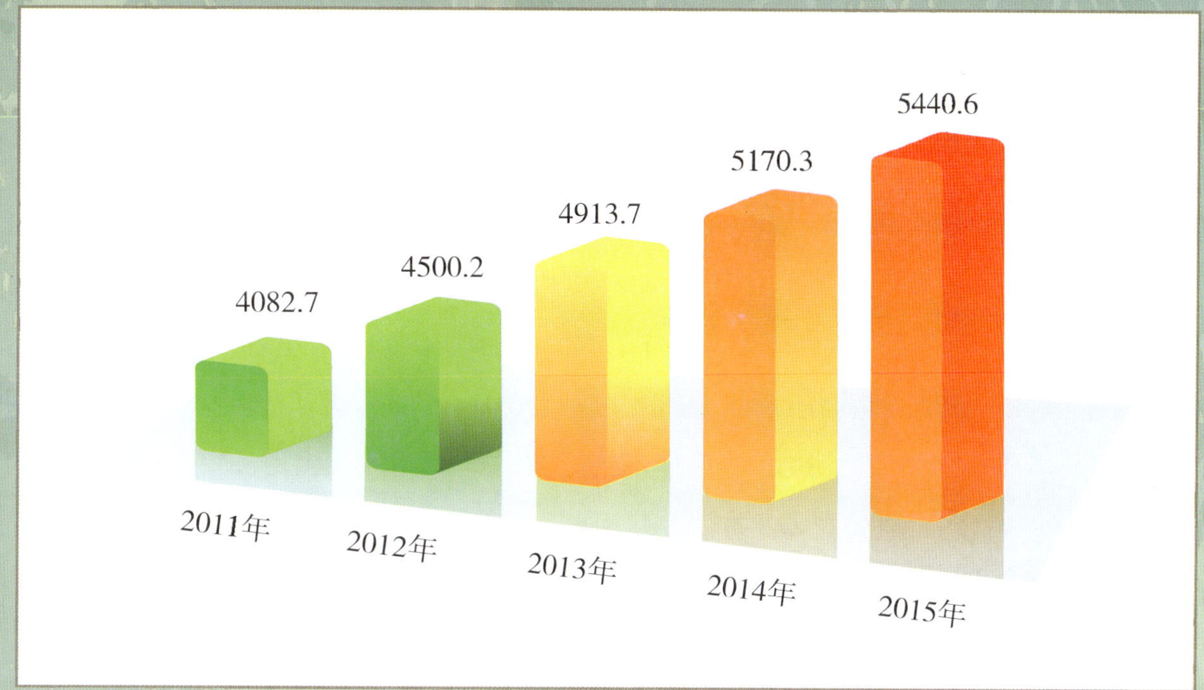

全市生产总值增长速度（%）

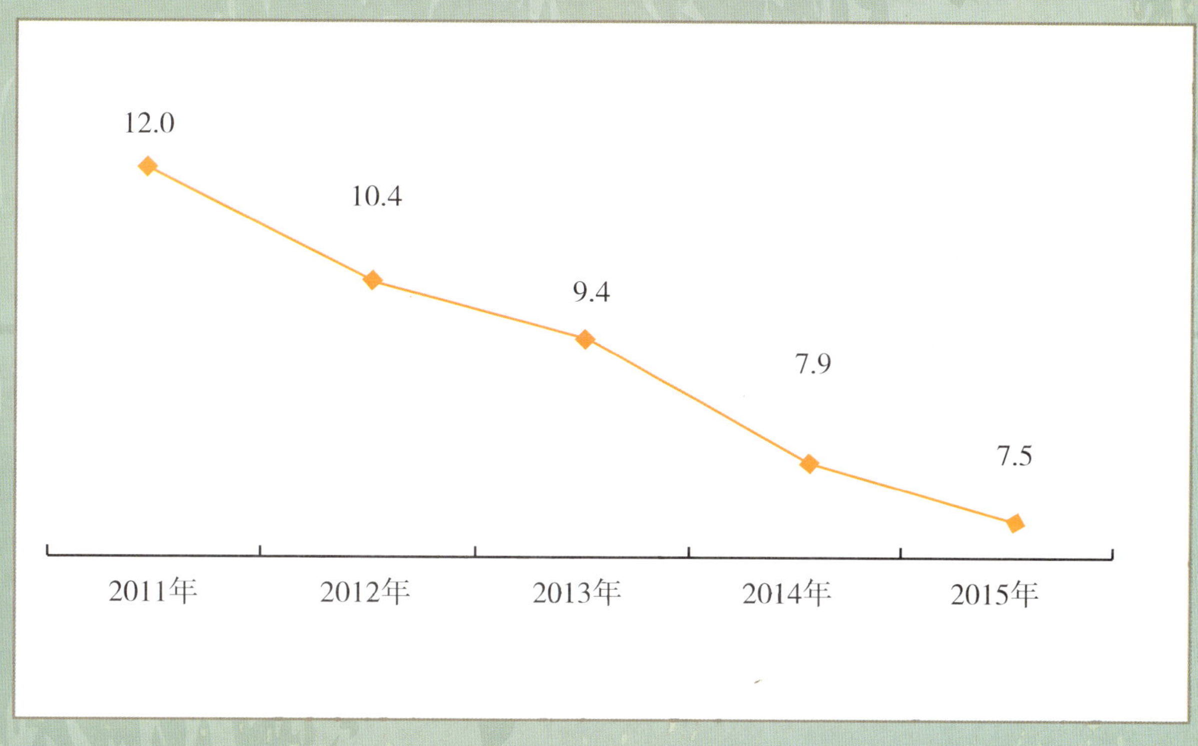

2015年三次产业构成

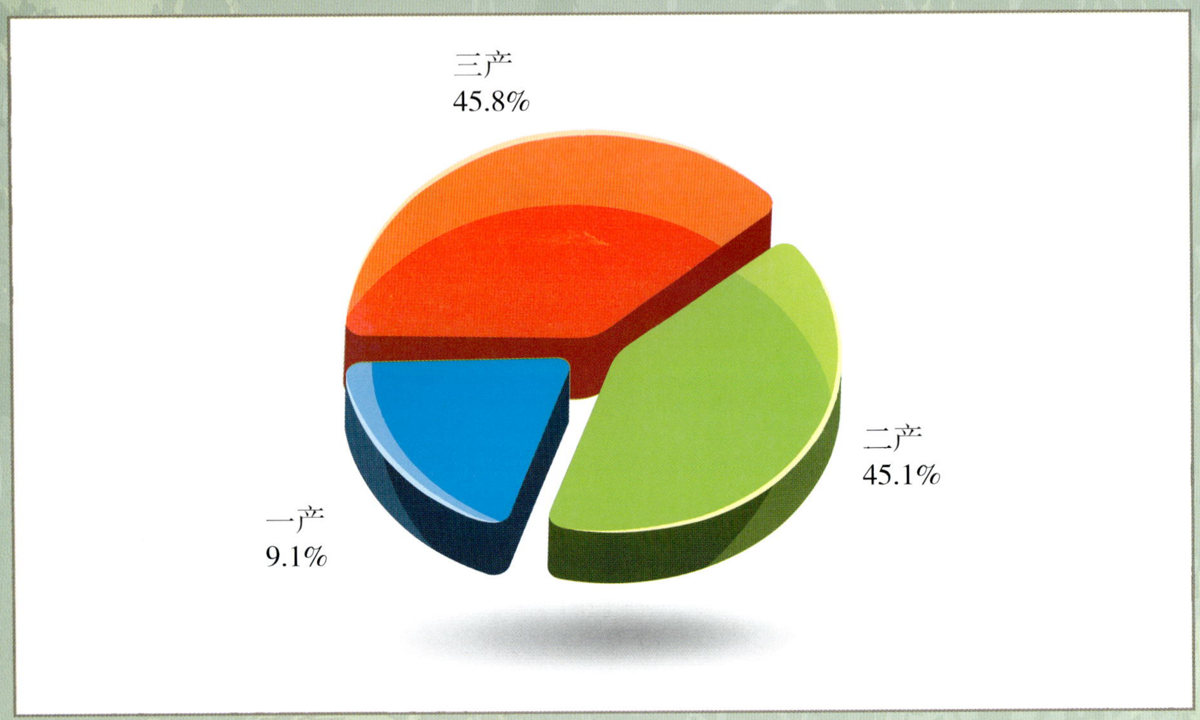

2014年三次产业构成

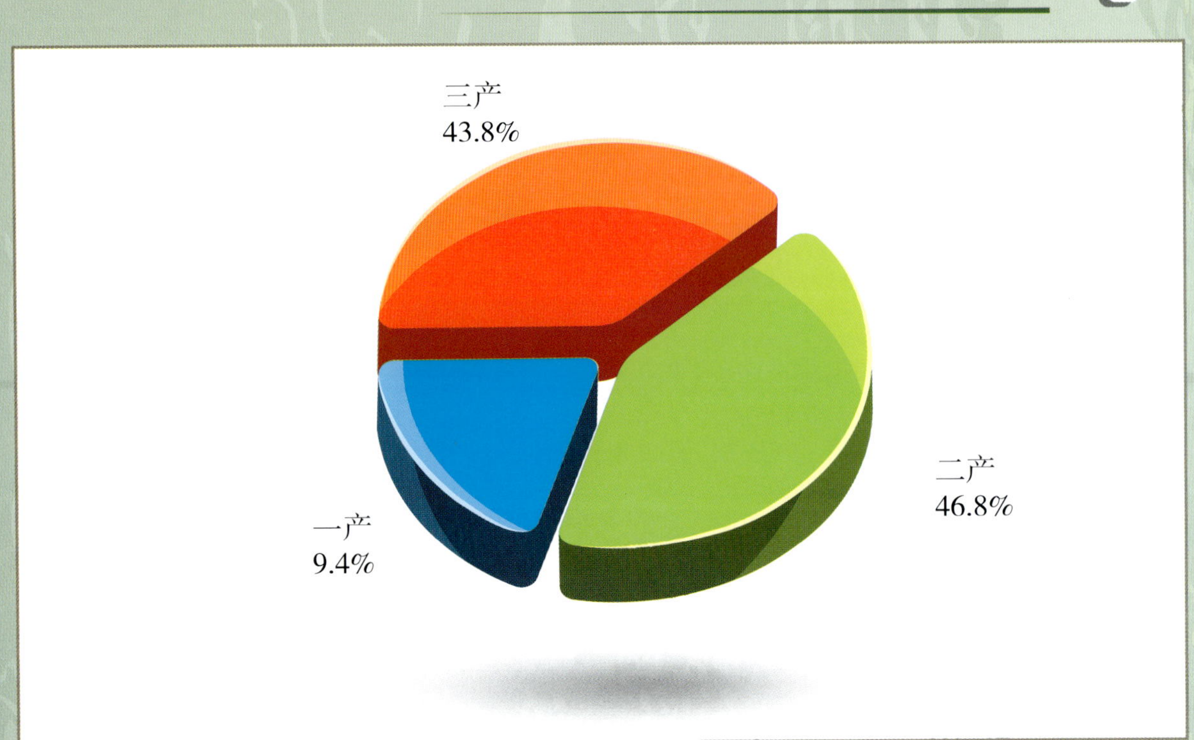

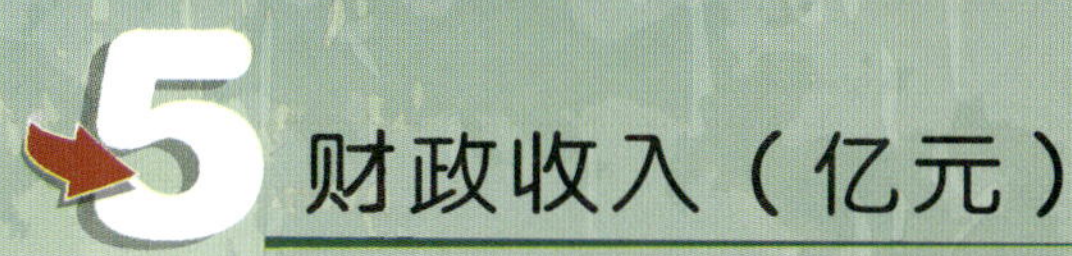

5 财政收入（亿元）

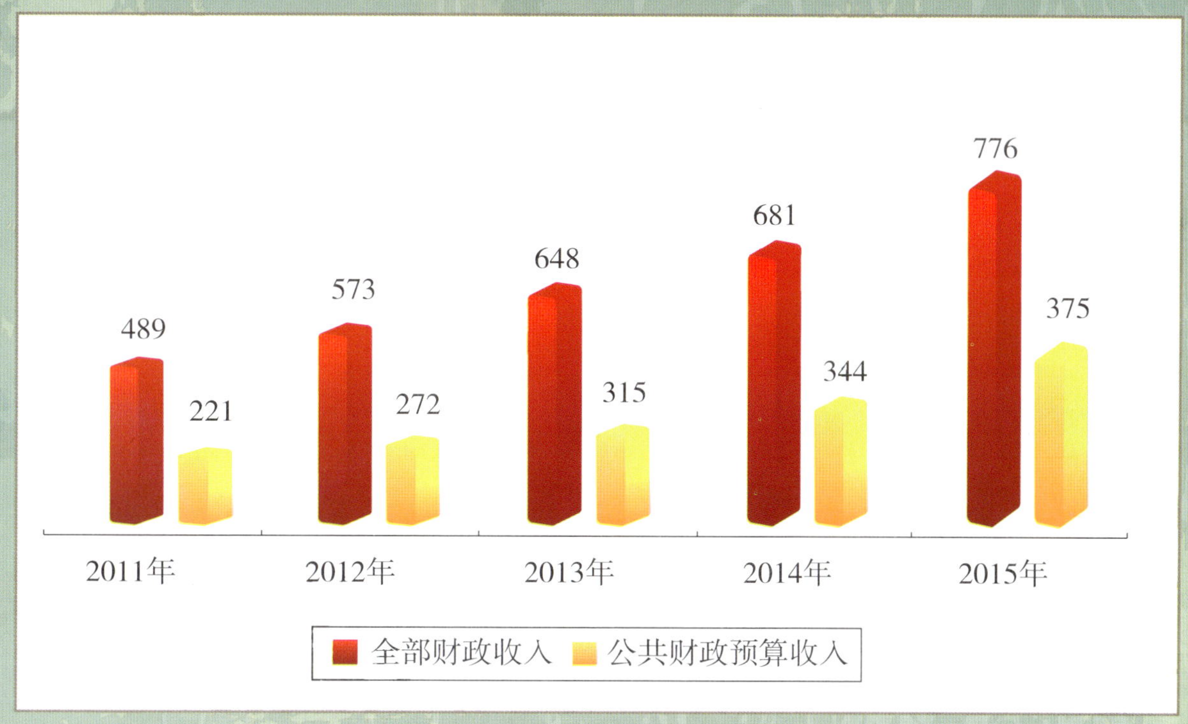

财政收入增长速度（%）

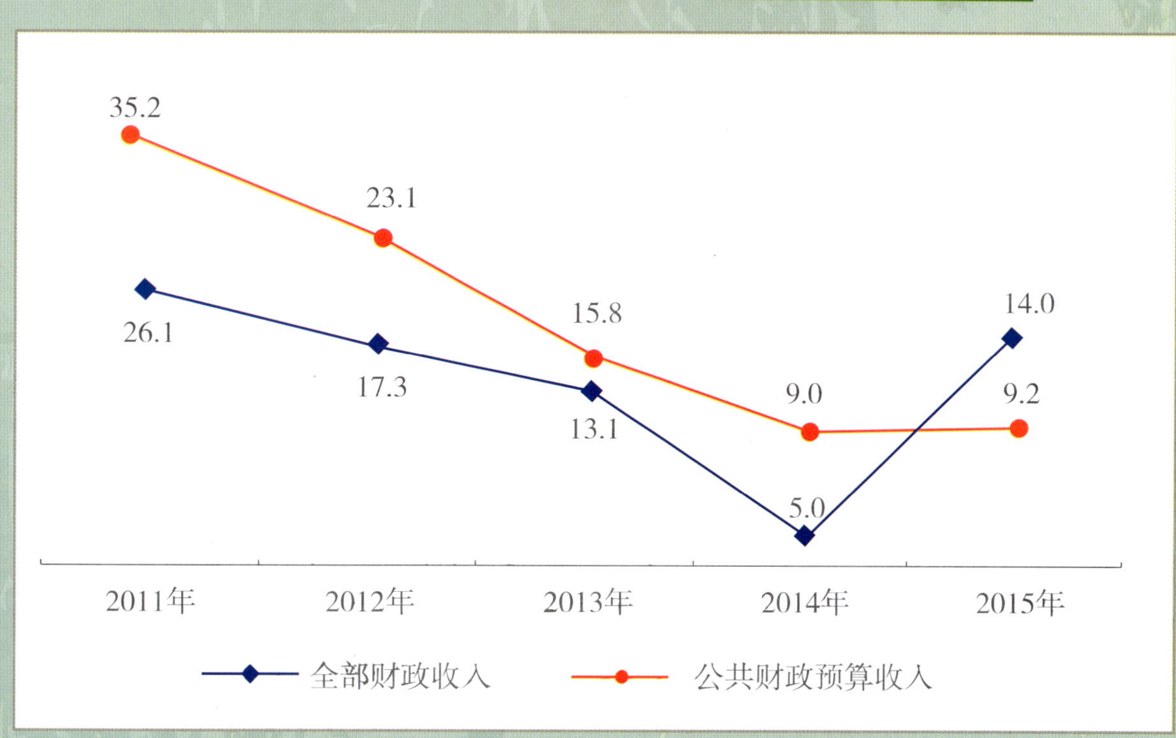

农林牧渔业总产值与增加值（亿元）

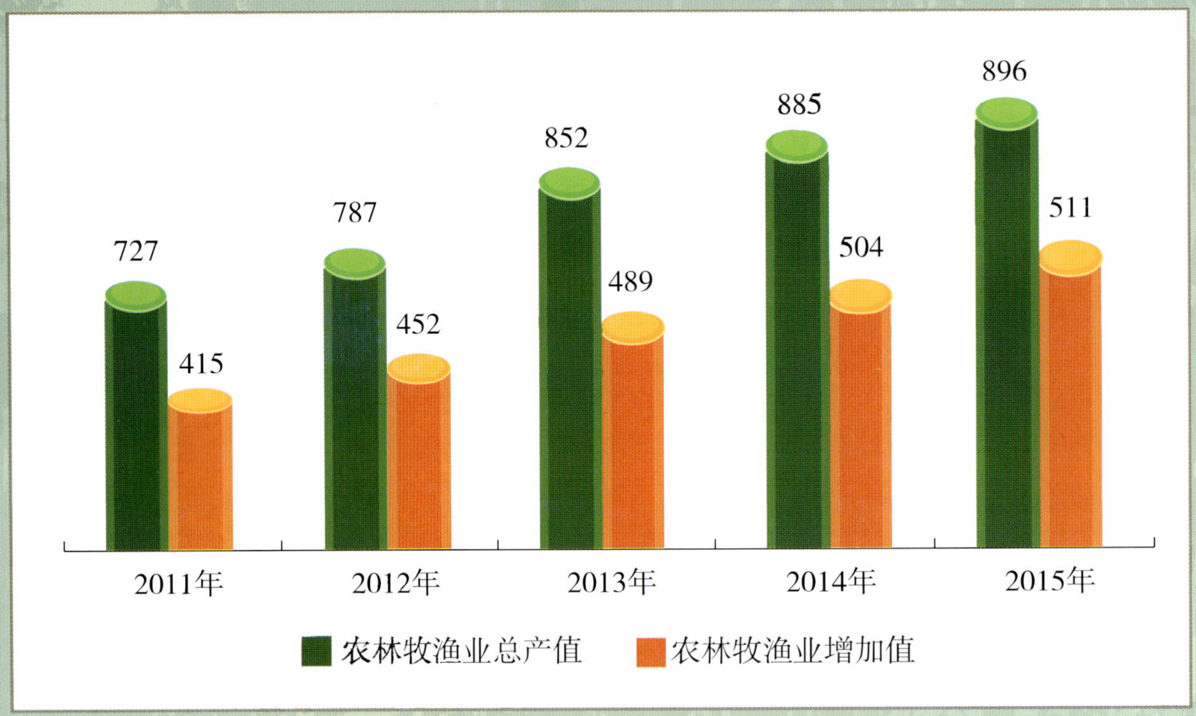

规模以上工业总产值与增加值（亿元）

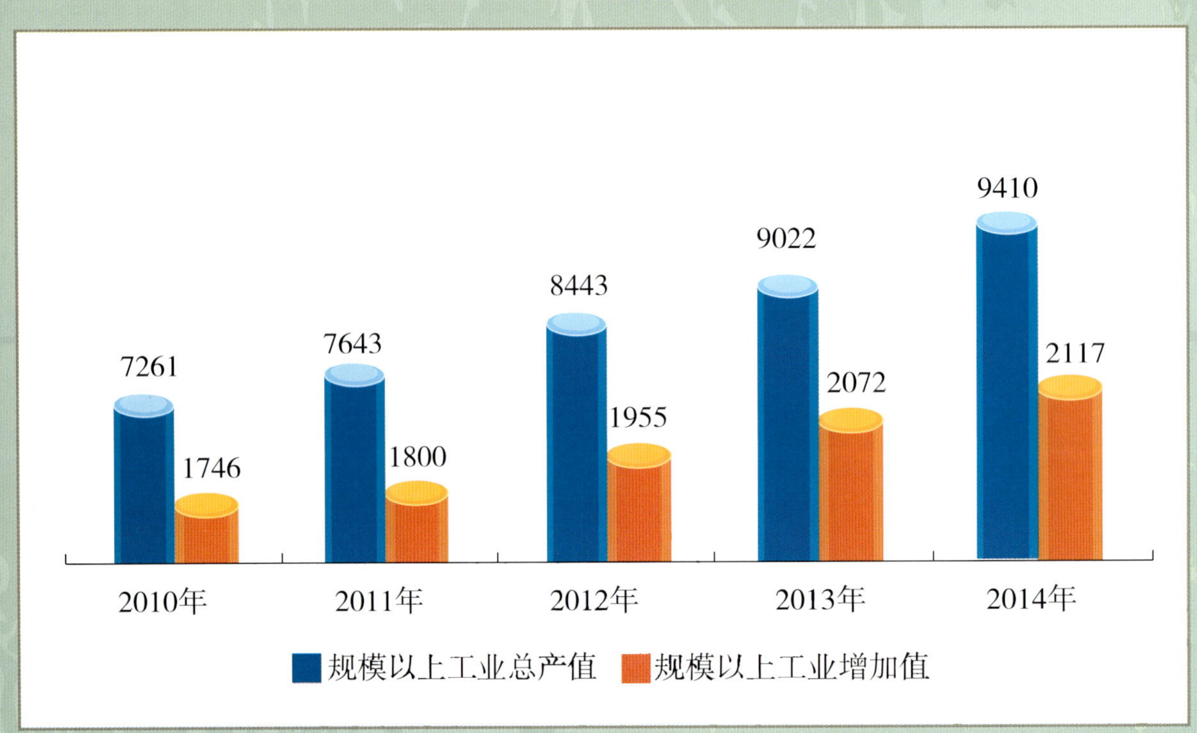

2015年农林牧渔各业构成（按总产值计算）

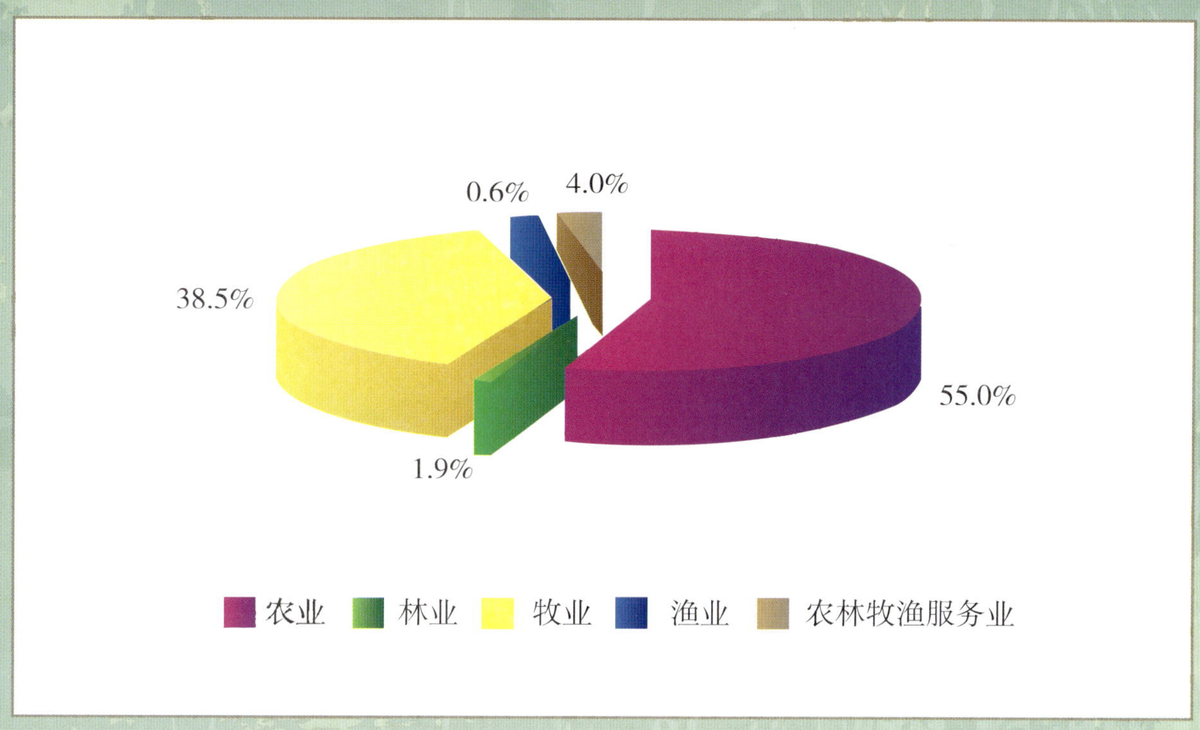

2014年农林牧渔各业构成（按总产值计算）

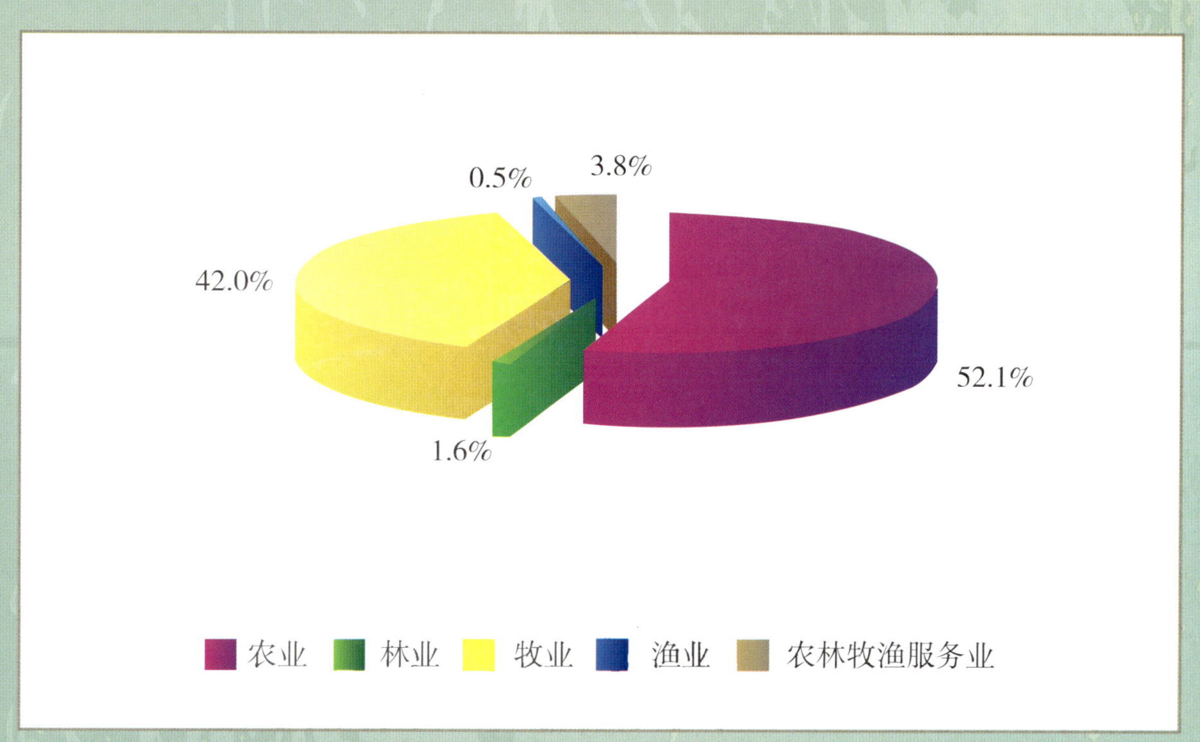

2015年规模以上工业增加值分行业比重

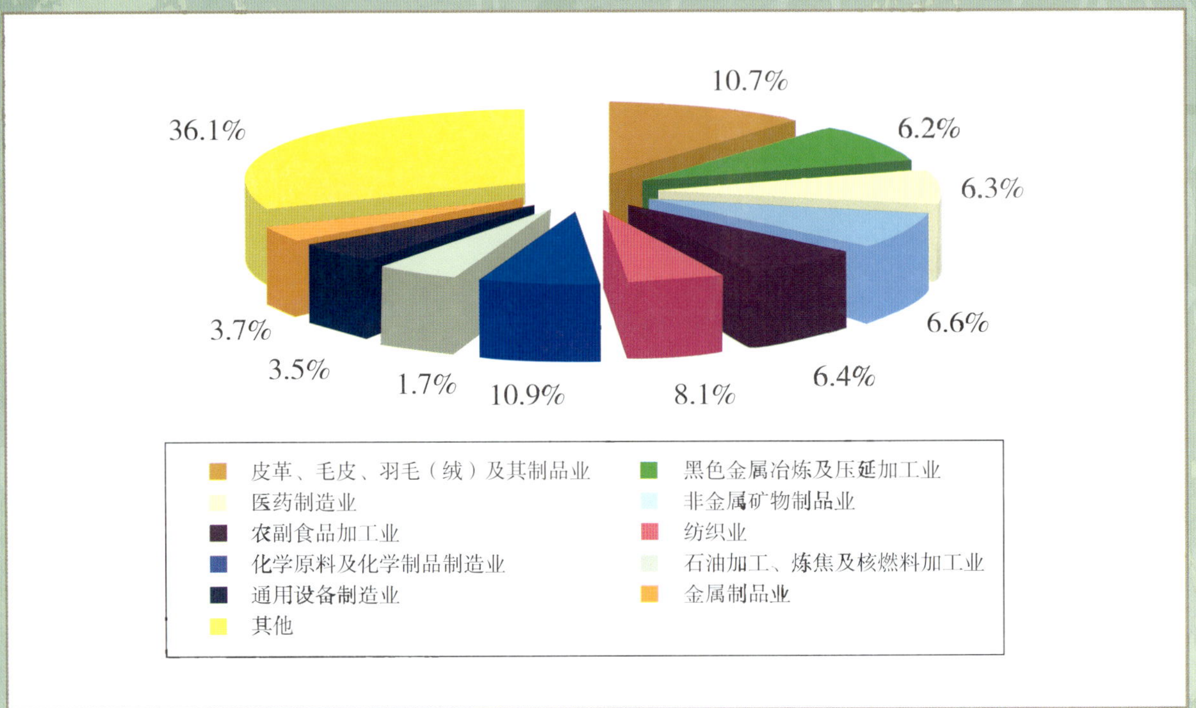

2014年规模以上工业增加值分行业比重 12

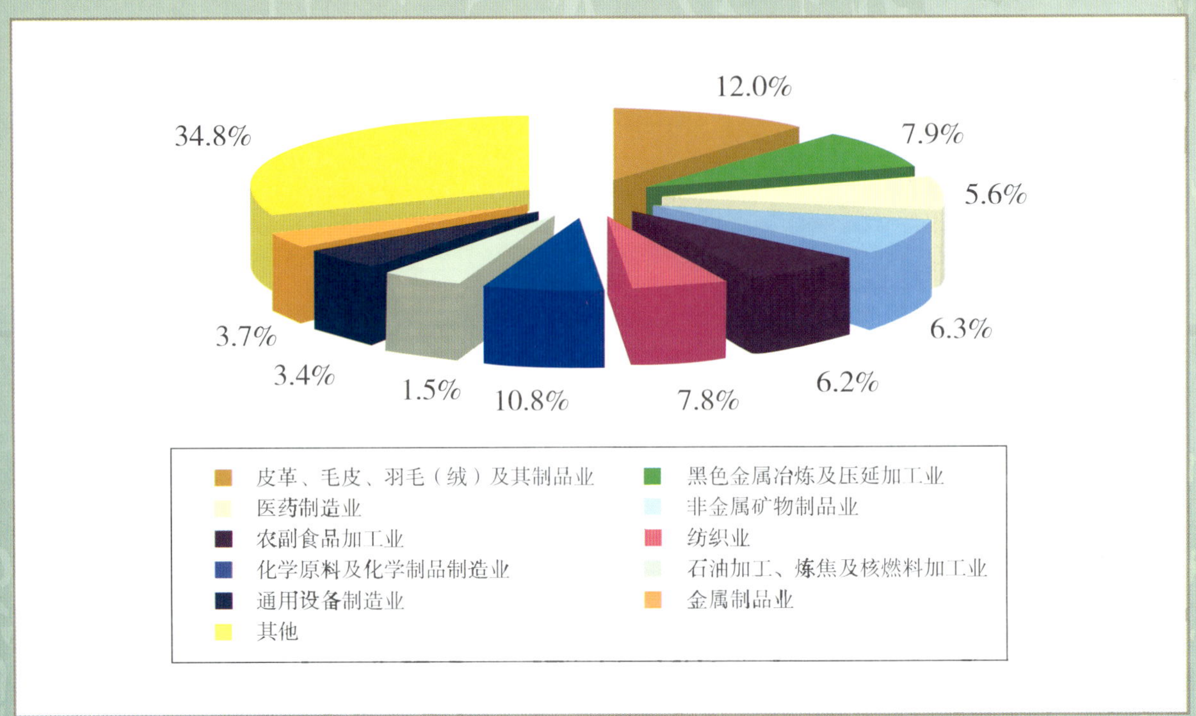

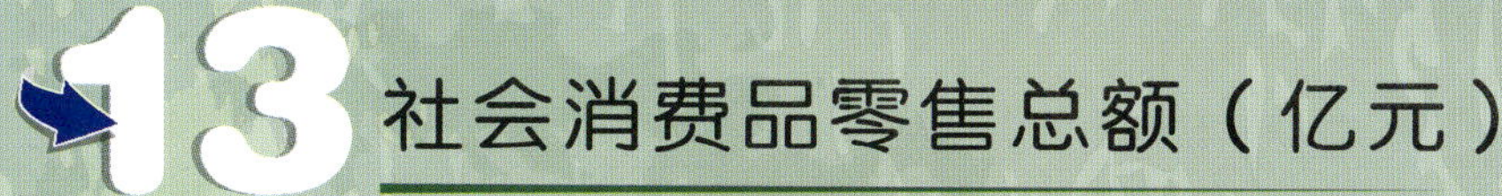

13 社会消费品零售总额（亿元）

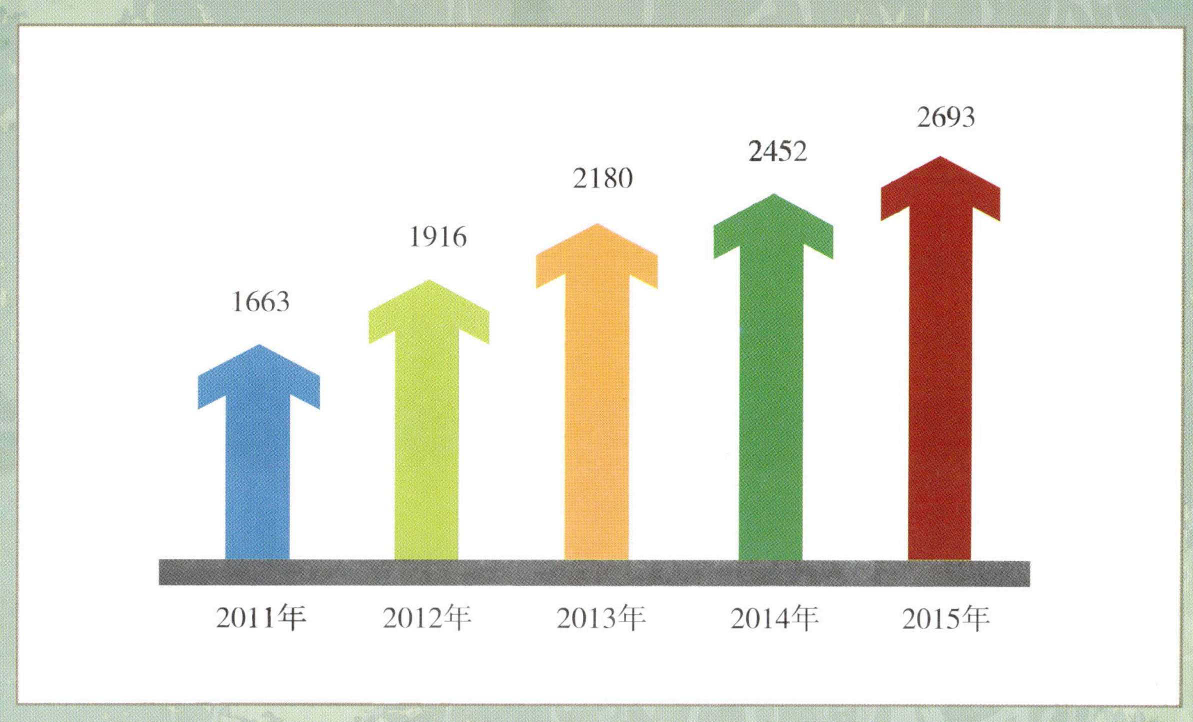

全社会固定资产投资与固定资产投资（亿元）14

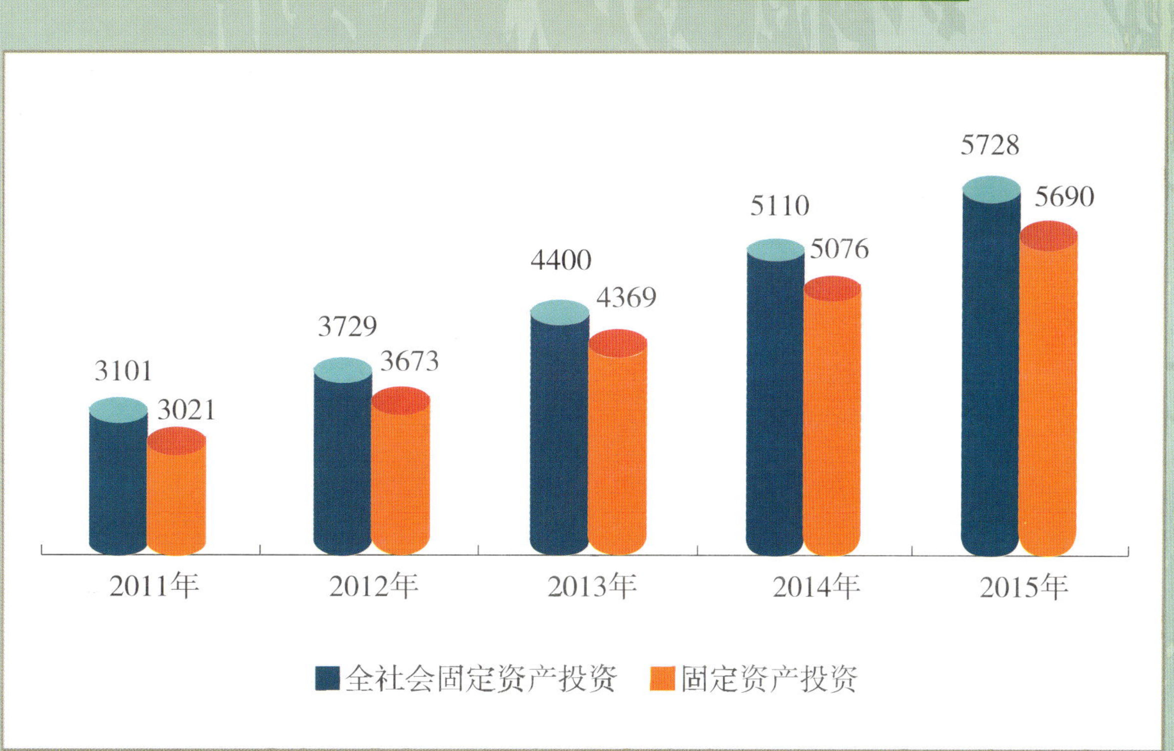

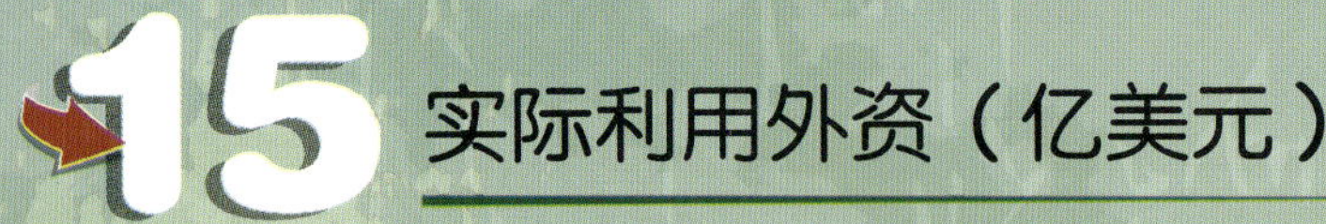

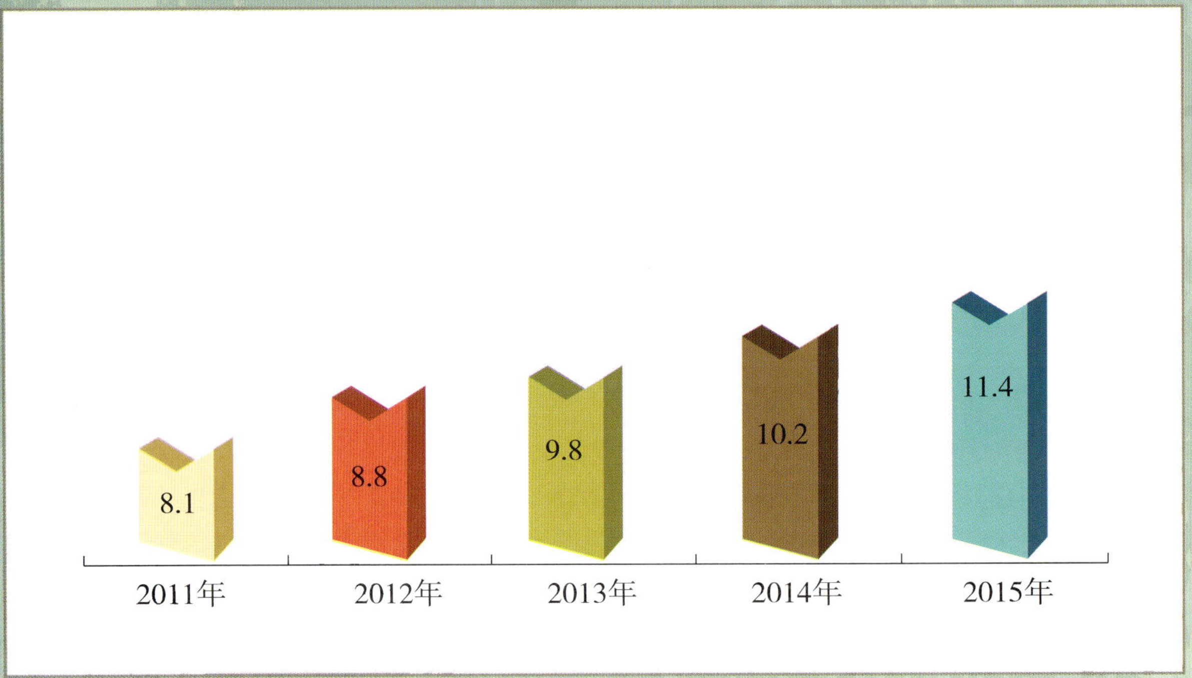

16
进出口总值与出口总值（亿美元）

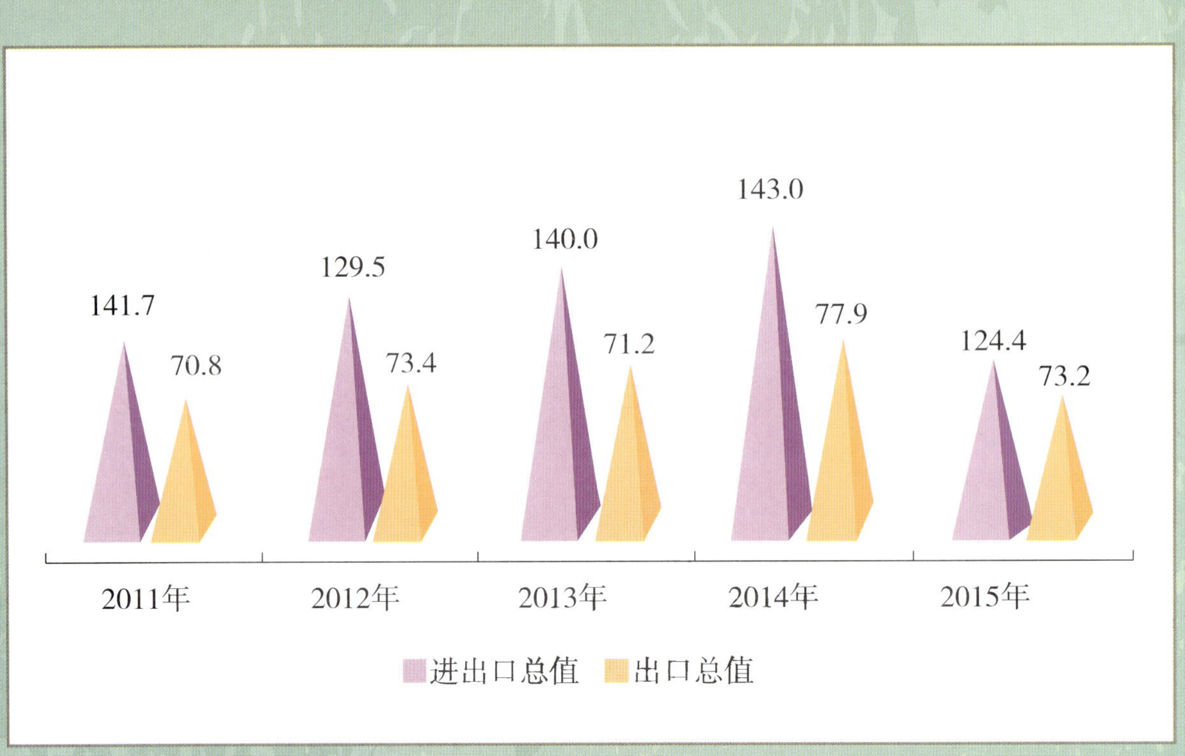

17 城镇居民与农村居民人均可支配收入（元）

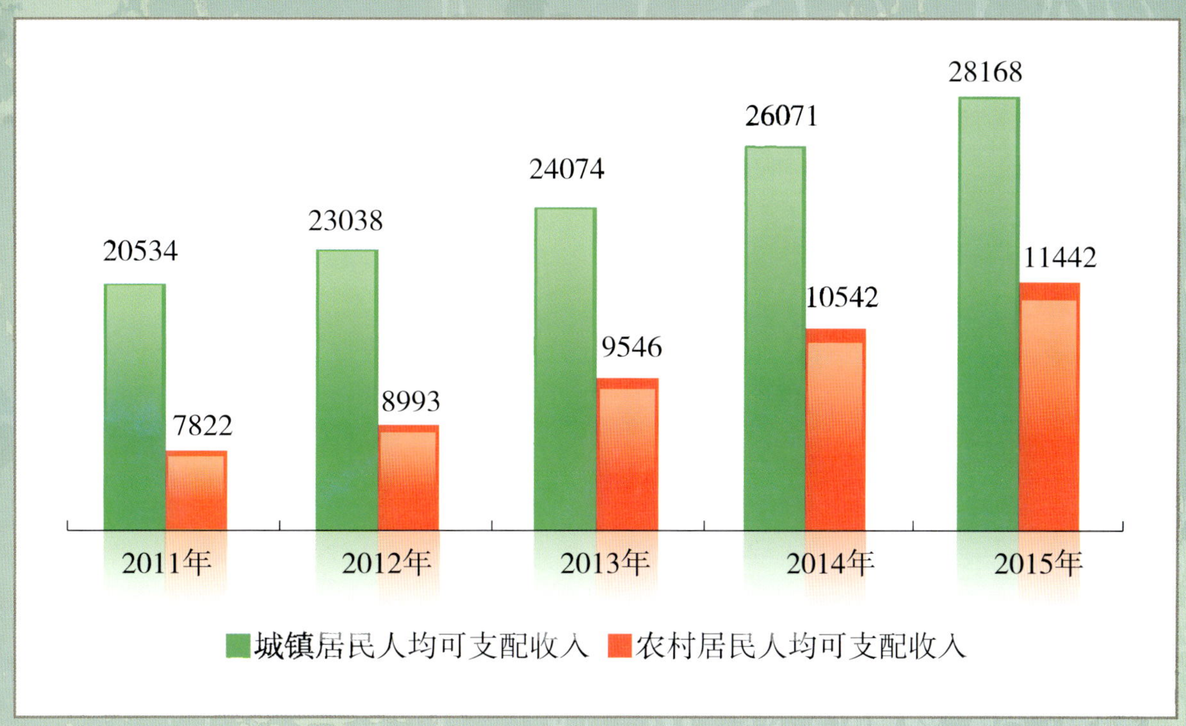

城镇居民与农村居民人均消费支出（元）18

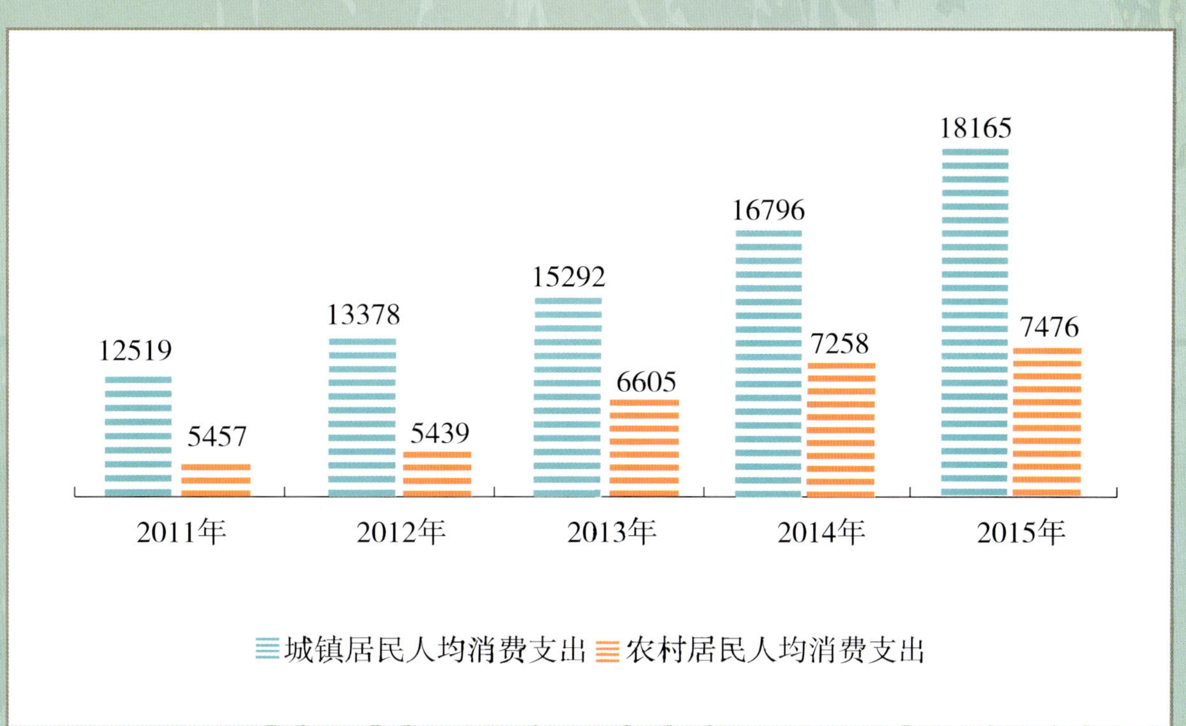

2015年城镇居民消费支出构成

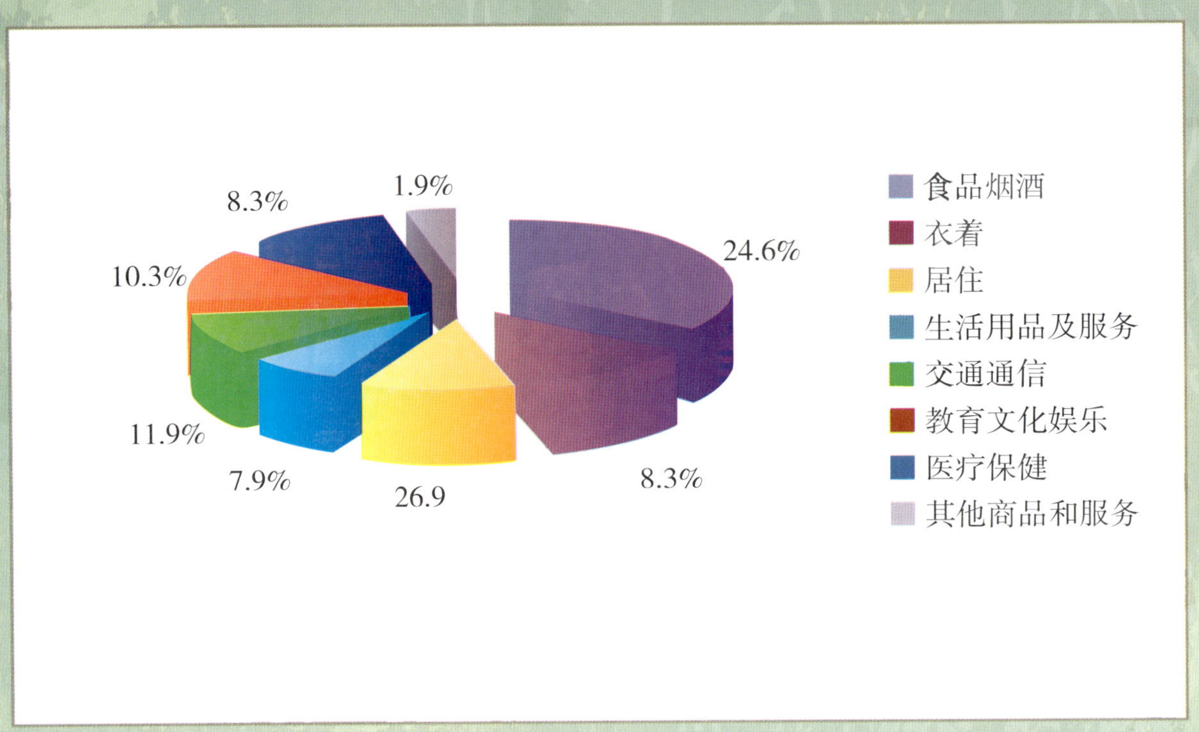

2014年城镇居民消费支出构成

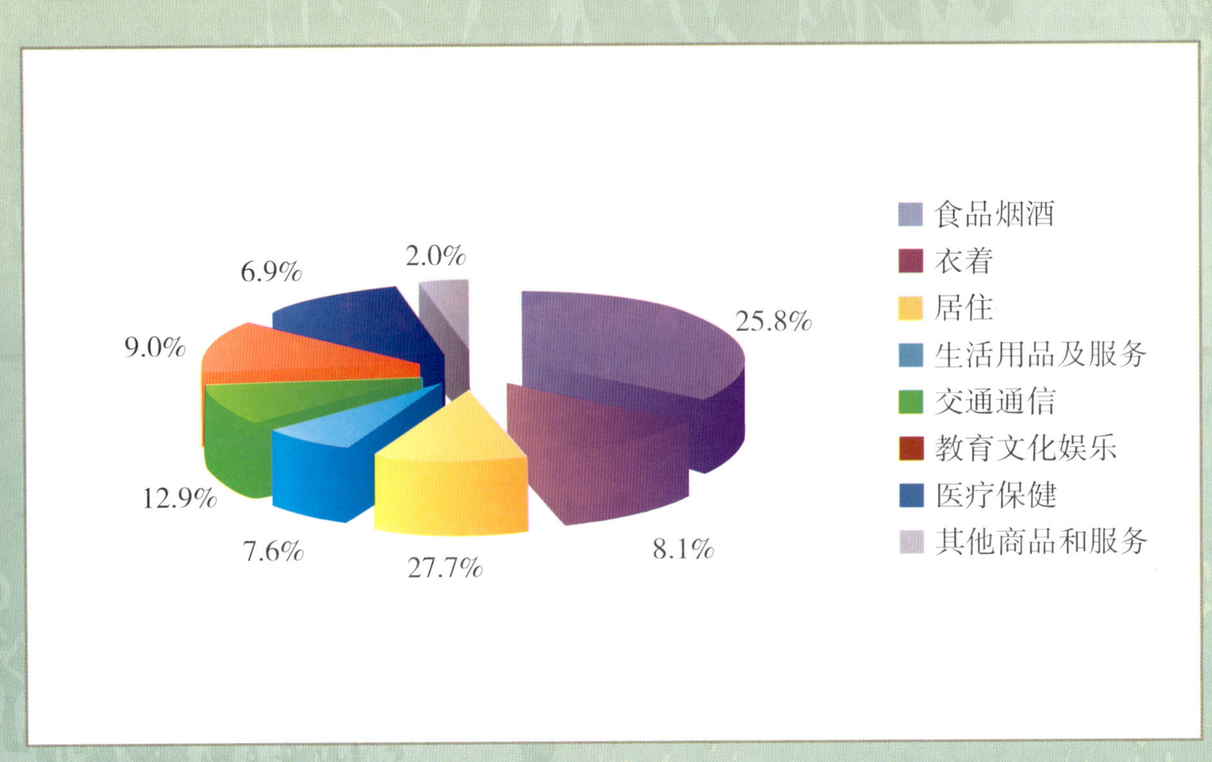

21 2015年农村居民消费支出构成

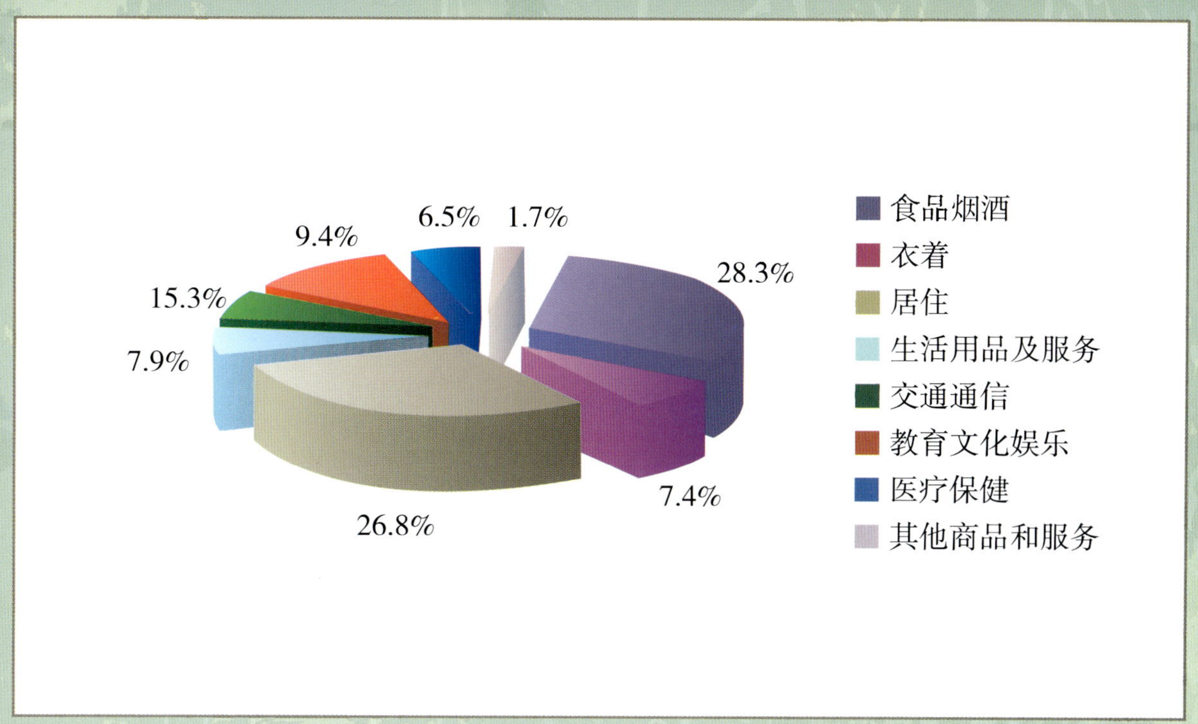

2014年农村居民消费支出构成 22

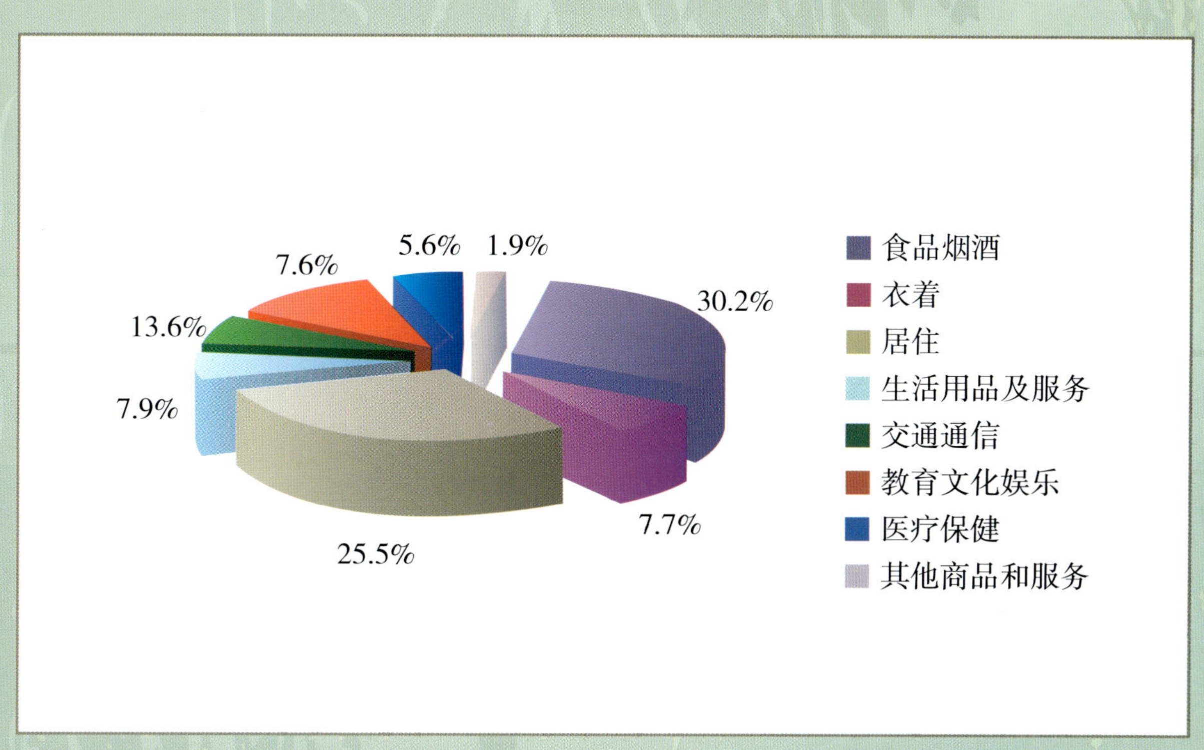

23 全市居民消费价格指数（%）

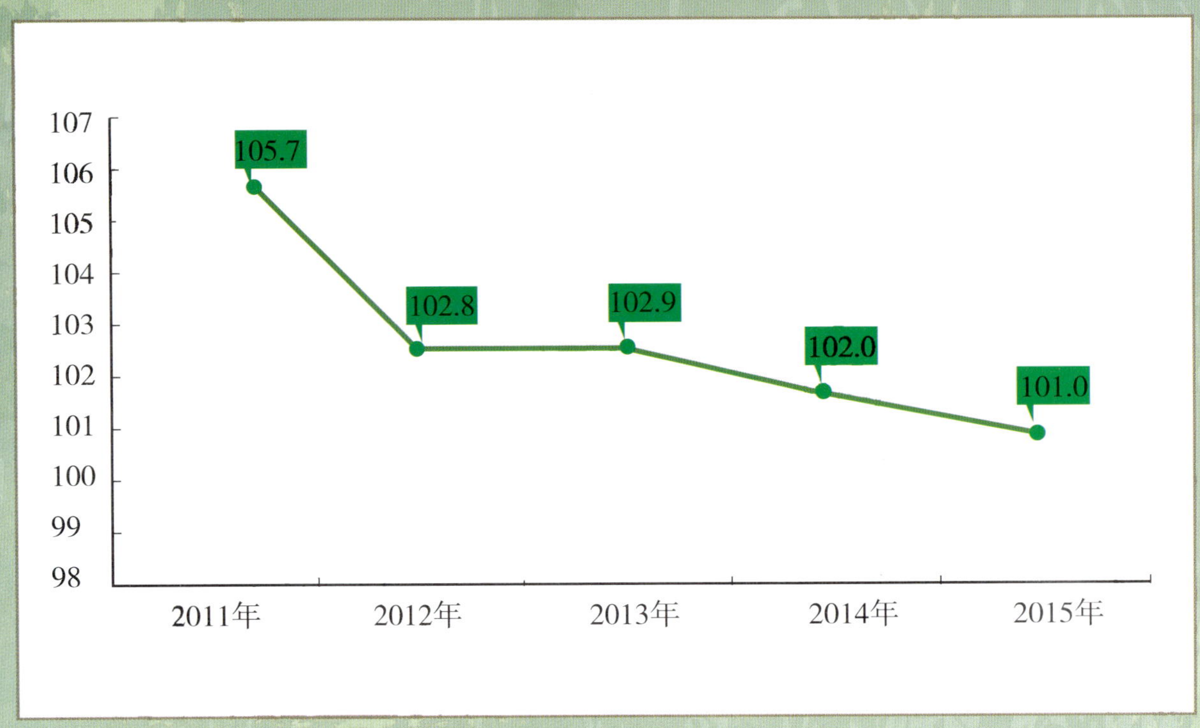

全市在岗职工平均工资（元）24

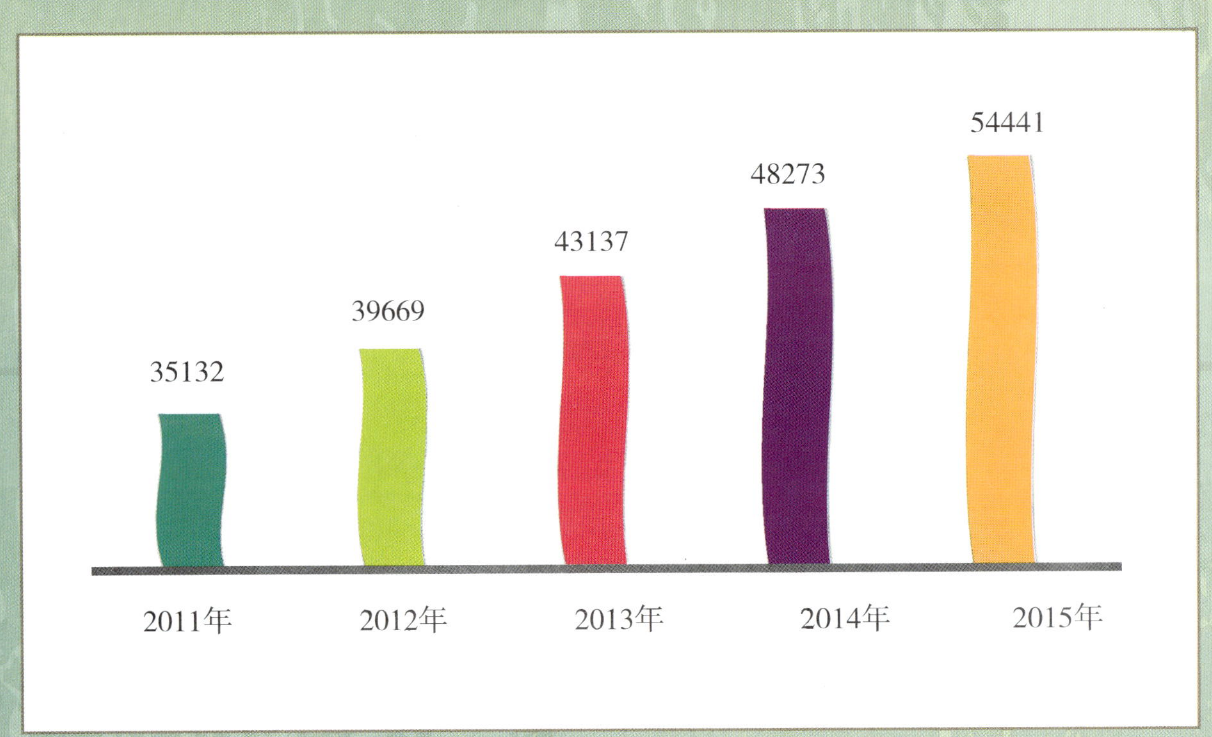

目　录

石家庄市2015年国民经济和社会发展统计公报……（1）

一、综合

1—1　行政组织机构及土地面积……（3）
1—2　全市常住人口基本情况……（4）
1—3　地区生产总值构成项目……（5）
1—4　总产出、地区生产总值……（8）
1—5　分县（市）地区生产总值……（11）
1—6　历年地区生产总值指数……（13）

二、单位从业人员和工资总额

2—1　全市单位从业人员和工资总额……（17）
2—2　全市国有单位从业人员和工资总额……（22）
2—3　全市城镇集体单位从业人员和工资总额……（27）
2—4　全市城镇其他单位从业人员和工资总额……（32）
2—5　市区单位从业人员和工资总额……（37）
2—6　市区国有单位从业人员和工资总额……（42）
2—7　市区城镇集体单位从业人员和工资总额……（47）
2—8　市区城镇其他单位从业人员和工资总额……（52）
2—9　分县（市）区单位从业人员和工资总额……（57）

三、固定资产投资建筑业

3—1　全市全社会固定资产投资……（61）
3—2　分县（市）区全社会固定资产投资……（62）
3—3　全市及市区建设项目投资情况……（63）
3—4　分县（市）区建设项目城镇投资情况……（68）
3—5　全市房地产开发企业投资完成情况……（74）

3—6 全市房地产开发企业分组完成情况……（75）
3—7 分县（市）区房地产开发完成情况……（77）
3—8 全市建筑业企业生产情况……（84）
3—9 全市建筑业企业财务状况……（88）
3—10 全市建筑业企业房屋建筑竣工面积情况……（92）
3—11 全市建筑业企业房屋建筑竣工造价情况……（95）
3—12 分县（市）区建筑业企业主要指标情况……（98）

四、能源消费

4—1 全市规模以上工业企业能源购进、消费及库存……（103）
4—2 市区规模以上工业企业能源购进、消费及库存……（104）
4—3 全市规模以上工业企业综合能源消费量……（105）
4—4 全市主要能源调出调入情况……（106）
4—5 全市规模以下工业企业主要能源消费情况……（107）
4—6 全市有关行业能源消费量……（109）
4—7 全市行业用电分类情况……（110）
4—8 分县（市）用电情况……（113）

五、财政金融

5—1 财政收入情况……（117）
5—2 财政支出情况……（119）
5—3 全市金融机构本外币信贷收支情况……（121）
5—4 全市金融机构人民币信贷收支情况……（123）
5—5 市区金融机构人民币信贷收支情况……（125）
5—6 全市金融机构外汇信贷收支情况……（126）
5—7 分县（市）金融机构人民币信贷情况……（128）

六、物价

6—1 居民消费价格指数……（135）
6—2 商品零售价格指数……（137）
6—3 工业生产者出厂价格指数……（139）
6—4 工业生产者购进价格指数……（140）
6—5 城市房地产价格指数……（140）

七、居民生活

7—1 城乡居民家庭收支情况……（143）
7—2 城镇居民家庭收支按相对收入等距 5 组分组汇总情况……（152）

7—3　农村居民家庭收支按相对收入等距 5 组分组汇总情况……（161）
7—4　分县（市）区城乡居民人均可支配收入及生活消费支出……（170）

八、城市公用设施

8—1　城市市政公用设施水平……（173）
8—2　城市建设用地情况……（173）
8—3　城市供水情况……（174）
8—4　城市节约用水情况……（174）
8—5　城市燃气情况……（175）
8—6　城市集中供热情况……（175）
8—7　城市公共汽车和出租汽车情况……（176）
8—8　城市市政设施情况……（176）
8—9　城市园林绿化及风景名胜区情况……（177）
8—10　城市市容环境卫生情况……（177）
8—11　全市污染排放及处理利用情况……（178）

九、农村经济

9—1　农村基础设施情况……（183）
9—2　乡村人口与乡村从业人员情况……（184）
9—3　农业机械化情况……（189）
9—4　农业主要能源及物资消耗情况……（193）
9—5　农田水利建设情况……（196）
9—6　农业主要产品生产情况……（197）
9—7　水果及食用坚果生产情况……（205）
9—8　林业生产情况……（208）
9—9　畜牧业生产情况……（210）
9—10　渔业生产情况……（216）
9—11　农林牧渔业总产值……（217）
9—12　农林牧渔业中间消耗……（223）
9—13　农林牧渔业增加值……（226）
9—14　农林牧渔业商品产值……（227）

十、工业交通邮政

10—1　全市规模以上工业企业主要产品产量……（235）
10—2　全市规模以上工业企业主要经济指标……（241）
10—3　市区规模以上工业企业主要经济指标……（247）

10—4 全市规模以上工业企业分行业主要经济指标……(253)
10—5 市区规模以上工业企业分行业主要经济指标……(259)
10—6 分县（市）区规模以上工业企业主要经济指标……(265)
10—7 分县（市）区规模以上国有控股工业企业主要经济指标……(271)
10—8 分县（市）区规模以上集体工业企业主要经济指标……(277)
10—9 历年规模以上工业总产值、工业增加值指数……(283)
10—10 营运车辆拥有量……(284)
10—11 线路长度及运输量……(285)
10—12 邮政业务量……(285)

十一、贸易外经旅游

11—1 全市限额以上住宿和餐饮企业经营状况……(289)
11—2 市区限额以上住宿和餐饮企业经营状况……(290)
11—3 全市亿元以上商品交易市场基本情况……(291)
11—4 全市限额以上批发贸易业商品购销存总额……(292)
11—5 全市限额以上零售贸易业商品购销存总额……(294)
11—6 市区限额以上批发贸易业商品购销存总额……(296)
11—7 市区限额以上零售贸易业商品购销存总额……(298)
11—8 分县(市)区限额以上批发零售贸易业商品购销存总额……(300)
11—9 全市限额以上批发贸易企业财务状况……(301)
11—10 全市限额以上零售贸易企业财务状况……(311)
11—11 市区限额以上批发贸易企业财务状况……(321)
11—12 市区限额以上零售贸易企业财务状况……(331)
11—13 分县(市)区限额以上批发零售贸易企业财务状况……(341)
11—14 社会消费品零售总额……(343)
11—15 分县(市)区实际利用外资情况……(344)
11—16 外国和港澳台地区在石投资情况……(345)
11—17 外国和港澳台地区在石投资企业主要经济指标……(366)
11—18 按贸易方式及企业性质分进出口总值……(395)
11—19 按国别(地区)分进出口总值……(396)
11—20 按商品构成分出口总值……(404)
11—21 按商品构成分进口总值……(413)
11—22 旅游业发展情况……(419)
11—23 涉外旅游情况……(420)

十二、教育科技文化

12—1 普通高等学校基本情况……(423)

12—2 技工学校基本情况……(425)
12—3 普通中学基本情况……(427)
12—4 职业中学基本情况……(429)
12—5 小学基本情况……(430)
12—6 规模以上工业企业 R&D 活动基本情况……(431)
12—7 规模以上工业企业 R&D 活动人员情况……(433)
12—8 规模以上工业企业 R&D 人员折合全时当量……(435)
12—9 规模以上工业企业 R&D 经费内部支出来源情况……(437)
12—10 规模以上工业企业 R&D 经费支出情况……(439)
12—11 规模以上工业企业办科技机构情况……(441)
12—12 规模以上工业企业 R&D 项目和新产品项目情况……(443)
12—13 规模以上工业企业科技活动产出情况……(445)
12—14 规模以上工业企业技术改造和技术获取情况……(447)
12—15 分县(市)区规模以上工业企业 R&D 活动基本情况……(449)
12—16 分县(市)区规模以上工业企业 R&D 活动人员情况……(450)
12—17 分县(市)区规模以上工业企业 R&D 人员折合全时当量……(451)
12—18 分县(市)区规模以上工业企业 R&D 经费内部支出来源情况……(452)
12—19 分县(市)区规模以上工业企业 R&D 经费支出情况……(453)
12—20 分县(市)区规模以上工业企业办科技机构情况……(454)
12—21 分县(市)区规模以上工业企业 R&D 项目和新产品项目情况……(455)
12—22 分县(市)区规模以上工业企业科技活动产出情况……(456)
12—23 分县(市)区规模以上工业企业技术改造和技术获取情况……(457)
12—24 分县(市)区财政科技经费支出情况……(458)
12—25 文化、广播、电视事业基本情况……(459)

十三、体育卫生民政

13—1 全市体育事业基本情况……(463)
13—2 全市卫生机构、床位和人员情况……(464)
13—3 分县(市)区卫生机构、床位和人员情况……(466)
13—4 优抚对象情况……(468)
13—5 婚姻登记情况……(469)
13—6 城镇低保情况……(470)
13—7 农村低保、救济情况……(471)
13—8 农村五保、医疗救助情况……(472)

附录 1995—2015 年分县(市)区主要经济指标

1996—2015 年分县(市)区生产总值……(475)
1995—2015 年分县(市)区全社会固定资产投资……(482)

1996—2015 年分县（市）区固定资产投资……（489）
1995—2015 年分县（市）区全部财政收入……（496）
2000—2015 年分县（市）区公共财政预算收入……（504）
1995—2015 年分县（市）区农林牧渔业总产值……（510）
1996—2015 年分县（市）区规模以上工业增加值……（517）
1995—2015 年分县（市）区社会消费品零售额……（524）
1997—2015 年分县（市）区金融机构人民币存款……（531）
1997—2015 年分县（市）区金融机构人民币贷款……（537）
1996—2015 年分县（市）区城乡居民人民币储蓄存款……（544）
1995—2015 年分县（市）区农村居民人均可支配收入……（551）

石家庄市 2015 年
国民经济和社会发展统计公报

石 家 庄 市 统 计 局

国家统计局石家庄调查队

2016 年 3 月 30 日

2015 年，面对错综复杂的国内外形势，全市各级各部门在市委、市政府的正确领导下，认真贯彻落实习近平总书记系列重要讲话精神，紧紧围绕“转型升级、跨越赶超，建设幸福石家庄”奋斗目标，坚持稳中求进工作总基调，主动适应经济发展新常态，着力稳增长、调结构、抓改革、治污染、惠民生，经济发展稳中有进，社会事业取得全面进步。

一、综　合

初步核算，全年全市生产总值完成 5440.6 亿元，按可比价格计算，比上年增长 7.5%。其中，第一产业增加值完成 494.4 亿元，增长 2.3%；第二产业增加值完成 2452.9 亿元，增长 5.8%；第三产业增加值完成 2493.3 亿元，增长 10.6%。第一产业增加值占生产总值的比重为 9.1%，第二产业增加值比重为 45.1%，第三产业增加值比重为 45.8%。

图1 2010年—2015年生产总值（亿元）

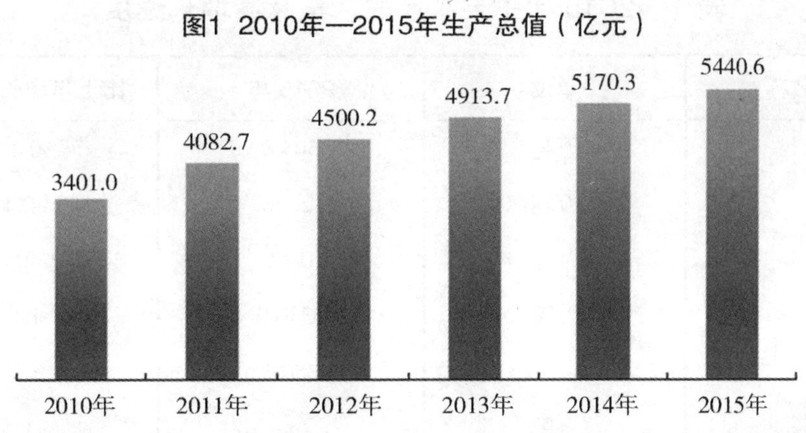

全年民营经济实现增加值 3670.8 亿元，按可比价计算，比上年增长 7.9%，占生产总值的比重为 67.5%。民营经济实缴税金 444.2 亿元，比上年下降 8.7%，占全部财政收入的比重为 57.1%。民营出口总值实现 64.5 亿美元，比上年下降 5.2%。

全年市区居民消费价格比上年上涨 1.0%，其中食品类下降 0.1%，烟酒类上涨 0.6%，衣着类上涨 5.7%，家庭设备用品及维修服务类上涨 1.5%，医疗保健和个人用品类上涨 2.5%，交通和通信类下降 1.0%，娱乐教育文化用品及服务类上涨 0.7%，居住类上涨 0.3%。工业生产者出厂价格下降 5.5%，购进价格下降 6.3%。

年末城镇登记失业率为 3.51%，比上年回落 0.1 个百分点。

二、农 业

全年粮食播种面积 75.5 万公顷，比上年减少 0.2 万公顷，比上年下降 0.3%。粮食总产量 504.8 万吨，比上年增长 0.4%。

图2 2010年—2015年粮食总产量（万吨）

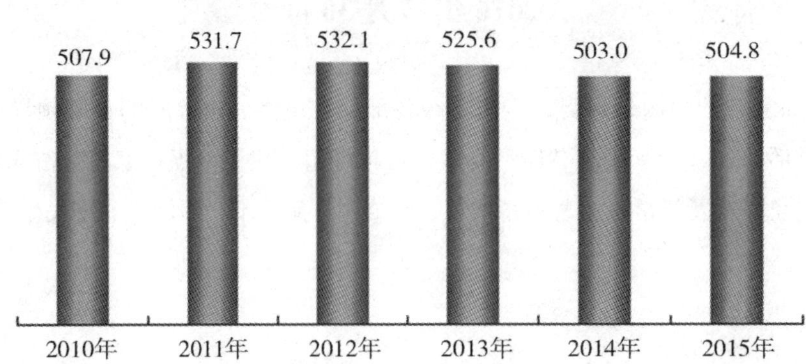

蔬菜播种面积 16.4 万公顷，比上年增长 0.6%；总产量 1330 万吨，增长 1.1%。其中设施蔬菜播种面积 7.5 万公顷，增长 1.3%；产量 603 万吨，增长 2.2%。

肉类总产量 78.4 万吨，比上年下降 1.5%。蛋类产量 109.4 万吨，下降 0.6%。奶类产量 122.8 万吨，下降 1.0%。

表 1 2015 年主要农产品产量及其增长速度

产品名称	单位	2015 年	比上年增长（%）
粮食	万吨	504.8	0.4
油料	万吨	20.6	-0.4
棉花	万吨	0.77	-30.0
蔬菜	万吨	1330.0	1.1
园林水果	万吨	280.1	7.2
肉类总产量	万吨	78.4	-1.5
#猪肉	万吨	46.0	-1.9
蛋类	万吨	109.4	-0.6
奶类	万吨	122.8	-1.0
#牛奶	万吨	122.5	-1.0
水产品	万吨	3.4	-3.3

畜牧业、蔬菜、果品三大优势产业产值达到 690.9 亿元，占农林牧渔业总产值的比重为 77.2%，比上年提高 0.8 个百分点。

农业产业化经营率达到 65.7%，比上年提高 0.8 个百分点。

农业机械总动力 2040.5 万千瓦，比上年增长 0.9%。实际机耕面积 57.2 万公顷，当年机械播种面积 71.1 万公顷，机械收获面积 65.6 万公顷。农村用电量 73.2 亿千瓦小时，比上年下降 5.0%。

三、工业和建筑业

全市规模以上工业企业 2584 个，完成增加值 2117.3 亿元，比上年增长 6.0%。其中，国有及国有控股企业下降 4.7%，集体企业下降 30.9%，股份制企业增长 7.9%，外商及港澳台企业下降 0.6%。

图3　2010年—2015年规模以上工业增加值（亿元）

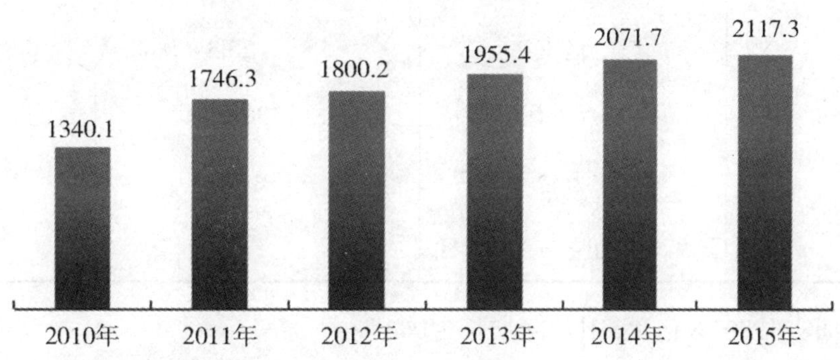

分轻重工业看，轻工业完成增加值 1061.0 亿元，比上年增长 5.1%；重工业完成增加值 1056.3 亿元，比上年增长 7.0%。

分行业看，七大主导产业完成增加值 1801.6 亿元，比上年增长 6.4%。其中，装备制造业增长 5.3%，医药工业增长 2.5%，食品工业增长 4.9%，纺织服装业增长 8.3%，石化工业增长 12.8%，钢铁工业下降 2.3%，建材工业增长 7.9%。六大高耗能行业实现增加值 674.3 亿元，增长 5.3%，低于规模以上工业增加值增速 0.7 个百分点。高新技术产业实现增加值 329.6 亿元，同比增长 11.8%，高于规模以上工业增加值增速 5.8 个百分点。其中，电子信息、高端装备制造和新材料三个领域增加值分别增长 12.6%、15.0% 和 21.5%。

表 2　　2015 年主要工业产品产量及其增长速度

产品名称	单位	2015 年	比上年增长（%）
原油加工量	万吨	578.28	97.9
焦 炭	万吨	260.27	-6.73
发电量	亿千瓦时	439.89	-1.77
合成氨	万吨	94.0	-10.5
水 泥	万吨	2342.2	-4.7
生 铁	万吨	1515.8	4.4

产品名称	单位	2015 年	比上年增长（%）
钢 材	万吨	1453.7	3.6
机制纸及纸板	万吨	68.1	-9
化学药品原药	万吨	16.9	-15.5
服 装	万件	18105	-4.8
纱	万吨	79.5	4.9
棉 布	万米	365681	10.5
乳制品	万吨	81.9	4.2
软饮料	万吨	128.4	14.5
卷 烟	亿支	25.3	-3.1
交流电动机	万千瓦	306.1	-8.6
泵	万台	0.3	-12.6
人造板	万立方米	161	21.6

规模以上工业利润实现 802.8 亿元，比上年增长 7.1%。

图4 2010年—2015年规模以上工业利润（亿元）

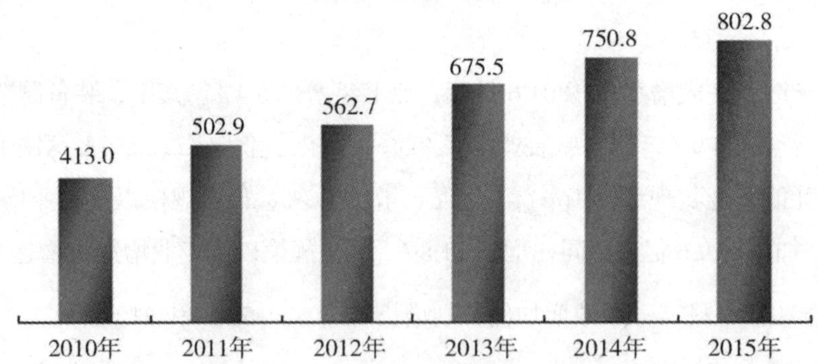

年末资质等级以上建筑企业 288 个，建筑业总产值完成 1031.97 亿元，比上年下降 8.8%。其中，建筑工程产值 771.5 亿元，比上年下降 10.6%。

四、固定资产投资

全年全社会固定资产投资完成 5727.5 亿元，比上年增长 12.1%。其中，固定资产投资（不含农户）5689.9 亿元，比上年增长 12.1%。

图5　2010年—2015年全社会固定资产投资（亿元）

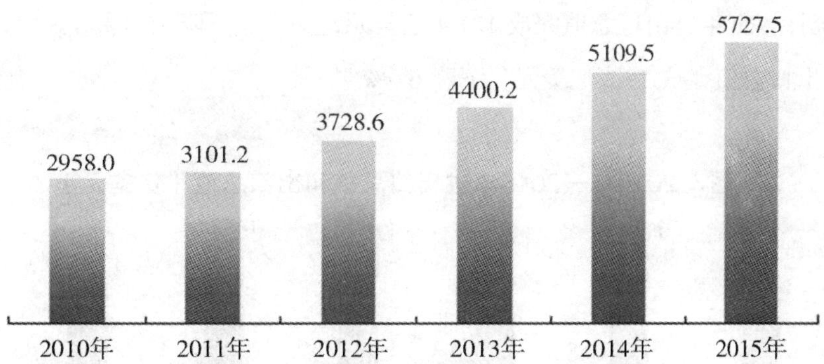

在固定资产投资（不含农户）中，第一产业投资 170.6 亿元，比上年增长 25.8%。第二产业投资 2504.7 亿元，增长 18.3%；其中，工业技改投资 1785.8 亿元，增长 16.2%，占固定资产投资（不含农户）的比重为 31.4%。第三产业投资 3014.6 亿元，增长 6.7%。基础设施投资 1055.5 亿元，增长 22.1%，占固定资产投资（不含农户）的比重为 18.6%。民间固定资产投资 3489.2 亿元，增长 8.4%，占固定资产投资（不含农户）的比重为 61.3%。高技术产业投资 643.2 亿元，增长 20.7%，占固定资产投资（不含农户）的比重为 11.3%。

全年建设项目 4149 个，完成投资 4703.6 亿元，比上年增长 16.1%。其中，亿元以上项目 799 个，比上年下降 14.8%；完成投资 2712.7 亿元，比上年增长 3.4%。

房地产开发完成投资 986.3 亿元，比上年下降 3.8%。

五、国内贸易

全年社会消费品零售总额完成 2693.0 亿元，比上年增长 9.8%。按经营地统计，城镇消费品零售额完成 2274.8 亿元，比上年增长 9.6%；乡村消费品零售额完成 418.2 亿元，增长 11.2%。

图6　2010年—2015年社会消费零售总额（亿元）

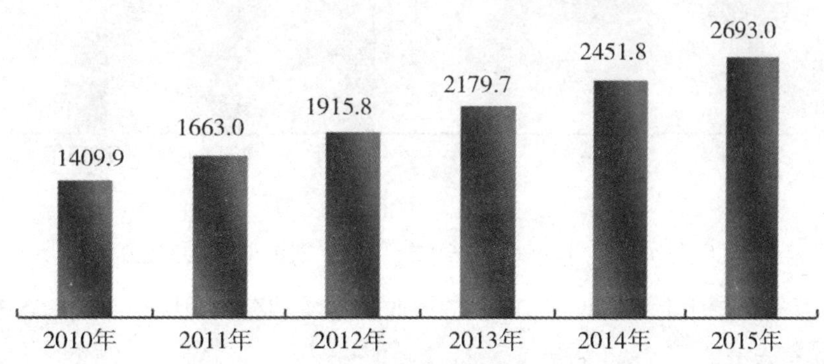

在限额以上批发和零售企业（单位）商品零售额中，粮油食品类比上年增长 9.7%，饮料类增长 14.0%，烟酒类增长 4.9%，服装鞋帽针纺织品类下降 1.7%，化妆品类增长 5.0%，金银珠宝类下降 5.4%，日用品类增长 9.0%，家用电器及音像器材类下降 3.5%，中西药品类增长 12.5%，文化办公用品类下降 15.4%，建筑及装潢材料类下降 23.5%，石油及制品类增长 6.1%，汽车类下降 1.1%。

六、对外开放和旅游

据石家庄海关统计，全年进出口总值完成 121.4 亿美元，比上年下降 15.4%。其中，进口总值完成 48.1 亿美元，下降 26.5%；出口总值完成 73.2 亿美元，下降 6.0%。

图7 2010年—2015年进出口总值和出口总值（亿美元）

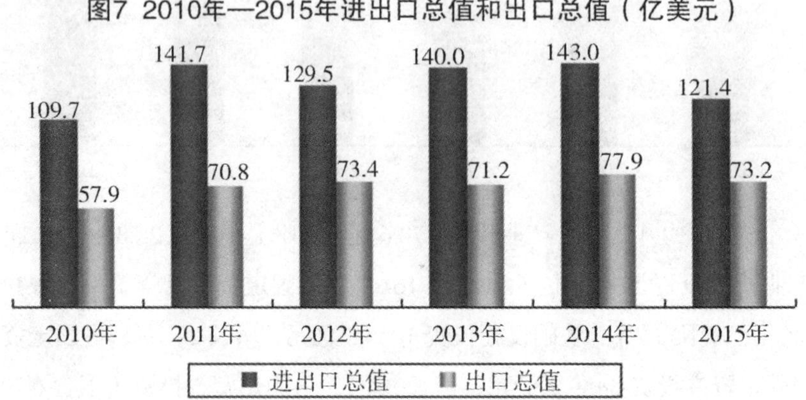

在出口中，私营企业出口 47.6 亿美元，比上年下降 7.0%，占出口总值的比重为 65.0%。外商投资企业出口 2.9 亿美元，比上年下降 5.9%。国有企业出口 8.8 亿美元，下降 11.3%。

全年实际利用外资完成 11.4 亿美元，比上年增长 11.6%。其中，外商直接投资 9.0 亿美元，增长 9.8%。年内新批准设立外商投资企业 34 个，新增合同总金额 39.3 亿美元，增长近 1.3 倍；合同外资额 6.8 亿美元，下降 13.6%。

图8 2010年—2015年实际利用外资（亿美元）

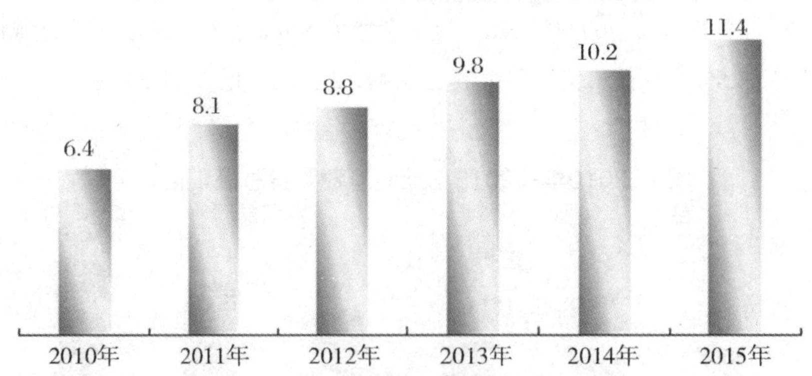

全年接待国际游客 18.6 万人次，比上年增长 6.4%，旅游创汇收入 9362.9 万美元，比上年增长 35.5%。接待国内游客 6763.4 万人次，比上年增长 17.0%，旅游收入 584.7 亿元，比上年增长 35.3%。全年旅游总收入 590.5 亿元，比上年增长 35.3%。

七、财政、金融

全年全部财政收入完成 778.5 亿元，比上年增长 14.4%。其中，一般公共预算收入 375.0 亿元，增长 9.2%。一般公共预算支出 682.3 亿元，增长 20.4%。

图9　2010年—2015年财政收入（亿元）

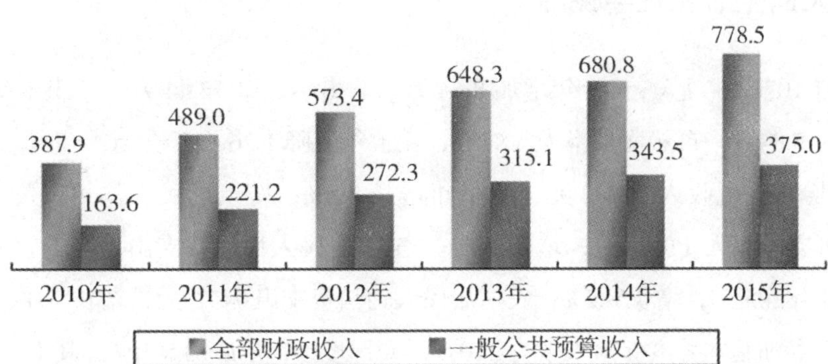

年末全市金融机构（人民币）各项存款余额 9800.1 亿元，比年初增加 589.4 亿元。其中，住户存款余额 4868.9 亿元，比年初增加 372.9 亿元。金融机构（人民币）各项贷款余额 6121.1 亿元，比年初增加 915.2 亿元。

八、科学技术和教育

全年取得科技成果 348 项。其中，达到国际领先水平 1 项，达到国际先进水平 40 项。全年申请专利 9186 项，授权 5786 项。

全市普通中学 406 所，招生 15.8 万人，在校生 47.8 万人，毕业生 15.2 万人；中等职业学校 138 所，招生 5.7 万人，在校生 14.3 万人，毕业生 5.2 万人；小学 1390 所，招生 15.0 万人，在校生 77.0 万人，毕业生 10.0 万人。全市幼儿园 1396 所，在园人数 30.2 万人。

九、文化、卫生和体育

年末全市共有艺术表演团体 21 个，艺术表演场馆 15 个，文化馆 24 个，公共图书馆 25 个。全市有线广播电视用户 113.16 万户，其中数字电视用户 108.88 万户。广播节目综合人口覆盖率 99.4%, 电视节目综合人口覆盖率 99.38%。

年末全市共有医疗卫生机构（含诊所）6656 个。其中，医院 173 个，疾病预防控制中心（防疫站）24 个，妇幼保健院（站、所）24 个，社区卫生服务中心（站）198 个，村卫生室 3974 个。卫生机构实有床位 50450 张，其中医院拥有床位 39378 张。全市拥有卫生技术人员 65079 人，其中执业医师 29587 人，注册护士 25280 人。

全年全市选手在省级以上比赛中共获金牌 249 枚，银牌 192 枚，铜牌 147 枚。

十、城市交通和环境保护

年末城市公共汽车营运线路达 229 条，比上年增加 6 条；营运线路长度 3802 公里，比上年增加 41 公里；营运车辆 4403 辆，比上年增加 429 辆；客运总量 58686 万人次，比上年减 5347 万人次。

全年市区二级以上优良天气达 180 天。

全年全市完成造林面积 4.8 万公顷，其中人工造林完成 4.0 万公顷。全市森林覆盖率为 37.0%。

十一、人口、人民生活和社会保障

年末全市常住人口 1070.16 万人，比上年增加 8.54 万人。出生人口 12.44 万人，出生率为 11.72‰；死亡人口 6.20 万人，死亡率为 5.84‰；自然增长率为 5.88‰，比上年下降 1.26 个千分点。

全年全市居民人均可支配收入 20762 元，比上年增长 8.8%；城镇居民人均可支配收入 28168 元，增长 8.0%；农村居民人均可支配收入 11442 元，增长 8.5%。全市居民人均消费支出 13432 元，比上年增长 7.4%；城镇居民人均消费支出 18165 元，增长 8.2%；农村居民人均消费支出 7476 元，增长 3.0%。

年末全市城镇职工参加基本养老保险人数为 210.0 万人，比上年增加 10.5 万人。其中，在职人员 159.9 万人，比上年增加 8.1 万人；离退休人员 50.1 万人，比上年增加 2.4 万人。全市城乡居民参加养老保险人数为 399.8 万人，比上年增加 6.9 万人。年末全市城镇参加医疗保险人数为 289.9 万人，比上年增加 3.6 万人。其中，城镇职工 141.6 万人，比上年增加 2.2 万人；城镇居民 148.3 万人，比上年增加 1.4 万人。年末全市参加失业保险人数为 91.6 万人，比上年增加 1.2 万人；工伤保险人数为 141.8 万人，增加 8.2 万人；生育保险人数为 136.9 万人，增加 4.7 万人。新型农村合作医疗参合率 97.81%。

年末全市享受居民最低生活保障共有 18.21 万人。其中，城镇居民 2.76 万人，农村居民 15.45 万人。

注释：

1. 本公报中部分数据为快报数据，最终数据以《石家庄统计年鉴》为准。

2. 全市生产总值、各产业增加值绝对数按现价计算，增长速度按可比价计算。

3. 部分数据因四舍五入的原因，存在着与分项合计不等的情况，未作机械调整。

4. 部分数据取自于相关部门的统计数据。

5. 本公报中城市交通、市区二级以上优良天气天数、居民人均可支配收入及人均消费支出、新型农村合作医疗参合率等指标数据为不含辛集市数据。

一、综 合

行政组织机构及土地面积

1—1 （2015 年）

行政单位	镇政府（个）	乡政府（个）	街道办事处（个）	居民委员会（个）	村民委员会（个）	土地面积（平方公里）
石家庄市	**126**	**94**	**56**	**642**	**4358**	**15848**
市 区	37	10	53	520	694	2240
长安区	4		12	147	8	
桥西区			17	124	15	
新华区	2	2	11	90	17	
裕华区	2		11	89	25	
矿 区	2	1	2	47		
藁城区	12	1		6	239	
鹿泉区	9	3		11	208	
栾城区	5	3		6	182	
高新区						
循环化工园区	1					
井陉县	10	7			318	1381
正定县	3	5	2	34	154	470
行唐县	4	11		8	322	1025
灵寿县	6	9		3	279	1546
高邑县	3	2		5	107	211
深泽县	3	3		3	125	286
赞皇县	2	9		8	212	1210
无极县	6	5		4	213	524
平山县	12	11		7	717	2951
元氏县	8	7		4	208	849
赵 县	7	4		9	281	714
晋州市	9	1		10	224	716
新乐市	8	3	1	10	160	625
辛集市	8	7		17	344	1100

注：行政区划数据取自民政部门。
　　土地面积沿用 1986 年以来统计年鉴历史数据。

全市常住人口基本情况

1—2 （2015 年） 计量单位：人

行政单位	年末常住人口	年平均人口
石家庄市	**10701600**	**10658900**
长安区	797259	790168
桥西区	827822	820247
新华区	683428	677452
裕华区	543482	538442
矿　区	99165	98718
藁城区	761050	757619
鹿泉区	452713	450668
栾城区	349859	348295
高新区	178891	177197
循环化工园区	50173	49964
井陉县	317465	317337
正定县	489632	487376
行唐县	419066	418808
灵寿县	342580	342393
高邑县	191864	191710
深泽县	257632	257324
赞皇县	252601	252274
无极县	518658	517985
平山县	448181	447802
元氏县	433381	433064
赵　县	591083	590505
晋州市	552707	552046
新乐市	512408	511761
辛集市	630500	629750

注：全市人口出生率为 11.72‰、死亡率为 5.84‰、自然增长率为 5.88‰。

地区生产总值构成项目

1—3 （2015 年） 计量单位：万元

行业名称	增加值	劳动者报酬	生产税净额	固定资产折 旧	营业盈余
地区生产总值	**54405988**	**21110572**	**7786197**	**7640105**	**17869114**
农、林、牧、渔业	5105677	4634894		298047	172736
农业	3354069	3041115		194653	118301
林业	94516	88217		5628	671
畜牧业	1468057	1330327		86898	50832
渔业	27735	26086		1640	9
农、林、牧、渔服务业	161300	149149		9228	2923
工业	21863834	4769492	4459052	2837093	9798197
采矿业	734235	301004	101543	88114	243574
#开采辅助活动	3411	1733	508	252	918
制造业	20013761	4185241	4208600	2171297	9448623
#金属制品、机械和设备修理业	82940	27359	13833	7323	34425
电力、燃气及水的生产和供应业	1115838	283247	148909	577682	106000
建筑业	2746468	1382306	524427	182135	657600
房屋建筑业	1607593	839711	306999	66325	394558
土木工程建筑业	772938	354889	162498	92990	162561
建筑安装业	229673	120493	34555	16922	57703
建筑装饰和其他建筑业	136264	67213	20375	5898	42778
批发和零售业	5289801	1664868	1161467	1080214	1383252
批发业	2414963	603546	701067	421927	688423
零售业	2874838	1061322	460400	658287	694829
交通运输、仓储和邮政业	4692822	1608431	373325	355107	2355959
铁路运输业	286183	83899	77621	45613	79050
道路运输业	3760859	1174811	254035	271055	2060958
水上运输业					
航空运输业	132468	43714	17221	9273	62260

1—3 续表 1 （2015 年） 计量单位：万元

行业名称	增加值	劳动者报酬	生产税净额	固定资产折旧	营业盈余
管道运输业					
装卸搬运和运输代理业	295964	161335	17079	10637	106913
仓储业	103402	66598	4059	14407	18338
邮政业	113946	78074	3310	4122	28440
住宿和餐饮业	873776	533504	68682	163127	108463
住宿业	165038	96459	20735	46136	1708
餐饮业	708738	437045	47947	116991	106755
信息传输、软件和信息技术服务业	903502	230341	125724	267220	280217
电信、广播电视和卫星传输服务	704446	147579	105379	256611	194877
互联网和相关服务	21190	12565	3168	1662	3795
软件和信息技术服务业	177866	70197	17177	8947	81545
金融业	3660064	1219676	387002	340282	1713104
货币金融服务	3169291	845385	347344	258920	1717642
资本市场服务	206367	98459	14236	1335	92337
保险业	154369	252982	5227	62892	-166732
其他金融业	130037	22850	20195	17135	69857
房地产业	2238919	110289	330297	1488248	310085
房地产开发经营	563902	70562	301830	2702	188808
物业管理	114786	11655	17288	1358	84485
房地产中介服务	49511	5196	9972	518	33825
自有房地产经营活动	1506030	22407		1483623	
其他房地产业	4690	469	1207	47	2967
租赁和商务服务业	751739	485224	137084	56021	73410
租赁业	237698	39342	111517	5181	81658
商务服务业	514041	445882	25567	50840	-8248
科学研究和技术服务业	702462	479142	85277	59301	78742

1—3 续表 2　　　　（2015 年）　　　　计量单位：万元

行业名称	增加值	劳动者报酬	生产税净额	固定资产折旧	营业盈余
研究和试验发展	102672	48123	15045	6632	32872
专业技术服务业	453272	315129	62218	39710	36215
科技推广和应用服务业	146518	115890	8014	12959	9655
水利、环境和公共设施管理业	186094	99439	8272	44910	33473
水利管理业	64687	35885	464	36924	-8586
生态保护和环境治理业	7273	7009	25	289	-50
公共设施管理业	114134	56545	7783	7697	42109
居民服务、修理和其他服务业	753538	227889	59150	20135	446364
居民服务业	453403	133474	31642	12126	276161
机动车、电子产品和日用产品修理业	147474	46764	11071	4187	85452
其他服务业	152661	47651	16437	3822	84751
教育	1255613	1122451	2512	109217	21433
卫生和社会工作	1093970	751520	8835	90655	242960
卫生	1042654	673181	8694	87005	273774
社会工作	51316	78339	141	3650	-30814
文化、体育和娱乐业	458106	433922	53592	96936	-126344
新闻和出版业	92887	48755	10095	4809	29228
广播、电视、电影和影视录音制作业	253540	307700	36683	84930	-175773
文化艺术业	78838	66074	3407	4248	5109
体育	7480	6625	126	1173	-444
娱乐业	25361	4768	3281	1776	15536
公共管理、社会保障和社会组织	1829603	1357184	1499	151457	319463
第一产业	4944377	4485745		288819	169813
第二产业	24523951	6122706	4969138	3011653	10420454
第三产业	24937660	10502121	2817059	4339633	7278847

说明：以上行业是根据《国民经济行业分类》（GB/T 4754—2011）划分的，三次产业划分执行新规定，即第一产业是指农、林、牧、渔业（不含农、林、牧、渔服务业）第二产业是指采矿业（不含开采辅助活动），制造业（不含金属制品、机械和设备修理业），电力、燃气及水生产和供应业，建筑业；第三产业即服务业，是指除第一产业、第二产业以外的其他行业。

总产出、地区生产总值

1—4　　（2015 年）　　计量单位：万元、%

行业名称	总产出		地区生产总值	
	绝对值	发展速度（以上年为 100）	绝对值	发展速度（以上年为 100）
总计	**160541289**	**109.0**	**54405988**	**107.5**
农、林、牧、渔业	8955030	102.1	5105677	102.4
农业	4930922	102.9	3354069	103.2
林业	165715	103.9	94516	103.4
畜牧业	3446706	100.5	1468057	100.5
渔业	52837	99.4	27735	99.4
农、林、牧、渔服务业	358850	105.4	161300	105.5
工业	94795402	107.9	21863834	105.7
采矿业	2688731	108.2	734235	114.0
#开采辅助活动	14961	105.6	3411	105.7
制造业	87079932	107.5	20013761	105.8
#金属制品、机械和设备修理业	169510	105.6	82940	105.6
电力、燃气及水的生产和供应业	5026739	118.3	1115838	100.7
建筑业	13161449	120.5	2746468	107.0
房屋建筑业	7337003	124.1	1607593	133.5
土木工程建筑业	3784926	162.8	772938	96.0
建筑安装业	1392766	100.5	229673	67.7
建筑装饰和其他建筑业	646754	48.1	136264	59.7
批发和零售业	7313817	111.3	5289801	110.9
批发业	3724367	113.0	2414963	112.9
零售业	3589450	109.5	2874838	109.2
交通运输、仓储和邮政业	10525352	107.0	4692822	108.3
铁路运输业	456433	103.4	286183	103.3
道路运输业	7947020	109.0	3760859	108.8
水上运输业				
航空运输业	234458	113.5	132468	113.5
管道运输业				

1—4续表1 （2015年） 计量单位:万元、%

行业名称	总产出		地区生产总值	
	绝对值	发展速度（以上年为100）	绝对值	发展速度（以上年为100）
装卸搬运和运输代理业	678312	102.1	295964	101.5
仓储业	908629	90.3	103402	99.8
邮政业	300500	120.9	113946	129.4
住宿和餐饮业	1936944	114.3	873776	115.3
住宿业	358318	113.5	165038	118.9
餐饮业	1578626	114.5	708738	114.4
信息传输、软件和信息技术服务业	2066044	132.0	903502	125.9
电信、广播电视和卫星传输服务	1452875	132.1	704446	124.6
互联网和相关服务	47283	118.8	21190	119.0
软件和信息技术服务业	565886	133.1	177866	132.1
金融业	5953760	115.7	3660064	117.8
货币金融服务	4819155	115.8	3169291	118.6
资本市场服务	267993	131.6	206367	126.9
保险业	699898	108.9	154369	97.1
其他金融业	166714	114.5	130037	114.5
房地产业	3315574	102.0	2238919	102.7
房地产开发经营	1332656	96.2	563902	96.4
物业管理	258668	114.8	114786	110.4
房地产中介服务	110964	114.5	49511	114.6
自有房地产经营活动	1605403	104.1	1506030	104.1
其他房地产业	7883	114.8	4690	114.8
租赁和商务服务业	1492851	99.9	751739	101.2
租赁业	358723	115.5	237698	115.4
商务服务业	1134128	96.0	514041	96.0
科学研究和技术服务业	1466546	115.9	702462	113.7
研究和试验发展	188744	123.9	102672	123.6

1—4续表2　　（2015年）　　计量单位:万元、%

行业名称	总产出		地区生产总值	
	绝对值	发展速度（以上年为100）	绝对值	发展速度（以上年为100）
专业技术服务业	1025777	114.1	453272	110.5
科技推广和应用服务业	252025	118.5	146518	118.5
水利、环境和公共设施管理业	241545	115.6	186094	111.0
水利管理业	81897	120.4	64687	107.3
生态保护和环境治理业	10066	124.9	7273	123.3
公共设施管理业	149582	112.3	114134	112.3
居民服务、修理和其他服务业	1716080	111.3	753538	112.0
居民服务业	888138	113.0	453403	113.0
机动车、电子产品和日用产品修理业	348017	121.9	147474	121.2
其他服务业	479925	102.3	152661	102.3
教育	1621868	104.1	1255613	106.5
卫生和社会工作	2417603	111.4	1093970	108.6
卫生	2343873	111.1	1042654	108.1
社会工作	73730	119.4	51316	119.3
文化、体育和娱乐业	927286	110.2	458106	108.7
新闻和出版业	248904	101.1	92887	111.3
广播、电视、电影和影视录音制作业	514960	116.5	253540	108.2
文化艺术业	106703	103.9	78838	106.2
体育	9897	108.5	7480	113.3
娱乐业	46822	108.5	25361	110.2
公共管理、社会保障和社会组织	2634138	107.9	1829603	110.1
第一产业	8596180	101.9	4944377	102.3
第二产业	107772380	109.1	24523951	105.8
第三产业	44172729	110.1	24937660	110.5

注：以上行业是根据《国民经济行业分类》（GB/T 4754—2011）划分的，三次产业划分执行新规定，即第一产业是指农、林、牧、渔业（不含农、林、牧、渔服务业）第二产业是指采矿业（不含开采辅助活动），制造业（不含金属制品、机械和设备修理业），电力、燃气及水生产和供应业，建筑业；第三产业即服务业，是指除第一产业、第二产业以外的其他行业。

分县（市）地区生产总值

1—5　　（2015年）　　计量单位：万元、%

行政单位	地区生产总值	发展速度（以上年为100）	第一产业		第二产业	
			绝对值	发展速度（以上年为100）	绝对值	发展速度（以上年为100）
石家庄市	**54405988**	**107.5**	**4944377**	**102.3**	**24523951**	**105.8**
市　区	29098110	108.2	1351744	101.2	11024974	105.2
井陉县	1445280	106.1	137027	102.5	612629	104.3
正定县	2763915	107.6	333322	100.7	1139291	106.0
行唐县	1300805	107.2	270287	104.1	662971	107.1
灵寿县	932429	106.7	179562	103.2	450274	105.5
高邑县	830105	107.2	124219	105.3	480022	106.4
深泽县	1015715	107.4	159641	101.1	603220	107.9
赞皇县	955885	105.3	173477	105.8	535542	104.3
无极县	1823977	107.5	272436	102.8	979876	106.8
平山县	1877815	106.0	188239	103.2	1069499	104.7
元氏县	1801611	107.4	253405	101.0	949520	107.4
赵　县	2029402	107.3	346922	102.6	1185962	107.3
晋州市	2767978	107.7	341430	101.8	1538534	107.1
新乐市	1901622	107.6	290291	103.0	1038073	107.1
辛集市	3861339	106.2	504448	101.6	2271491	105.9

1—5续表　　（2015年）　　计量单位：万元、%

行政单位	工业增加值		第三产业		人均地区生产总值（元）	
	绝对值	发展速度（以上年为00）	绝对值	发展速度（以上年为100）	绝对值	发展速度（以上年为100）
石家庄市	21863834	105.7	24937660	110.5	51043	106.5
市　区	9336668	105.5	16721392	110.8	61795	106.8
井陉县	544515	103.7	695624	109.0	45549	105.5
正定县	1025653	106.2	1291302	110.6	56707	106.4
行唐县	635382	107.0	367547	109.3	31060	106.5
灵寿县	418323	105.0	302593	110.6	27232	106.0
高邑县	428098	106.8	225864	109.5	43302	106.5
深泽县	529625	107.5	252854	109.8	40989	107.1
赞皇县	495881	104.3	246866	107.3	37887	104.5
无极县	929904	106.9	571665	110.9	35212	106.8
平山县	1000943	104.5	620077	110.5	41934	105.3
元氏县	889810	107.5	598686	109.8	41598	106.7
赵　县	1135167	107.4	496518	110.4	34368	106.4
晋州市	1478605	107.0	888014	110.6	50145	107.2
新乐市	957636	107.0	573258	110.8	37156	106.9
辛集市	2156365	105.9	1085400	109.1	61320	105.9

注：人均GDP按常住平均人口计算，市区口径为区划调整后的新口径。

历年地区生产总值指数

1—6　　（上年 = 100）　　计量单位 :%

年　份	地区生产总值	第一产业	第二产业	第三产业
1953	122.8	98.7	194.9	101.2
1954	109.1	95.3	128.5	98.8
1955	115.9	120.6	120.6	104.9
1956	103.1	90.6	107.4	108.2
1957	108.3	116.2	106.9	104.3
1958	152.2	112.8	209.0	108.6
1959	123.9	95.8	138.3	113.7
1960	83.2	88.6	79.7	90.7
1961	70.4	86.2	63.4	77.4
1962	86.4	102.1	79.1	89.0
1963	95.5	73.7	102.1	106.8
1964	119.4	138.4	115.7	111.6
1965	125.5	128.2	130.3	111.5
1966	111.9	104.2	114.6	114.0
1967	98.8	97.4	92.3	118.0
1968	120.3	113.3	129.1	108.0
1969	111.5	99.7	116.0	111.3
1970	103.2	113.1	100.5	101.4
1971	104.3	102.3	103.8	107.7
1972	98.7	101.7	95.7	103.6
1973	109.7	111.4	111.5	103.7
1974	108.5	115.5	106.5	106.0
1975	108.0	100.2	108.1	116.9
1976	104.8	99.1	107.0	105.2
1977	109.9	97.0	109.7	122.9
1978	104.7	121.6	100.4	101.5
1979	106.7	101.5	105.0	115.4

1—6 续表　　（上年 = 100）　　计量单位 :%

年份	地区生产总值	第一产业	第二产业	第三产业
1980	108.2	103.5	103.2	121.9
1981	104.1	106.0	104.8	100.8
1982	111.6	109.0	115.4	106.9
1983	118.9	128.6	107.0	133.7
1984	111.5	114.0	113.1	106.1
1985	106.8	102.6	112.0	101.9
1986	109.7	106.2	109.3	114.7
1987	113.5	103.3	124.7	102.9
1988	115.5	106.4	123.2	107.3
1989	100.8	105.0	102.0	92.9
1990	104.5	107.0	101.7	109.7
1991	109.8	103.5	110.2	116.6
1992	119.0	104.5	125.1	123.3
1993	120.5	105.7	131.7	112.5
1994	114.6	107.4	117.6	114.2
1995	121.8	110.1	125.8	122.3
1996	114.8	107.9	116.1	116.7
1997	114.9	110.9	115.3	116.6
1998	112.8	104.8	114.1	115.1
1999	109.8	103.7	111.0	110.6
2000	109.8	104.2	110.4	111.3
2001	108.5	103.4	108.5	110.2
2002	109.2	103.4	110.3	109.9
2003	111.1	104.1	114.4	109.6
2004	113.3	105.5	116.5	112.1
2005	113.8	104.3	118.3	110.9
2006	113.4	100.9	115.6	114.6
2007	113.2	102.2	115.7	113.1
2008	111.0	103.9	110.8	112.9
2009	111.1	100.2	111.0	113.8
2010	112.2	102.7	113.1	113.1
2011	112.0	104.3	113.6	112.1
2012	110.4	103.6	112.0	110.0
2013	109.4	102.7	109.8	110.5
2014	107.9	102.6	107.1	109.9
2015	107.5	102.3	105.8	110.5

二、单位从业人员和工资总额

全市单位从业人员和工资总额

2—1　　（2015 年）　　计量单位：人、千元、个、元

行业名称	年末单位从业人员	#女 性	1.在岗职工	2.劳务派遣人员	3 其他从业人员
总　计	**1003184**	**413071**	**911971**	**48046**	**43167**
一、按企业、事业、机关分组					
（一）企业	636819	235017	573510	36846	26463
（二）事业	266813	148940	244715	9599	12499
（三）机关	96608	27510	91003	1601	4004
（四）民间非营利组织	1975	1253	1786		189
（五）其他	969	351	957		12
二、按国民经济行业分组					
（一）农、林、牧、渔业	1976	615	1964	8	4
（二）采矿业	3309	618	3131	163	15
（三）制造业	239052	97741	226676	10359	2017
（四）电力、热力、燃气及水生产和供应业	23550	5143	23147	281	122
（五）建筑业	85305	12369	66703	6744	11858
（六）批发和零售业	59204	35786	55810	2213	1181
（七）交通运输、仓储和邮政业	75737	19915	67165	6460	2112
（八）住宿和餐饮业	12324	6476	11679	264	381
（九）信息传输、软件和信息技术服务业	21279	10400	19773	1452	54
（十）金融业	54692	28533	44942	2992	6758
（十一）房地产业	16553	6325	14701	1627	225
（十二）租赁和商务服务业	32850	7099	28886	2926	1038
（十三）科学研究、技术服务业	39047	11787	33477	4532	1038
（十四）水利、环境和公共设施管理业	20678	8503	13435	1718	5525
（十五）居民服务、修理和其他服务业	3408	1016	3178	98	132
（十六）教育	130876	84848	125964	2155	2757
（十七）卫生和社会工作	56332	36692	53280	1331	1721
（十八）文化、体育和娱乐业	16046	6695	13124	922	2000
（十九）公共管理、社会保障和社会组织	110966	32510	104936	1801	4229

2—1 续表 1　　(2015 年)　　计量单位：人、千元、个、元

行业名称	单位从业人员平均人数	在岗职工	劳务派遣人员	其他从业人员
总　计	**1004028**	**907535**	**53339**	**43154**
一、按企业、事业、机关分组				
（一）企业	639957	570995	42283	26679
（二）事业	265177	243441	9463	12273
（三）机关	95947		1593	3976
（四）民间非营利组织	1956	1742		214
（五）其他	991	979		12
二、按国民经济行业分组				
（一）农、林、牧、渔业	1980	1968	8	4
（二）采矿业	3792	3377	397	18
（三）制造业	240555	228582	10146	1827
（四）电力、热力、燃气及水生产和供应业	23398	23084	192	122
（五）建筑业	86086	66648	7154	12284
（六）批发和零售业	59222	55652	2316	1254
（七）交通运输、仓储和邮政业	77966	66825	9138	2003
（八）住宿和餐饮业	12406	11699	261	446
（九）信息传输、软件和信息技术服务业	21294	16992	4246	56
（十）金融业	53689	44032	2928	6729
（十一）房地产业	16361	14512	1611	238
（十二）租赁和商务服务业	32573	28924	2699	950
（十三）科学研究、技术服务业	38621	33195	4364	1062
（十四）水利、环境和公共设施管理业	20447	13422	1639	5386
（十五）居民服务、修理和其他服务业	3303	3062	83	158
（十六）教育	130645	125734	2142	2769
（十七）卫生和社会工作	55270	52309	1310	1651
（十八）文化、体育和娱乐业	16123	13214	914	1995
（十九）公共管理、社会保障和社会组织	110297	104304	1791	4202

2—1 续表 2　　（2015 年）　　计量单位：人、千元、个、元

行业名称	单位从业人员工资总额	在岗职工	劳务派遣人员	其他从业人员	单位数
总　计	**53681348**	**50098658**	**2212110**	**1370580**	**8584**
一、按企业、事业、机关分组					
（一）企业	32468762	29733151	1841090	894521	2661
（二）事业	15886150	15158281	337303	390566	4057
（三）机关	5188298	5075973	33717	78608	1839
（四）民间非营利组织	90150	83786		6364	16
（五）其他	47988	47467		521	11
二、按国民经济行业分组					
（一）农、林、牧、渔业	76927	76641	205	81	89
（二）采矿业	159438	147352	11720	366	6
（三）制造业	9948438	9469701	399211	79526	578
（四）电力、热力、燃气及水生产和供应业	1651223	1643991	5835	1397	60
（五）建筑业	3505324	2838587	280446	386291	172
（六）批发和零售业	2340092	2207539	95094	37459	571
（七）交通运输、仓储和邮政业	4668677	4199815	376314	92548	229
（八）住宿和餐饮业	413401	388963	10714	13724	91
（九）信息传输、软件和信息技术服务业	1739146	1468044	268771	2331	89
（十）金融业	5266277	4902043	154763	209471	346
（十一）房地产业	776086	723397	44050	8639	273
（十二）租赁和商务服务业	1235822	1095587	113791	26444	196
（十三）科学研究、技术服务业	3052055	2778636	234425	38994	392
（十四）水利、环境和公共设施管理业	798469	612379	47015	139075	195
（十五）居民服务、修理和其他服务业	119917	110361	4270	5286	59
（十六）教育	7924316	7770536	66131	87649	2242
（十七）卫生和社会工作	3286636	3194209	45781	46646	471
（十八）文化、体育和娱乐业	866261	738870	15358	112033	237
（十九）公共管理、社会保障和社会组织	5852843	5732007	38216	82620	2288

2—1 续表 3　　（2015 年）　　计量单位：人、千元、个、元

行业名称	单位从业人员平均工资	在岗职工	劳务派遣人员	其他从业人员
总　计	**53466**	**55203**	**41473**	**31760**
一、按企业、事业、机关分组				
（一）企业	50736	52073	43542	33529
（二）事业	59908	62267	35644	31823
（三）机关	54075	56164	21166	19771
（四）民间非营利组织	46089	48098		29738
（五）其他	48424	48485		43417
二、按国民经济行业分组				
（一）农、林、牧、渔业	38852	38944	25625	20250
（二）采矿业	42046	43634	29521	20333
（三）制造业	41356	41428	39347	43528
（四）电力、热力、燃气及水生产和供应业	70571	71218	30391	11451
（五）建筑业	40719	42591	39201	31447
（六）批发和零售业	39514	39667	41060	29872
（七）交通运输、仓储和邮政业	59881	62848	41181	46205
（八）住宿和餐饮业	33323	33248	41050	30771
（九）信息传输、软件和信息技术服务业	81673	86396	63300	41625
（十）金融业	98089	111329	52856	31130
（十一）房地产业	47435	49848	27343	36298
（十二）租赁和商务服务业	37940	37878	42160	27836
（十三）科学研究、技术服务业	79026	83706	53718	36718
（十四）水利、环境和公共设施管理业	39051	45625	28685	25822
（十五）居民服务、修理和其他服务业	36305	36042	51446	33456
（十六）教育	60655	61801	30873	31654
（十七）卫生和社会工作	59465	61064	34947	28253
（十八）文化、体育和娱乐业	53728	55916	16803	56157
（十九）公共管理、社会保障和社会组织	53064	54955	21338	19662

2—1 续表 4 （2015 年） 计量单位：人、千元、个、元

行业名称	在岗职工（含劳务派遣）			
	期末人数	平均人数	工资总额	平均工资
总　计	**960017**	**960874**	**52310768**	**54441**
一、按企业、事业、机关分组				
（一）企业	610356	613278	31574241	51484
（二）事业	254314	252904	15495584	61271
（三）机关	92604	91971	5109690	55558
（四）民间非营利组织	1786	1742	83786	48098
（五）其他	957	979	47467	48485
二、按国民经济行业分组				
（一）农、林、牧、渔业	1972	1976	76846	38890
（二）采矿业	3294	3774	159072	42149
（三）制造业	237035	238728	9868912	41340
（四）电力、热力、燃气及水生产和供应业	23428	23276	1649826	70881
（五）建筑业	73447	73802	3119033	42262
（六）批发和零售业	58023	57968	2302633	39722
（七）交通运输、仓储和邮政业	73625	75963	4576129	60242
（八）住宿和餐饮业	11943	11960	399677	33418
（九）信息传输、软件和信息技术服务业	21225	21238	1736815	81779
（十）金融业	47934	46960	5056806	107683
（十一）房地产业	16328	16123	767447	47600
（十二）租赁和商务服务业	31812	31623	1209378	38244
（十三）科学研究、技术服务业	38009	37559	3013061	80222
（十四）水利、环境和公共设施管理业	15153	15061	659394	43782
（十五）居民服务、修理和其他服务业	3276	3145	114631	36449
（十六）教育	128119	127876	7836667	61283
（十七）卫生和社会工作	54611	53619	3239990	60426
（十八）文化、体育和娱乐业	14046	14128	754228	53385
（十九）公共管理、社会保障和社会组织	106737	106095	5770223	54387

全市国有单位从业人员和工资总额

2—2　（2015 年）　计量单位：人、千元、个、元

行业名称	年末单位从业人员	# 女性	1. 在岗职工	2. 劳务派遣人员	3. 其他从业人员
总　计	**489067**	**211403**	**455033**	**16460**	**17574**
一、按隶属关系分组					
1. 中央	72009	19432	65640	5367	1002
2. 地方	417058	191971	389393	11093	16572
二、按企业、事业、机关分组					
（一）企业	133673	40045	126497	5585	1591
1. 中央	53444	13993	48915	4021	508
2. 地方	80229	26052	77582	1564	1083
（二）事业	258069	143476	236826	9274	11969
1. 中央	14233	3984	12656	1291	286
2. 地方	243836	139492	224170	7983	11683
（三）机关	96507	27488	90902	1601	4004
1. 中央	4332	1455	4069	55	208
2. 地方	92175	26033	86833	1546	3796
（四）民间非营利组织	392	240	391		1
1. 中央					
2. 地方	392	240	391		1
（五）其他	426	154	417		9
1. 中央					
2. 地方	426	154	417		9
三、按国民经济行业分组					
（一）农、林、牧、渔业	1786	569	1774	8	4
（二）采矿业					
（三）制造业	17377	5238	17121	98	158
（四）电力、热力、燃气及水生产和供应业	11711	2955	11433	167	111
（五）建筑业	15094	3176	12609	1866	619
（六）批发和零售业	10895	6940	10804	42	49
（七）交通运输、仓储和邮政业	52169	14706	49105	2565	499
（八）住宿和餐饮业	5804	2809	5523	190	91
（九）信息传输、软件和信息技术服务业	3568	1510	3117	404	47
（十）金融业	3547	1369	3352	172	23
（十一）房地产业	1334	445	1323		11
（十二）租赁和商务服务业	16102	1464	15931	44	127
（十三）科学研究、技术服务业	27920	8843	24064	3410	446
（十四）水利、环境和公共设施管理业	19813	8312	12871	1706	5236
（十五）居民服务、修理和其他服务业	1242	366	1206		36
（十六）教育	126453	81952	121738	2155	2560
（十七）卫生和社会工作	51386	33134	48855	1045	1486
（十八）文化、体育和娱乐业	12168	5212	9539	787	1842
（十九）公共管理、社会保障和社会组织	110698	32403	104668	1801	4229

2—2 续表 1　　（2015 年）　　计量单位：人、千元、个、元

行业名称	单位从业人员平均人数	在岗职工	劳务派遣人员	其他从业人员
总　　计	**488822**	**452774**	**18360**	**17688**
一、按隶属关系分组				
1. 中央	72780	65840	5909	1031
2. 地方	416042	386934	12451	16657
二、按企业、事业、机关分组				
（一）企业	135598	126063	7624	1911
1. 中央	54384	49261	4583	540
2. 地方	81214	76802	3041	1371
（二）事业	256565	235631	9143	11791
1. 中央	14092	12537	1271	284
2. 地方	242473	223094	7872	11507
（三）机关	95846	90277	1593	3976
1. 中央	4304	4042	55	207
2. 地方	91542	86235	1538	3769
（四）民间非营利组织	391	390		1
1. 中央				
2. 地方	391	390		1
（五）其他	422	413		9
1. 中央				
2. 地方	422	413		9
三、按国民经济行业分组				
（一）农、林、牧、渔业	1788	1776	8	4
（二）采矿业				
（三）制造业	17371	17119	96	156
（四）电力、热力、燃气及水生产和供应业	11349	11176	62	111
（五）建筑业	15931	12527	2557	847
（六）批发和零售业	10898	10805	42	51
（七）交通运输、仓储和邮政业	53723	49204	4010	509
（八）住宿和餐饮业	5822	5491	187	144
（九）信息传输、软件和信息技术服务业	3627	3169	411	47
（十）金融业	3431	3242	167	22
（十一）房地产业	1330	1319		11
（十二）租赁和商务服务业	16165	15995	44	126
（十三）科学研究、技术服务业	27732	23854	3401	477
（十四）水利、环境和公共设施管理业	19579	12855	1627	5097
（十五）居民服务、修理和其他服务业	1245	1209		36
（十六）教育	126289	121599	2142	2548
（十七）卫生和社会工作	50438	47946	1029	1463
（十八）文化、体育和娱乐业	12076	9453	786	1837
（十九）公共管理、社会保障和社会组织	110028	104035	1791	4202

2—2 续表 2　　（2015 年）　　计量单位：人、千元、个、元

行业名称	单位从业人员工资总额	在岗职工	劳务派遣人员	其他从业人员	单位数
总　　计	**27991407**	**26734266**	**730990**	**526151**	**6293**
一、按隶属关系分组					
1. 中央	5887285	5580886	272415	33984	170
2. 地方	22104122	21153380	458575	492167	6123
二、按企业、事业、机关分组					
（一）企业	7304381	6866293	372063	66025	538
1. 中央	4009572	3786814	198977	23781	98
2. 地方	3294809	3079479	173086	42244	440
（二）事业	15442112	14735838	325210	381064	3910
1. 中央	1591853	1512813	72173	6867	39
2. 地方	13850259	13223025	253037	374197	3871
（三）机关	5185739	5073414	33717	78608	1835
1. 中央	285860	281259	1265	3336	33
2. 地方	4899879	4792155	32452	75272	1802
（四）民间非营利组织	33108	33090		18	6
1. 中央					
2. 地方	33108	33090		18	6
（五）其他	26067	25631		436	4
1. 中央					
2. 地方	26067	25631		436	4
三、按国民经济行业分组					
（一）农、林、牧、渔业	72419	72133	205	81	84
（二）采 矿 业					
（三）制 造 业	923167	913905	2416	6846	36
（四）电力、热力、燃气及水生产和供应业	688410	685795	1559	1056	38
（五）建筑业	767334	616598	122548	28188	21
（六）批发和零售业	339453	333758	4215	1480	173
（七）交通运输、仓储和邮政业	3391264	3189562	185001	16701	127
（八）住宿和餐饮业	188278	175147	7927	5204	41
（九）信息传输、软件和信息技术服务业	204691	188113	14680	1898	27
（十）金融业	432209	425714	6006	489	45
（十一）房地产业	56159	55885		274	30
（十二）租赁和商务服务业	464735	459881	2264	2590	78
（十三）科学研究、技术服务业	2412748	2205283	191362	16103	301
（十四）水利、环境和公共设施管理业	769094	588021	46727	134346	183
（十五）居民服务、修理和其他服务业	51755	50703		1052	35
（十六）教育	7742648	7595374	66131	81143	2206
（十七）卫生和社会工作	3005167	2928668	35125	41374	389
（十八）文化、体育和娱乐业	640721	529407	6608	104706	198
（十九）公共管理、社会保障和社会组织	5841155	5720319	38216	82620	2281

2—2 续表 3　　（2015 年）　　计量单位：人、千元、个、元

行业名称	单位从业人员平均工资	在岗职工	劳务派遣人员	其他从业人员
总　计	**57263**	**59045**	**39814**	**29746**
一、按隶属关系分组				
1. 中央	80892	84764	46102	32962
2. 地方	53130	54669	36830	29547
二、按企业、事业、机关分组				
（一）企业	53868	54467	48802	34550
1. 中央	73727	76872	43416	44039
2. 地方	40569	40096	56917	30813
（二）事业	60188	62538	35569	32318
1. 中央	112961	120668	56784	24180
2. 地方	57121	59271	32144	32519
（三）机关	54105	56198	21166	19771
1. 中央	66417	69584	23000	16116
2. 地方	53526	55571	21100	19971
（四）民间非营利组织	84675	84846		18000
1. 中央				
2. 地方	84675	84846		18000
（五）其他	61770	62061		48444
1. 中央				
2. 地方	61770	62061		48444
三、按国民经济行业分组				
（一）农、林、牧、渔业	40503	40615	25625	20250
（二）采 矿 业				
（三）制 造 业	53144	53385	25167	43885
（四）电力、热力、燃气及水生产和供应业	60658	61363	25145	9514
（五）建筑业	48166	49222	47926	33280
（六）批发和零售业	31148	30889	100357	29020
（七）交通运输、仓储和邮政业	63125	64823	46135	32811
（八）住宿和餐饮业	32339	31897	42390	36139
（九）信息传输、软件和信息技术服务业	56435	59360	35718	40383
（十）金融业	125972	131312	35964	22227
（十一）房地产业	42225	42369		24909
（十二）租赁和商务服务业	28749	28752	51455	20556
（十三）科学研究、技术服务业	87002	92449	56266	33759
（十四）水利、环境和公共设施管理业	39282	45743	28720	26358
（十五）居民服务、修理和其他服务业	41570	41938		29222
（十六）教育	61309	62462	30873	31846
（十七）卫生和社会工作	59581	61083	34135	28280
（十八）文化、体育和娱乐业	53057	56004	8407	56998
（十九）公共管理、社会保障和社会组织	53088	54985	21338	19662

2—2 续表 4　　(2015 年)　　计量单位：人、千元、个、元

行业名称	在岗职工（含劳务派遣）			
	期末人数	平均人数	工资总额	平均工资
总　计	**471493**	**471134**	**27465256**	**58296**
一、按隶属关系分组				
1. 中央	71007	71749	5853301	81580
2. 地方	400486	399385	21611955	54113
二、按企业、事业、机关分组				
（一）企业	132082	133687	7238356	54144
1. 中央	52936	53844	3985791	74025
2. 地方	79146	79843	3252565	40737
（二）事业	246100	244774	15061048	61530
1. 中央	13947	13808	1584986	114788
2. 地方	232153	230966	13476062	58347
（三）机关	92503	91870	5107131	55591
1. 中央	4124	4097	282524	68959
2. 地方	88379	87773	4824607	54967
（四）民间非营利组织	391	390	33090	84846
1. 中央				
2. 地方	391	390	33090	84846
（五）其他	417	413	25631	62061
1. 中央				
2. 地方	417	413	25631	62061
三、按国民经济行业分组				
（一）农、林、牧、渔业	1782	1784	72338	40548
（二）采矿业				
（三）制造业	17219	17215	916321	53228
（四）电力、热力、燃气及水生产和供应业	11600	11238	687354	61163
（五）建筑业	14475	15084	739146	49002
（六）批发和零售业	10846	10847	337973	31158
（七）交通运输、仓储和邮政业	51670	53214	3374563	63415
（八）住宿和餐饮业	5713	5678	183074	32243
（九）信息传输、软件和信息技术服务业	3521	3580	202793	56646
（十）金融业	3524	3409	431720	126641
（十一）房地产业	1323	1319	55885	42369
（十二）租赁和商务服务业	15975	16039	462145	28814
（十三）科学研究、技术服务业	27474	27255	2396645	87934
（十四）水利、环境和公共设施管理业	14577	14482	634748	43830
（十五）居民服务、修理和其他服务业	1206	1209	50703	41938
（十六）教育	123893	123741	7661505	61916
（十七）卫生和社会工作	49900	48975	2963793	60516
（十八）文化、体育和娱乐业	10326	10239	536015	52350
（十九）公共管理、社会保障和社会组织	106469	105826	5758535	54415

全市城镇集体单位从业人员和工资总额

2—3　（2015 年）　计量单位：人、千元、个、元

行业名称	年末单位从业人员	# 女 性	1. 在岗职工	2. 劳务派遣人员	3. 其他从业人员
总　计	**23837**	**10315**	**22565**	**872**	**400**
一、按企业、事业、机关分组					
（一）企业	19204	7512	18417	602	185
（二）事业	4254	2681	3769	270	215
（三）机关	101	22	101		
（四）其他	278	100	278		
二、按国民经济行业分组					
（一）农、林、牧、渔业	190	46	190		
（二）采矿业					
（三）制造业	2558	935	2537	11	10
（四）电力、热力、燃气及水生产和供应业					
（五）建筑业	1858	270	1661	197	
（六）批发和零售业	4968	2213	4890	4	74
（七）交通运输、仓储和邮政业	1046	343	1038		8
（八）住宿和餐饮业	386	215	366	20	
（九）信息传输、软件和信息技术服务业	124	42	124		
（十）金融业	5304	2256	4857	370	77
（十一）房地产业	316	138	316		
（十二）租赁和商务服务业	2371	943	2370		1
（十三）科学研究、技术服务业	63	44	63		
（十四）水利、环境和公共设施管理业	169	48	169		
（十五）居民服务、修理和其他服务业	317	117	317		
（十六）教育	945	728	945		
（十七）卫生和社会工作	2666	1752	2196	270	200
（十八）文化、体育和娱乐业	423	198	393		30
（十九）公共管理、社会保障和社会组织	133	27	133		

2—3 续表 1　　（2015 年）　　量单位：人、千元、个、元

行业名称	单位从业人员平均人数	在岗职工	劳务派遣人　员	其他从业人员
总　　计	**23460**	**22306**	**797**	**357**
一、按企业、事业、机关分组				
（一）企业	18837	18116	532	189
（二）事业	4224	3791	265	168
（三）机关	101	101		
（四）其他	298	298		
二、按国民经济行业分组				
（一）农、林、牧、渔业	192	192		
（二）采矿业				
（三）制造业	2517	2498	10	9
（四）电力、热力、燃气及水生产和供应业				
（五）建筑业	1876	1645	231	
（六）批发和零售业	4779	4701	4	74
（七）交通运输、仓储和邮政业	1026	1018		8
（八）住宿和餐饮业	392	372	20	
（九）信息传输、软件和信息技术服务业	122	122		
（十）金融业	5168	4822	266	80
（十一）房地产业	311	308	1	2
（十二）租赁和商务服务业	2386	2385		1
（十三）科学研究、技术服务业	63	63		
（十四）水利、环境和公共设施管理业	169	169		
（十五）居民服务、修理和其他服务业	318	318		
（十六）教育	939	939		
（十七）卫生和社会工作	2648	2230	265	153
（十八）文化、体育和娱乐业	420	390		30
（十九）公共管理、社会保障和社会组织	134	134		

2—3 续表 2　　（2015 年）　　量单位：人、千元、个、元

行业名称	单位从业人员工资总额	在岗职工	劳务派遣人　员	其他从业人　员	单位数
总　计	**989640**	**948058**	**31277**	**10305**	**520**
一、按企业、事业、机关分组					
（一）企业	816659	789463	20921	6275	396
（二）事业	162600	148214	10356	4030	119
（三）机关	2559	2559			4
（四）其他	7822	7822			1
二、按国民经济行业分组					
（一）农、林、牧、渔业	4508	4508			5
（二）采矿业					
（三）制造业	77491	76947	248	296	40
（四）电力、热力、燃气及水生产和供应业					
（五）建筑业	84106	74833	9273		8
（六）批发和零售业	132974	131823	129	1022	161
（七）交通运输、仓储和邮政业	38219	38039		180	9
（八）住宿和餐饮业	11010	10296	714		8
（九）信息传输、软件和信息技术服务业	3456	3456			3
（十）金融业	403295	388897	10504	3894	131
（十一）房地产业	6316	6210	53	53	5
（十二）租赁和商务服务业	54074	54056		18	28
（十三）科学研究、技术服务业	2437	2437			3
（十四）水利、环境和公共设施管理业	4137	4137			6
（十五）居民服务、修理和其他服务业	7088	7088			12
（十六）教育	39879	39879			11
（十七）卫生和社会工作	103736	89207	10356	4173	74
（十八）文化、体育和娱乐业	12532	11863		669	10
（十九）公共管理、社会保障和社会组织	4382	4382			6

2—3 续表 3　　（2015 年）　　量单位：人、千元、个、元

行业名称	单位从业人员平均工资	在岗职工	劳务派遣人员	其他从业人员
总　　计	**42184**	**42502**	**39243**	**28866**
一、按企业、事业、机关分组				
（一）企业	43354	43578	39325	33201
（二）事业	38494	39096	39079	23988
（三）机关	25337	25337		
（四）其他	26248	26248		
二、按国民经济行业分组				
（一）农、林、牧、渔业	23479	23479		
（二）采矿业				
（三）制造业	30787	30803	24800	32889
（四）电力、热力、燃气及水生产和供应业				
（五）建筑业	44833	45491	40143	
（六）批发和零售业	27825	28041	32250	13811
（七）交通运输、仓储和邮政业	37250	37366		22500
（八）住宿和餐饮业	28087	27677	35700	
（九）信息传输、软件和信息技术服务业	28328	28328		
（十）金融业	78037	80651	39489	48675
（十一）房地产业	20309	20162	53000	26500
（十二）租赁和商务服务业	22663	22665		18000
（十三）科学研究、技术服务业	38683	38683		
（十四）水利、环境和公共设施管理业	24479	24479		
（十五）居民服务、修理和其他服务业	22289	22289		
（十六）教育	42470	42470		
（十七）卫生和社会工作	39175	40003	39079	27275
（十八）文化、体育和娱乐业	29838	30418		22300
（十九）公共管理、社会保障和社会组织	32701	32701		

2—3 续表 4 （2015 年） 量单位：人、千元、个、元

行业名称	在岗职工（含劳务派遣）			
	期末人数	平均人数	工资总额	平均工资
总　计	**23437**	**23103**	**979335**	**42390**
一、按企业、事业、机关分组				
（一）企业	19019	18648	810384	43457
（二）事业	4039	4056	158570	39095
（三）机关	101	101	2559	25337
（四）其他	278	298	7822	26248
二、按国民经济行业分组				
（一）农、林、牧、渔业	190	192	4508	23479
（二）采矿业				
（三）制造业	2548	2508	77195	30780
（四）电力、热力、燃气及水生产和供应业				
（五）建筑业	1858	1876	84106	44833
（六）批发和零售业	4894	4705	131952	28045
（七）交通运输、仓储和邮政业	1038	1018	38039	37366
（八）住宿和餐饮业	386	392	11010	28087
（九）信息传输、软件和信息技术服务业	124	122	3456	28328
（十）金融业	5227	5088	399401	78499
（十一）房地产业	316	309	6263	20269
（十二）租赁和商务服务业	2370	2385	54056	22665
（十三）科学研究、技术服务业	63	63	2437	38683
（十四）水利、环境和公共设施管理业	169	169	4137	24479
（十五）居民服务、修理和其他服务业	317	318	7088	22289
（十六）教育	945	939	39879	42470
（十七）卫生和社会工作	2466	2495	99563	39905
（十八）文化、体育和娱乐业	393	390	11863	30418
（十九）公共管理、社会保障和社会组织	133	134	4382	32701

全市城镇其他单位从业人员和工资总额

2—4　　（2015 年）　　计量单位：人、千元、个、元

行业名称	年末单位从业人员	# 女 性	1. 在岗职工	2. 劳务派遣人员	3. 其他从业人员
总　计	**490280**	**191353**	**434373**	**30714**	**25193**
一、按经济注册类型分组					
（一）内资	404554	148535	356486	23560	24508
1. 股份合作	2166	1003	2011	140	15
2. 联营	70	23	70		
3. 有限责任公司	296696	98693	258961	20366	17369
4. 股份有限公司	96900	43796	87099	2945	6856
5. 其他	8722	5020	8345	109	268
（二）港澳台投资经济	51069	26291	45064	5910	95
（三）外商投资	34657	16527	32823	1244	590
二、按国民经济行业分组					
（一）农、林、牧、渔业					
（二）采矿业	3309	618	3131	163	15
（三）制造业	219117	91568	207018	10250	1849
（四）电力、热力、燃气及水生产和供应业	11839	2188	11714	114	11
（五）建筑业	68353	8923	52433	4681	11239
（六）批发和零售业	43341	26633	40116	2167	1058
（七）交通运输、仓储和邮政业	22522	4866	17022	3895	1605
（八）住宿和餐饮业	6134	3452	5790	54	290
（九）信息传输、软件和信息技术服务业	17587	8848	16532	1048	7
（十）金融业	45841	24908	36733	2450	6658
（十一）房地产业	14903	5742	13062	1627	214
（十二）租赁和商务服务业	14377	4692	10585	2882	910
（十三）科学研究、技术服务业	11064	2900	9350	1122	592
（十四）水利、环境和公共设施管理业	696	143	395	12	289
（十五）居民服务、修理和其他服务业	1849	533	1655	98	96
（十六）教育	3478	2168	3281		197
（十七）卫生和社会工作	2280	1806	2229	16	35
（十八）文化、体育和娱乐业	3455	1285	3192	135	128
（十九）公共管理、社会保障和社会组织	135	80	135		

2—4 续表 1 （2015 年） 计量单位：人、千元、个、元

行业名称	单位从业人员平均人数	在岗职工	劳务派遣人员	其他从业人员
总　计	**491746**	**432455**	**34182**	**25109**
一、按经济注册类型分组				
（一）内资	406022	357118	24450	24454
1. 股份合作	2142	2006	121	15
2. 联营	69	69		
3. 有限责任公司	297694	259258	21195	17241
4. 股份有限公司	97406	87478	3024	6904
5. 其他	8711	8307	110	294
（二）港澳台投资经济	50624	44864	5682	78
（三）外商投资	35100	30473	4050	577
二、按国民经济行业分组				
（一）农、林、牧、渔业				
（二）采矿业	3792	3377	397	18
（三）制造业	220667	208965	10040	1662
（四）电力、热力、燃气及水生产和供应业	12049	11908	130	11
（五）建筑业	68279	52476	4366	11437
（六）批发和零售业	43545	40146	2270	1129
（七）交通运输、仓储和邮政业	23217	16603	5128	1486
（八）住宿和餐饮业	6192	5836	54	302
（九）信息传输、软件和信息技术服务业	17545	13701	3835	9
（十）金融业	45090	35968	2495	6627
（十一）房地产业	14720	12885	1610	225
（十二）租赁和商务服务业	14022	10544	2655	823
（十三）科学研究、技术服务业	10826	9278	963	585
（十四）水利、环境和公共设施管理业	699	398	12	289
（十五）居民服务、修理和其他服务业	1740	1535	83	122
（十六）教育	3417	3196		221
（十七）卫生和社会工作	2184	2133	16	35
（十八）文化、体育和娱乐业	3627	3371	128	128
（十九）公共管理、社会保障和社会组织	135	135		

2—4 续表 2　　（2015 年）　　计量单位：人、千元、个、元

行业名称	单位从业人员工资总额	在岗职工	劳务派遣人员	其他从业人员	单位数
总　计	**24700301**	**22416334**	**1449843**	**834124**	**1771**
一、按经济注册类型分组					
（一）内资	20570647	18773116	976208	821323	1626
1. 股份合作	139510	133749	5511	250	23
2. 联营	1950	1950			1
3. 有限责任公司	13574542	12188075	794311	592156	1218
4. 股份有限公司	6377057	5984036	173161	219860	327
5. 其他	477588	465306	3225	9057	57
（二）港澳台投资经济	2316006	2102365	211647	1994	69
（三）外商投资	1813648	1540853	261988	10807	76
二、按国民经济行业分组					
（一）农、林、牧、渔业					
（二）采矿业	159438	147352	11720	366	6
（三）制造业	8947780	8478849	396547	72384	502
（四）电力、热力、燃气及水生产和供应业	962813	958196	4276	341	22
（五）建筑业	2653884	2147156	148625	358103	143
（六）批发和零售业	1867665	1741958	90750	34957	237
（七）交通运输、仓储和邮政业	1239194	972214	191313	75667	93
（八）住宿和餐饮业	214113	203520	2073	8520	42
（九）信息传输、软件和信息技术服务业	1530999	1276475	254091	433	59
（十）金融业	4430773	4087432	138253	205088	170
（十一）房地产业	713611	661302	43997	8312	238
（十二）租赁和商务服务业	717013	581650	111527	23836	90
（十三）科学研究、技术服务业	636870	570916	43063	22891	88
（十四）水利、环境和公共设施管理业	25238	20221	288	4729	6
（十五）居民服务、修理和其他服务业	61074	52570	4270	4234	12
（十六）教育	141789	135283		6506	25
（十七）卫生和社会工作	177733	176334	300	1099	8
（十八）文化、体育和娱乐业	213008	197600	8750	6658	29
（十九）公共管理、社会保障和社会组织	7306	7306			1

2—4 续表 3 （2015 年） 计量单位：人、千元、个、元

行业名称	单位从业人员平均工资	在岗职工	劳务派遣人员	其他从业人员
总　计	**50230**	**51835**	**42415**	**33220**
一、按经济注册类型分组				
（一）内资	50664	52568	39927	33586
1. 股份合作	65131	66674	45545	16667
2. 联营	28261	28261		
3. 有限责任公司	45599	47011	37476	34346
4. 股份有限公司	65469	68406	57262	31845
5. 其他	54826	56014	29318	30806
（二）港澳台投资经济	45749	46861	37249	25564
（三）外商投资	51671	50565	64688	18730
二、按国民经济行业分组				
（一）农、林、牧、渔业				
（二）采矿业	42046	43634	29521	20333
（三）制造业	40549	40575	39497	43552
（四）电力、热力、燃气及水生产和供应业	79908	80467	32892	31000
（五）建筑业	38868	40917	34041	31311
（六）批发和零售业	42890	43391	39978	30963
（七）交通运输、仓储和邮政业	53374	58557	37308	50920
（八）住宿和餐饮业	34579	34873	38389	28212
（九）信息传输、软件和信息技术服务业	87261	93167	66256	48111
（十）金融业	98265	113641	55412	30947
（十一）房地产业	48479	51323	27327	36942
（十二）租赁和商务服务业	51135	55164	42006	28962
（十三）科学研究、技术服务业	58828	61534	44718	39130
（十四）水利、环境和公共设施管理业	36106	50807	24000	16363
（十五）居民服务、修理和其他服务业	35100	34248	51446	34705
（十六）教育	41495	42329		29439
（十七）卫生和社会工作	81380	82669	18750	31400
（十八）文化、体育和娱乐业	58728	58618	68359	52016
（十九）公共管理、社会保障和社会组织	54119	54119		

2—4 续表 4　　（2015 年）　　计量单位：人、千元、个、元

行业名称	在岗职工（含劳务派遣）			
	期末人数	平均人数	工资总额	平均工资
总　计	**465087**	**466637**	**23866177**	**51145**
一、按经济注册类型分组				
（一）内资	380046	381568	19749324	51758
1. 股份合作	2151	2127	139260	65472
2. 联营	70	69	1950	28261
3. 有限责任公司	279327	280453	12982386	46291
4. 股份有限公司	90044	90502	6157197	68034
5. 其他	8454	8417	468531	55665
（二）港澳台投资经济	50974	50546	2314012	45780
（三）外商投资	34067	34523	1802841	52221
二、按国民经济行业分组				
（一）农、林、牧、渔业				
（二）采矿业	3294	3774	159072	42149
（三）制造业	217268	219005	8875396	40526
（四）电力、热力、燃气及水生产和供应业	11828	12038	962472	79953
（五）建筑业	57114	56842	2295781	40389
（六）批发和零售业	42283	42416	1832708	43208
（七）交通运输、仓储和邮政业	20917	21731	1163527	53542
（八）住宿和餐饮业	5844	5890	205593	34905
（九）信息传输、软件和信息技术服务业	17580	17536	1530566	87281
（十）金融业	39183	38463	4225685	109864
（十一）房地产业	14689	14495	705299	48658
（十二）租赁和商务服务业	13467	13199	693177	52517
（十三）科学研究、技术服务业	10472	10241	613979	59953
（十四）水利、环境和公共设施管理业	407	410	20509	50022
（十五）居民服务、修理和其他服务业	1753	1618	56840	35130
（十六）教育	3281	3196	135283	42329
（十七）卫生和社会工作	2245	2149	176634	82194
（十八）文化、体育和娱乐业	3327	3499	206350	58974
（十九）公共管理、社会保障和社会组织	135	135	7306	54119

市区单位从业人员和工资总额

2—5 （2015年） 计量单位：人、千元、个、元

行业名称	年末单位从业人员	#女 性	1.在岗职工	2.劳务派遣人员	3.其他从业人员
总 计	**707322**	**281564**	**630199**	**45228**	**31895**
一、按企业、事业、机关分组					
（一）企业	490337	176007	436232	35046	19059
（二）事业	161888	88528	143106	8809	9973
（三）机关	52252	15479	48215	1373	2664
（四）民间非营利组织	1975	1253	1786		189
（五）其他	870	297	860		10
二、按国民经济行业分组					
（一）农、林、牧、渔业	614	189	608	2	4
（二）采矿业	3290	610	3112	163	15
（三）制造业	158852	58839	146807	10160	1885
（四）电力、热力、燃气及水生产和供应业	18625	3970	18264	258	103
（五）建筑业	65292	11056	51663	6641	6988
（六）批发和零售业	49304	29557	46326	2210	768
（七）交通运输、仓储和邮政业	60034	15605	53128	5474	1432
（八）住宿和餐饮业	9679	4979	9158	166	355
（九）信息传输、软件和信息技术服务业	20073	9976	18609	1441	23
（十）金融业	45300	24391	36641	2547	6112
（十一）房地产业	14579	5560	12781	1627	171
（十二）租赁和商务服务业	30321	6533	27080	2888	353
（十三）科学研究、技术服务业	36745	10961	31278	4512	955
（十四）水利、环境和公共设施管理业	13711	5919	7260	1716	4735
（十五）居民服务、修理和其他服务业	2212	638	1989	98	125
（十六）教育	67845	44314	64596	1500	1749
（十七）卫生和社会工作	36121	24236	33487	1331	1303
（十八）文化、体育和娱乐业	13644	5664	10755	914	1975
（十九）公共管理、社会保障和社会组织	61081	18567	56657	1580	2844

2—5 续表 1　　（2015 年）　　计量单位：人、千元、个、元

行业名称	单位从业人员平均人数	在岗职工	劳务派遣人　员	其他从业人　员
总　计	**709957**	**627540**	**50543**	**31874**
一、按企业、事业、机关分组				
（一）企业	494367	434637	40498	19232
（二）事业	160612	142190	8678	9744
（三）机关	52130	48089	1367	2674
（四）民间非营利组织	1956	1742		214
（五）其他	892	882		10
二、按国民经济行业分组				
（一）农、林、牧、渔业	615	609	2	4
（二）采矿业	3773	3358	397	18
（三）制造业	160771	149170	9917	1684
（四）电力、热力、燃气及水生产和供应业	18495	18223	169	103
（五）建筑业	65660	51336	7001	7323
（六）批发和零售业	49581	46422	2313	846
（七）交通运输、仓储和邮政业	62536	53052	8177	1307
（八）住宿和餐饮业	9724	9189	163	372
（九）信息传输、软件和信息技术服务业	20089	15829	4235	25
（十）金融业	44446	35768	2568	6110
（十一）房地产业	14314	12546	1594	174
（十二）租赁和商务服务业	30196	27165	2666	365
（十三）科学研究、技术服务业	36333	31008	4344	981
（十四）水利、环境和公共设施管理业	13561	7328	1637	4596
（十五）居民服务、修理和其他服务业	2171	1937	83	151
（十六）教育	67784	64536	1489	1759
（十七）卫生和社会工作	35195	32653	1310	1232
（十八）文化、体育和娱乐业	13733	10857	906	1970
（十九）公共管理、社会保障和社会组织	60980	56554	1572	2854

2—5 续表 2　　（2015 年）　　计量单位：人、千元、个、元

行业名称	单位从业人员工资总额	在岗职工	劳务派遣人员	其他从业人员	单位数
总　计	**40963915**	**37812579**	**2110319**	**1041017**	**3879**
一、按企业、事业、机关分组					
（一）企业	26785720	24372537	1769080	644103	1609
（二）事业	10833868	10183212	313135	337521	1440
（三）机关	3209379	3128742	28104	52533	804
（四）民间非营利组织	90150	83786		6364	16
（五）其他	44798	44302		496	10
二、按国民经济行业分组					
（一）农、林、牧、渔业	32533	32438	14	81	11
（二）采矿业	159021	146935	11720	366	5
（三）制造业	7328836	6863303	391135	74398	355
（四）电力、热力、燃气及水生产和供应业	1206129	1200202	5058	869	32
（五）建筑业	2920796	2412502	276936	231358	123
（六）批发和零售业	2081584	1963277	94884	23423	294
（七）交通运输、仓储和邮政业	3710805	3320414	333672	56719	105
（八）住宿和餐饮业	341674	324650	6814	10210	62
（九）信息传输、软件和信息技术服务业	1682613	1413484	268253	876	67
（十）金融业	4599301	4272726	139975	186600	115
（十一）房地产业	695454	646374	43758	5322	212
（十二）租赁和商务服务业	1172893	1046260	113385	13248	154
（十三）科学研究、技术服务业	2917989	2648638	233903	35448	285
（十四）水利、环境和公共设施管理业	562932	392563	46972	123397	79
（十五）居民服务、修理和其他服务业	83736	74319	4270	5147	32
（十六）教育	4612812	4501143	45684	65985	623
（十七）卫生和社会工作	2459749	2373971	45781	39997	160
（十八）文化、体育和娱乐业	773248	646272	15235	111741	138
（十九）公共管理、社会保障和社会组织	3621810	3533108	32870	55832	1027

2—5 续表 3　　（2015 年）　　计量单位：人、千元、个、元

行业名称	单位从业人员平均工资	在岗职工	劳务派遣人员	其他从业人员
总　　计	**57699**	**60255**	**41753**	**32660**
一、按企业、事业、机关分组				
（一）企业	54182	56076	43683	33491
（二）事业	67454	71617	36084	34639
（三）机关	61565	65061	20559	19646
（四）民间非营利组织	46089	48098		29738
（五）其他	50222	50229		49600
二、按国民经济行业分组				
（一）农、林、牧、渔业	52899	53264	7000	20250
（二）采矿业	42147	43757	29521	20333
（三）制造业	45586	46010	39441	44179
（四）电力、热力、燃气及水生产和供应业	65214	65862	29929	8437
（五）建筑业	44484	46994	39557	31593
（六）批发和零售业	41984	42292	41022	27687
（七）交通运输、仓储和邮政业	59339	62588	40806	43396
（八）住宿和餐饮业	35137	35330	41804	27446
（九）信息传输、软件和信息技术服务业	83758	89297	63342	35040
（十）金融业	103481	119457	54507	30540
（十一）房地产业	48586	51520	27452	30586
（十二）租赁和商务服务业	38843	38515	42530	36296
（十三）科学研究、技术服务业	80312	85418	53845	36135
（十四）水利、环境和公共设施管理业	41511	53570	28694	26849
（十五）居民服务、修理和其他服务业	38570	38368	51446	34086
（十六）教育	68052	69746	30681	37513
（十七）卫生和社会工作	69889	72703	34947	32465
（十八）文化、体育和娱乐业	56306	59526	16816	56721
（十九）公共管理、社会保障和社会组织	59393	62473	20910	19563

2—5 续表 4 （2015 年） 计量单位：人、千元、个、元

行业名称	在岗职工（含劳务派遣）			
	期末人数	平均人数	工资总额	平均工资
总　计	**675427**	**678083**	**39922898**	**58876**
一、按企业、事业、机关分组				
（一）企业	471278	475135	26141617	55019
（二）事业	151915	150868	10496347	69573
（三）机关	49588	49456	3156846	63831
（四）民间非营利组织	1786	1742	83786	48098
（五）其他	860	882	44302	50229
二、按国民经济行业分组				
（一）农、林、牧、渔业	610	611	32452	53113
（二）采矿业	3275	3755	158655	42252
（三）制造业	156967	159087	7254438	45600
（四）电力、热力、燃气及水生产和供应业	18522	18392	1205260	65532
（五）建筑业	58304	58337	2689438	46102
（六）批发和零售业	48536	48735	2058161	42232
（七）交通运输、仓储和邮政业	58602	61229	3654086	59679
（八）住宿和餐饮业	9324	9352	331464	35443
（九）信息传输、软件和信息技术服务业	20050	20064	1681737	83819
（十）金融业	39188	38336	4412701	115106
（十一）房地产业	14408	14140	690132	48807
（十二）租赁和商务服务业	29968	29831	1159645	38874
（十三）科学研究、技术服务业	35790	35352	2882541	81538
（十四）水利、环境和公共设施管理业	8976	8965	439535	49028
（十五）居民服务、修理和其他服务业	2087	2020	78589	38905
（十六）教育	66096	66025	4546827	68865
（十七）卫生和社会工作	34818	33963	2419752	71247
（十八）文化、体育和娱乐业	11669	11763	661507	56236
（十九）公共管理、社会保障和社会组织	58237	58126	3565978	61349

市区国有单位从业人员和工资总额

2—6　　（2015 年）　　计量单位：人、千元、个、元

行业名称	年末单位从业人员	#女 性	1. 在岗职工	2. 劳务派遣人员	3. 其他从业人员
总　计	**325754**	**134550**	**297614**	**14618**	**13522**
一、按隶属关系分组					
1. 中央	63840	16783	58169	4883	788
2. 地方	261914	117767	239445	9735	12734
二、按企业、事业、机关分组					
（一）企业	117058	34159	110935	4761	1362
1. 中央	47538	11992	43508	3578	452
2. 地方	69520	22167	67427	1183	910
（二）事业	155725	84572	137753	8484	9488
1. 中央	13423	3708	11967	1278	178
2. 地方	142302	80864	125786	7206	9310
（三）机关	52252	15479	48215	1373	2664
1. 中央	2879	1083	2694	27	158
2. 地方	49373	14396	45521	1346	2506
（四）民间非营利组织	392	240	391		1
1. 中央					
2. 地方	392	240	391		1
（五）其他	327	100	320		7
1. 中央					
2. 地方	327	100	320		7
三、按国民经济行业分组					
（一）农、林、牧、渔业	601	187	595	2	4
（二）采矿业					
（三）制造业	13405	4005	13149	98	158
（四）电力、热力、燃气及水生产和供应业	9726	2512	9462	162	102
（五）建筑业	14258	2966	11790	1866	602
（六）批发和零售业	8513	5904	8442	42	29
（七）交通运输、仓储和邮政业	45380	12393	43286	1791	303
（八）住宿和餐饮业	4871	2324	4712	92	67
（九）信息传输、软件和信息技术服务业	2711	1193	2302	393	16
（十）金融业	2657	1081	2522	130	5
（十一）房地产业	898	285	895		3
（十二）租赁和商务服务业	15083	1269	14966	44	73
（十三）科学研究、技术服务业	25827	8079	22074	3390	363
（十四）水利、环境和公共设施管理业	13066	5792	6916	1704	4446
（十五）居民服务、修理和其他服务业	573	163	544		29
（十六）教育	64824	42211	61772	1500	1552
（十七）卫生和社会工作	32503	21454	30349	1045	1109
（十八）文化、体育和娱乐业	9912	4245	7316	779	1817
（十九）公共管理、社会保障和社会组织	60946	18487	56522	1580	2844

2—6 续表 1　　（2015 年）　　计量单位：人、千元、个、元

行业名称	单位从业人员平均人数	在岗职工	劳务派遣人员	其他从业人员
总　　计	**326565**	**296413**	**16526**	**13626**
一、按隶属关系分组				
1. 中央	64633	58384	5426	823
2. 地方	261932	238029	11100	12803
二、按企业、事业、机关分组				
（一）企业	119151	110713	6801	1637
1. 中央	48486	43858	4141	487
2. 地方	70665	66855	2660	1150
（二）事业	154570	136905	8358	9307
1. 中央	13289	11853	1258	178
2. 地方	141281	125052	7100	9129
（三）机关	52130	48089	1367	2674
1. 中央	2858	2673	27	158
2. 地方	49272	45416	1340	2516
（四）民间非营利组织	391	390		1
1. 中央				
2. 地方	391	390		1
（五）其他	323	316		7
1. 中央				
2. 地方	323	316		7
三、按国民经济行业分组				
（一）农、林、牧、渔业	602	596	2	4
（二）采矿业				
（三）制造业	13418	13166	96	156
（四）电力、热力、燃气及水生产和供应业	9413	9254	57	102
（五）建筑业	15049	11662	2557	830
（六）批发和零售业	8557	8484	42	31
（七）交通运输、仓储和邮政业	46996	43441	3241	314
（八）住宿和餐饮业	4855	4694	89	72
（九）信息传输、软件和信息技术服务业	2771	2355	400	16
（十）金融业	2552	2423	124	5
（十一）房地产业	892	889		3
（十二）租赁和商务服务业	15166	15050	44	72
（十三）科学研究、技术服务业	25653	21876	3381	396
（十四）水利、环境和公共设施管理业	12913	6981	1625	4307
（十五）居民服务、修理和其他服务业	577	548		29
（十六）教育	64797	61770	1489	1538
（十七）卫生和社会工作	31681	29567	1029	1085
（十八）文化、体育和娱乐业	9828	7238	778	1812
（十九）公共管理、社会保障和社会组织	60845	56419	1572	2854

2—6 续表 2　　（2015 年）　　计量单位：人、千元、个、元

行业名称	单位从业人员工资总额	在岗职工	劳务派遣人员	其他从业人员	单位数
总　计	**20363996**	**19262354**	**662832**	**438810**	**2423**
一、按隶属关系分组					
1. 中央	5473258	5191638	254148	27472	87
2. 地方	14890738	14070716	408684	411338	2336
二、按企业、事业、机关分组					
（一）企业	6622349	6231844	333686	56819	259
1. 中央	3732757	3528663	181552	22542	50
2. 地方	2889592	2703181	152134	34277	209
（二）事业	10476283	9846212	301042	329029	1351
1. 中央	1530493	1455947	71987	2559	21
2. 地方	8945790	8390265	229055	326470	1330
（三）机关	3209379	3128742	28104	52533	804
1. 中央	210008	207028	609	2371	16
2. 地方	2999371	2921714	27495	50162	788
（四）民间非营利组织	33108	33090		18	6
1. 中央					
2. 地方	33108	33090		18	6
（五）其他	22877	22466		411	3
1. 中央					
2. 地方	22877	22466		411	3
三、按国民经济行业分组					
（一）农、林、牧、渔业	31933	31838	14	81	10
（二）采矿业					
（三）制造业	773372	764110	2416	6846	29
（四）电力、热力、燃气及水生产和供应业	595839	593577	1403	859	17
（五）建筑业	743018	592513	122548	27957	15
（六）批发和零售业	281387	276793	4215	379	47
（七）交通运输、仓储和邮政业	3038401	2877978	149103	11320	45
（八）住宿和餐饮业	162759	156766	4027	1966	26
（九）信息传输、软件和信息技术服务业	164759	150154	14162	443	12
（十）金融业	377487	372375	4992	120	16
（十一）房地产业	40134	40087		47	19
（十二）租赁和商务服务业	435809	432245	2264	1300	52
（十三）科学研究、技术服务业	2286760	2083363	190840	12557	200
（十四）水利、环境和公共设施管理业	537499	372147	46684	118668	75
（十五）居民服务、修理和其他服务业	27367	26454		913	17
（十六）教育	4475544	4370381	45684	59479	603
（十七）卫生和社会工作	2226533	2155779	35125	35629	109
（十八）文化、体育和娱乐业	550891	439992	6485	104414	105
（十九）公共管理、社会保障和社会组织	3614504	3525802	32870	55832	1026

2—6 续表 3 （2015 年） 计量单位：人、千元、个、元

行业名称	单位从业人员平均工资	在岗职工	劳务派遣人员	其他从业人员
总　计	**62358**	**64985**	**40108**	**32204**
一、按隶属关系分组				
1. 中央	84682	88922	46839	33380
2. 地方	56850	59113	36818	32128
二、按企业、事业、机关分组				
（一）企业	55579	56288	49064	34709
1. 中央	76986	80457	43843	46287
2. 地方	40891	40433	57193	29806
（二）事业	67777	71920	36018	35353
1. 中央	115170	122834	57223	14376
2. 地方	63319	67094	32261	35762
（三）机关	61565	65061	20559	19646
1. 中央	73481	77452	22556	15006
2. 地方	60874	64332	20519	19937
（四）民间非营利组织	84675	84846		18000
1. 中央				
2. 地方	84675	84846		18000
（五）其他	70827	71095		58714
1. 中央				
2. 地方	70827	71095		58714
三、按国民经济行业分组				
（一）农、林、牧、渔业	53045	53419	7000	20250
（二）采矿业				
（三）制造业	57637	58037	25167	43885
（四）电力、热力、燃气及水生产和供应业	63300	64143	24614	8422
（五）建筑业	49373	50807	47926	33683
（六）批发和零售业	32884	32625	100357	12226
（七）交通运输、仓储和邮政业	64652	66250	46005	36051
（八）住宿和餐饮业	33524	33397	45247	27306
（九）信息传输、软件和信息技术服务业	59458	63760	35405	27688
（十）金融业	147918	153683	40258	24000
（十一）房地产业	44993	45092		15667
（十二）租赁和商务服务业	28736	28721	51455	18056
（十三）科学研究、技术服务业	89142	95235	56445	31710
（十四）水利、环境和公共设施管理业	41625	53309	28729	27552
（十五）居民服务、修理和其他服务业	47430	48274		31483
（十六）教育	69070	70752	30681	38673
（十七）卫生和社会工作	70280	72912	34135	32838
（十八）文化、体育和娱乐业	56053	60789	8335	57624
（十九）公共管理、社会保障和社会组织	59405	62493	20910	19563

2—6 续表 4　　（2015 年）　　计量单位：人、千元、个、元

行业名称	在岗职工（含劳务派遣）			
	期末人数	平均人数	工资总额	平均工资
总　计	**312232**	**312939**	**19925186**	**63671**
一、按隶属关系分组				
1. 中央	63052	63810	5445786	85344
2. 地方	249180	249129	14479400	58120
二、按企业、事业、机关分组				
（一）企业	115696	117514	6565530	55870
1. 中央	47086	47999	3710215	77298
2. 地方	68610	69515	2855315	41075
（二）事业	146237	145263	10147254	69854
1. 中央	13245	13111	1527934	116538
2. 地方	132992	132152	8619320	65223
（三）机关	49588	49456	3156846	63831
1. 中央	2721	2700	207637	76903
2. 地方	46867	46756	2949209	63077
（四）民间非营利组织	391	390	33090	84846
1. 中央				
2. 地方	391	390	33090	84846
（五）其他	320	316	22466	71095
1. 中央				
2. 地方	320	316	22466	71095
三、按国民经济行业分组				
（一）农、林、牧、渔业	597	598	31852	53264
（二）采矿业				
（三）制造业	13247	13262	766526	57799
（四）电力、热力、燃气及水生产和供应业	9624	9311	594980	63901
（五）建筑业	13656	14219	715061	50289
（六）批发和零售业	8484	8526	281008	32959
（七）交通运输、仓储和邮政业	45077	46682	3027081	64845
（八）住宿和餐饮业	4804	4783	160793	33618
（九）信息传输、软件和信息技术服务业	2695	2755	164316	59643
（十）金融业	2652	2547	377367	148161
（十一）房地产业	895	889	40087	45092
（十二）租赁和商务服务业	15010	15094	434509	28787
（十三）科学研究、技术服务业	25464	25257	2274203	90042
（十四）水利、环境和公共设施管理业	8620	8606	418831	48667
（十五）居民服务、修理和其他服务业	544	548	26454	48274
（十六）教育	63272	63259	4416065	69809
（十七）卫生和社会工作	31394	30596	2190904	71608
（十八）文化、体育和娱乐业	8095	8016	446477	55698
（十九）公共管理、社会保障和社会组织	58102	57991	3558672	61366

市区城镇集体单位从业人员和工资总额

2—7　（2015 年）　计量单位：人、千元、个、元

行业名称	年末单位从业人员	#女 性	1.在岗职工	2.劳务派遣人员	3.其他从业人员
总　计	**11391**	**4992**	**10613**	**575**	**203**
一、按企业、事业、机关分组					
（一）企业	9154	3553	8816	305	33
（二）事业	1959	1339	1519	270	170
（三）其他	278	100	278		
二、按国民经济行业分组					
（一）农、林、牧、渔业	13	2	13		
（二）采矿业					
（三）制造业	1932	741	1911	11	10
（四）电力、热力、燃气及水生产和供应业					
（五）建筑业	743	178	562	181	
（六）批发和零售业	2414	850	2407	4	3
（七）交通运输、仓储和邮政业	40	16	40		
（八）住宿和餐饮业	230	134	210	20	
（九）信息传输、软件和信息技术服务业	76	33	76		
（十）金融业	1285	550	1196	89	
（十一）房地产业	311	135	311		
（十二）租赁和商务服务业	2165	893	2164		1
（十三）科学研究、技术服务业	58	43	58		
（十四）水利、环境和公共设施管理业	55	18	55		
（十五）居民服务、修理和其他服务业	117	52	117		
（十六）教育	316	226	316		
（十七）卫生和社会工作	1338	976	909	270	159
（十八）文化、体育和娱乐业	298	145	268		30
（十九）公共管理、社会保障和社会组织					

2—7 续表 1　　（2015 年）　　计量单位：人、千元、个、元

行业名称	单位从业人员平均人数	在岗职工	劳务派遣人　员	其他从业人　员
总　计	**11385**	**10666**	**564**	**155**
一、按企业、事业、机关分组				
（一）企业	9147	8816	299	32
（二）事业	1940	1552	265	123
（三）其他	298	298		
二、按国民经济行业分组				
（一）农、林、牧、渔业	13	13		
（二）采矿业				
（三）制造业	1897	1878	10	9
（四）电力、热力、燃气及水生产和供应业				
（五）建筑业	746	541	205	
（六）批发和零售业	2477	2470	4	3
（七）交通运输、仓储和邮政业	40	40		
（八）住宿和餐饮业	238	218	20	
（九）信息传输、软件和信息技术服务业	76	76		
（十）金融业	1242	1182	60	
（十一）房地产业	307	307		
（十二）租赁和商务服务业	2180	2179		1
（十三）科学研究、技术服务业	58	58		
（十四）水利、环境和公共设施管理业	55	55		
（十五）居民服务、修理和其他服务业	118	118		
（十六）教育	309	309		
（十七）卫生和社会工作	1330	953	265	112
（十八）文化、体育和娱乐业	299	269		30
（十九）公共管理、社会保障和社会组织				

2—7 续表 2　　（2015 年）　　计量单位：人、千元、个、元

行业名称	单位从业人员工资总额	在岗职工	劳务派遣人员	其他从业人员	单位数
总　计	**463044**	**436889**	**21779**	**4376**	**181**
一、按企业、事业、机关分组					
（一）企业	369759	356980	11423	1356	114
（二）事业	85463	72087	10356	3020	66
（三）其他	7822	7822			1
二、按国民经济行业分组					
（一）农、林、牧、渔业	600	600			1
（二）采矿业					
（三）制造业	57377	56833	248	296	28
（四）电力、热力、燃气及水生产和供应业					
（五）建筑业	58478	49784	8694		2
（六）批发和零售业	80247	79994	129	124	52
（七）交通运输、仓储和邮政业	1527	1527			2
（八）住宿和餐饮业	7880	7166	714		5
（九）信息传输、软件和信息技术服务业	2080	2080			2
（十）金融业	109502	107864	1638		3
（十一）房地产业	6159	6159			4
（十二）租赁和商务服务业	46253	46235		18	21
（十三）科学研究、技术服务业	2287	2287			2
（十四）水利、环境和公共设施管理业	2940	2940			1
（十五）居民服务、修理和其他服务业	3097	3097			7
（十六）教育	19329	19329			3
（十七）卫生和社会工作	55483	41858	10356	3269	43
（十八）文化、体育和娱乐业	9805	9136		669	5
（十九）公共管理、社会保障和社会组织					

2—7 续表 3　　（2015 年）　　计量单位：人、千元、个、元

行业名称	单位从业人员平均工资	在岗职工	劳务派遣人员	其他从业人员
总　计	**40671**	**40961**	**38615**	**28232**
一、按企业、事业、机关分组				
（一）企业	40424	40492	38204	42375
（二）事业	44053	46448	39079	24553
（三）其他	26248	26248		
二、按国民经济行业分组				
（一）农、林、牧、渔业	46154	46154		
（二）采矿业				
（三）制造业	30246	30263	24800	32889
（四）电力、热力、燃气及水生产和供应业				
（五）建筑业	78389	92022	42410	
（六）批发和零售业	32397	32386	32250	41333
（七）交通运输、仓储和邮政业	38175	38175		
（八）住宿和餐饮业	33109	32872	35700	
（九）信息传输、软件和信息技术服务业	27368	27368		
（十）金融业	88166	91255	27300	
（十一）房地产业	20062	20062		
（十二）租赁和商务服务业	21217	21218		18000
（十三）科学研究、技术服务业	39431	39431		
（十四）水利、环境和公共设施管理业	53455	53455		
（十五）居民服务、修理和其他服务业	26246	26246		
（十六）教育	62553	62553		
（十七）卫生和社会工作	41717	43922	39079	29188
（十八）文化、体育和娱乐业	32793	33963		22300
（十九）公共管理、社会保障和社会组织				

2—7 续表 4 （2015 年） 计量单位：人、千元、个、元

行业名称	在岗职工（含劳务派遣）			
	期末人数	平均人数	工资总额	平均工资
总　计	**11188**	**11230**	**458668**	**40843**
一、按企业、事业、机关分组				
（一）企业	9121	9115	368403	40417
（二）事业	1789	1817	82443	45373
（三）其他	278	298	7822	26248
二、按国民经济行业分组				
（一）农、林、牧、渔业	13	13	600	46154
（二）采矿业				
（三）制造业	1922	1888	57081	30234
（四）电力、热力、燃气及水生产和供应业				
（五）建筑业	743	746	58478	78389
（六）批发和零售业	2411	2474	80123	32386
（七）交通运输、仓储和邮政业	40	40	1527	38175
（八）住宿和餐饮业	230	238	7880	33109
（九）信息传输、软件和信息技术服务业	76	76	2080	27368
（十）金融业	1285	1242	109502	88166
（十一）房地产业	311	307	6159	20062
（十二）租赁和商务服务业	2164	2179	46235	21218
（十三）科学研究、技术服务业	58	58	2287	39431
（十四）水利、环境和公共设施管理业	55	55	2940	53455
（十五）居民服务、修理和其他服务业	117	118	3097	26246
（十六）教育	316	309	19329	62553
（十七）卫生和社会工作	1179	1218	52214	42869
（十八）文化、体育和娱乐业	268	269	9136	33963
（十九）公共管理、社会保障和社会组织				

市区城镇其他单位从业人员和工资总额

2—8　　　　（2015 年）　　　　计量单位：人、千元、个、元

行业名称	年末单位从业人员	#女 性	1. 在岗职工	2. 劳务派遣人员	3. 其他从业人员
总　计	**370177**	**142022**	**321972**	**30035**	**18170**
一、按经济注册类型分组					
（一）内资	309205	115268	268815	22881	17509
1. 股份合作	1405	630	1286	109	10
2. 联营					
3. 有限责任公司	224237	72796	193279	19899	11059
4. 股份有限公司	76155	37087	67129	2814	6212
5. 其他	7408	4755	7121	59	228
（二）港澳台投资经济	33030	14256	27027	5910	93
（三）外商投资	27942	12498	26130	1244	568
二、按国民经济行业分组					
（一）农、林、牧、渔业					
（二）采矿业	3290	610	3112	163	15
（三）制造业	143515	54093	131747	10051	1717
（四）电力、热力、燃气及水生产和供应业	8899	1458	8802	96	1
（五）建筑业	50291	7912	39311	4594	6386
（六）批发和零售业	38377	22803	35477	2164	736
（七）交通运输、仓储和邮政业	14614	3196	9802	3683	1129
（八）住宿和餐饮业	4578	2521	4236	54	288
（九）信息传输、软件和信息技术服务业	17286	8750	16231	1048	7
（十）金融业	41358	22760	32923	2328	6107
（十一）房地产业	13370	5140	11575	1627	168
（十二）租赁和商务服务业	13073	4371	9950	2844	279
（十三）科学研究、技术服务业	10860	2839	9146	1122	592
（十四）水利、环境和公共设施管理业	590	109	289	12	289
（十五）居民服务、修理和其他服务业	1522	423	1328	98	96
（十六）教育	2705	1877	2508		197
（十七）卫生和社会工作	2280	1806	2229	16	35
（十八）文化、体育和娱乐业	3434	1274	3171	135	128
（十九）公共管理、社会保障和社会组织	135	80	135		

2—8 续表 1 （2015 年） 计量单位：人、千元、个、元

行业名称	单位从业人员平均人数	在岗职工	劳务派遣人员	其他从业人员
总　计	**372007**	**320461**	**33453**	**18093**
一、按经济注册类型分组				
（一）内资	310999	269818	23721	17460
1. 股份合作	1409	1298	101	10
2. 联营				
3. 有限责任公司	225295	193552	20711	11032
4. 股份有限公司	76899	67883	2850	6166
5. 其他	7396	7085	59	252
（二）港澳台投资经济	32587	26830	5682	75
（三）外商投资	28421	23813	4050	558
二、按国民经济行业分组				
（一）农、林、牧、渔业				
（二）采矿业	3773	3358	397	18
（三）制造业	145456	134126	9811	1519
（四）电力、热力、燃气及水生产和供应业	9082	8969	112	1
（五）建筑业	49865	39133	4239	6493
（六）批发和零售业	38547	35468	2267	812
（七）交通运输、仓储和邮政业	15500	9571	4936	993
（八）住宿和餐饮业	4631	4277	54	300
（九）信息传输、软件和信息技术服务业	17242	13398	3835	9
（十）金融业	40652	32163	2384	6105
（十一）房地产业	13115	11350	1594	171
（十二）租赁和商务服务业	12850	9936	2622	292
（十三）科学研究、技术服务业	10622	9074	963	585
（十四）水利、环境和公共设施管理业	593	292	12	289
（十五）居民服务、修理和其他服务业	1476	1271	83	122
（十六）教育	2678	2457		221
（十七）卫生和社会工作	2184	2133	16	35
（十八）文化、体育和娱乐业	3606	3350	128	128
（十九）公共管理、社会保障和社会组织	135	135		

2—8 续表 2　　（2015 年）　　计量单位：人、千元、个、元

行业名称	单位从业人员工资总额	在岗职工	劳务派遣人　员	其他从业人　员	单位数
总　计	**20136875**	**18113336**	**1425708**	**597831**	**1275**
一、按经济注册类型分组					
（一）内资	16868744	15331344	952073	585327	1177
1. 股份合作	99383	94672	4596	115	10
2. 联营					
3. 有限责任公司	10824629	9662264	778649	383716	927
4. 股份有限公司	5524659	5163961	167079	193619	193
5. 其他	420073	410447	1749	7877	47
（二）港澳台投资经济	1633897	1420363	211647	1887	46
（三）外商投资	1634234	1361629	261988	10617	52
二、按国民经济行业分组					
（一）农、林、牧、渔业					
（二）采矿业	159021	146935	11720	366	5
（三）制造业	6498087	6042360	388471	67256	298
（四）电力、热力、燃气及水生产和供应业	610290	606625	3655	10	15
（五）建筑业	2119300	1770205	145694	203401	106
（六）批发和零售业	1719950	1606490	90540	22920	195
（七）交通运输、仓储和邮政业	670877	440909	184569	45399	58
（八）住宿和餐饮业	171035	160718	2073	8244	31
（九）信息传输、软件和信息技术服务业	1515774	1261250	254091	433	53
（十）金融业	4112312	3792487	133345	186480	96
（十一）房地产业	649161	600128	43758	5275	189
（十二）租赁和商务服务业	690831	567780	111121	11930	81
（十三）科学研究、技术服务业	628942	562988	43063	22891	83
（十四）水利、环境和公共设施管理业	22493	17476	288	4729	3
（十五）居民服务、修理和其他服务业	53272	44768	4270	4234	8
（十六）教育	117939	111433		6506	17
（十七）卫生和社会工作	177733	176334	300	1099	8
（十八）文化、体育和娱乐业	212552	197144	8750	6658	28
（十九）公共管理、社会保障和社会组织	7306	7306			1

2—8 续表 3 （2015 年） 计量单位：人、千元、个、元

行业名称	单位从业人员平均工资	在岗职工	劳务派遣人员	其他从业人员
总　计	**54130**	**56523**	**42618**	**33042**
一、按经济注册类型分组				
（一）内资	54241	56821	40136	33524
1. 股份合作	70534	72937	45505	11500
2. 联营				
3. 有限责任公司	48046	49921	37596	34782
4. 股份有限公司	71843	76071	58624	31401
5. 其他	56797	57932	29644	31258
（二）港澳台投资经济	50140	52939	37249	25160
（三）外商投资	57501	57180	64688	19027
二、按国民经济行业分组				
（一）农、林、牧、渔业				
（二）采矿业	42147	43757	29521	20333
（三）制造业	44674	45050	39595	44276
（四）电力、热力、燃气及水生产和供应业	67198	67636	32634	10000
（五）建筑业	42501	45236	34370	31326
（六）批发和零售业	44620	45294	39938	28227
（七）交通运输、仓储和邮政业	43282	46067	37392	45719
（八）住宿和餐饮业	36933	37577	38389	27480
（九）信息传输、软件和信息技术服务业	87912	94137	66256	48111
（十）金融业	101159	117915	55933	30545
（十一）房地产业	49498	52875	27452	30848
（十二）租赁和商务服务业	53761	57144	42380	40856
（十三）科学研究、技术服务业	59211	62044	44718	39130
（十四）水利、环境和公共设施管理业	37931	59849	24000	16363
（十五）居民服务、修理和其他服务业	36092	35223	51446	34705
（十六）教育	44040	45353		29439
（十七）卫生和社会工作	81380	82669	18750	31400
（十八）文化、体育和娱乐业	58944	58849	68359	52016
（十九）公共管理、社会保障和社会组织	54119	54119		

2—8 续表 4　（2015 年）　计量单位：人、千元、个、元

行业名称	在岗职工（含劳务派遣）			
	期末人数	平均人数	工资总额	平均工资
总　计	**352007**	**353914**	**19539044**	**55208**
一、按经济注册类型分组				
（一）内资	291696	293539	16283417	55473
1. 股份合作	1395	1399	99268	70956
2. 联营				
3. 有限责任公司	213178	214263	10440913	48729
4. 股份有限公司	69943	70733	5331040	75368
5. 其他	7180	7144	412196	57698
（二）港澳台投资经济	32937	32512	1632010	50197
（三）外商投资	27374	27863	1623617	58271
二、按国民经济行业分组				
（一）农、林、牧、渔业				
（二）采矿业	3275	3755	158655	42252
（三）制造业	141798	143937	6430831	44678
（四）电力、热力、燃气及水生产和供应业	8898	9081	610280	67204
（五）建筑业	43905	43372	1915899	44174
（六）批发和零售业	37641	37735	1697030	44972
（七）交通运输、仓储和邮政业	13485	14507	625478	43116
（八）住宿和餐饮业	4290	4331	162791	37587
（九）信息传输、软件和信息技术服务业	17279	17233	1515341	87933
（十）金融业	35251	34547	3925832	113637
（十一）房地产业	13202	12944	643886	49744
（十二）租赁和商务服务业	12794	12558	678901	54061
（十三）科学研究、技术服务业	10268	10037	606051	60382
（十四）水利、环境和公共设施管理业	301	304	17764	58434
（十五）居民服务、修理和其他服务业	1426	1354	49038	36217
（十六）教育	2508	2457	111433	45353
（十七）卫生和社会工作	2245	2149	176634	82194
（十八）文化、体育和娱乐业	3306	3478	205894	59199
（十九）公共管理、社会保障和社会组织	135	135	7306	54119

分县（市）区单位从业人员和工资总额

2—9 （2015年） 计量单位：人、千元、个、元

行政单位	年末单位从业人员	# 在岗职工	单位从业人员年平均人数	# 在岗职工	单位从业人员工资总额	# 在岗职工
石家庄市	**1003184**	**960017**	**1004028**	**960874**	**53681348**	**52310768**
市　区	707322	675427	709957	678083	40963915	39922898
长安区	158817	157306	161338	159880	8953919	8904922
桥西区	167733	155073	167794	155002	10835494	10433650
新华区	83902	77516	83647	77399	4950614	4766936
裕华区	77665	71878	77621	71795	4603067	4397234
矿　区	8034	7960	8560	8483	379540	378151
藁城区	42787	41153	43038	41205	2407934	2354310
鹿泉区	56967	54524	56653	54451	3091814	3026860
栾城区	34011	33605	34045	33629	1666896	1649115
高新区	67296	66506	66768	65959	3535847	3486771
循环化工园区	10110	9906	10493	10280	538790	524949
井陉县	22485	21454	21634	20667	991028	967372
正定县	35087	27638	34652	27312	1913301	1696478
行唐县	14205	14156	14122	14073	643174	640971
灵寿县	15682	15663	15754	15735	583584	583311
高邑县	13183	12980	13122	12906	441719	438423
深泽县	12039	11971	11814	11746	391894	390788
赞皇县	16618	16618	16463	16463	537715	537715
无极县	16841	16467	16512	16143	718068	707161
平山县	25189	24697	25428	24869	1316294	1282213
元氏县	19781	19721	19588	19523	753888	751666
赵　县	23863	23817	24054	24008	965424	964727
晋州市	21944	21852	22016	21822	829395	824306
新乐市	18974	17714	19013	17754	849231	822927
辛集市	39971	39842	39899	39770	1782718	1779812

2—9 续表 1　　（2015 年）　　计量单位：人、千元、个、元

行政单位	单位数	单位从业人员平均工资	# 在岗职工平均工资
石家庄市	**8584**	**53466**	**54441**
市　区	3879	57699	58876
长安区	625	55498	55698
桥西区	887	64576	67313
新华区	579	59185	61589
裕华区	348	59302	61247
矿　区	118	44339	44578
藁城区	400	55949	57137
鹿泉区	428	54575	55589
栾城区	217	48962	49038
高新区	241	52957	52863
循环化工园区	36	51348	51065
井陉县	332	45809	46808
正定县	454	55215	62115
行唐县	268	45544	45546
灵寿县	297	37044	37071
高邑县	256	33662	33970
深泽县	230	33172	33270
赞皇县	274	32662	32662
无极县	362	43488	43806
平山县	359	51766	51559
元氏县	194	38487	38502
赵　县	349	40136	40184
晋州市	402	37672	37774
新乐市	395	44666	46352
辛集市	533	44681	44753

三、固定资产投资　建筑业

全市全社会固定资产投资

3—1　（2015 年）　计量单位：万元

指标名称	合计	固定资产投资		农村个人投资
		建设项目投资	房地产开发	
一、全社会固定资产投资	57274936	47035834	9862702	376400
二、固定资产投资	56898536	47035834	9862702	
1. 按经济类型分				
国有经济	9688425	9688425		
集体经济	3872809	3872809		
私营个体经济	23080596	18687601	4392995	
股份合作	329901	329901		
联营经济	138843	138843		
股份制经济	14071691	8644868	5426823	
外商投资	537342	497526	39816	
港澳台投资	428620	425552	3068	
其他	4750309	4750309		
2. 按构成分				
建筑工程	27266540	21099393	6167147	
安装工程	5582776	4469634	1113142	
设备工器具购置	12672166	12275352	396814	
其他费用	11377054	9191455	2185599	
3. 本年新增固定资产	39815414	36372442	3442972	
4. 按资金来源分				
资金来源合计	58935773	46484583	12451190	
上年末结余资金	2183259	712229	1471030	
本年资金来源小计	56752514	45772354	10980160	
国家预算内资金	3117732	3117732		
国内贷款	4992716	3709611	1283105	
债券				
利用外资	156505	101674	54831	
#外商直接投资	4080	4080		
自筹资金	46314197	37700800	8613397	
其他资金来源	2226195	1142537	1083658	
5. 按三次产业分				
三次产业小计	56898536	47035834	9862702	
第一产业	1706014	1706014		
第二产业	25046941	25046941		
第三产业	30145581	20282879	9862702	

注：三次产业小计不包含农村个人投资。

分县（市）区全社会固定资产投资

3—2　　（2015 年）　　计量单位：万元

行政单位	全社会固定资产投资	一、固定资产投资			二、农村个人
		合计	建设项目投资	房地产开发	
全市总计	**57274936**	**56898536**	**47035834**	**9862702**	**376400**
市区合计	32763317	32697736	23909951	8787785	65581
长安区	5615376	5615376	2292160	3323216	
桥西区	5701864	5701864	3293284	2408580	
新华区	3909936	3909936	2705637	1204299	
裕华区	4337252	4337252	3176851	1160401	
矿　区	783571	783571	783571		
藁城区	2716357	2683145	2683145		33212
鹿泉区	3499805	3484583	3204188	280395	15222
栾城区	2104642	2089835	1891873	197962	14807
高新区	2500806	2500806	2287874	212932	
循环化工园区	904155	901815	901815		2340
井陉县	1472179	1465639	1427950	37689	6540
正定县	2639158	2596099	2418179	177920	43059
行唐县	1688624	1656774	1656774		31850
灵寿县	1158277	1144479	1144479		13798
高邑县	804247	799340	799340		4907
深泽县	832499	822671	811509	11162	9828
赞皇县	1456005	1448464	1433791	14673	7541
无极县	1351714	1309455	1236119	73336	42259
平山县	2167735	2138386	1879171	259215	29349
元氏县	2132480	2087952	1986556	101396	44528
赵　县	1591817	1576205	1576205		15612
晋州市	2729388	2702009	2674570	27439	27379
新乐市	2357875	2333607	2172895	160712	24268
辛集市	2129620	2119720	1908345	211375	9900

全市及市区建设项目投资情况

3—3　（2015 年）　计量单位：万元

项目名称	建设项目投资	# 市区	地方建设项目投资	# 市区
本年完成投资	**47035834**	**23909951**	**46219814**	**23171142**
# 住宅	1347465	685286	1337876	675701
1. 建筑工程	21099393	12492702	20791655	12235126
2. 安装工程	4469634	2170709	4395123	2104535
3. 设备工器具购置	12275352	4611929	11990452	4344059
4. 其他费用	9191455	4634611	9042584	4487422
本年新增固定资产	36456320	18059329	35778637	17458907
本年施工房屋面积（平方米）	42254393	18041590	42044052	17835827
# 住宅（平方米）	7521955	3465440	7476163	3419652
本年竣工房屋面积（平方米）	26397149	12573016	26190020	12370465
# 住宅（平方米）	4920918	2408255	4875126	2362467
施工项目个数（个）	4032	1493	3970	1440
# 本年新开工（个）	3157	1205	3106	1162
本年投产项目个数（个）	3426	1293	3372	1248
本年资金来源合计	46484583	23286668	45670805	22550151
1. 上年末结余资金	712229	418662	678234	384667
2. 本年资金来源小计	45772354	22868006	44992571	22165484
（1）国家预算内资金	3117732	2694187	2970232	2581832
（2）国内贷款	3709611	1769540	3682340	1742269
（3）债券				
（4）利用外资	101674		101674	
# 外商直接投资	4080		4080	
（5）自筹资金	37700800	17862469	37140479	17344264
# 企事业单位自有资金	3380703	1958112	3353428	1930837
（6）其他资金来源	1142537	541810	1097846	497119
本年各项应付款合计	4753140	2886581	4597121	2740376
# 工程款	1651770	1080724	1631956	1070724

3—3 续表 1　　（2015 年）　　计量单位：万元

项目名称	建设项目投资	# 市区	地方建设项目投资	# 市区
总计中按登记注册类型分：				
内资企业	45786291	23273299	45001424	22538955
国有企业	9688425	7571056	9092417	7025571
集体企业	3872809	3023004	3872809	3023004
股份合作企业	329901	38551	329901	38551
联营企业	138843	131693	138843	131693
国有联营企业	18259	18259	18259	18259
集体联营企业	7150		7150	
国有与集体联营企业	113434	113434	113434	113434
有限责任公司	6549205	4141924	6439405	4032124
股份有限公司	2095663	792779	2016604	713720
私营企业	18361136	5947481	18361136	5947481
其他企业	4750309	1626811	4750309	1626811
港、澳、台商投资企业	497526	407637	497526	407637
合资经营企业（港或澳、台资）	98340	88510	98340	88510
港、澳、台商独资经营企业	148915	148915	148915	148915
港、澳、台商投资股份有限公司	78259		78259	
其他港、澳、台商投资企业	172012	170212	172012	170212
外商投资企业	425552	117309	394399	112844
中外合资经营企业	188368	93019	183903	88554
外资企业	199106	12900	199106	12900
外商投资股份有限公司	38078	11390	11390	11390
其他外商投资企业				
个体经营	326465	111706	326465	111706
个体户	300075	85316	300075	85316
个人合伙	26390	26390	26390	26390

3—3 续表 2　　　　（2015 年）　　　　计量单位：万元

项目名称	建设项目投资	# 市区	地方建设项目投资	# 市区
总计中按隶属关系分：				
中央	816020	738809		
地方	46219814	23171142	46219814	23171142
省	2070050	1740222	2070050	1740222
市	4934152	4532623	4934152	4532623
县（县级市）	5556731	2835606	5556731	2835606
其他	33658881	14062691	33658881	14062691
总计中按建设性质分：				
新建	23526823	14055249	23170463	13710423
扩建	7693292	2623621	7617730	2548834
改建	12527596	5345716	12355505	5238527
单纯建造生活设施	250435	86181	240850	76596
迁建	1987183	788870	1986683	788370
恢复				
单纯购置	1050505	1010314	848583	808392
总计中按控股情况分：				
国有控股	11730763	9206253	10914743	8467444
集体控股	5063090	3462557	5063090	3462557
私人控股	25047861	8983371	25047861	8983371
港澳台商控股	237045	227215	237045	227215
外商控股	235920	12900	235920	12900
总计中按建设状态分：				
在建	13075329	6748934	12956590	6630195
全部投产	33605799	17160217	32908518	16540147
总计中按开发区级别式分：				
国务院批准的	2652400	2439338	2651400	2438338
省批准的	2713510	1507177	2634758	1428425
省以下批准的	1346930	557694	1342465	553229
不属于开发区的项目	40322994	19405742	39591191	18751150

3—3 续表 3　　（2015 年）　　计量单位：万元

项目名称	建设项目投资	# 市区	地方建设项目投资	# 市区
总计中按行业分：				
农、林、牧、渔业	1689514	275766	1689514	275766
农业	906497	189557	906497	189557
林业	167479	18970	167479	18970
畜牧业	516264	47221	516264	47221
渔业	5400		5400	
农、林、牧、渔服务业	93874	20018	93874	20018
采矿业	439962	163333	439962	163333
煤炭开采和洗选业	290225	163333	290225	163333
黑色金属矿采选业	22200		22200	
有色金属矿采选业	4500		4500	
非金属矿采选业	123037		123037	
制造业	23043483	8259315	22926206	8142038
农副食品加工业	1023017	209617	1023017	209617
食品制造业	814442	296618	814442	296618
酒、饮料和精制茶制造业	400687	79411	400687	79411
纺织业	1620726	207980	1620726	207980
纺织服装、服饰业	329068	61249	329068	61249
皮革、毛皮、羽毛及其制品和制鞋业	669629	30694	669629	30694
木材加工和木、竹、藤、棕、草制品业	575767	106900	575767	106900
家具制造业	632833	82128	632833	82128
造纸和纸制品业	422923	74846	422923	74846
印刷和记录媒介复制业	242289	140799	242289	140799
文教、工美、体育和娱乐用品制造业	227579	32172	227579	32172
石油加工、炼焦和核燃料加工业	129678	23323	119137	12782
化学原料和化学制品制造业	2920288	946556	2911688	937956
医药制造业	1817381	1333072	1799161	1314852
化学纤维制造业	132255	25640	132255	25640
橡胶和塑料制品业	684687	214339	684687	214339
非金属矿物制品业	2344612	765304	2344612	765304
黑色金属冶炼和压延加工业	182401	25553	182401	25553
有色金属冶炼和压延加工业	170820	13480	170820	13480
金属制品业	1146063	344780	1134083	332800
通用设备制造业	1673141	650089	1673141	650089

3—3 续表 4　　（2015 年）　　计量单位：万元

项目名称	建设项目投资	# 市区	地方建设项目投资	# 市区
专用设备制造业	2218717	1129140	2204054	1114477
汽车制造业	461292	30210	461292	30210
铁路、船舶、航空航天和其他运输设备制造业	146805	138935	146805	138935
电气机械和器材制造业	753471	376157	753471	376157
计算机、通信和其他电子设备制造业	674092	616612	625390	567910
仪器仪表制造业	42129	21449	42129	21449
其他制造业	287354	90665	287354	90665
废弃资源综合利用业	233675	183915	233675	183915
金属制品、机械和设备修理业	65662	7682	61091	3111
电力、热力、燃气及水生产和供应业	1558450	868129	1460044	796411
电力、热力生产和供应业	1026356	559360	927950	487642
燃气生产和供应业	117983	33882	117983	33882
水的生产和供应业	414111	274887	414111	274887
批发和零售业	2195847	1382225	2097286	1283664
交通运输、仓储和邮政业	3485299	2331643	3313528	2198242
住宿和餐饮业	319206	224814	319206	224814
信息传输、软件和信息技术服务业	163311	151505	128723	116917
金融业	195821	152408	139653	96240
房地产业	4196310	3603576	4173725	3580991
租赁和商务服务业	1946243	1789175	1926693	1769625
科学研究和技术服务业	259933	227383	251533	218983
水利、环境和公共设施管理业	4565533	2416660	4458244	2319960
水利管理业	239308	130541	238533	130541
生态保护和环境治理业	308553	55168	308553	55168
公共设施管理业	4017672	2230951	3911158	2134251
居民服务、修理和其他服务业	379982	231443	379982	231443
教育	550012	422382	541867	414237
卫生和社会工作	719049	692136	683065	656152
文化、体育和娱乐业	759817	557252	724085	521520
公共管理、社会保障和社会组织	546516	139260	544952	139260

分县（市）区建设项目城镇投资情况

3—4　　（2015 年）　　计量单位：万元、平方米、个

指标名称	全市	市区	市辖区	长安区	桥西区	新华区
本年完成投资	**47035834**	**23909951**	**689553**	**2292160**	**3293284**	**2705637**
#住宅	1347465	685286		147589	97999	64645
本年完成投资中:						
建筑工程	21099393	12492702	509250	1116931	1883908	1381373
安装工程	4469634	2170709		85473	489044	372080
设备工器具购置	12275352	4611929	74779	208472	518867	674833
本年新增固定资产	36456320	18059329		1479083	2133018	2399354
本年施工房屋面积	42254393	18041590		2352198	2159969	569562
#住宅	7521955	3465440		615728	636123	166663
本年竣工房屋面积	26397149	12573016		918622	993261	277353
#住宅	4920918	2408255		615728	221100	145348
施工项目个数	4032	1493	4	55	156	193
#本年新开工	3157	1205	2	31	97	165
本年投产项目个数	3426	1293		36	114	185
本年资金来源合计	46484583	23286668	221102	2330220	3091020	2659741
1. 上年末结余资金	712229	418662	55102	39790	58531	22242
2. 本年资金来源小计	45772354	22868006	166000	2290430	3032489	2637499
（1）国家预算内资金	3117732	2694187		261138	1379342	197464
（2）国内贷款	3709611	1769540	166000	93967	90853	216000
（3）债券						
（4）利用外资	101674					
（5）自筹资金	37700800	17862469		1924325	1522334	2181865
（6）其他资金来源	1142537	541810		11000	39960	42170

3—4 续表 1　　（2015 年）　　计量单位：万元、平方米、个

指标名称	裕华区	矿 区	藁城区	鹿泉区	栾城区
本年完成投资	**3176851**	**783571**	**2683145**	**3204188**	**1891873**
#住宅	121396	25300	92153	18935	112069
本年完成投资中：					
建筑工程	1733212	75130	1565191	1497643	1036372
安装工程	583587	21250	93043	64119	231251
设备工器具购置	198796	310319	902269	835719	314239
本年新增固定资产	2402474	740181	2277840	3122609	1526801
本年施工房屋面积	5411860	119414	1417233	4511633	1152519
#住宅	912215	103046	226975	356205	394283
本年竣工房屋面积	4747617	5000	1248196	3172363	1060718
#住宅	407805	3000	210584	356205	394283
施工项目个数	246	58	197	255	269
#本年新开工	228	50	182	205	208
本年投产项目个数	224	53	182	222	231
本年资金来源合计	3185871	787874	2688676	3224483	1882228
1. 上年末结余资金	217344	3200			6768
2. 本年资金来源小计	2968527	784674	2688676	3224483	1875460
（1）国家预算内资金	277184		47010	46421	41740
（2）国内贷款			343540	230795	168464
（3）债券					
（4）利用外资					
（5）自筹资金	2608957	784674	2200336	2830414	1529405
（6）其他资金来源	82386		97790	116853	135851

3—4 续表 2　　（2015 年）　　计量单位：万元、平方米、个

指标名称	高新区	循环化工园区	井陉县	正定县
本年完成投资	**2287874**	**901815**	**1427950**	**2418179**
#住宅	5000	200	25695	181430
本年完成投资中：				
建筑工程	1277269	416423	637850	965047
安装工程	42761	188101	106696	352763
设备工器具购置	322072	251564	517870	903459
本年新增固定资产	1238837	739132	1151033	1943280
本年施工房屋面积	291605	55597	968241	4558214
#住宅	53702	500	32175	1773441
本年竣工房屋面积	124290	25596	777181	1693127
#住宅	53702	500	24970	655170
施工项目个数	39	21	142	189
#本年新开工	22	15	123	133
本年投产项目个数	28	18	132	155
本年资金来源合计	2333117	882336	1436851	2438053
1. 上年末结余资金	9920	5765	16398	16614
2. 本年资金来源小计	2323197	876571	1420453	2421439
（1）国家预算内资金	404600	39288	14432	60340
（2）国内贷款	299450	160471	553470	20150
（3）债券				
（4）利用外资				2846
（5）自筹资金	1619147	661012	844342	2281822
（6）其他资金来源		15800	8209	56281

3—4 续表 3　　　　（2015 年）　　　　计量单位：万元、平方米、个

指标名称	行唐县	灵寿县	高邑县	深泽县
本年完成投资	**1656774**	**1144479**	**799340**	**811509**
#住宅	23088	35306	9011	
本年完成投资中：				
建筑工程	762360	149750	275908	169544
安装工程	159937	1000	34570	26151
设备工器具购置	536094	26450	447265	588409
本年新增固定资产	1314136	1143479	734047	392400
本年施工房屋面积	1942457	624810	917924	1932771
#住宅	395144	330600	9011	
本年竣工房屋面积	1533753	371000	634908	1187574
#住宅	395144	330600	8011	
施工项目个数	297	119	50	139
#本年新开工	257	88	35	100
本年投产项目个数	266	115	42	73
本年资金来源合计	1648584	1145379	792160	821849
1. 上年末结余资金	70730			
2. 本年资金来源小计	1577854	1145379	792160	821849
（1）国家预算内资金	25438	952	68258	3200
（2）国内贷款	40015	7600	118180	54823
（3）债券				
（4）利用外资	90		4000	
（5）自筹资金	1209374	1122202	601722	763826
（6）其他资金来源	302937	14625		

3—4 续表 4　　（2015 年）　　计量单位：万元、平方米、个

指标名称	赞皇县	无极县	平山县	元氏县
本年完成投资	**1433791**	**1236119**	**1879171**	**1986556**
＃住宅	30563	1018	137010	880
本年完成投资中：				
建筑工程	626940	231601	1150549	967240
安装工程	234374	38602	123310	381089
设备工器具购置	368633	814489	202759	361398
本年新增固定资产	1566578	855664	1404691	970324
本年施工房屋面积	1063454	4081217	1123506	758535
＃住宅	27398	22739	833193	3730
本年竣工房屋面积	528551	1479322	607663	541489
＃住宅	26910	22739	450180	3730
施工项目个数	163	136	134	92
＃本年新开工	130	95	92	59
本年投产项目个数	152	107	110	78
本年资金来源合计	1449889	1262730	1850101	1982933
1. 上年末结余资金			18004	7051
2. 本年资金来源小计	1449889	1262730	1832097	1975882
（1）国家预算内资金	9630	46560	44248	7740
（2）国内贷款	11300	483637	217400	94310
（3）债券				
（4）利用外资		45823		
（5）自筹资金	1380232	673890	1564837	1870861
（6）其他资金来源	48727	12820	5612	2971

3—4 续表 5　　（2015 年）　　计量单位：万元、平方米、个

指标名称	赵　县	晋州市	新乐市	辛集市
本年完成投资	**1576205**	**2674570**	**2172895**	**1908345**
#住宅	93886	50750	73048	494
本年完成投资中：				
建筑工程	503907	192169	1050019	923807
安装工程	254834	20914	237028	327657
设备工器具购置	596297	990232	692542	617526
本年新增固定资产	1241514	2096965	2007862	1575018
本年施工房屋面积	1698965	1797706	1511441	1233562
#住宅	274500	159438	189886	5260
本年竣工房屋面积	1091161	1098641	1339909	939854
#住宅	262024	156239	171686	5260
施工项目个数	194	379	219	286
#本年新开工	153	300	156	231
本年投产项目个数	157	291	195	260
本年资金来源合计	1577999	2700775	2180581	1910031
1. 上年末结余资金	1219	1930	161621	
2. 本年资金来源小计	1576780	2698845	2018960	1910031
（1）国家预算内资金	23996	35375	78376	5000
（2）国内贷款	31350	98104	124910	84822
（3）债券				
（4）利用外资	3915	45000		
（5）自筹资金	1487396	2520366	1697252	1820209
（6）其他资金来源	30123		118422	

全市房地产开发企业投资完成情况

3—5　　（2015 年）　　计量单位：个、万元、平方米

指标名称	数值	指标名称	数值
企业个数	341		
计划总投资	38775325	2. 本年资金来源小计	10980160
自开始建设累计完成投资	26471579	（1）国内贷款	1283105
本年完成投资	9862702	其中：银行贷款	1228274
其中：配套工程投资		其中：非银行金融机构贷款	54831
按构成分		（2）利用外资	
建筑工程	6167147	其中：外商直接投资	
安装工程	1113142	（3）自筹资金	8613397
设备工器具购置	396814	其中：自有资金	3191960
其他费用	2185599	股东投入资金	462322
其中：旧建筑物购置费	220684	借入资金	947976
其中：土地购置费	1216920	（4）其他资金来源	1083658
按工程用途分		其中：定金及预收款	615778
商品住宅	6542655	其中：个人按揭贷款	210721
其中：90 平方米以下	2796424	二、本年各项应付款合计	1749521
其中：144 平方米以上	1002732	其中：工程款	344598
其中：别墅、高档公寓	128863	三、土地部分	
办公楼	986920	待开发土地面积	316289
商业营业用房	1114856	本年购置土地面积	896126
其他	1218271	本年土地成交价款	311235
本年新增固定资产	3442972	其中：拆迁补偿费	8945
一、本年资金来源合计	12451190	土地使用权出让金	293675
1. 上年末结余资金	1471030	契税	8014

全市房地产开发企业分组完成情况

3—6　　　　（2015 年）　　　　计量单位：个、万元

指标名称	个数	完成额
合　　计	**341**	**9862702**
按登记注册类型分		
内资	335	9819818
国有		
集体		
股份合作		
联营企业		
国有联营		
集体联营		
国有与集体联营		
其他联营		
有限责任公司	149	5204885
国有独资公司		
其他有限责任公司	149	5204885
股份有限公司	11	221938
私营	175	4392995
其他		
港澳台商投资	2	3068
与港澳台商合资经营	1	3068
与港澳台商合作经营		
港澳台商独资	1	
港澳台商投资股份有限公司		
外商投资	4	39816
中外合资经营		
中外合作经营		
外资企业	4	39816
外商投资股份有限公司		
按控股情况分		
国有控股	15	589545
集体控股	3	191274
私人控股	270	7386077
港澳台商控股	1	

3—6 续表　　（2015 年）　　计量单位：个、万元

指标名称	个数	完成额
外商控股	4	39816
其他	48	1655990
按隶属关系分		
中央	1	118900
地方		9743802
省（自治区、直辖市）	11	279597
地（区、市、州、盟）	20	676788
县（区、市、旗）	25	609591
其他	284	8177826
按资质等级分		
一级	11	67559
二级	23	695277
三级	42	997894
四级	58	1130900
暂定	201	6964070
其他	6	7002
按企业营业状况分		
营业	335	9627072
停业（歇业）	1	9032
筹建		
当年关闭		
当年破产		
其他	5	226598

分县（市）区房地产开发完成情况

3—7　　（2015 年）　　计量单位：个、万元、平方米

行政单位	本年完成投资	商品住宅	其中：90 平方米以下	其中：140 平方米以上	其中：别墅、高档公寓	办公楼	商业营业用房	其他	本年新增固定资产
石家庄市	**9862702**	**6542655**	**2796424**	**1002732**	**128863**	**986920**	**1114856**	**1218271**	**3442972**
长安区	3323216	2339332	1103275	434184	9354	321434	358443	304007	1666589
桥西区	2408580	1311793	845732	164288	1000	432978	258545	405264	551771
新华区	1204299	776452	165034	117644	32682	147740	79397	200710	246622
裕华区	1160401	758374	230715	81018		24047	185210	192770	150819
矿　区									
藁城区									
鹿泉区	280395	250534	87383	83579	16505	9693	16096	4072	47396
栾城区	197962	176677	139053	7341		1210	19515	560	112403
高新区	212932	110053	61603	2937		1800	80083	20996	138397
循环化工园区									
井陉县	37689	37377	9739				189	123	147
正定县	177920	145357	380	70011	69100	141	282	32140	174500
行唐县									
灵寿县									
高邑县									
深泽县	11162	9196	3585	10			1080	886	7250
赞皇县	14673	12763	2736	2000		110	290	1510	7606
无极县	73336	21544	5217	50		4694	39548	7550	
平山县	259215	133597	71370	4000		38600	51800	35218	128130
元氏县	101396	101396							
赵　县									
晋州市	27439	18701	3349	10100		655	1671	6412	
新乐市	160712	155712	33000	14000			5000		39162
辛集市	211375	183797	34253	11570	222	3818	17707	6053	172180

3—7 续表 1　　（2015 年）　　计量单位：个、万元、平方米

行政单位	本年资金来源小计	自筹资金	本年购置土地面积	本年土地成交价款	其中：拆迁补偿费	土地使用权出让金	契税
石家庄市	**11003954**	**8613397**	**896126**	**311235**	**8945**	**293675**	**8014**
长安区	3251700	2792180	51746	45236	3040	42196	748
桥西区	3275540	2467500					
新华区	1165895	1118924	215927	170047	3615	161800	5692
裕华区	1238645	883904					
矿区							
藁城区							
鹿泉区	462285	257279	113017	12908		9638	391
栾城区	246128	88958	36400	3474	1194	2280	912
高新区	295136	286360	28713	15260		15260	
循环化工园区							
井陉县	23946	3128					
正定县	52618	43328	84000	32000		32000	
行唐县							
灵寿县							
高邑县							
深泽县	14778	12132					
赞皇县	18392	16632	34496	2070		1400	
无极县	54897	24227					
平山县	189679	105401					
元氏县	196570	111420					
赵县							
晋州市	72833	72183					
新乐市	135888	108256					
辛集市	309024	221585	331827	30240	1096	29101	271

3—7 续表 2　　　　（2015 年）　　　　计量单位：个、万元、平方米

行政单位	房屋施工面积	住宅				办公楼	商业营业用房	其他房屋
			90 平米以下住房	144 平米以上住房	别墅、高档公寓			
石家庄市	**43394805**	**31867552**	**10525619**	**4166632**	**1271978**	**2587595**	**6312874**	**2626784**
长安区	13549316	10078105	3358770	337829	16422	799235	1952952	719024
桥西区	5971938	3950852	1360137	611593	10000	477192	1216402	327492
新华区	3901777	2891507	1347181	728679	237937	346853	409466	253951
裕华区	3643363	2280234	696486	181198		499971	549287	313871
矿　区								
藁城区								
鹿泉区	2949693	2582280	732826	1373777	1005960	74741	210964	81708
栾城区	1273004	1058271	531534	4411		278	176132	38323
高新区	1877931	1573333	830405	159297		54600	143274	106724
循环化工园区								
井陉县	428732	393821	161592				16406	18505
正定县	929650	474000	7200	84100		104544	302183	48923
行唐县								
灵寿县								
高邑县								
深泽县	242506	229761	86407	36830			3360	9385
赞皇县	374162	274882	14300	5500		9875	55481	33924
无极县	1266957	263657	82750	2800		100000	863300	40000
平山县	1097778	851181	430300	245881		50700	42500	153397
元氏县	1656214	1487876	34983	167800			18388	149950
赵　县								
晋州市	1002845	794909	177523	63717		3700	99747	104489
新乐市	673146	662146	116465	56110			11000	
辛集市	2555793	2020737	556760	107110	1659	65906	242032	227118

3—7 续表 3　　　　（2015 年）　　　　计量单位：个、万元、平方米

行政单位	房屋竣工面积	住宅				办公楼	商业营业用房	其他房屋
			90 平米以下住房	140 平米以上住房	别墅、高档公寓			
石家庄市	**4757200**	**3076924**	**1051884**	**296430**	**26422**	**629204**	**767245**	**283827**
长安区	2444790	1278370	460634	76872	16422	488021	531157	147242
桥西区	1093988	793154	334144	147510	10000	122490	157304	21040
新华区	63000	55000	6400	9000			8000	
裕华区	71778	49872	49872			16906	5000	
矿　区								
藁城区								
鹿泉区	58287	58287	29700	25917				
栾城区	223796	198346	151465	3834		278	6944	18228
高新区	111628	77258					34370	
循环化工园区								
井陉县								
正定县								
行唐县								
灵寿县								
高邑县								
深泽县	9385							9385
赞皇县	24870	19840	3500				3000	2030
无极县								
平山县								
元氏县								
赵　县								
晋州市								
新乐市	68974	68974						
辛集市	586704	477823	16169	33297		1509	21470	85902

3—7 续表 4　　　　　　　　　（2015 年）　　　　　　　　　计量单位：个、万元、平方米

行政单位	商品住宅竣工套数	90 平米以下住房	144 平米以上住房	别墅、高档公寓
石家庄市	**24133**	**12504**	**1421**	**370**
长 安 区	12250	5306	334	120
桥 西 区	6376	4212	795	250
新 华 区	616	72	54	
裕 华 区	561	561		
矿　 区				
藁 城 区				
鹿 泉 区	576	330	55	
栾 城 区	2148	1782	25	
高 新 区	792			
循环化工园区				
井 陉 县				
正 定 县				
行 唐 县				
灵 寿 县				
高 邑 县				
深 泽 县				
赞 皇 县	200	39		
无 极 县				
平 山 县				
元 氏 县				
赵　 县				
晋 州 市				
新 乐 市	614			
辛 集 市		202	158	

3—7 续表 5　　（2015 年）　　计量单位：个、万元、平方米

行政单位	商品房销售面积	住宅	90 平米以下住房	144 平米以上住房	别墅、高档公寓	办公楼	商业营业用房	其他房屋
石家庄市	**8041042**	**5813754**	**1969080**	**882414**	**24198**	**637874**	**1208811**	**380603**
长安区	2558792	1519389	510795	159413	16422	397521	538695	103187
桥西区	1148756	895249	306132	314226		96184	120522	36801
新华区	732604	419288	292319	100969		62500	248816	2000
裕华区	1316279	1071286	209434	114100		71206	55401	118386
矿　区								
藁城区								
鹿泉区	296150	296150	84416	86785	7776			
栾城区	274266	266696	225189	8980			6610	960
高新区	316990	259941	211608	531		9014	48035	
循环化工园区								
井陉县	130945	130945	16149					
正定县	235262	262					145000	90000
行唐县								
灵寿县								
高邑县								
深泽县	51651	42266	2188	12716				9385
赞皇县	75195	55002	7500			1200	12983	6010
无极县	74835	74835	38420					
平山县	20700	20700	20700					
元氏县	144683	144683						
赵　县								
晋州市	24065	23105	23105					960
新乐市	176986	176986	300	56110				
辛集市	462883	416971	20825	28584		249	32749	12914

3—7 续表 6　　　　（2015 年）　　　　计量单位：个、万元、平方米

行政单位	商品房销售额	住宅	办公楼	商业营业用房	其他房屋	商品房平均销售价格（元 / 平方米）	住宅
石家庄市	**6688352**	**4354886**	**657004**	**1303471**	**372991**	**12281**	**11315**
长安区	3365970	1918307	474491	708195	264977	13155	12626
桥西区	960916	727375	71046	137103	25392	8365	8125
新华区	567402	230444	62500	272698	1760	7745	5496
裕华区	835059	722808	43210	47741	21300	6344	6747
矿　区							
藁城区							
鹿泉区	151695	151695				5122	5122
栾城区	122727	115970		6610	147	4475	4348
高新区	180707	145396	5197	30114		5701	5593
循环化工园区							
井陉县	37397	37397				2856	2856
正定县	128902	98		78804	50000	5479	3740
行唐县							
灵寿县							
高邑县							
深泽县	12341	10088			2253	2389	2387
赞皇县	22558	16500	360	3895	1803	3000	3000
无极县	18942	18942				2531	2531
平山县	5248	5248				2535	2535
元氏县	52496	52496				3628	3628
赵　县							
晋州市	10459	10306			153	4346	4461
新乐市	45180	45180				2553	2553
辛集市	170353	146636	200	18311	5206	3680	3517

全市建筑业企业生产情况

3—8　（2015 年）　单位：个、千元

指标名称	企业个数		合同情况		承包工程完成情况	
	建筑业企业个数	亏损企业个数	签订的合同额	本年新签合同额	直接从建设单位承揽工完成的产值	自行完成施工产值
合　计	**288**	**22**	**182978054**	**95300952**	**98179689**	**98041434**
其中：国有及国有控股	30	3	120306522	60195973	59184575	59184575
按登记注册类型分						
内资企业	287	21	182748414	95071312	97950049	97811794
国有企业	13	2	22268791	14715339	12065342	12065342
集体企业	6		1548743	1459521	546414	546414
股份合作企业						
联营企业						
有限责任公司	112	11	139311569	68944782	72743373	72700326
其他有限责任公司	106	11	80846125	40111982	41691896	41648849
股份有限公司	23	1	3417107	1261290	2275289	2275289
私营企业	132	8	16081514	8570140	10198941	10103733
其他企业	1		120690	120240	120690	120690
港、澳、台商投资企业	1		229640	229640	229640	229640
外商投资企业						
按行业分						
房屋和土木工程建筑业	143	13	120376105	57001872	56023856	55888998
建筑安装业	45	3	48134012	27109073	31135980	31134883
建筑装饰业	49	4	11324536	8464741	8365641	8363341
其他建筑业	51	2	3143401	2725266	2654212	2654212
按资质登记分						
施工总承包	185	13	176534762	90261651	93023029	92887024
特级	4		48733185	23067398	25062618	25062060
一级	47	6	111849108	59052005	58325973	58268673
二级	78	6	12219183	6132008	7073142	6994995
三级及以下	56	2	3733286	2010240	2561296	2561296
专业承包	103	8	6443292	5039301	5156660	5154410
一级	30	3	3591718	3081249	3107767	3107767
二级	33	2	1212789	922470	971313	971313
三级及以下	40	3	1638785	1035582	1077580	1075330

3—8 续表 1　　（2015 年）　　单位：个、千元

指标名称	建筑业总产值					
	建筑业总产值	其中：装饰装修产值	其中：在外省完成的产值	按构成分：1. 建筑工程产值	2 . 安装工程产值	3. 其他产值
合　计	**103218048**	**4052364**	**39747376**	**77145699**	**16924600**	**9147749**
其中：国有及国有控股	62388740	1461105	28693514	47076704	10410684	4901352
按登记注册类型分						
内资企业	102988408	3822724	39747376	76916059	16924600	9147749
国有企业	12067695	282580	2548074	5750557	3273503	3043635
集体企业	546414			401865	144549	
股份合作企业						
联营企业						
有限责任公司	77732768	2162773	35816447	59391164	12719884	5621720
其他有限责任公司	44149120	1290945	20121341	30183001	9109093	4857026
股份有限公司	2275289	150315		2204578	44711	26000
私营企业	10245552	1227056	1382855	9047205	741953	456394
其他企业	120690			120690		
港、澳、台商投资企业	229640	229640		229640		
外商投资企业						
按行业分						
房屋和土木工程建筑业	57983693	1585347	18897210	50223298	5141040	2619355
建筑安装业	33004033		14742019	22318668	5647728	5037637
建筑装饰业	9480045	312070	5857980	2806359	5902627	771059
其他建筑业	2750277	2154947	250167	1797374	233205	719698
按资质登记分						
施工总承包	97973541	1895347	39114210	74442249	15192418	8338874
特级	25744864	618638	11471504	21369379	3610791	764694
一级	60677035	1033859	27081758	42257194	10970162	7449679
二级	8934281	242850	474430	8481001	408601	44679
三级及以下	2617361		86518	2334675	202864	79822
专业承包	5244507	2157017	633166	2703450	1732182	808875
一级	3171474	1953247	320174	1593891	869744	707839
二级	997169	177159	49695	531203	418274	47692
三级及以下	1075864	26611	263297	578356	444164	53344

3—8 续表 2　　（2015 年）　　单位：个、千元

指标名称	竣工产值	房屋建筑施工面积			
		房屋建筑施工面积	其中：本年新开工面积	其中：实投标承包面积	其中：本年新开工
合　计	**49698301**	**76877853**	**18119747**	**63384974**	
其中：国有及国有控股	24988626	32804041	8849129	32727586	
按登记注册类型分					
内资企业	49468661	76877853	18119747	63384974	
国有企业	6077541	1692707	669013	1616252	
集体企业	311931	291866	259865	284473	
股份合作企业					
联营企业					
有限责任公司	36024841	60506674	12526804	52369730	
其他有限责任公司	26854709	35306703	5962783	27169759	
股份有限公司	1214778	2288802	608121	2033259	
私营企业	5839570	12011316	3969456	6994772	
其他企业		86488	86488	86488	
港、澳、台商投资企业	229640				
外商投资企业					
按行业分					
房屋和土木工程建筑业	28657205	73136428	16057241	60595301	
建筑安装业	15071171	1229058	422969	1218443	
建筑装饰业	3684289	2412367	1539537	1571230	
其他建筑业	2285636	100000	100000		
按资质登记分					
施工总承包	45580183	75886113	17759937	62850224	
特级	8911969	21183668	5681985	21183668	
一级	31236632	45275101	8050311	34893343	
二级	4053542	6867651	2666898	4656471	
三级及以下	1378040	2559693	1360743	2116742	
专业承包	4118118	991740	359810	534750	
一级	2661283	723600	150000	360000	
二级	623363	150000	110000	75000	
三级及以下	833472	118140	99810	99750	

3—8 续表 3　　（2015 年）　　单位：个、千元

指标名称	施工机械设备		从业人员情况			
	年末自有施工机械设备（净值）	年末自有施工机械设备（总台）	计算建筑业劳动生产率的平均人数	年末从业人员数	其中：工程技术人员	其中：现场施工工人
合　计	**3937120**	**90337**	**156860**	**140526**	**29190**	**71215**
其中：国有及国有控股	779185	23028	53902	39866	12008	23367
按登记注册类型分						
内资企业	3936839	89787	156507	140183	29090	71142
国有企业	255994	6152	16089	15528	4016	8161
集体企业	7976	929	1639	1465	221	348
股份合作企业						
联营企业						
有限责任公司	2948148	63559	89698	74587	18085	40173
其他有限责任公司	2650850	54287	75713	60728	13991	30591
股份有限公司	52797	4056	9849	10181	776	5112
私营企业	551234	14861	37372	36562	5831	16292
其他企业	120690	230	1860	1860	161	1056
港、澳、台商投资企业	281	550	353	343	100	73
外商投资企业						
按行业分						
房屋和土木工程建筑业	940178	66753	94905	93304	15638	51606
建筑安装业	2583373	14050	45604	31421	9074	15332
建筑装饰业	314051	6744	10220	10057	2887	2293
其他建筑业	99518	2790	6131	5744	1591	1984
按资质登记分						
施工总承包	3757941	85358	141490	125672	26148	66646
特级	128018	7618	9669	9241	3459	4784
一级	2830511	49007	79186	64582	14709	36512
二级	632685	23687	38509	37191	6228	17243
三级及以下	166727	5046	14126	14658	1752	8107
专业承包	179179	4979	15370	14854	3042	4569
一级	85345	3009	7469	6868	1372	1412
二级	51926	871	3300	3293	909	1084
三级及以下	41908	1099	4601	4693	761	2073

全市建筑业企业财务状况

3—9　　　　（2015 年）　　　　计量单位：千元

指标名称	固定资产原价	在建工程	资产合计	流动负债合计	流动资产合计	固定资产合计	非流动负债合计	负债合计
合　计	**11199902**	**1180675**	**82169038**	**55219980**	**70779121**	**7411371**	**916077**	**57221635**
其中：国有及国有控股企业	5997210	53594	41382997	34268134	36531889	2928067	631569	35266893
内资企业	11167035	1180675	81979948	55097116	70615003	7399454	916077	57098771
国有企业	1707082	21324	9018282	8676988	7590410	990651	206319	8883308
集体企业	27483		315835	95964	190361	20262		135129
有限责任公司	6773847	1059680	49594690	38536709	42700484	4250283	606743	39240450
股份有限公司	802345	31470	7153230	4098337	6109637	818465	81383	4842204
私营企业	1846678	62571	15753881	3688585	13895681	1304193	21311	3878850
其他企业	9600	5630	144030	533	128430	15600	321	118830
港、澳、台商投资企业	32867		189090	122864	164118	11917		122864
房屋建筑业	3947653	536629	41712118	25306836	36109729	3246992	249865	26168697
土木工程建筑业	6035274	499516	32226378	25921022	27890515	3190876	493428	26775721
建筑安装业	929551	101227	5687859	2945734	4569721	740348	172592	3172859
建筑装饰业	146040	34480	2097528	782599	1875103	123808	192	798334
其他建筑业	141384	8823	445155	263789	334053	109347		306024
施工总承包	10355076	1132326	76250633	52558699	65721017	6879695	887249	54465496
特级	990799	11242	15048484	11733284	13601024	740447	215564	12308848
一级	7068578	996642	43149507	35465889	37059162	4299553	616431	36105040
二级	1770209	70658	8736356	4500725	6728764	1295476	48904	4839543
三级及以下	525490	53784	9316286	858801	8332067	544219	6350	1212065
专业承包	844826	48349	5918405	2661281	5058104	531676	28828	2756139
一级	337470	40862	3177472	1552583	2679328	219201	25130	1599091
二级	230515	3335	982539	366478	777726	184186		404285
三级及以下	276841	4152	1758394	742220	1601050	128289	3698	752763

3—9 续表 1　　　　　　　　　（2015 年）　　　　　　　　　计量单位：千元

指标名称	所有者权益合计	其中：实收资本	国家资本	集体资本	法人资本	个人资本	港澳台资本	外商资本
合　计	**24947403**	**18154672**	**2934614**	**635484**	**9674325**	**4879216**	**31033**	
其中：国有及国有控股企业	6116104	3998198	2876600	30000	1061553	30045		
内资企业	24881177	18118587	2934614	630432	9674325	4879216		
国有企业	134974	782241	607861		174380			
集体企业	180706	28421		14576	13845			
有限责任公司	10354240	6873624	2311808	413692	1710063	2438061		
股份有限公司	2311026	594992	14945	158014	242582	179451		
私营企业	11875031	9814109			7533455	2261704		
其他企业	25200	25200						
港、澳、台商投资企业	66226	36085					31033	
房屋建筑业	15543421	13015484	1435318	263150	8037363	3279653		
土木工程建筑业	5450657	3066714	1185788	289498	942364	649064		
建筑安装业	2515000	1218917	276957	8000	341141	592819		
建筑装饰业	1299194	760543	26096	65552	338656	299206	31033	
其他建筑业	139131	93014	10455	9284	14801	58474		
施工总承包	21785137	16454056	2825493	561732	9103558	3963273		
特级	2739636	926000	815000		111000			
一级	7044467	5396495	1645068	273614	1382336	2095477		
二级	3896813	2395362	348905	219992	422526	1403939		
三级及以下	8104221	7736199	16520	68126	7187696	463857		
专业承包	3162266	1700616	109121	73752	570767	915943	31033	
一级	1578381	865732	75066	65552	359946	334135	31033	
二级	578254	384445	18955	200	158761	206529		
三级及以下	1005631	450439	15100	8000	52060	375279		

3—9 续表 2　　　　（2015 年）　　　　计量单位：千元

指标名称	营业收入	主营业务收入	营业成本	主营业务收入	营业税金及附加	其他业务利润 主营业务成本	管理费用	其中：税金
合　计	**91193555**	**90701776**	**83585242**	**81598121**	**2733563**	**59272**	**2783788**	**93439**
其中：国有及国有控股企业	50460417	50167045	46662201	46435958	1426737	43790	1654680	32158
内资企业	90922544	90431053	83343236	81356115	2727555	58984	2768965	93264
国有企业	9166409	8930309	8224748	8013665	184003	22040	575684	14195
集体企业	398128	395675	341693	226582	20369	1733	16014	856
有限责任公司	67107064	67005283	62254375	61643102	2067747	28547	1691230	58917
股份有限公司	5243744	5164811	4614373	4536393	153229	785	185971	7741
私营企业	8881099	8808875	7781950	6810276	299007	5879	297777	11459
其他企业	126100	126100	126097	126097	3200		2289	96
港、澳、台商投资企业	271011	270723	242006	242006	6008	288	14823	175
房屋建筑业	44530736	44389792	41391278	39801707	1479463	12507	903262	26847
土木工程建筑业	35362227	35098606	32299084	32010689	934103	29889	1459919	52297
建筑安装业	8122231	8093842	7144370	7088274	220281	10507	290753	11264
建筑装饰业	2809651	2782537	2425099	2411911	90370	4904	112406	1945
其他建筑业	368710	336999	325411	285540	9346	1465	17448	1086
施工总承包	85395849	84983191	78680199	76763501	2565132	50444	2486076	84477
特级	18492324	18490483	17262461	17261018	583704	398	400689	4233
一级	56448748	56153830	52337905	50774765	1606693	44712	1645876	42377
二级	8132899	8120579	7154855	7006076	285006	4574	351135	31023
三级及以下	2321878	2218299	1924978	1721642	89729	760	88376	6844
专业承包	5797706	5718585	4905043	4834620	168431	8828	297712	8962
一级	3884667	3828749	3379681	3328065	107974	4904	178581	3280
二级	907705	907509	744352	744100	30511		50786	3734
三级及以下	1005334	982327	781010	762455	29946	3924	68345	1948

3—9 续表 3　　（2015 年）　　计量单位：千元

指标名称	财务费用	利息收入	利息支出	营业利润	利润总额	应交所得税	应付职工薪酬（本年贷方累计发生额）
合　计	**427664**	**57883**	**276307**	**1542327**	**1567253**	**327485**	**4164513**
其中：国有及国有控股企业	271381	36511	208921	420108	449022	71915	2060209
内资企业	426308	57766	274862	1535059	1559218	325589	4143026
国有企业	106333	4763	56837	72702	92680	13070	686752
集体企业	1157	32	46	13914	13912	2314	26732
有限责任公司	192968	41849	158287	805901	806538	205847	2196509
股份有限公司	69826	6775	27322	221651	221026	19146	482594
私营企业	55343	4347	32160	420891	425062	85212	733768
其他企业	681		210				16671
港、澳、台商投资企业	1356	117	1445	7268	8035	1896	21487
房屋建筑业	146474	12979	85250	559049	552315	128219	1890500
土木工程建筑业	243948	38108	154002	473416	498222	89224	1485304
建筑安装业	28374	6364	29450	317867	324098	61444	624935
建筑装饰业	7882	350	6770	181337	183635	46498	132711
其他建筑业	986	82	835	10658	8983	2100	31063
施工总承包	400233	52035	249643	1183038	1205597	245474	3843036
特级	93013	4849	62886	151268	150390	20802	583015
一级	231915	41317	161859	506008	524220	128560	2083951
二级	42404	3891	21592	360073	365214	78569	840317
三级及以下	32901	1978	3306	165689	165773	17543	335753
专业承包	27431	5848	26664	359289	361656	82011	321477
一级	12052	1733	9604	219350	221721	49889	115210
二级	1906	302	1334	69699	69400	23146	90787
三级及以下	13473	3813	15726	70240	70535	8976	115480

全市建筑业企业房屋建筑竣工面积情况

3—10　　　　（2015 年）　　　　计量单位：平方米

指标名称	房屋建筑竣工面积合计（平方米）	住宅房屋	商业及服务用房屋	商厦房屋（批发和零售用房）	宾馆用房屋（住宿用房）	餐饮用房屋（餐饮用房）	商务会展用房屋	其他商业及服务用房屋（居民服务业用房）
总　计	**15859542**	**11415036**	**556104**	**257369**		**1000**	**102200**	**195535**
其中：国有及国有控股	4350174	2019598	149504	72228				77276
内资企业	15859542	11415036	556104	257369		1000	102200	195535
国有企业	363397	75912						
集体企业	111996	103996						
有限责任公司	12076576	8506213	391177	193365			67314	130498
其他有限责任公司	9082247	6645606	313901	193365			67314	53222
股份有限公司	704794	602443	37036			1000	34886	1150
私营企业	2602779	2126472	127891	64004				63887
房屋和土木工程建筑业	15050773	11105914	556104	257369		1000	102200	195535
建筑安装业	393577	84622						
建筑装饰业	415192	224500						
施工总承包	15565490	11161736	556104	257369		1000	102200	195535
特级	2019805	1004195	38638					38638
一级	10160455	7218815	483749	238856		1000	102200	141693
二级	2506856	2164427	15713	14563				
三级及以下	878374	774299	18004	3950				
专业承包	294052	253300						
一级	258100	224500						
二级	9800	9800						
三级及以下	26152	19000						

3—10 续表 1　　（2015 年）　　计量单位：平方米

指标名称	办公用房屋	科研、教育、医疗用房屋	科学研究用房屋	教育用房屋	医疗用房屋（卫生医疗 用房）
总　计	**763933**	**628778**	**54025**	**507802**	**66951**
其中：国有及国有控股	247071	68498		68498	
内资企业	763933	628778	54025	507802	66951
国有企业	90610	3920		3920	
集体企业		8000		8000	
有限责任公司	595088	434322	32300	359186	42836
其他有限责任公司	476727	404385	32300	329249	42836
股份有限公司	10690	21725	21725		
私营企业	67545	160811		136696	24115
房屋和土木工程建筑业	632333	578778	24025	507802	46951
建筑安装业	98000				
建筑装饰业	33600	50000	30000		20000
施工总承包	730333	628778	54025	507802	66951
特级	110761	29937		29937	
一级	584162	451913	54025	334237	63651
二级	15600	113397		113397	
三级及以下	19810	33531		30231	3300
专业承包	33600				
一级	33600				
二级					
三级及以下					

3—10 续表 2　　（2015 年）　　计量单位：平方米

指标名称	文化、体育和娱乐用房	厂房及建筑物	厂房	仓库	其他未列明的房屋建筑物
总　　计	**32181**	**2142936**	**1981217**	**31828**	**288746**
其中：国有及国有控股		1693123	1643654		172380
内资企业	32181	2142936	1981217	31828	288746
国有企业		192955	143486		
集体企业					
有限责任公司	17850	1845482	1749084	15388	271056
其他有限责任公司	17850	1065414	969016	15388	142976
股份有限公司	1350	31550	31550		
私营企业	12981	72949	57097	16440	17690
房屋和土木工程建筑业	32181	1844889	1787731	31828	268746
建筑安装业		210955	143486		
建筑装饰业		87092	50000		20000
施工总承包	32181	2135784	1981217	31828	288746
特级		750084	750084		86190
一级	32181	1208339	1110870	15388	165908
二级		164781	119563	13880	19058
三级及以下		12580	700	2560	17590
专业承包		7152			
一级					
二级					
三级及以下		7152			

全市建筑业企业房屋建筑竣工造价情况

3—11　　　　　　　　　　　　　　　（2015 年）　　　　　　　　　　　　　　　计量单位：千元

指标名称	房屋竣工价值	住宅房屋	商业及服务用房屋	商厦房屋（批发和零售用房）	宾馆用房屋（住宿用房）	餐饮用房屋（餐饮用房）
总　计	**27270635**	**15176645**	**763978**	**357338**		**8100**
其中：国有及国有控股	11899317	3354913	204501	98021		
内资企业	27270635	15176645	763978	357338		8100
国有企业	1153757	147508				
集体企业	143632	129232				
有限责任公司	21802165	11566451	512414	261299		
其他有限责任公司	13619717	8465481	405934	261299		
股份有限公司	997333	750690	65890			8100
私营企业	3173748	2582764	185674	96039		
房屋和土木工程建筑业	24960814	15023317	763978	357338		8100
建筑安装业	1170132	131728				
建筑装饰业	1139689	21600				
施工总承包	27187436	15130595	763978	357338		8100
特级	5459568	1677760	53240			
一级	17738364	9946181	674236	335818		8100
二级	3053630	2721616	18518	17318		
三级及以下	935874	785038	17984	4202		
专业承包	83199	46050				
一级	44600	21600				
二级	4500	4500				
三级及以下	34099	19950				

3—11 续表 1　　　　（2015 年）　　　　计量单位：千元

指标名称	其他商业及服务用房屋（居民服务业用房）	办公用房屋	科研、教育、医疗用房屋	科学研究用房屋	教育用房屋	医疗用房屋（卫生医疗用房）
总　计	**276038**	**945874**	**740974**	**30899**	**616574**	**93501**
其中：国有及国有控股	106480	614277	105518		105518	
内资企业	276038	945874	740974	30899	616574	93501
国有企业		206327	5470		5470	
集体企业			14400		14400	
有限责任公司	185203	568094	511290	9170	447037	55083
其他有限责任公司	78723	259474	458190	9170	393937	55083
股份有限公司	1200	82980	21729	21729		
私营企业	89635	88473	188085		149667	38418
房屋和土木工程建筑业	276038	707722	709974	24899	616574	68501
建筑安装业		215152				
建筑装饰业		23000	31000	6000		25000
施工总承包	276038	922874	740974	30899	616574	93501
特级	53240	262640	53100		53100	
一级	207816	617153	531171	30899	412669	87603
二级	1200	17098	111959		111959	
三级及以下	13782	25983	44744		38846	5898
专业承包		23000				
一级		23000				
二级						
三级及以下						

3—11 续表 2　　（2015 年）　　计量单位：千元

指标名称	商务会展用房屋	文化、体育和娱乐用房	厂房及建筑物	厂房	仓库	其他未列明的房屋建筑物
总　计	**122502**	**51342**	**5987132**	**5246933**	**36993**	**3567697**
其中：国有及国有控股			4974548	4456487		2645560
内资企业	122502	51342	5987132	5246933	36993	3567697
国有企业			794452	276391		
集体企业						
有限责任公司	65912	26056	5054153	4862814	28330	3535377
其他有限责任公司	65912	26056	2905695	2714356	28330	1070557
股份有限公司	56590	12461	63583	63583		
私营企业		12825	74944	44145	8663	32320
房屋和土木工程建筑业	122502	51342	4649791	4570542	36993	3017697
建筑安装业			823252	276391		
建筑装饰业			514089	400000		550000
施工总承包	122502	51342	5972983	5246933	36993	3567697
特级			2090048	2090048		1322780
一级	122502	51342	3696028	3049167	28330	2193923
二级			159801	104812	5864	18774
三级及以下			27106	2906	2799	32220
专业承包			14149			
一级						
二级						
三级及以下			14149			

分县（市）区建筑业企业主要指标情况

3—12　（2015 年）　计量单位：个、千元、人

行政单位	建筑业企业个数	签订的合同额	建筑业总产值	装饰装修产　值	在外省完成的产值	竣工产值
石家庄市	**288**	**182978054**	**103218048**	**4052364**	**39747376**	**49698301**
市　区	207	171078064	96509234	3853141	39621677	45357296
长安区	39	43039144	20358243	464019	9969012	6970522
桥西区	43	34523915	24498092	1460951	4523190	12712081
新华区	43	61526165	33244766	1612814	16708015	14382925
裕华区	25	16066542	7834317	306628	1829679	3132089
矿　区	3	55600	35700			
藁城区	4	358917	211884			101690
鹿泉区	26	9954843	6427610	351	5295960	6648477
栾城区	12	541954	503389	5216		376599
高新区	10	4012009	2837319	3162	1202330	922127
循环化工园区	2	998975	557914		93491	110786
井陉县	6	280646	385379			185576
正定县	10	3271981	1145517	95419		940791
行唐县	1	163800	131800	26380		90112
灵寿县	3	350635	350635			143632
高邑县	3	180586	156973			109462
深泽县	5	735350	500580		38930	403043
赞皇县	7	1089492	561402			4295
无极县	4	349277	362480			130740
平山县	6	424368	298659		83768	59893
元氏县	2	267740	227740			124240
赵　县	6	733090	566488			506066
晋州市	4	182863	421173			257193
新乐市	9	839479	387472		3001	350928
辛集市	15	3030683	1212516	77424		1035034

3—12 续表 1　　　　（2015 年）　　　　计量单位：个、千元、人

行政单位	计算建筑业劳动生产率的平均人数	年末从业人员数	房屋建筑竣工价值	所有者权益合计	其中：实收资本	营业收入
石家庄市	**156860**	**140526**	**27270635**	**25462838**	**18495216**	**92521225**
市　区	113477	96772	23855674	22542745	16582077	86156350
长安区	23858	24523	4386467	2081548	2185738	18958181
桥西区	25377	23514	5811522	12538468	9751342	23295272
新华区	19906	19217	11563715	3525286	2039196	25673137
裕华区	12058	11589	1355953	1466143	846822	7800679
矿　区	250	156		7463	7000	53404
藁城区	2055	2106	36575	169695	121331	291145
鹿泉区	20138	6589	228834	1145094	829688	6779498
栾城区	3640	3597	196249	231078	147080	498671
高新区	3269	3251	165573	1003303	513280	2248449
循环化工园区	2926	2230	110786	374667	140600	557914
井陉县	1523	1768	165966	128894	103055	356871
正定县	8491	8390	932350	523712	356728	1302240
行唐县	380	210	90112	100430	36000	131800
灵寿县	964	886	143632	152205	20421	350635
高邑县	1280	1270	109462	73411	55005	175603
深泽县	6068	6810	382390	251941	215260	469020
赞皇县	3907	3893		146231	99372	421804
无极县	2870	2793	130510	114611	73200	290480
平山县	1786	2846	59293	158573	76918	315279
元氏县	850	930	122240	72696	49000	186767
赵　县	1866	1781	506066	187309	150000	429609
晋州市	1630	1525	177023	68162	56800	198821
新乐市	2235	1647	304935	426483	280836	408276
辛集市	9533	9005	290982	515435	340544	1327670

3—12 续表 2　　（2015 年）　　计量单位：个、千元、人

行政单位	营业成本	营业税金及附加	管理费用	财务费用	营业利润	利润总额
石家庄市	**84768909**	**2783567**	**2840341**	**433405**	**1574778**	**1600973**
市　区	79223836	2563322	2642361	370168	1268284	1291046
长安区	17452606	583769	645581	51905	202660	224111
桥西区	21399279	705667	747819	100373	423462	420893
新华区	23928937	800133	521190	74790	258293	263946
裕华区	7042856	172110	287155	76634	200442	190231
矿　区	49829	1793	608		1174	1174
藁城区	252286	13218	10514	70	14327	14327
鹿泉区	6177859	167680	293828	51323	88341	93473
栾城区	401179	39124	17656	318	10639	10639
高新区	2042177	61083	103839	10935	28298	31604
循环化工园区	476828	18745	14171	3820	40648	40648
井陉县	320092	14076	15045	1349	5045	5212
正定县	1142282	39931	27209	14557	66069	66330
行唐县	117025	6867	860	450	7908	7908
灵寿县	309031	18889	7147	1171	9610	9610
高邑县	164435	5270	2320	996	2213	2213
深泽县	418412	10675	14237	3844	18408	18411
赞皇县	367247	8144	6140	10280	22450	22450
无极县	262548	5250	4413	1168	20959	20959
平山县	263600	12435	8138	261	30782	30782
元氏县	156268	6785	5763	280	17149	16793
赵　县	355096	20330	19606	15034	7017	6964
晋州市	156264	7308	5852	3044	33737	35912
新乐市	329106	14281	24697	5062	32696	32663
辛集市	1183667	50004	56553	5741	32451	33720

四、能源消费

全市规模以上工业企业能源购进、消费及库存

4—1　（2015 年）

能源名称	计量单位	年初库存	购进量		消费量			年末库存
			实物量	其中：购自省外	合计	1. 工业生产消费	2. 非工业生产消费	
能源合计	**吨标准煤**				**65764296**	**65642725**	**121571**	
焦炉煤气	万立方米		33720		33720	33720		
高炉煤气	万立方米		265536		2240318	2240318		
转炉煤气	万立方米		17440		147668	147668		
发生炉煤气	万立方米		788		788	788		
天然气（气态）	万立方米	20	30673	6805	30853	30651	201	1
液化天然气（液态）	吨		600		608	608	1	
原油	吨	669762	5720542	5720541	5794919	5794918	1	595386
汽油	吨	39695	87667	35406	88607	79726	8881	24925
煤油	吨	10347	1173		1270	1265	5	12691
柴油	吨	52314	76762	182	77891	70509	7383	70672
燃料油	吨	140	16955		16980	16965	15	140
液化石油气	吨	1	1012		1011	579	432	1
炼厂干气	吨				248459	248459		
石脑油	吨		2391		2391	2391		
润滑油	吨	10	26555		26554	26553	2	11
石蜡	吨	2	219		219	219		
石油沥青	吨	200	1000		1070	1070		130
其它石油制品	吨	50	44193	16930	613764	613764		
热力	百万千焦		23108054		29452326	29135339	316987	
电力	万千瓦时		2320514	8506	3225244	3200648	24596	
煤矸石用于燃料	吨		6740	6740	6782	6782		
城市垃圾用于燃料	吨				268570	268570		
生物质废料用于燃料	吨	318	245912		250413	250304	109	217
余热余压	百万千焦		1566623		5513179	5513179		
其它工业废料用于燃料	吨				4986	4986		
其他燃料	吨标准煤	11	247		231	231		27

市区规模以上工业企业能源购进、消费及库存

4—2 （2015 年）

能源名称	计量单位	年初库存	购进量		消费量			年末库存
			实物量	其中：购自省外	合 计	1. 工业生产消费	2. 非工业生产消费	
能源合计	**吨标准煤**				**37132772**	**37084587**	**48185**	
焦炉煤气	万立方米		22630		22630	22630		
高炉煤气	万立方米		265536		265536	265536		
转炉煤气	万立方米		17440		17440	17440		
发生炉煤气	万立方米		788		788	788		
天然气（气态）	万立方米	6	14388	1476	14432	14342	90	1
液化天然气（液态）	吨		477		485	485	1	
原油	吨	669762	5720542	5720541	5794919	5794918	1	595386
汽油	吨	38632	11403	7	11542	5579	5963	23969
煤油	吨	10346	1063		1160	1156	4	12690
柴油	吨	49523	11645	182	12396	10168	2228	68102
燃料油	吨	140						140
液化石油气	吨		780		780	348	432	
炼厂干气	吨				248459	248459		
润滑油	吨	10	80		79	78	2	11
其它石油制品	吨		32372	16930	601933	601933		
热力	百万千焦		18151931		24480048	24206998	273050	
电力	万千瓦时		881162	6364	1310826	1294984	15842	
煤矸石用于燃料	吨				42	42		
城市垃圾用于燃料	吨				268570	268570		
生物质废料用于燃料	吨	318	55559		55575	55575		217
余热余压	百万千焦		510056		3887893	3887893		
其他燃料	吨标准煤		209		189	189		19

全市规模以上工业企业综合能源消费量

4—3

（2015 年）

行业名称	综合能源消费量（吨标准煤）	
	本年	去年同期
总　　计	**27732549**	**28503437**
煤炭开采和洗选业	452025	457200
黑色金属矿采选业	37728	45287
非金属矿采选业	3353	11753
农副食品加工业	638701	832615
食品制造业	171417	178029
酒、饮料和精制茶制造业	78794	79137
烟草制品业	8370	8523
纺织业	567541	621208
纺织服装、服饰业	104199	86847
皮革、毛皮、羽毛及其制品和制鞋业	239558	270855
木材加工和木、竹、藤、棕、草制品业	267504	296001
家具制造业	51604	52524
造纸和纸制品业	183207	187895
印刷和记录媒介复制业	38855	39553
文教、工美、体育和娱乐用品制造业	20424	22675
石油加工、炼焦和核燃料加工业	1481379	976249
化学原料和化学制品制造业	3590001	3936909
医药制造业	756018	792723
化学纤维制造业	151658	143884
橡胶和塑料制品业	305867	309635
非金属矿物制品业	2276472	2592525
黑色金属冶炼和压延加工业	7444051	7296638
有色金属冶炼和压延加工业	22955	24422
金属制品业	221927	244971
通用设备制造业	143412	144798
专用设备制造业	151850	144053
汽车制造业	93082	95460
铁路、船舶、航空航天和其他运输设备制造业	18008	24037
电气机械和器材制造业	99436	106832
计算机、通信和其他电子设备制造业	37784	39659
仪器仪表制造业	3091	2708
其他制造业	1599	947
废弃资源综合利用业	2029	1768
金属制品、机械和设备修理业	15012	13666
电力、热力生产和供应业	8044801	8412688
燃气生产和供应业	615	724
水的生产和供应业	8224	8040

全市主要能源调出调入情况

4—4　　（2015 年）　　计量单位：吨

能 源 名 称	调出量	# 调出省外	调入量	# 省外调入
原　油	75185	75185	564200	564200
汽　油	43684	43684	31812	31812
柴　油	66772	66772	324769	324769
燃料油			2925	2925
天然气			14788	14788
液化天然气			3299	3299

注：本表中数据为不含辛集市数据

全市规模以下工业企业主要能源消费情况

4—5 （2015 年）

行业名称	汽油（吨）	柴油（吨）	电力（万千瓦时）
合　计	**277836**	**208922**	**999189**
（一）采矿业	5875	19236	33957
煤炭开采和洗选业	34	354	4025
黑色金属矿采选业	567	5446	11593
有色金属矿采选业	49	930	389
非金属矿采选业	4806	11774	16059
其他采矿业	419	732	1891
（二）制造业	271323	189177	964770
农副食品加工业	17569	14604	139522
食品制造业	4917	7202	15149
酒、饮料和精制茶制造业	970	996	15235
烟草制品业	106	480	677
纺织业	12445	7917	68769
纺织服装、服饰业	66364	3869	83778
皮革、毛皮、羽毛及其制品和制鞋业	4212	6496	18866
木材加工和木、竹、藤、棕、草制品业	1161	1326	12086
家具制造业	20538	24952	114167
造纸和纸制品业	6243	1875	52231
印刷和记录媒介复制业	1239	412	8018

注：本表中数据为不含辛集市数据

4—5 续 （2015 年）

行业名称	汽油（吨）	柴油（吨）	电力（万千瓦时）
文教、工美、体育和娱乐用品制造业	200	19	3658
石油加工、炼焦和核燃料加工业	1489	1137	8429
化学原料和化学制品制造业	59920	40901	111913
医药制造业	1078	226	1330
化学纤维制造业	345	243	686
橡胶和塑料制品业	6799	4844	37277
非金属矿物制品业	17678	22626	92356
黑色金属冶炼和压延加工业	11441	22397	65106
有色金属冶炼和压延加工业	3319	1393	11685
金属制品业	5709	3137	49230
通用设备制造业	11798	10975	14295
专用设备制造业	1525	739	5964
汽车制造业	1000	977	680
电气机械和器材制造业	119	92	380
计算机、通信和其他电子设备制造业	494	1364	1528
仪器仪表制造业	219	455	419
其他制造业	1042	1204	4988
废弃资源综合利用业	11384	6319	26348
（三）电力、热力、燃气及水生产和供应业	638	509	462
电力、热力生产和供应业	638	509	462

注：本表中数据为不含辛集市数据

全市有关行业能源消费量

4—6　　（2015 年）

能源名称	计量单位	本年消费量	#农林牧渔水利业	建筑业	批发零售贸易餐饮业	公路运输业
焦炉煤气	万立方米	79			74	
天然气	万立方米	34970		4550	30410	
液化天然气	吨	2581	1800	89	599	
原油	吨	7800	2599	1147	391	225
汽油	吨	241999	9496	15932	19489	13596
煤油	吨	3858	92	167	236	2395
柴油	吨	187006	1235	45515	11968	97420
燃料油	吨	10308	270	9500	68	
液化石油气	吨	5369	151	4011	541	270
热力	百万千焦	15506402	11714	288270	5494064	2900
电力	万千瓦时	957209	35845	33489	134940	58718

注：本表中数据为不含辛集市数据

全市行业用电分类情况

4—7　　（2015 年）　　计量单位：万千瓦时

指标名称	全 市	# 市 区
全社会用电总计	**4431195**	**2193131**
A、全行业用电合计	3866423	1919404
第一产业	143631	29865
第二产业	2957758	1322010
第三产业	765034	567529
B、城乡居民生活用电合计	564772	273727
城镇居民	224327	182803
乡村居民	340445	90924
全行业用电分类	3866423	1919404
一、农、林、牧、渔业	143631	29865
1. 农业	41140	13116
2. 林业	757	402
3. 畜牧业	12949	3607
4. 渔业	271	164
5. 农、林、牧、渔服务业	88514	12576
其中：排灌	82460	11129
二、工业	2909259	1293882
轻工业	743209	305155
重工业	2166050	988727
（一）采矿业	38588	10779
1. 煤炭开采和洗选业	15488	9722
2. 石油和天然气开采业	5146	563
3. 黑色金属矿采选业	3201	
4. 有色金属矿采选业	2296	8
5. 非金属矿采选业	9175	434
6. 其他采矿业	3282	52
（二）制造业	2209724	784057
1. 食品、饮料和烟草制造业	85205	40016
其中：农副食品加工业	44654	17160
2. 纺织业	188604	33542
3. 服装鞋帽、皮革羽绒及其制品业	38845	7149
4. 木材加工及制品和家具制品业	42174	21158
其中：轻工业	6077	1827

4—7 续表 1　　（2015 年）　　计量单位：万千瓦时

指标名称	全 市	# 市 区
5. 造纸及纸制品业	51663	11230
6. 印刷业和记录媒介的复制	6116	3543
7. 文体用品制造业	215	99
8. 石油加工、炼焦及核燃料加工业	81092	64260
9. 化学原料及化学制品制造业	489898	88816
其中 : 轻工业	13595	5069
其中 : 氯碱	27182	27182
电石		
黄磷		
其中 : 肥料制造	276031	22280
10. 医药制造业	188227	165389
11. 化学纤维制造业	21789	11083
12. 橡胶和塑料制品业	73715	20116
其中 : 轻工业	19878	5730
13. 非金属矿物制品业	303970	78670
其中 : 轻工业	88607	1016
其中 : 水泥制造	66146	51908
14. 黑色金属冶炼及压延加工业	349238	93500
其中：铁合金冶炼	15667	9525
15. 有色金属冶炼及压延加工业	28533	19039
其中：铝冶炼	11425	11277
16. 金属制品业	145854	52384
其中 : 轻工业	5977	1463
17. 通用及专用设备制造业	46953	25749
其中：轻工业	284	284
18. 交通运输、电气、电子设备制造业	54898	43344
其中：轻工业	9697	6874
其中：交通运输设备制造业	10736	9367
19. 工艺品及其他制造业	10452	4271
20. 废弃资源和废旧材料回收加工业	2283	699
（三）电力、燃气及水的生产和供应业	660947	499047
1. 电力、热力的生产和供应业	623391	472316
其中 : 电厂生产全部耗用电量	376543	356178

4—7 续表 2　　（2015 年）　　计量单位：万千瓦时

指标名称	全 市	# 市 区
线路损失电量	233779	104579
抽水蓄能抽水耗用电量	2184	2163
2. 燃气生产和供应业	5090	2827
3. 水的生产和供应业	32466	23904
其中：轻工业	7978	6570
三、建筑业	48499	28128
四、交通运输、仓储和邮政业	154453	131975
1. 交通运输业	131231	122902
其中：城市公共交通	4305	3924
管道运输业	16583	16582
电气化铁路	69647	69431
2. 仓储业	21815	8054
3. 邮政业	1407	1019
五、信息传输、计算机服务和软件业	37282	26139
1. 电信和其他信息传输服务业	36414	25550
2. 计算机服务和软件业	868	589
六、商业、住宿和餐饮业	230398	144349
1. 批发和零售业	199833	120785
2. 住宿和餐饮业	30565	23564
七、金融、房地产、商务及居民服务业	165086	138013
1. 金融业	12423	10049
2. 房地产业	85060	78539
3. 租赁和商务服务业、居民服务和其它服务业	67603	49425
八、公共事业及管理组织	177815	127053
1. 科学研究、技术服务和地质勘查业	9426	8992
其中：地质勘查业	341	305
2. 水利、环境和公共设施管理业	34849	18633
其中：水利管理业	8464	3259
其中：公共照明业	22986	14984
3. 教育、文化、体育和娱乐业	64691	48691
其中：教育	51619	37671
4. 卫生、社会保障和社会福利业	31417	22909
5. 公共管理和社会组织、国际组织	37432	27828

分县（市）用电情况

4—8 （2015 年） 计量单位：万千瓦时

行政单位	2009 年	2010 年	2011 年	2012 年	2013 年
石家庄市	**3404834**	**3835366**	**4132762**	**4355525**	**4485240**
市　　区	1270267	1316611	1387842	1412249	1463933
井 陉 县	47727	93754	107666	103326	97617
正 定 县	155718	182648	195842	207867	210870
栾 城 县	107413	118557	132874	137601	135814
行 唐 县	36337	46003	50135	47218	51788
灵 寿 县	83262	90719	104491	118538	146412
高 邑 县	67192	78420	91400	94981	99450
深 泽 县	49014	55656	60933	60597	61532
赞 皇 县	53910	72672	80274	77551	91923
无 极 县	70039	86889	99095	104441	109495
平 山 县	226256	268878	304127	380828	384507
元 氏 县	120923	137451	146479	157845	163234
赵　　县	98862	123154	139105	142643	136028
藁 城 市	222530	263335	286905	298640	312761
晋 州 市	220207	238508	255629	248267	250357
新 乐 市	88362	94954	111089	138541	135817
鹿 泉 市	255410	278379	271930	289282	282133
辛 集 市	231405	288778	306946	335110	351571

4—8 续表 1　　（2015 年）　　计量单位：万千瓦时

行政单位	2014 年	2015 年			
石家庄市	**4496414**	**4431195**			
市　区	2196894	2193131			
井 陉 县	102878	103700			
正 定 县	222725	226105			
行 唐 县	60057	60301			
灵 寿 县	151570	150757			
高 邑 县	117942	113029			
深 泽 县	68629	71527			
赞 皇 县	114171	105724			
无 极 县	117293	124671			
平 山 县	346443	296056			
元 氏 县	156436	151259			
赵　县	149624	158177			
晋 州 市	260742	254879			
新 乐 市	145948	147962			
辛 集 市	285062	273915			

五、财政　金融

财政收入情况

5—1　（2015 年）　计量单位：万元

行政单位	全部财政收入	# 公共财政预算收入		
			# 增值税	营业税
石家庄市	**7764323**	**3750529**	**404195**	**1006228**
市　区	6311203	2862385	295166	769669
长安区	1000029	481355	57929	189131
桥西区	1299352	599990	66579	213440
新华区	448614	262846	20778	107695
裕华区	463243	251292	36269	87906
矿　区	48290	22230	5138	3325
藁城区	1505028	249793	29976	35400
鹿泉区	321445	186928	16933	51722
栾城区	176577	90728	12576	22035
高新区	465001	236715	34084	59008
循环化工园区				
井陉县	135821	60767	12455	14457
正定县	212001	140839	10484	48209
行唐县	53352	36582	3234	9451
灵寿县	46779	30726	2796	6115
高邑县	46227	38202	4468	8561
深泽县	51050	38937	6317	6297
赞皇县	41590	27525	2747	7897
无极县	84287	47475	8094	9809
平山县	200940	93630	13116	18951
元氏县	109083	65519	9851	19339
赵　县	73682	46779	5213	10447
晋州市	101624	77459	7483	25925
新乐市	82592	61811	7674	16559
辛集市	214092	121893	15097	34542

5—1 续表　　（2015 年）　　计量单位：万元

行政单位	公共财政预算收入中:				
	企业所得税	个人所得税	城市维护建设税	耕地占用税	契税
石家庄市	**257415**	**118890**	**233764**	**50460**	**204490**
市　区	217750	106225	198850	17319	172570
长安区	39620	21380	27854	211	
桥西区	87889	30223	46957	2891	
新华区	15767	20311	15130	207	
裕华区	19195	14943	15202	133	
矿　区	1367	296	1964	408	152
藁城区	12414	2296	51615	1386	6225
鹿泉区	11196	4153	10563	6147	13816
栾城区	6810	1772	5798	3328	2417
高新区	18568	10480	16851	2608	
循环化工园区					
井陉县	1771	1225	4299	1363	396
正定县	7029	2232	4581	10719	9760
行唐县	1485	360	498	283	1487
灵寿县	1213	373	719	2584	518
高邑县	80	212	792	3747	1065
深泽县	770	594	631	4646	897
赞皇县	1068	174	780	526	710
无极县	2889	929	1476	1273	954
平山县	9945	2449	4116	1325	2036
元氏县	2913	778	3056	934	3753
赵　县	1858	390	1606	2813	1646
晋州市	1714	838	2914	770	1770
新乐市	1423	675	1844	417	1769
辛集市	5507	1436	7602	1741	5159

财政支出情况

5—2　　　　（2015 年）　　　　计量单位：万元

行政单位	财政支出	#一般公共服务	公共安全	教 育	科学技术
石家庄市	**6823857**	**587178**	**382075**	**1361602**	**90482**
市　区	4104037	350610	265598	733198	65954
长安区	204369	24482	10126	82205	1666
桥西区	274850	59537	7464	83075	3428
新华区	161759	33634	5363	64543	1373
裕华区	130671	23069	3384	45412	951
矿　区	67292	11054	3813	12326	892
藁城区	380857	24693	10712	89026	1724
鹿泉区	309688	26108	16380	65800	5495
栾城区	194857	16222	8262	48387	3225
高新区	159842	13399	3273	8902	12374
循环化工园区					
井陉县	145928	11975	9381	37396	818
正定县	282231	26358	11978	62268	1482
行唐县	208822	20738	7893	46381	3810
灵寿县	169333	10812	8083	38013	1369
高邑县	111462	10085	4533	21983	1065
深泽县	118605	7486	4107	22011	1301
赞皇县	147356	8352	8201	26241	658
无极县	176444	20714	8359	47385	906
平山县	267445	19788	8687	62607	3412
元氏县	170439	13886	7779	48433	1480
赵　县	213995	14806	8376	58050	1083
晋州市	213113	26447	10310	51790	2521
新乐市	182006	11260	8459	37107	3794
辛集市	312641	33861	10331	68739	829

5—2 续表　　（2015 年）　　计量单位：万元

行政单位	财政支出中:				
	文化体育与传媒	社会保障和就业	医疗卫生	城乡社区事务	农林水事务
石家庄市	**83469**	**587976**	**667823**	**558654**	**678688**
市　区	52050	299030	307956	439715	240649
长安区	513	28633	15409	30303	4146
桥西区	992	30512	16875	56623	1621
新华区	612	16702	9271	24770	1537
裕华区	665	10814	9486	17890	8521
矿　区	914	4484	4588	7564	5532
藁城区	2011	48545	51031	35795	52821
鹿泉区	2078	17634	27371	30237	51210
栾城区	1439	19634	26223	6201	38916
高新区	526	4749	4220	14204	3259
循环化工园区					
井陉县	1768	12674	17841	1760	28634
正定县	5417	13459	22803	37447	39887
行唐县	1530	23246	24978	9655	40683
灵寿县	1425	19825	25703	3029	33947
高邑县	614	10652	12244	10820	13298
深泽县	1954	16436	18762	2140	17608
赞皇县	1867	10846	19494	5014	26487
无极县	1442	20078	28922	2686	21545
平山县	4215	37677	28629	11850	49925
元氏县	1072	14637	23049	2759	31490
赵　县	3019	24532	34727	4332	40171
晋州市	2012	22837	33844	10060	27118
新乐市	2605	24820	33390	5463	27176
辛集市	2479	37227	35481	11924	40070

全市金融机构本外币信贷收支情况

5—3　　（2015 年）　　计量单位：亿元

指标名称	本年余额	比年初	
		本年	去年
一、各项存款	9874	596	601
（一）境内存款	9871	597	600
1. 住户存款	4899	383	246
（1）活期存款	1533	157	48
（2）定期及其他存款	3366	225	198
2. 非金融企业存款	2910	163	82
（1）活期存款	972	67	–33
（2）定期及其他存款	1939	96	115
3. 广义政府存款	1729	35	201
（1）财政性存款	132	10	5
（2）机关团体存款	1597	25	196
4. 非银行业金融机构存款	334	17	70
（二）境外存款	2	–1	2
二、金融债券			
其中：境外发行			
三、卖出回购资产	17	10	–2
四、借款及非银行业金融机构拆入		–2	
五、联行往来（净）			
六、应付及暂收款	220	–3	45
七、各项准备	143	28	12
八、所有者权益	287	16	114
其中：实收资本	126	1	42
九、其他	–781	53	–224
资金运用总计	9760	697	547

5—3 续表　　（2015 年）　　计量单位：亿元

指标名称	本年余额	比年初	
		本年	去年
一、各项贷款	6186	957	672
（一）境内贷款	6186	957	672
1. 住户贷款	1699	282	263
（1）短期贷款	486	43	72
消费贷款	112	18	6
经营贷款	373	25	66
（2）中长期贷款	1214	239	191
消费贷款	1022	231	169
经营贷款	192	8	23
2. 非金融企业及机关团体贷款	4486	676	409
（1）短期贷款	1666	114	–24
（2）中长期贷款	2237	328	292
（3）票据融资	429	187	39
（4）融资租赁	130	33	97
（5）各项垫款	24	14	5
3. 非银行业金融机构贷款			
（二）境外贷款			
二、债券投资	200	90	–24
其中：境外债券			
三、股权及其他投资	216	54	26
四、买入返售资产	38	–113	–75
五、存放非银行业金融机构款项			
六、联行往来（净）	2999	–265	–79
其中：境内存放二级准备金	400	–9	13
七、金银占款			
八、外汇买卖			
九、应收及预付款	44	–30	21
十、投资性房地产	1		
十一、固定资产	77	3	5
资金运用总计	9760	697	547

全市金融机构人民币信贷收支情况

5—4　　（2015 年）　　计量单位：亿元

指标名称	本年余额	比年初	
		本年	去年
一、各项存款	9800	589	611
（一）境内存款	9799	591	609
1. 住户存款	4869	373	244
（1）活期存款	1517	151	47
（2）定期及其他存款	3352	221	197
2. 非金融企业存款	2872	167	97
（1）活期存款	956	61	–23
（2）定期及其他存款	1917	106	121
3. 广义政府存款	1725	35	198
（1）财政性存款	132	10	5
（2）机关团体存款	1593	25	193
4. 非银行业金融机构存款	333	16	70
（二）境外存款	2	–2	2
二、金融债券			
其中：境外发行			
三、卖出回购资产	17	10	–2
四、借款及非银行业金融机构拆入			
五、联行往来（净）			
六、应付及暂收款	220	5	40
七、各项准备	142	28	12
八、所有者权益	287	15	115
其中：实收资本	125	1	42
九、其他	–779	50	–210
资金来源总计	9687	697	566

5—4 续表　　（2015 年）　　计量单位：亿元

指标名称	本年余额	比年初	
		本年	去年
一、各项贷款	6121	915	694
（一）境内贷款	6121	915	694
1. 住户贷款	1699	282	263
（1）短期贷款	485	43	72
消费贷款	112	17	6
经营贷款	373	25	66
（2）中长期贷款	1214	239	191
消费贷款	1022	231	168
经营贷款	192	8	23
2. 非金融企业及机关团体贷款	4422	634	431
（1）短期贷款	1653	122	–2
（2）中长期贷款	2189	281	292
（3）票据融资	429	187	39
（4）融资租赁	130	33	97
（5）各项垫款	21	12	5
3. 非银行业金融机构贷款			
（二）境外贷款			
二、债券投资	200	90	–24
其中：境外债券			
三、股权及其他投资	216	54	26
四、买入返售资产	38	–113	–75
五、存放非银行业金融机构款项			
六、联行往来（净）	2988	–232	–77
其中：境内存放二级准备金	399	–8	12
七、金银占款			
八、外汇买卖	3	3	
九、应收及预付款	44	–23	15
十、投资性房地产	1		
十一、固定资产	77	3	5
资金运用总计	9687	697	566

市区金融机构人民币信贷收支情况

5—5　　　　（2015 年）　　　　计量单位：亿元

指标名称	本年余额	指 标 名 称	本年余额
一、各项存款	6805	一、各项贷款	4762
（一）境内存款	6804	（一）境内贷款	4762
1. 住户存款	2547	1. 住户贷款	1184
（1）活期存款	903	（1）短期贷款	276
（2）定期及其他存款	1644	消费贷款	91
2. 非金融企业存款	2543	经营贷款	185
（1）活期存款	776	（2）中长期贷款	908
（2）定期及其他存款	1767	消费贷款	792
3. 广义政府存款	1388	经营贷款	115
（1）财政性存款	82	2. 非金融企业及机关团体贷款	3578
（2）机关团体存款	1305	（1）短期贷款	1238
4. 非银行业金融机构存款	327	（2）中长期贷款	1912
（二）境外存款	1	（3）票据融资	280
二、金融债券		（4）融资租赁	130
其中：境外发行		（5）各项垫款	18
三、卖出回购资产	17	3. 非银行业金融机构贷款	
四、借款及非银行业金融机构拆入		（二）境外贷款	
五、联行往来（净）		二、债券投资	126
六、应付及暂收款	146	其中：境外债券	
七、各项准备	94	三、股权及其他投资	162
八、所有者权益	204	四、买入返售资产	38
其中：实收资本	82	五、存放非银行业金融机构款项	
九、其他	–230	六、联行往来（净）	1856
		其中：境内存放二级准备金	297
		七、金银占款	
		八、外汇买卖	5
		九、应收及预付款	33
		十、投资性房地产	1
		十一、固定资产	56
资金来源总计	7037	资金运用总计	7037

全市金融机构外汇信贷收支情况

5—6　（2015 年）　计量单位：亿美元

指标名称	本年余额	比年初	
		本年	去年
一、各项存款	11		–2
（一）境内存款	11		–2
1. 住户存款	5	1	
（1）活期存款	3	1	
（2）定期及其他存款	2		
2. 非金融企业存款	6	–1	–3
（1）活期存款	2	1	–2
（2）定期及其他存款	3	–2	–1
3. 广义政府存款	1		1
（1）财政性存款			
（2）机关团体存款	1		1
4. 非银行业金融机构存款			
（二）境外存款			
二、金融债券			
其中：境外发行			
三、卖出回购资产			
四、借款及非银行业金融机构拆入			
五、联行往来（净）			
六、应付及暂收款		–1	1
七、外汇买卖 1	1	1	
八、各项准备			
九、所有者权益			
其中：实收资本			
十、其他			–2
资金来源总计	12		–3

5—6 续表　　　　（2015 年）　　　　计量单位：亿美元

指标名称	本年余额	比年初	
		本年	去年
一、各项存款	10	6	–4
（一）境内贷款	10	6	–4
1. 住户贷款			
（1）短期贷款			
消费贷款			
经营贷款			
（2）中长期贷款			
消费贷款			
经营贷款			
2. 非金融企业及机关团体贷款	10	6	–4
（1）短期贷款	2	–1	–4
（2）中长期贷款	7	7	
（3）票据融资			
（4）融资租赁			
（5）各项垫款			
3. 非银行业金融机构贷款			
（二）境外贷款			
二、债券投资			
其中：境外债券			
三、股权及其他投资			
四、买入返售资产			
五、存放非银行业金融机构款项			
六、联行往来（净）	2	–5	
其中：境内存放二级准备金			
七、应收及预付款		–1	1
八、投资性房地产			
九、固定资产			
资金运用总计	12		–3

分县（市）金融机构人民币信贷情况

5—7　　（2015 年）　　计量单位：亿元

行政单位	各项存款				
		#单位存款	#住户存款	（一）活期存款	（二）定期及其他存款
石家庄市	**9800.1**	**9798.6**	**4868.9**	**1516.5**	**3352.4**
市　区	6805.4	6804.1	2546.8	903.1	1643.7
井 陉 县	135.2	135.2	107.8	25.4	82.5
正 定 县	374.3	374.2	257.0	72.0	185.0
行 唐 县	135.0	135.0	109.1	25.6	83.5
灵 寿 县	105.6	105.6	88.0	26.3	61.7
高 邑 县	65.0	65.0	54.8	15.3	39.4
深 泽 县	103.5	103.5	87.8	17.8	69.9
赞 皇 县	76.4	76.4	56.3	17.0	39.4
无 极 县	158.0	158.0	139.5	39.9	99.5
平 山 县	178.1	178.1	137.3	35.1	102.2
元 氏 县	144.7	144.7	108.1	26.4	81.7
赵　县	135.0	134.9	113.3	30.5	82.8
晋 州 市	204.5	204.5	177.4	46.4	131.0
新 乐 市	140.4	140.4	113.7	41.3	72.5
辛 集 市	328.2	328.1	278.1	66.2	212.0

5—7 续表 1　　　　（2015 年）　　　　计量单位：亿元

行政单位	各项存款中：境内存款中：# 非金融企业存款	活期存款	定期及其他存款	# 广义政府存款	# 非银行业金融机构存款
石家庄市	**2872.3**	**955.6**	**1916.7**	**1724.5**	**332.8**
市　　区	2543.2	776.3	1766.9	1387.6	326.5
井 陉 县	11.1	7.5	3.6	16.0	0.2
正 定 县	77.0	46.1	30.9	40.2	0.1
行 唐 县	7.0	4.2	2.8	18.9	
灵 寿 县	7.6	4.4	3.1	9.6	0.5
高 邑 县	4.7	2.8	1.9	5.5	
深 泽 县	4.1	2.7	1.4	11.5	0.1
赞 皇 县	9.2	7.0	2.2	10.9	
无 极 县	8.1	6.8	1.3	10.4	
平 山 县	13.7	8.4	5.3	27.1	0.1
元 氏 县	16.8	8.1	8.7	19.8	
赵　　县	13.4	10.1	3.3	8.1	0.1
晋 州 市	15.1	7.1	7.9	12.1	
新 乐 市	11.4	4.9	6.5	15.0	0.2
辛 集 市	26.3	14.6	11.7	23.6	0.1

5—7 续表 2　　　　（2015 年）　　　　计量单位：亿元

行政单位	各项存款				
		#单位存款	#住户存款	（一）活期存款	（二）定期及其他存款
石家庄市	**6121.1**	**6121.1**	**1699.2**	**485.4**	**1213.8**
市　区	4762.0	4762.0	1184.3	276.3	907.9
井 陉 县	53.1	53.1	12.3	4.8	7.5
正 定 县	231.4	231.4	76.0	41.6	34.5
行 唐 县	40.1	40.1	12.6	6.7	6.0
灵 寿 县	36.2	36.2	18.3	10.0	8.3
高 邑 县	28.9	28.9	8.1	2.4	5.7
深 泽 县	30.0	30.0	10.0	5.7	4.3
赞 皇 县	34.1	34.1	14.2	5.7	8.5
无 极 县	42.7	42.7	19.4	8.0	11.4
平 山 县	89.7	89.7	24.7	12.7	11.9
元 氏 县	62.7	62.7	28.6	8.6	20.0
赵　县	56.5	56.5	23.8	9.7	14.1
晋 州 市	91.9	91.9	41.0	15.1	25.9
新 乐 市	71.2	71.2	31.9	8.0	23.9
辛 集 市	149.1	149.1	55.2	24.7	30.5

5—7 续表3　　（2015 年）　　计量单位：亿元

行政单位	各项存款中：境内存款中：#非金融企业存款	活期存款	定期及其他存款	#广义政府存款	#非银行业金融机构存款
石家庄市	**4421.9**	**1652.8**	**2189.3**	**428.9**	**129.8**
市　区	3577.8	1237.9	1912.1	279.7	129.8
井陉县	40.9	23.0	9.9	8.0	
正定县	155.4	70.8	78.0	5.9	
行唐县	27.5	8.1	9.1	10.3	
灵寿县	17.9	6.9	5.8	5.2	
高邑县	20.8	6.5	7.7	6.5	
深泽县	20.0	10.5	2.7	6.8	
赞皇县	20.0	15.1	4.1	0.8	
无极县	23.3	9.0	13.5	0.8	
平山县	65.0	6.3	15.4	43.4	
元氏县	34.1	13.2	8.6	12.3	
赵　县	32.7	14.1	4.5	14.1	
晋州市	50.9	27.2	23.5	0.0	
新乐市	39.2	22.6	4.9	11.7	
辛集市	93.9	68.2	19.9	5.8	

六、物 价

居民消费价格指数

6—1 （2015 年）

类别及品名	主城区
	以上年同期价格为 100
居民消费价格总指数	**101.0**
一、食品	99.9
1. 粮食	100.9
2. 淀粉及制品	100.0
3. 干豆类及豆制品	105.9
4. 油脂	98.4
5. 肉禽及其制品	101.4
6. 蛋	86.4
7. 水产品	105.7
8. 菜	111.8
9. 调味品	104.7
10. 糖	101.2
11. 茶及饮料	100.2
12. 干鲜瓜果	91.3
13. 糕点饼干面包	100.2
14. 液体乳及乳制品	89.5
15. 在外用膳食品	99.8
16. 其他食品	98.9
二、烟酒	100.6
1. 烟草	103.0
2. 酒	98.4
三、衣着	105.7
1. 服装	105.1

6—1 续表　　（2015 年）

类别及品名	主城区
	以上年同期价格为 100
2. 衣着材料	100.4
3. 鞋袜帽	107.6
4. 衣着加工服务费	100.8
四、家庭设备用品及维修服务	101.5
1. 耐用消费品	101.4
2. 室内装饰品	98.3
3. 床上用品	104.2
4. 家庭日用杂品	99.5
5. 家庭服务及加工维修服务	107.1
五、医疗保健和个人用品	102.5
1. 医疗保健	103.7
2. 个人用品及服务	98.6
六、交通和通信	99.0
1. 交通	98.2
2. 通信	99.8
七、娱乐教育文化用品及服务	100.7
1. 文娱用耐用消费品及服务	99.9
2. 教育	100.9
3. 文化娱乐类	101.4
4. 旅游	99.4
八、居住	100.3
1. 建房及装修材料	100.7
2. 住房租金	101.9
3. 自有住房	100.5
4. 水、电、燃料	99.3

商品零售价格指数

6—2

（2015 年）

类别及品名	主城区
	以上年同期价格为 100
商品零售价格总指数	**100.2**
一、食品	99.8
1. 粮食	100.8
2. 淀粉及制品	100.0
3. 干豆类及豆制品	105.9
4. 油脂	98.4
5. 肉禽及其制品	101.3
6. 蛋	86.6
7. 水产品	106.6
8. 菜	111.7
9. 调味品	105.1
10. 糖	101.3
11. 干鲜瓜果	91.0
12. 糕点饼干面包	100.0
13. 液体乳及乳制品	89.5
14. 在外用膳食品	99.8
15. 其他食品	98.9
二、饮料、烟酒	100.2
1. 茶及饮料	99.9
2. 烟草	102.7
3. 酒	98.4
三、服装、鞋帽	105.8
1. 服装	105.1
2. 鞋袜帽	107.6
3. 其他	102.7
四、纺织品	103.7
1. 衣着材料	100.4
2. 床上用品	105.0
五、家用电器及音像器材	100.1
1. 家庭设备	101.2
2. 文娱用耐用消费品	98.2

6—2 续表　　（2015 年）

类别及品名	主城区
	以上年同期价格为 100
3. 专业音像器材	101.8
六、文化办公用品	100.9
七、日用品	99.2
1. 日用百货	99.0
2. 日用杂品	99.7
3. 洗涤用品	98.9
4. 其他日用品	99.3
八、体育娱乐用品	100.0
1. 体育用品	99.9
2. 娱乐用品	100.1
九、交通、通信用品	96.1
1. 交通运输机械	95.0
2. 通信器材	98.9
十、家具	101.8
十一、化妆品	99.6
十二、金银珠宝	91.0
十三、中西药品及医疗保健用品	104.8
1. 医疗器具及用品	102.3
2. 中药材及中成药	102.7
3. 西药	105.4
4. 保健器具及用品	108.7
十四、书报杂志及电子出版物	101.0
1. 教材及参考书	99.4
2. 书报杂志	102.9
3. 电子音像制品	100.9
十五、燃料	91.6
1. 煤炭及制品	99.5
2. 石油及制品	89.0
十六、建筑材料及五金电料	98.5
1. 建筑装璜材料	97.9
2. 五金电料	100.4

工业生产者出厂价格指数

6—3 （2015 年）

类别及品名	以上年同期为 100	类别及品名	以上年同期为 100
全部工业品	**94.5**		
轻工业	98.9	工业部门	
以农产品为原料	98.7	冶金工业	83.9
以非农产品为原料	100.0	电力工业	96.3
重工业	92.2	煤炭及炼焦工业	92.7
采掘	100.0	石油工业	75.2
原料	92.3	化学工业	96.8
加工	91.7	机械工业	98.9
生产资料	92.9	建筑材料工业	94.6
采掘	100.0	森林工业	102.3
原料	92.6	食品工业	96.8
加工	92.9	纺织工业	99.4
生活资料	99.4	缝纫工业	101.2
食品	96.8	皮革工业	99.1
衣着	100.2	造纸工业	99.3
一般日用品	100.5	文教艺术用品工业	100.5
耐用消费品	108.3	其它工业	96.2

工业生产者购进价格指数

6—4　　（2015 年）

行业名称	以上年同期为 100	行业名称	以上年同期为 100
全部原材料	**93.7**	（四）化工原料类	93.3
（一）燃料、动力类	82.9	（五）木材及纸浆类	100.1
（二）黑色金属材料	92.5	（六）建筑材料及非金属矿类	95.9
#钢材	93.0	（七）其它工业原材料及半成品类	97.8
其它	91.9	（八）农副产品类	97.0
（三）有色金属材料和电线类	94.9	（九）纺织原料类	98.6

城市房地产价格指数

6—5　　（2015 年）

项　目	以上年同期为 100	项　目	以上年同期为 100
住宅销售价格指数			
一、新建住宅	101.7	二、二手住宅	101.4
#商品住宅	101.7	（一）90 平方米以下	101.5
（一）90 平方米以下	101.6	（二）90–144 平方米	101.2
（二）90 – 144 平方米	101.7	（三）144 平方米以上	101.1
（三）144 平方米以上	102.0		

七、居民生活

城乡居民家庭收支情况

7—1 （2015 年）

指标名称	单位	总计	城镇住户	农村住户
第一部分、可支配收入	元	20761.77	28168.32	11441.60
一、工资性收入	元	13080.30	17655.10	7323.53
（一）工资	元	12477.43	16966.01	6829.16
1. 按月发放的工资	元	11543.76	15732.49	6272.79
2. 补发工资	元	197.25	331.65	28.12
3. 不按月发放的奖金津贴过节费等	元	736.43	901.87	528.24
（二）实物福利	元	7.01	10.79	2.25
1. 从单位或雇主得到的实物产品折价	元	4.87	7.25	1.88
（1）食品	元	3.85	5.78	1.43
①谷物薯类及豆类	元	1.15	1.78	0.35
②食用油（植物油）	元	1.54	2.31	0.58
③蔬菜及制品	元	0.04	0.07	0.01
④肉禽蛋奶及制品	元	0.50	0.83	0.09
⑤水产品及制品	元			
⑥糖烟酒饮料类	元	0.18	0.10	0.28
⑦干鲜瓜果类	元	0.26	0.43	0.05
⑧其他类食品	元	0.18	0.27	0.07
（2）衣着	元	0.03	0.02	0.03
（3）居住	元			
（4）家庭设备和日用品	元	0.54	0.92	0.08
（5）交通通信工具及用品	元	0.29	0.52	
（6）教育文化娱乐用品	元	0.14	0.01	0.31
（7）医疗保健用品	元	0.00		
（8）其他用品	元	0.01		0.03
2. 从单位或雇主得到的服务折价	元	2.14	3.54	0.37
（1）免费或低价提供的工作餐	元	1.52	2.43	0.37

7—1 续表 1　　（2015 年）

指标名称	单位	总计	城镇住户	农村住户
（2）免费或低价提供的住宿	元			
（3）单位缴纳的水电费取暖费物业费等	元	0.62	1.11	
（4）免费或低价提供的交通和通信服务	元			
（5）单位缴纳的教育入学赞助费	元			
（6）免费或低价提供的旅游服务	元			
（7）其他服务	元			
3. 单位或雇主实物福利报销所得	元			
（三）其他	元	595.86	678.30	492.13
1. 住房公积金	元	326.40	572.04	17.29
2. 辞退金	元	0.89	0.06	1.95
3. 自由职业劳动所得（如稿费翻译费）	元	1.46	1.39	1.54
4. 安家费	元	0.53	0.95	
5. 股票期权	元	0.05	0.09	
6. 其他劳动所得	元	266.53	103.76	471.36
二、经营净收入	元	2405.71	1934.21	2999.03
（一）第一产业经营净收入	元	847.24	37.29	1866.44
1. 农业	元	788.42	35.64	1735.70
2. 林业	元	–3.88	0.98	–10.00
3. 牧业	元	64.17	0.67	144.08
4. 渔业	元	–1.48		–3.33
（二）第二产业经营净收入	元	328.61	367.72	279.40
1. 采矿业	元	83.48	118.50	39.40
2. 制造业	元	216.85	219.50	213.52
3. 电力热力燃气及水生产和供应业	元	–6.72	–6.68	–6.78
4. 建筑业	元	35.00	36.39	33.26
（三）第三产业经营净收入	元	1229.86	1529.21	853.18

7—1 续表 2　　　　　　　　　　（2015 年）

指标名称	单位	总计	城镇住户	农村住户
1. 批发和零售业	元	863.26	1112.44	549.69
2. 交通运输仓储和邮政业	元	170.97	180.73	158.69
3. 住宿和餐饮业	元	84.08	81.96	86.75
4. 房地产业	元	39.31	70.56	
5. 租赁和商务服务业	元	9.03	12.38	4.81
6. 居民服务修理和其他服务业	元	68.33	83.40	49.36
7. 其他	元	–5.03	–12.14	3.90
8. 农林牧渔服务业	元	–0.09	–0.14	–0.03
三、财产净收入	元	1803.16	3023.26	267.83
（一）利息净收入	元	87.39	128.43	35.75
（二）红利收入	元	106.63	166.49	31.31
1. 集体分配的红利	元	80.54	141.08	4.35
2. 其他红利收入	元	26.09	25.41	26.96
（三）储蓄性保险净收益	元	1.36	0.30	2.68
（四）转让承包土地经营权租金净收入	元	43.27	10.29	84.77
（五）出租房屋财产性收入	元	255.16	445.57	15.57
（六）出租机械专利版权等资产的收入	元	0.26		0.59
（七）其他财产净收入	元	68.61	45.93	97.16
（八）房屋虚拟租金	元	1240.47	2226.25	
四、转移净收入	元	3472.59	5555.75	851.21
（一）转移性收入	元	4257.16	6760.23	1107.37
1. 养老金或离退休金	元	3754.22	6285.14	569.39
（1）离退休金	元	3637.79	6192.06	423.58
（2）（城镇）居民社会养老保险	元	48.59	46.27	51.50
（3）新型农村养老保险	元	47.78	19.19	83.75

7—1 续表 3 （2015 年）

指标名称	单位	总计	城镇住户	农村住户
（4）其他养老金	元	20.06	27.61	10.56
2. 社会救济和补助	元	16.02	4.83	30.11
（1）最低生活保障费	元	5.21	1.69	9.64
（2）五保户救助金	元	2.59		5.86
（3）扶贫款	元	1.14		2.58
（4）救灾款	元	0.14		0.32
（5）抚恤金	元	3.45	0.07	7.71
（6）其他社会救济收入	元	3.48	3.06	4.00
3. 政策性生活补贴	元	49.70	86.46	3.43
（1）家电补贴	元	2.57	4.23	0.47
（2）能源补贴	元	0.91	1.64	
（3）免费或低价提供的住宿（廉租房）	元	0.00		
（4）其他生活补贴	元	46.21	80.59	2.95
4. 报销医疗费	元	193.37	206.69	176.61
5. 家庭外出从业人员寄回带回收入	元	74.75	12.92	152.56
6. 赡养收入	元	84.38	89.57	77.85
7. 其他经常转移收入	元	10.82	16.86	3.22
（1）失业保险金	元	2.80	5.03	
（2）经常性捐赠收入	元			
（3）经常性赔偿收入	元			
（4）其他转移性收入	元	8.02	11.83	3.22
8. 从政府和组织得到的实物产品和服务折价	元	11.10	7.09	16.14
（1）食品	元	0.89	0.28	1.66
①谷物薯类及豆类	元	0.42	0.17	0.73
②食用油（植物油）	元	0.40	0.02	0.88

7—1 续表 4　　（2015 年）

指标名称	单位	总计	城镇住户	农村住户
③蔬菜及制品	元	0.03	0.05	0.01
④肉禽蛋奶及制品	元	0.02	0.02	0.01
⑤水产品及制品	元	0.00		
⑥糖烟酒饮料类	元	0.02	0.01	0.03
⑦干鲜瓜果类	元			
⑧其他类食品	元			
（2）衣着	元	2.15	1.34	3.16
（3）居住	元	0.17	0.01	0.36
（4）家庭设备和日用品	元	4.44	4.17	4.78
（5）交通通信工具及用品	元	0.43	0.78	
（6）教育文化娱乐用品	元	0.12	0.21	0.01
（7）医疗保健用品	元	0.03		0.07
（8）其他用品	元	0.79	0.30	1.41
（9）其他服务折价（不含廉租房）	元	2.08		4.70
9. 现金政策性惠农补贴	元	62.80	50.68	78.05
（二）转移性支出	元	784.57	1204.48	256.16
1. 个人所得税	元	11.53	19.63	1.33
2. 社会保障支出	元	687.68	1079.73	194.34
（1）个人缴纳的养老保险	元	411.01	658.63	99.40
（2）个人缴纳的医疗保险	元	231.19	341.11	92.86
（3）个人缴纳的失业保险	元	27.38	48.60	0.68
（4）其他社会保障支出	元	18.11	31.39	1.40
3. 外来从业人员寄给家人的支出	元	0.13	0.22	0.00
4. 赡养支出	元	44.98	66.41	18.01
5. 其他转移性支出	元	40.25	38.48	42.48

7—1 续表 5　　（2015 年）

指标名称	单位	总计	城镇住户	农村住户
（2）经常性赔偿支出	元	0.27	0.49	
（3）其他经常转移支出	元	38.78	36.37	41.81
第二部分、消费支出	元	13431.98	18164.96	7476.15
（一）食品烟酒	元	3421.72	4460.84	2114.11
1. 食品	元	2513.61	3247.66	1589.91
（1）谷物	元	402.93	413.68	389.42
（2）薯类	元	39.39	46.34	30.64
（3）豆类	元	39.64	52.12	23.92
（4）食用油	元	123.57	141.10	101.51
（5）蔬菜和食用菌	元	290.94	381.82	176.59
（6）肉类	元	490.66	635.95	307.83
（7）禽类	元	72.62	106.13	30.46
（8）水产品	元	85.58	134.00	24.65
（9）蛋类	元	114.32	131.11	93.19
（10）奶类	元	221.30	313.88	104.79
（11）干鲜瓜果类	元	304.36	434.51	140.57
（12）糖果糕点类	元	130.56	193.18	51.77
（13）其他食品	元	197.74	263.84	114.57
2. 烟酒	元	357.47	415.34	284.64
（1）烟草	元	168.31	184.29	148.20
（2）酒类	元	189.16	231.05	136.44
3. 饮料	元	116.86	164.07	57.45
4. 饮食服务	元	433.78	633.78	182.11
（1）食堂用餐	元	26.39	24.83	28.36
（2）其他在外饮食	元	401.64	603.86	147.18

7—1 续表 6 （2015 年）

指标名称	单位	总计	城镇住户	农村住户
（3）食品加工服务费	元	5.75	5.09	6.57
（二）衣着	元	1083.89	1507.81	550.44
1. 衣类	元	818.96	1146.10	407.29
2. 鞋类	元	264.93	361.71	143.15
（三）居住	元	3498.49	4878.82	1761.53
1. 租赁房房租	元	74.57	124.38	11.90
2. 住房维修及管理	元	286.10	305.99	261.08
3. 水电燃料及其他	元	968.98	1242.55	624.73
4. 自有住房折算租金	元	2168.84	3205.91	863.81
（1）租赁公房房租	元	1.04	1.06	1.02
（2）租赁私房房租	元	73.53	123.32	10.89
5. 物业管理费	元	41.95	73.76	1.93
（四）生活用品及服务	元	1060.41	1434.80	589.28
1. 家具及室内装饰品	元	190.21	258.17	104.69
2. 家用器具	元	347.69	453.82	214.15
3. 家用纺织品	元	97.05	123.73	63.46
4. 家庭日用杂品	元	250.46	335.84	143.01
5. 个人用品	元	122.85	179.53	51.53
6. 家庭服务	元	52.14	83.70	12.44
其中：家政服务	元	27.58	47.67	2.29
（五）交通通信	元	1707.78	2153.17	1147.32
1. 交通	元	1057.85	1313.44	736.23
（1）交通工具	元	489.85	512.55	461.28
（2）交通费	元	97.51	144.37	38.55
（3）交通工具用燃料	元	284.00	404.70	132.12
（4）交通工具使用及维修	元	186.49	251.82	104.28

7—1 续表 7　　（2015 年）

指标名称	单位	总计	城镇住户	农村住户
其中：车辆保险支出	元	52.36	78.42	19.56
2. 通信	元	649.93	839.73	411.10
（1）通信工具	元	198.04	261.13	118.65
（2）通信服务	元	451.89	578.60	292.44
（六）教育文化娱乐	元	1354.68	1874.15	701.00
1. 教育	元	683.90	845.46	480.59
（1）学前教育	元	54.52	66.44	39.52
（2）小学教育	元	83.46	112.82	46.51
（3）初中教育	元	80.24	106.37	47.36
（4）高中教育	元	114.61	150.88	68.98
（5）中专职高教育	元	24.63	32.81	14.33
（6）大专及以上教育	元	264.21	294.52	226.06
（7）成人教育	元	62.23	81.63	37.81
2. 文化娱乐	元	670.78	1028.69	220.41
（1）文娱耐用消费品	元	156.84	195.54	108.13
（2）其他文娱用品	元	117.26	163.30	59.33
（3）文化娱乐服务	元	396.68	669.84	52.95
（七）医疗保健	元	1056.82	1512.89	482.90
1. 医疗器具及药品	元	385.20	568.48	154.57
2. 医疗服务	元	671.61	944.41	328.33
（1）门诊总费用	元	357.34	557.17	105.88
（2）住院总费用	元	314.27	387.24	222.45
（八）其他用品和服务	元	248.20	342.47	129.57
1. 其他用品	元	163.92	230.31	80.38
2. 其他服务	元	84.28	112.17	49.18
第三部分、现住房建筑面积	平方米	38.84	37.42	40.62
期末拥有房屋面积	平方米	39.42	38.28	40.84

7—1 续表 8　　（ 2015 年 ）

指标名称	单位	总计	城镇住户	农村住户
第四部分、家庭耐用品百户拥有量				
1. 家用汽车	辆	32.45	40.23	20.43
2. 摩托车	辆	30.28	10.64	60.65
3. 助力车	台	78.80	66.74	97.45
4. 洗衣机	台	96.02	98.76	91.79
5. 电冰箱（柜）	台	90.35	98.62	77.57
6. 微波炉	台	49.35	64.68	25.65
7. 彩色电视机	台	114.60	113.89	115.71
8. 其中：接入有线电视	台	66.81	86.04	37.06
9. 空调	台	118.81	150.61	69.63
10. 热水器	台	82.80	93.33	66.51
11. 其中：太阳能热水器	台	49.81	45.18	56.96
12. 消毒碗柜	台	1.54	2.40	0.22
13. 洗碗机	台	0.88	1.12	0.52
14. 排油烟机	台	54.14	76.70	19.27
15. 固定电话	线	23.60	30.06	13.61
16. 移动电话	部	217.55	215.60	220.57
17. 其中：接入互联网	部	68.37	86.63	40.14
18. 计算机	台	64.23	81.23	37.94
19. 其中：接入互联网	台	57.90	77.89	27.00
20. 摄像机	台	8.02	12.50	1.09
21. 照相机	台	28.67	43.29	6.06
22. 中高档乐器	架	2.41	3.59	0.59
23. 健身器材	台	6.00	8.44	2.23
24. 组合音响	套	7.04	8.09	5.43

城镇居民家庭收支按相对收入等距 5 组分组汇总情况

7—2　　（2015 年）

指标名称	单位	20% 城镇低收入户	20% 城镇中低收入户	20% 城镇中等收入户	20% 城镇中高收入户	20% 城镇高收入户
第一部分、可支配收入	元	13432.02	21586.39	28129.23	35841.17	55496.12
一、工资性收入	元	10709.77	16337.54	20259.42	20772.16	24588.56
（一）工资	元	10382.71	15753.21	19431.71	20050.81	23329.06
1. 按月发放的工资	元	9899.02	15005.04	18622.77	18765.56	19463.52
2. 补发工资	元	91.60	227.95	373.36	540.42	611.17
3. 不按月发放的奖金津贴过节费等	元	392.09	520.22	435.58	744.83	3254.37
（二）实物福利	元	10.49	9.92	7.83	15.77	10.96
1. 从单位或雇主得到的实物产品折价	元	7.67	6.29	1.66	13.20	8.83
（1）食品	元	5.91	5.59	1.16	9.26	8.23
①谷物薯类及豆类	元	2.41	1.58	0.34	1.94	2.82
②食用油（植物油）	元	2.69	2.91	0.33	2.69	3.05
③蔬菜及制品	元		0.01		0.37	
④肉禽蛋奶及制品	元	0.24			2.96	1.78
⑤水产品及制品	元					
⑥糖烟酒饮料类	元			0.28	0.23	
⑦干鲜瓜果类	元		0.89		0.93	0.50
⑧其他类食品	元	0.58	0.20	0.21	0.15	0.08
（2）衣着	元		0.10			
（3）居住	元					
（4）家庭设备和日用品	元	0.02	0.60	0.06	3.93	0.60
（5）交通通信工具及用品	元	1.74		0.41		
（6）教育文化娱乐用品	元			0.04		
（7）医疗保健用品	元					
（8）其他用品	元					
2. 从单位或雇主得到的服务折价	元	2.82	3.63	6.16	2.57	2.13
（1）免费或低价提供的工作餐	元	0.19	1.68	6.16	2.57	2.13

7—2 续表 1　　（2015 年）

指标名称	单位	20% 城镇低收入户	20% 城镇中低收入户	20% 城镇中等收入户	20% 城镇中高收入户	20% 城镇高收入户
（2）免费或低价提供的住宿	元					
（3）单位缴纳的水电费取暖费物业费等	元	2.64	1.95			
（4）免费或低价提供的交通和通信服务	元					
（5）单位缴纳的教育入学赞助费	元					
（6）免费或低价提供的旅游服务	元					
（7）其他服务	元					
3. 单位或雇主实物福利报销所得	元					
（三）其他	元	316.57	574.41	819.88	705.58	1248.55
1. 住房公积金	元	169.50	480.86	667.62	655.65	1191.78
2. 辞退金	元	0.22				
3. 自由职业劳动所得（如稿费翻译费）	元				8.12	
4. 安家费	元		4.15			
5. 股票期权	元					0.65
6. 其他劳动所得	元	146.85	89.41	152.26	41.82	56.11
二、经营净收入	元	646.83	1483.33	1058.52	1035.17	7234.31
（一）第一产业经营净收入	元	86.66	63.61	6.79	−4.68	1.71
1. 农业	元	83.89	63.91	1.27	−3.82	1.40
2. 林业	元	−0.41	−0.01	5.53	−0.50	0.32
3. 牧业	元	3.17	−0.30	−0.01	−0.36	
4. 渔业	元					
（二）第二产业经营净收入	元	234.99	288.54	160.73	85.36	1357.91
1. 采矿业	元	156.89				548.36
2. 制造业	元	104.45	288.54	112.27		726.79
3. 电力热力燃气及水生产和供应业	元	−26.36				
4. 建筑业	元			48.46	85.36	82.76
（三）第三产业经营净收入	元	325.18	1131.18	891.00	954.49	5874.68

7—2 续表 2　　（2015 年）

指标名称	单位	20% 城镇低收入户	20% 城镇中低收入户	20% 城镇中等收入户	20% 城镇中高收入户	20% 城镇高收入户
1. 批发和零售业	元	287.31	918.52	340.99	278.02	4964.31
2. 交通运输仓储和邮政业	元	59.19	120.30	135.00	210.22	520.50
3. 住宿和餐饮业	元	–0.51	–0.15	247.22	63.60	146.25
4. 房地产业	元	0.31	0.39		250.62	190.34
5. 租赁和商务服务业	元	–108.42	0.15		143.06	106.12
6. 居民服务修理和其他服务业	元	88.86	93.99	152.12	13.16	43.81
7. 其他	元	–1.02	–2.02	15.67	–4.19	–96.64
8. 农林牧渔服务业	元	–0.54				
三、财产净收入	元	1370.34	1713.73	3017.19	4102.73	6736.95
（一）利息净收入	元	118.86	54.22	103.73	235.76	169.82
（二）红利收入	元	56.85	80.80	355.49	280.73	92.22
1. 集体分配的红利	元	56.85	68.66	304.55	249.50	43.99
2. 其他红利收入	元		12.14	50.95	31.23	48.24
（三）储蓄性保险净收益	元		1.32			
（四）转让承包土地经营权租金净收入	元	16.35	1.79	22.05	6.57	0.91
（五）出租房屋财产性收入	元	180.96	210.18	471.51	479.42	1209.12
（六）出租机械专利版权等资产的收入	元					
（七）其他财产净收入	元	14.45	7.69	23.22	40.57	200.76
（八）房屋虚拟租金	元	982.88	1357.73	2041.20	3059.68	5064.12
四、转移净收入	元	705.08	2051.79	3794.10	9931.11	16936.30
（一）转移性收入	元	1688.14	3301.76	5044.79	10942.79	18624.27
1. 养老金或离退休金	元	1380.02	3114.06	4581.03	10301.71	17580.49
（1）离退休金	元	1184.83	2990.82	4560.07	10243.91	17571.31
（2）（城镇）居民社会养老保险	元	94.32	57.83	1.37	50.12	2.01
（3）新型农村养老保险	元	48.80	13.13	15.51	1.49	2.97

7—2 续表 3　　（2015 年）

指标名称	单位	20% 城镇低收入户	20% 城镇中低收入户	20% 城镇中等收入户	20% 城镇中高收入户	20% 城镇高收入户
（4）其他养老金	元	52.07	52.27	4.07	6.19	4.20
2. 社会救济和补助	元	17.49	1.74			
（1）最低生活保障费	元	5.24	1.60			
（2）五保户救助金	元					
（3）扶贫款	元					
（4）救灾款	元					
（5）抚恤金	元	0.28				
（6）其他社会救济收入	元	11.98	0.13			
3. 政策性生活补贴	元	20.48	21.05	184.40	185.07	50.39
（1）家电补贴	元	9.17	1.01	2.83	6.04	0.45
（2）能源补贴	元					11.41
（3）免费或低价提供的住宿（廉租房）	元					
（4）其他生活补贴	元	11.31	20.04	181.57	179.03	38.53
4. 报销医疗费	元	51.31	54.11	181.33	211.39	753.40
5. 家庭外出从业人员寄回带回收入	元	1.06			47.78	30.92
6. 赡养收入	元	35.53	57.68	66.16	159.01	185.60
7. 其他经常转移收入	元	15.90	29.71	14.60	9.60	9.98
（1）失业保险金	元	8.58	12.50			
（2）经常性捐赠收入	元					
（3）经常性赔偿收入	元					
（4）其他转移性收入	元	7.32	17.22	14.60	9.60	9.98
8. 从政府和组织得到的实物产品和服务折价	元	6.40	6.13	7.71	8.25	7.59
（1）食品	元	0.51	0.00	0.02	0.39	0.56
①谷物薯类及豆类	元	0.20			0.39	0.39
②食用油（植物油）	元					0.16

7—2 续表 4　　（2015 年）

指标名称	单位	20% 城镇低收入户	20% 城镇中低收入户	20% 城镇中等收入户	20% 城镇中高收入户	20% 城镇高收入户
③蔬菜及制品	元	0.20				
④肉禽蛋奶及制品	元	0.10				
⑤水产品及制品	元					
⑥糖烟酒饮料类	元	0.02	0.00	0.02		
⑦干鲜瓜果类	元					
⑧其他类食品	元					
（2）衣着	元	1.10	1.46	0.55	2.42	1.41
（3）居住	元				0.03	0.04
（4）家庭设备和日用品	元	4.50	4.32	2.76	5.23	4.09
（5）交通通信工具及用品	元			3.82		
（6）教育文化娱乐用品	元					1.49
（7）医疗保健用品	元					
（8）其他用品	元	0.30	0.35	0.57	0.18	
（9）其他服务折价（不含廉租房）	元	0.00				
9. 现金政策性惠农补贴	元	159.94	17.27	9.56	19.99	5.90
（二）转移性支出	元	983.05	1249.97	1250.70	1011.67	1687.97
1. 个人所得税	元	0.37	3.47	22.73	13.35	82.40
2. 社会保障支出	元	876.86	1115.39	1110.77	913.66	1535.60
（1）个人缴纳的养老保险	元	572.34	685.07	670.15	547.01	885.99
（2）个人缴纳的医疗保险	元	264.23	378.18	371.46	296.08	428.76
（3）个人缴纳的失业保险	元	33.30	47.54	51.77	38.75	84.53
（4）其他社会保障支出	元	6.98	4.60	17.39	31.82	136.33
3. 外来从业人员寄给家人的支出	元	0.11	0.87			
4. 赡养支出	元	44.33	96.11	88.84	58.62	35.76
5. 其他转移性支出	元	61.38	34.13	28.36	26.04	34.20

7—2 续表 5 （2015 年）

指标名称	单位	20% 城镇低收入户	20% 城镇中低收入户	20% 城镇中等收入户	20% 城镇中高收入户	20% 城镇高收入户
（1）经常性捐赠支出	元	0.01		1.50	0.86	8.12
（2）经常性赔偿支出	元			0.56	0.25	2.30
（3）其他经常转移支出	元	61.37	34.13	26.30	24.93	23.79
第二部分、消费支出	元	10983.35	15518.31	18675.73	22662.55	28935.63
（一）食品烟酒	元	3033.69	3531.75	4466.72	5662.62	7008.67
1. 食品	元	2346.63	2638.38	3158.16	4052.70	4968.69
（1）谷物	元	344.73	362.05	375.13	481.26	590.97
（2）薯类	元	39.56	42.82	38.20	61.39	57.40
（3）豆类	元	36.84	40.09	57.27	66.91	73.23
（4）食用油	元	104.21	116.93	136.43	170.17	216.41
（5）蔬菜和食用菌	元	262.96	325.57	390.85	483.22	546.77
（6）肉类	元	382.83	532.71	651.43	849.95	968.63
（7）禽类	元	63.79	85.71	113.43	133.08	170.69
（8）水产品	元	60.41	84.13	122.12	190.72	292.01
（9）蛋类	元	97.10	114.91	132.69	162.40	177.17
（10）奶类	元	214.92	252.60	285.41	423.87	494.51
（11）干鲜瓜果类	元	268.40	362.08	446.94	541.17	697.45
（12）糖果糕点类	元	301.83	124.55	132.92	166.90	227.21
（13）其他食品	元	169.05	194.22	275.34	321.66	456.24
2. 烟酒	元	239.95	258.66	440.02	592.49	726.89
（1）烟草	元	109.92	105.19	204.57	259.62	322.40
（2）酒类	元	130.03	153.47	235.45	332.87	404.49
3. 饮料	元	82.55	129.91	161.19	210.92	310.17
4. 饮食服务	元	364.56	504.80	707.36	806.51	1002.92
（1）食堂用餐	元	19.65	21.19	39.47	35.45	6.34

7—2 续表 6 （2015 年）

指标名称	单位	20% 城镇低收入户	20% 城镇中低收入户	20% 城镇中等收入户	20% 城镇中高收入户	20% 城镇高收入户
（2）其他在外饮食	元	341.12	478.46	662.52	765.83	989.85
（3）食品加工服务费	元	3.79	5.15	5.37	5.23	6.74
（二）衣着	元	973.87	1356.77	1462.76	1743.25	2471.59
1. 衣类	元	732.95	1029.92	1130.45	1323.42	1869.41
2. 鞋类	元	240.92	326.85	332.31	419.83	602.18
（三）居住	元	2716.99	3512.45	4551.27	6682.12	9169.19
1. 租赁房房租	元	101.76	84.61	92.10	208.82	172.10
2. 住房维修及管理	元	148.66	195.98	243.55	678.34	401.23
3. 水电燃料及其他	元	798.88	1004.27	1220.78	1749.49	1828.15
4. 自有住房折算租金	元	1667.69	2227.58	2994.84	4045.48	6767.72
（1）租赁公房房租	元		0.23		5.84	0.04
（2）租赁私房房租	元	101.76	84.38	92.10	202.98	172.06
5. 物业管理费	元	32.10	54.84	67.19	97.31	158.40
（四）生活用品及服务	元	674.44	1008.28	1652.36	1877.55	2616.53
1. 家具及室内装饰品	元	71.82	144.35	433.46	408.34	340.32
2. 家用器具	元	151.90	286.03	511.79	578.05	1022.42
3. 家用纺织品	元	56.30	84.09	106.61	217.40	217.85
4. 家庭日用杂品	元	212.54	265.22	336.42	398.63	589.63
5. 个人用品	元	96.32	161.62	208.63	180.16	312.83
6. 家庭服务	元	85.56	66.97	55.44	94.96	133.49
其中：家政服务	元	64.90	42.39	31.56	47.16	49.07
（五）交通通信	元	1067.75	2215.96	2544.34	2657.67	2811.35
1. 交通	元	545.53	1452.03	1634.06	1718.63	1509.70
（1）交通工具	元	101.90	733.51	685.39	832.65	258.53
（2）交通费	元	65.18	94.05	139.71	269.28	221.23
（3）交通工具用燃料	元	250.52	413.99	483.21	403.92	551.79

7—2 续表 7　　（2015 年）

指标名称	单位	20% 城镇低收入户	20% 城镇中低收入户	20% 城镇中等收入户	20% 城镇中高收入户	20% 城镇高收入户
（4）交通工具使用及维修	元	127.94	210.48	325.76	212.79	478.16
其中：车辆保险支出	元	34.79	51.84	141.18	78.14	109.23
2. 通信	元	522.22	763.93	910.28	939.03	1301.65
（1）通信工具	元	143.92	238.49	321.06	297.53	375.56
（2）通信服务	元	378.30	525.45	589.22	641.50	926.08
（六）教育文化娱乐	元	1427.53	1709.74	2300.75	2022.57	2142.53
1. 教育	元	840.36	851.85	1120.32	719.32	606.62
（1）学前教育	元	59.69	87.04	85.63	35.07	56.02
（2）小学教育	元	129.72	156.38	147.49	29.97	63.85
（3）初中教育	元	98.73	131.66	132.26	127.94	17.28
（4）高中教育	元	144.93	90.18	275.05	122.66	116.02
（5）中专职高教育	元	40.66	17.94	27.90	48.55	30.69
（6）大专及以上教育	元	310.50	322.60	300.89	235.02	283.91
（7）成人教育	元	56.13	46.05	151.10	120.13	38.85
2. 文化娱乐	元	587.17	857.89	1180.43	1303.25	1535.92
（1）文娱耐用消费品	元	139.71	161.30	185.52	253.58	293.19
（2）其他文娱用品	元	98.91	143.30	189.84	119.15	323.92
（3）文化娱乐服务	元	348.54	553.29	805.08	930.52	918.80
（七）医疗保健	元	886.36	1893.57	1293.47	1596.71	2222.91
1. 医疗器具及药品	元	356.69	400.91	680.70	688.05	906.65
2. 医疗服务	元	529.67	1492.67	612.76	908.66	1316.26
（1）门诊总费用	元	273.94	1302.24	258.20	546.79	307.81
（2）住院总费用	元	255.73	190.43	354.56	361.87	1008.45
（八）其他用品和服务	元	202.72	289.79	404.05	420.05	492.85
1. 其他用品	元	147.12	172.73	303.82	245.42	346.52
2. 其他服务	元	55.60	117.06	100.23	174.63	146.32

7—2 续表 8　　（2015 年）

指标名称	单位	20% 城镇低收入户	20% 城镇中低收入户	20% 城镇中等收入户	20% 城镇中高收入户	20% 城镇高收入户
第三部分、现住房建筑面积	平方米	31.63	33.24	35.21	41.63	52.37
期末拥有房屋面积	平方米	31.83	32.59	36.75	42.45	55.89
第四部分、家庭耐用品百户拥有量						
1. 家用汽车	辆	34.38	42.06	46.40	34.80	43.45
2. 摩托车	辆	20.42	10.46	8.44	7.83	6.11
3. 助力车	台	78.88	71.29	67.07	63.32	53.24
4. 洗衣机	台	97.48	102.62	99.80	97.60	96.30
5. 电冰箱（柜）	台	95.76	98.98	100.09	99.02	99.22
6. 微波炉	台	49.52	62.79	70.37	68.49	72.17
7. 彩色电视机	台	116.42	120.84	114.27	111.51	106.45
8. 其中：接入有线电视	台	70.87	92.33	91.24	89.61	86.16
9. 空调	台	128.04	152.52	159.58	155.09	157.72
10. 热水器	台	86.57	89.59	98.10	94.37	97.96
11. 其中：太阳能热水器	台	46.17	51.54	48.93	44.34	35.02
12. 消毒碗柜	台	1.67	1.97	3.19	1.98	3.19
13. 洗碗机	台	0.16	0.35	2.41	0.77	1.89
14. 排油烟机	台	66.14	76.70	78.67	83.84	78.12
15. 固定电话	线	23.31	23.03	32.32	34.29	37.30
16. 移动电话	部	230.82	236.18	220.13	210.43	180.73
17. 其中：接入互联网	部	88.68	92.48	87.61	88.35	76.11
18. 计算机	台	68.12	89.15	80.14	82.14	86.54
19. 其中：接入互联网	台	111.24	73.06	67.74	65.01	72.46
20. 摄像机	台	7.18	12.06	10.83	14.06	18.33
21. 照相机	台	25.92	45.51	44.04	44.35	56.49
22. 中高档乐器	架	4.85	4.34	2.82	1.87	4.07
23. 健身器材	台	4.58	7.05	8.80	10.61	11.14
24. 组合音响	套	5.33	12.16	4.15	11.48	7.32

农村居民家庭收支按相对收入等距 5 组分组汇总情况

7—3　　（2015 年）

指标名称	单位	20% 农村低收入户	20% 农村中低收入户	20% 农村中等收入户	20% 农村中高收入户	20% 农村高收入户
第一部分、可支配收入	元	3452.72	7752.93	10960.59	14550.63	23222.57
一、工资性收入	元	2692.70	5797.02	8394.06	11102.98	16369.99
（一）工资	元	2414.91	5227.58	7821.71	10368.29	15611.21
1. 按月发放的工资	元	2275.28	4653.38	7132.37	9686.46	14338.60
2. 补发工资	元	26.83	13.57	52.37	38.26	32.56
3. 不按月发放的奖金津贴过节费等	元	112.81	560.63	636.98	643.58	1240.05
（二）实物福利	元	0.37	1.00	1.95	4.97	5.58
1. 从单位或雇主得到的实物产品折价	元	0.37	0.96	1.33	3.57	5.52
（1）食品	元	0.29	0.93	1.23	1.65	4.88
①谷物薯类及豆类	元	0.15	0.40	0.36	0.38	0.86
②食用油（植物油）	元	0.12	0.39	0.46	0.74	1.91
③蔬菜及制品	元					0.04
④肉禽蛋奶及制品	元		0.07	0.12		0.36
⑤水产品及制品	元					
⑥糖烟酒饮料类	元			0.29	0.21	1.39
⑦干鲜瓜果类	元		0.02		0.16	0.14
⑧其他类食品	元	0.01	0.06		0.15	0.19
（2）衣着	元	0.04				0.19
（3）居住	元					
（4）家庭设备和日用品	元	0.01	0.03	0.02	0.07	0.38
（5）交通通信工具及用品	元					
（6）教育文化娱乐用品	元				1.83	
（7）医疗保健用品	元					0.02
（8）其他用品	元	0.03		0.08	0.02	0.05
2. 从单位或雇主得到的服务折价	元		0.04	0.63	1.40	0.06

7—3 续表 1　　（2015 年）

指标名称	单位	20% 农村低收入户	20% 农村中低收入户	20% 农村中等收入户	20% 农村中高收入户	20% 农村高收入户
（1）免费或低价提供的工作餐	元		0.04	0.63	1.40	0.06
（2）免费或低价提供的住宿	元					
（3）单位缴纳的水电费取暖费物业费等	元					
（4）免费或低价提供的交通和通信服务	元					
（5）单位缴纳的教育入学赞助费	元					
（6）免费或低价提供的旅游服务	元					
（7）其他服务	元					
3. 单位或雇主实物福利报销所得	元					
（三）其他	元	277.42	568.44	570.39	729.72	753.20
1. 住房公积金	元		4.29	9.92	13.97	86.77
2. 辞退金	元		1.19	9.26		
3. 自由职业劳动所得（如稿费翻译费）	元		0.26	0.34		10.06
4. 安家费	元					
5. 股票期权	元					
6. 其他劳动所得	元	277.42	562.71	550.88	715.74	656.37
二、经营净收入	元	592.55	1585.40	1916.42	2538.79	4509.04
（一）第一产业经营净收入	元	442.99	1114.80	1229.88	1692.31	2359.73
1. 农业	元	605.05	917.50	1183.90	1475.06	2177.21
2. 林业	元	−5.80	25.25	−29.71	−16.24	−10.84
3. 牧业	元	−156.27	182.85	75.69	233.48	193.36
4. 渔业	元		−10.80			
（二）第二产业经营净收入	元	123.36	172.46	110.52	205.38	428.99
1. 采矿业	元	−4.78	1.53		144.93	
2. 制造业	元	119.84	176.95	54.62	62.14	388.85
3. 电力热力燃气及水生产和供应业	元		−5.79	1.39		−23.33

7—3 续表 2　　（2015 年）

指标名称	单位	20% 农村低收入户	20% 农村中低收入户	20% 农村中等收入户	20% 农村中高收入户	20% 农村高收入户
4. 建筑业	元	8.31	–0.23	54.51	–1.69	63.48
（三）第三产业经营净收入	元	26.20	298.14	576.02	641.10	1720.32
1. 批发和零售业	元	74.94	131.26	293.86	436.13	1190.78
2. 交通运输仓储和邮政业	元	–36.14	96.67	95.08	111.52	341.56
3. 住宿和餐饮业	元	32.21	40.79	108.40	–0.33	137.01
4. 房地产业	元					
5. 租赁和商务服务业	元	0.59	0.45	14.72		
6. 居民服务修理和其他服务业	元	–5.62	38.20	57.89	77.66	–0.35
7. 其他	元	–39.70	–12.46	3.12	13.90	62.17
8. 农林牧渔服务业	元	–0.08	3.22	2.95	2.22	–10.85
三、财产净收入	元	29.65	39.81	91.96	206.70	563.76
（一）利息净收入	元	0.67	8.23	7.19	33.60	74.95
（二）红利收入	元	0.46	2.53	0.63	0.60	114.06
1. 集体分配的红利	元	0.46	0.95	0.63	0.60	13.23
2. 其他红利收入	元		1.57			100.83
（三）储蓄性保险净收益	元	4.83		0.67	2.79	
（四）转让承包土地经营权租金净收入	元	23.27	37.62	43.80	86.73	82.97
（五）出租房屋财产性收入	元	2.07	3.53	35.10		5.95
（六）出租机械专利版权等资产的收入	元				0.94	1.12
（七）其他财产净收入	元	–1.65	–12.10	4.57	82.03	284.71
（八）房屋虚拟租金	元					
四、转移净收入	元	137.82	330.70	558.15	702.16	1779.77
（一）转移性收入	元	299.18	523.21	720.90	875.42	2094.63
1. 养老金或离退休金	元	108.75	211.30	412.68	534.41	1053.67
（1）离退休金	元	17.74	123.15	304.80	395.49	913.29

7—3 续表 3　　（2015 年）

指标名称	单位	20% 农村低收入户	20% 农村中低收入户	20% 农村中等收入户	20% 农村中高收入户	20% 农村高收入户
（2）（城镇）居民社会养老保险	元	0.09	7.76	49.38	77.64	71.58
（3）新型农村养老保险	元	86.33	70.44	57.93	36.77	68.67
（4）其他养老金	元	4.59	9.96	0.58	24.51	0.13
2. 社会救济和补助	元	41.91	27.48	22.97	7.64	12.12
（1）最低生活保障费	元	25.80	3.05	0.78	2.55	4.60
（2）五保户救助金	元	5.31	13.61	1.98		
（3）扶贫款	元	1.82	4.91			3.23
（4）救灾款	元	0.31	0.84			
（5）抚恤金	元	2.86	3.88	18.31		3.09
（6）其他社会救济收入	元	5.81	1.20	1.90	5.09	1.20
3. 政策性生活补贴	元	0.35	2.39	1.74	3.85	5.47
（1）家电补贴	元				1.50	0.41
（2）能源补贴	元					
（3）免费或低价提供的住宿（廉租房）	元					
（4）其他生活补贴	元	0.35	2.39	1.74	2.35	5.05
4. 报销医疗费	元	28.70	37.03	90.16	172.91	412.24
5. 家庭外出从业人员寄回带回收入	元	24.85	124.06	84.14	68.19	322.76
6. 赡养收入	元	54.97	39.74	38.41	5.13	184.74
7. 其他经常转移收入	元	3.81	0.93	2.10	0.79	5.32
（1）失业保险金	元					
（2）经常性捐赠收入	元					
（3）经常性赔偿收入	元					
（4）其他转移性收入	元	3.81	0.93	2.10	0.79	5.32
8. 从政府和组织得到的实物产品和服务折价	元	8.06	11.71	13.69	15.13	13.48

7—3 续表 4 （2015 年）

指标名称	单位	20% 农村低收入户	20% 农村中低收入户	20% 农村中等收入户	20% 农村中高收入户	20% 农村高收入户
（1）食品	元	0.21	1.20	1.47	1.72	1.92
①谷物薯类及豆类	元	0.21	0.61	0.62	0.76	0.59
②食用油（植物油）	元		0.54	0.79	0.93	1.22
③蔬菜及制品	元			0.02		
④肉禽蛋奶及制品	元		0.04		0.02	
⑤水产品及制品	元					
⑥糖烟酒饮料类	元			0.04		0.10
⑦干鲜瓜果类	元					
⑧其他类食品	元				0.01	
（2）衣着	元	2.33	2.10	3.10	2.04	2.48
（3）居住	元	0.37	0.38	0.09	0.29	0.27
（4）家庭设备和日用品	元	2.12	3.23	3.92	4.24	5.10
（5）交通通信工具及用品	元					
（6）教育文化娱乐用品	元	0.02				
（7）医疗保健用品	元			0.23		
（8）其他用品	元	0.97	1.30	1.32	0.72	1.00
（9）其他服务折价（不含廉租房）	元	2.03	3.50	3.56	6.12	2.72
9. 现金政策性惠农补贴	元	27.80	68.56	55.01	67.37	84.83
（二）转移性支出	元	161.36	192.51	162.75	173.26	314.86
1. 个人所得税	元		0.11	0.70	0.32	4.74
2. 社会保障支出	元	89.43	137.15	147.90	146.08	242.16
（1）个人缴纳的养老保险	元	39.46	69.88	71.67	67.88	145.52
（2）个人缴纳的医疗保险	元	49.74	67.07	70.99	77.88	94.83
（3）个人缴纳的失业保险	元	0.23	0.18	0.59	0.32	1.47
（4）其他社会保障支出	元		0.02	4.66		0.35
3. 外来从业人员寄给家人的支出	元					
4. 赡养支出	元	4.99	14.15	6.76	18.21	28.20

7—3 续表 5 （2015 年）

指标名称	单位	20% 农村低收入户	20% 农村中低收入户	20% 农村中等收入户	20% 农村中高收入户	20% 农村高收入户
5. 其他转移性支出	元	66.94	41.10	7.38	8.65	39.75
（1）经常性捐赠支出	元				0.26	2.84
（2）经常性赔偿支出	元					
（3）其他经常转移支出	元	66.94	41.10	7.38	8.40	36.91
第二部分、消费支出	元	4787.83	5397.13	6662.48	7676.26	10619.14
（一）食品烟酒	元	1462.73	1707.53	1871.34	2147.42	2670.71
1. 食品	元	1126.73	1292.95	1412.30	1630.67	1938.13
（1）谷物	元	368.53	334.13	341.57	351.77	398.79
（2）薯类	元	22.68	30.68	25.44	25.26	38.22
（3）豆类	元	15.84	17.76	19.33	24.20	35.76
（4）食用油	元	65.61	80.83	80.53	116.30	131.97
（5）蔬菜和食用菌	元	108.73	146.50	158.59	189.50	219.63
（6）肉类	元	184.99	239.38	267.48	335.95	414.77
（7）禽类	元	15.12	20.45	30.13	33.26	44.46
（8）水产品	元	9.52	17.39	23.98	27.96	37.54
（9）蛋类	元	57.80	76.94	82.19	99.85	118.02
（10）奶类	元	67.26	69.88	108.33	115.05	127.71
（11）干鲜瓜果类	元	79.02	109.06	132.21	146.42	191.71
（12）糖果糕点类	元	23.06	42.02	50.60	58.25	68.01
（13）其他食品	元	108.57	107.92	91.94	106.90	111.54
2. 烟酒	元	194.24	220.74	235.50	287.47	398.77
（1）烟草	元	93.36	113.78	120.98	160.17	208.43
（2）酒类	元	100.88	106.96	114.52	127.30	190.35
3. 饮料	元	31.07	39.09	57.82	63.77	77.46
4. 饮食服务	元	110.69	154.75	165.72	165.51	256.34
（1）食堂用餐	元	30.57	25.84	25.36	24.68	22.87

7—3 续表 6　　（2015 年）

指标名称	单位	20% 农村低收入户	20% 农村中低收入户	20% 农村中等收入户	20% 农村中高收入户	20% 农村高收入户
（2）其他在外饮食	元	72.35	122.22	135.66	135.10	228.46
（3）食品加工服务费	元	7.78	6.70	4.70	5.73	5.01
（二）衣着	元	366.42	401.95	549.26	545.25	704.97
1. 衣类	元	275.84	292.98	400.14	408.02	524.43
2. 鞋类	元	90.58	108.96	149.12	137.23	180.54
（三）居住	元	1196.15	1356.95	1525.93	1712.79	2476.50
1. 租赁房房租	元	6.22	15.41	5.26	16.74	11.21
2. 住房维修及管理	元	177.64	92.05	176.08	246.72	586.00
3. 水电燃料及其他	元	460.18	547.93	569.00	595.63	722.36
4. 自有住房折算租金	元	552.11	701.56	775.59	853.71	1156.94
（1）租赁公房房租	元		3.31	0.05	0.12	1.06
（2）租赁私房房租	元	6.22	12.11	5.21	16.62	10.15
5. 物业管理费	元		0.96	0.16	0.29	8.95
（四）生活用品及服务	元	326.83	352.72	509.86	591.96	1032.53
1. 家具及室内装饰品	元	27.26	68.13	79.62	66.16	275.82
2. 家用器具	元	126.54	96.75	195.71	261.38	338.13
3. 家用纺织品	元	21.75	37.77	65.76	59.92	118.58
4. 家庭日用杂品	元	116.27	110.94	114.73	148.05	177.41
5. 个人用品	元	21.93	31.95	42.64	46.33	106.18
6. 家庭服务	元	13.07	7.19	11.40	10.13	16.42
其中：家政服务	元	3.71	0.53	0.48	1.05	5.55
（五）交通通信	元	498.02	612.88	886.75	1360.06	2171.87
1. 交通	元	258.34	295.69	482.80	919.49	1657.28
（1）交通工具	元	113.24	102.32	233.07	642.95	1220.56
（2）交通费	元	19.97	24.36	30.19	30.75	81.31
（3）交通工具用燃料	元	80.13	92.40	125.03	130.08	194.29

7—3 续表 7　（2015 年）

指标名称	单位	20% 农村低收入户	20% 农村中低收入户	20% 农村中等收入户	20% 农村中高收入户	20% 农村高收入户
（4）交通工具使用及维修	元	45.00	76.61	94.50	115.71	161.11
其中：车辆保险支出	元	1.49	11.90	23.21	27.54	27.96
2. 通信	元	239.69	317.19	403.95	440.57	514.59
（1）通信工具	元	63.65	72.11	142.36	130.21	143.68
（2）通信服务	元	176.04	245.08	261.59	310.36	370.91
（六）教育文化娱乐	元	526.71	575.89	764.90	637.99	719.25
1. 教育	元	409.02	442.70	555.78	459.92	301.34
（1）学前教育	元	28.19	40.62	45.61	43.43	19.39
（2）小学教育	元	60.08	33.55	49.94	33.82	33.83
（3）初中教育	元	45.68	54.58	50.80	38.80	21.50
（4）高中教育	元	32.06	92.23	74.91	56.54	56.17
（5）中专职高教育	元	31.09	4.24	0.18	25.15	5.20
（6）大专及以上教育	元	159.01	181.55	306.32	229.37	144.16
（7）成人教育	元	52.91	35.93	28.02	32.81	21.09
2. 文化娱乐	元	117.69	133.18	209.12	178.08	417.91
（1）文娱耐用消费品	元	41.37	45.24	108.88	80.44	252.17
（2）其他文娱用品	元	45.26	43.64	53.62	62.47	71.30
（3）文化娱乐服务	元	31.06	44.30	46.62	35.16	94.45
（七）医疗保健	元	309.01	285.55	436.47	561.73	682.97
1. 医疗器具及药品	元	141.64	125.08	120.68	173.23	153.46
2. 医疗服务	元	167.38	160.47	315.78	388.50	529.50
（1）门诊总费用	元	80.83	92.45	83.57	78.20	163.63
（2）住院总费用	元	86.55	68.01	232.22	310.30	365.88
（八）其他用品和服务	元	101.95	103.67	117.97	119.05	160.34
1. 其他用品	元	73.53	62.99	70.44	59.60	109.12

7—3 续表 8　　（2015 年）

指标名称	单位	20%农村低收入户	20%农村中低收入户	20%农村中等收入户	20%农村中高收入户	20%农村高收入户
2. 其他服务	元	28.42	40.68	47.53	59.45	51.23
第三部分、现住房建筑面积	平方米	32.39	35.94	40.12	43.43	54.43
期末拥有房屋面积	平方米	32.57	35.92	40.59	43.36	55.02
第四部分、家庭耐用品百户拥有量						
1. 家用汽车	辆	10.51	24.15	18.55	21.90	26.97
2. 摩托车	辆	59.70	64.85	67.91	60.04	50.78
3. 助力车	台	57.25	90.98	111.54	110.21	117.10
4. 洗衣机	台	72.44	95.10	98.65	97.06	95.65
5. 电冰箱（柜）	台	52.72	75.99	87.17	82.78	89.12
6. 微波炉	台	15.22	18.21	27.63	31.68	35.44
7. 彩色电视机	台	101.37	119.28	125.02	118.72	114.14
8. 其中：接入有线电视	台	24.13	40.89	36.86	38.55	44.83
9. 空调	台	38.57	67.93	75.23	81.14	85.13
10. 热水器	台	40.88	62.06	72.29	73.62	83.59
11. 其中：太阳能热水器	台	35.73	54.91	63.20	59.69	71.19
12. 消毒碗柜	台	0.44	0.00	0.21	0.00	0.44
13. 洗碗机	台	0.40	0.00	1.11	0.76	0.32
14. 排油烟机	台	8.01	16.32	24.89	22.43	24.66
15. 固定电话	线	12.59	16.54	13.60	11.01	14.34
16. 移动电话	部	182.89	220.31	242.37	227.92	229.31
17. 其中：接入互联网	部	31.65	38.84	42.13	45.71	42.33
18. 计算机	台	19.17	37.66	45.46	44.53	42.80
19. 其中：接入互联网	台	10.85	26.89	33.49	34.92	28.78
20. 摄像机	台	0.81	0.57	1.32	0.86	1.88
21. 照相机	台	3.20	4.97	5.01	6.47	10.64
22. 中高档乐器	架	0.42	0.00	1.63	0.00	0.92
23. 健身器材	台	0.27	0.30	2.13	1.51	6.92
24. 组合音响	套	3.75	5.49	4.49	7.64	5.74

分县（市）区城乡居民人均可支配收入及生活消费支出

7—4 （2015年） 单位：元

单位名称	人均可支配收入		
	全体	城镇	农村
石家庄市	**20762**	**28168**	**11442**
长安区		31599	
桥西区		32226	
新华区		31727	
井陉矿区		25158	14762
裕华区		32487	
藁城区		28055	15095
鹿泉区		26976	15106
栾城区		25032	13792
井陉县		23458	10449
正定县		25017	14508
行唐县		23583	6068
灵寿县		23193	5528
高邑县		21615	10978
深泽县		22398	10540
赞皇县		21557	5084
无极县		22978	11999
平山县		24223	6615
元氏县		22317	11604
赵县		24156	12181
晋州市		26633	15045
新乐市		22427	13337

注：2015年全市人均生活消费支出为13432元。其中，城镇居民人均生活消费支出为18165元；农村人均生活消费支出为7476元。

八、城市公用设施

城市市政公用设施水平

8—1　　（2015 年）

指标名称	计量单位	全市	市区	指标名称	计量单位	全市	市区
人均日生活用水量	升	147.23	156.56	污水处理率	%	95.96	95.60
用水普及率	%	99.26	100.00	#污水处理厂集中处理率	%	95.96	95.60
燃气普及率	%	98.44	100.00	人均公园绿地面积	平方米	13.92	15.57
每万人拥有公交车辆	标台	—	12.16	建成区绿化覆盖率	%	42.44	44.41
人均城市道路面积	平方米	18.93	19.02	建成区绿地率	%	38.02	40.19
排水管道密度	公里/平方公里	7.99	7.80	生活垃圾无害化处理率	%	95.28	95.68

城市建设用地情况

8—2　　（2015 年）

指标名称	计量单位	全市	市区	指标名称	计量单位	全市	市区
土地面积	平方公里	15848	2240				
建成区土地面积	平方公里	426.34	278.05	工业用地	平方公里	33.32	16.05
城市建设用地面积	平方公里	667.96	389.81	物流仓储用地	平方公里	12.25	5.76
#居住用地	平方公里	139.02	95.51	交通设施用地	平方公里	64.13	41.17
公共管理与服务	平方公里	43.63	26.75	公用设施用地	平方公里	22.53	14.73
商业服务业设施	平方公里	29.56	17.79	绿地	平方公里	63.01	45.82

城市供水情况

8—3　　（2015 年）

指标名称	计量单位	全市	市区	指标名称	计量单位	全市	市区
综合生产能力	万立方米 / 日	225.70	166.03	公共服务用水	万立方米	8099.80	6965.23
# 地下水	万立方米 / 日	183.80	126.03	居民家庭用水	万立方米	13566.48	9124.80
供水管道长度	公里	3106.94	1860.93	用水户数	户	674140	395033
供水总量	万立方米	62687.70	49410.45	# 家庭用户	户	565532	324463
# 生产运营用水	万立方米	17981.61	11553.21	用水人口	万人	403.82	282.17

城市节约用水情况

8—4　　（2015 年）

指标名称	计量单位	全市	市区	指标名称	计量单位	全市	市区
实际用水量	万立方米	43512	43512	重复利用量	万立方米	7790	7790
# 工业	万立方米	12547	12547	# 工业	万立方米	7790	7790
新水取水量	万立方米	35722	35722	节约用水量	万立方米	3690	3690
# 工业	万立方米	4757	4757	# 工业	万立方米	3690	3690

城市燃气情况

8—5

（2015 年）

指标名称	计量单位	全市	市区	指标名称	计量单位	全市	市区
一、人工煤气							
生产能力	万立方米 / 日	6.00	6.00	#销售气量	万立方米	99466.29	91226.58
储气能力	万立方米	2.50	2.50	#居民家庭	万立方米	16012.33	12941.87
供气管道长度	公里	9.80	9.80	用气户数	户	1428806	1270403
供气总量	万立方米	5524	5524	#家庭用户	户	1423786	1268501
#销售气量	万立方米	5212	5212	用气人口	万人	285.23	228.56
#居民家庭	万立方米	453	453	三、液化石油气			
用气户数	户	17415	17415	储气能力	吨	2653.40	1960.00
#家庭用户	户	17313	17313	供气总量	吨	60632.03	41694.51
用气人口	万人	3.97	3.97	#销售气量	吨	60551.00	41691.00
二、天然气				#家庭用户	吨	22885.80	8375.80
储气能力	万立方米	209.28	63.58	用气户数	户	538940	390487
供气管道长度	公里	5168.76	4280.65	#家庭用户	户	527385	381035
供气总量	万立方米	102942.72	94609.31	用气人口	万人	111.31	49.64

城市集中供热情况

8—6

（2015 年）

指标名称	计量单位	全市	市区	指标名称	计量单位	全市	市区
一、蒸汽				供热能力	兆瓦	7876.70	5548.00
供热能力	吨 / 小时	3805.98	3068.00	供热总量	万吉焦	6649.00	5348.70
供热总量	万吉焦	3160.80	2819.00	管道长度	公里	1796.05	1256.10
管道长度	公里	607.36	482.36	三、供热面积	万平方米	18984.66	15841.09
二、热水				住宅供热面积	万平方米	13219.85	10715.84

城市公共汽车和出租汽车情况

8—7　（2015 年）

指标名称	计量单位	全市	市区	指标名称	计量单位	全市	市区
一、公共汽车				运营线路长度	公里	4882	3802
公共汽车数	辆	5178	4403	公交专用车道长度	公里	34	14
#天然气燃料车	辆	3671	3589	客运总量	万人次	61072	58686
柴油车	辆	503	404	二、出租汽车			
标准运营车数	标台	6237	5724	出租车数量	辆	10664	7645
运营线路条数	条	399	229	客运总量	万人次	25351	19176

城市市政设施情况

8—8　（2015 年）

指标名称	计量单位	全市	市区	指标名称	计量单位	全市	市区
道路长度	公里	3209.76	1992.54	污水排放量	万立方米	56886	44777
道路面积	万平方米	7702.48	5365.97	排水管道长度	公里	3407.33	2167.71
#人行道面积	万平方米	1457.59	931.25	#污水管道	公里	1218.59	793.44
桥梁数	座	246	162	污水处理厂	座	23	10
#立交桥	座	135	118	污水处理能力	万立方米/日	194	139
路灯盏数	千盏	72569	18048	污水处理量	万立方米	54585	42807
安装路灯的道路长度	公里	1049.13	301.31	干污泥处置量	吨	99735	81439

城市园林绿化及风景名胜区情况

8—9

（2015 年）

指标名称	计量单位	全市	市区	指标名称	计量单位	全市	市区
绿化覆盖面积	公顷	20375.83	13658.52	公园个数	个	189	88
#建成区	公顷	18091.95	12349.59	公园面积	公顷	5025.56	4197.62
园林绿地面积	公顷	17465.96	12114.57	风景名胜区面积	平方公里	439	439
#建成区	公顷	16208.78	11173.44	#可游览面积	平方公里	254	254
公园绿地面积	公顷	5664.12	4393.36	游人量	万人次	842	842

城市市容环境卫生情况

8—10

（2015 年）

指标名称	计量单位	全市	市区	指标名称	计量单位	全市	市区
道路清扫保洁面积	万平方米	6262	4357	#卫生填埋	吨 / 日	1790	220
#机械化	万平方米	4106	3204	焚烧	吨 / 日	3720	3600
生活垃圾清运量	万吨	136.52	83.25	无害化处理量	万吨	130.07	79.65
无害化处理厂（场）数	座	17	4	#卫生填埋	万吨	46.51	7.59
#卫生填埋	座	11	1	粪便清运量	万吨	21.67	19.82
焚烧	座	4	3	公厕数	座	985	514
无害化处理能力	吨 / 日	5760	3820	市容环卫专用车辆总数	台	1286	898

全市污染物排放及处理利用情况

8—11　　（2015 年）

指标名称	计量单位	2015 年
一、工业废水		
废水治理设施数	套	910
废水治理设施处理能力	万吨 / 日	139.52
工业废水处理量	万吨	28714.66
工业废水排放量	万吨	20080.29
# 排入污水处理厂的	万吨	13624.66
化学需氧量排放量	吨	31323.90
氨氮排放量	吨	2472.51
石油类排放量	吨	180.31
挥发酚排放量	千克	2690.85
氰化物排放量	千克	790.53
砷排放量	千克	0.27
铅排放量	千克	7.02
汞排放量	千克	0.07
总铬排放量	千克	484.16
六价铬排放量	千克	96.50
二、工业废气		
工业废气排放量	亿立方米	8480.39
废气治理设施数	套	3910
废气治理设施处理能力	万立方米 / 时	23930
脱硫设施数	套	588
脱硫设施处理能力	千克 / 时	100026
脱硝设施数	套	90
脱硝设施处理能力	千克 / 时	25086
除尘设施数	套	2838
除尘设施处理能力	千克 / 时	1438205

8—11 续表 1 （2015 年）

指标名称	计量单位	2015 年
二氧化硫排放量	吨	109014.83
氮氧化物排放量	吨	115052.67
烟（粉）尘排放量	吨	78866.65
砷排放量	千克	0.00
铅排放量	千克	4338.87
镉排放量	千克	0.01
汞排放量	千克	0.10
总铬排放量	千克	18.74
六价铬排放量	千克	18.72
三、工业固体废物	--	
一般工业固体废物产生量	万吨	1604.97
一般工业固体废物综合利用量	万吨	1591.38
一般工业固体废物处置量	万吨	14.26
一般工业固体废物贮存量	万吨	11.75
一般工业固体废物倾倒丢弃量	万吨	0.00
危险废物产生量	万吨	12.09
危险废物综合利用量	万吨	1.45
危险废物处置量	万吨	10.64
四、农业源污染排放情况		
化学需氧量排放量	万吨	14.60
#畜禽养殖业	万吨	14.57
氨氮排放量	万吨	0.54
#畜禽养殖业	万吨	0.50
五、机动车污染物排放情况		
氮氧化物排放量	万吨	6.39
总颗粒物排放量	万吨	0.58
一氧化碳排放量	万吨	22.95
碳氢化合物排放量	万吨	2.91

8—11 续表 2 （2015 年）

指标名称	计量单位	2015 年
六、城镇生活污染物排放情况		
城镇生活污水排放量	万吨	39682.00
城镇生活化学需氧量产生量	吨	143275.30
城镇生活化学需氧量排放量	吨	3478.21
城镇生活氨氮产生量	吨	20621.70
城镇生活氨氮排放量	吨	1982.31
生活二氧化硫排放量	吨	48927.00
生活氮氧化物排放量	吨	18715.00
生活烟尘排放量	吨	9300.00
七、城镇污水处理情况		
污水处理厂处理能力	万吨 / 日	201.52
污水处理量	万吨	59471.80
# 处理工业废水量	万吨	20166.57
污水再生利用量	万吨	10372.06
化学需氧量去除量	吨	191655.29
氨氮去除量	吨	18337.43
总氮去除量	吨	21324.76
污泥产生量	万吨	58.84
污泥处置量	万吨	58.84
# 填埋处置量	万吨	39.69
八、危险废物（医疗废物）集中处置情况		
危险废物实际处置能力	吨 / 日	142.60
危险废物处置量	吨	15221.62
# 处置工业危险废物量	吨	13586.87
焚烧残渣安全填埋处置量	吨	4.15

九、农村经济

农村基础设施情况

9—1 （2015 年） 计量单位：个

行政单位	自来水受益村	通宽带村数	通公共交通村数
石家庄市	**4097**	**4286**	**4106**
长安区	8	8	8
桥西区	15	15	15
新华区	17	17	17
裕华区	6	6	5
矿　区			
藁城区	226	226	222
鹿泉区	204	208	187
栾城区	173	173	173
高新区	28	28	28
循环化工园区	13	13	13
井陉县	291	293	310
正定县	154	154	154
行唐县	248	317	322
灵寿县	249	239	279
高邑县	107	107	107
深泽县	125	125	125
赞皇县	139	212	212
无极县	213	213	213
平山县	692	715	595
元氏县	180	208	206
赵　县	281	281	281
晋州市	224	224	164
新乐市	160	160	160
辛集市	344	344	310

乡村人口与乡村从业人员情况

9—2　　　　（2015 年）　　　　计量单位：人

行政单位	一、乡村劳动力资源数	二、乡村从业人员					
		合计	（一）按性别分		（二）按国民经济行业分		
			1. 男	2. 女	1. 农林牧渔业从业人员	2. 工业从业人员	#采矿业
石家庄市	**4102169**	**3744675**	**1996897**	**1747778**	**1393242**	**1088992**	**38752**
长 安 区	19198	15795	7887	7908	3479	7322	6
桥 西 区	21522	18621	9122	9499	1285	3760	20
新 华 区	40274	36770	19119	17651	2551	10269	
裕 华 区	14079	13134	7907	5227	4765	4672	
矿　 区							
藁 城 区	423506	385170	212980	172190	67583	139937	
鹿 泉 区	207378	176975	92055	84920	69324	42108	2511
栾 城 区	186695	172759	91208	81551	43819	51889	
高 新 区	45280	37551	19524	18027	7369	21256	
循环化工园区	26330	23392	10345	13047	4554	8682	
井 陉 县	167518	148663	82807	65856	62301	40594	14194
正 定 县	248222	226515	124467	102048	68655	52499	1499
行 唐 县	188375	186723	95362	91361	78072	39605	3847
灵 寿 县	150967	142714	78180	64534	76579	28129	1015
高 邑 县	97895	96240	50389	45851	45098	22323	52
深 泽 县	135169	128512	67521	60991	47711	39666	661
赞 皇 县	135417	127631	70195	57436	48014	20930	2582
无 极 县	262788	249206	124945	124261	116058	77942	
平 山 县	272750	243880	142610	101270	155760	42812	10580
元 氏 县	291597	242190	128890	113300	159695	26807	1500
赵　 县	312066	290679	151900	138779	102143	90002	
晋 州 市	277598	260453	136526	123927	85845	114496	
新 乐 市	235830	223156	114100	109056	50888	84374	285
辛 集 市	341715	297946	158858	139088	91694	118918	

9—2 续表 1 （2015 年） 计量单位：人

行政单位	二、乡村从业人员（续）					
	（二）按国民经济行业分（续）					
	2. 工业从业人员（续）		3. 建筑业从业人员	4. 批发和零售业从业人员	5. 交通运输业、仓储业和邮电通讯业从业人员	6. 住宿和餐饮业从业人员
	制造业	电力、煤气及水的生产和供应业				
石家庄市	**1024340**	**25900**	**388755**	**262971**	**197489**	**116069**
长安区	7174	142	1925	406	69	968
桥西区	2925	815	1927	1311	298	2856
新华区	10269		3553	6282	2298	1228
裕华区	4657	15	1343	846	448	83
矿区						
藁城区	136817	3120	53124	36760	31736	20088
鹿泉区	37995	1602	15223	15080	10302	10631
栾城区	50883	1006	27347	16668	10238	5456
高新区	21162	94	4611	999	385	613
循环化工园区	8522	160	3465	2018	358	125
井陉县	25750	650	10074	8096	8897	3526
正定县	48671	2329	40827	15809	17340	9749
行唐县	34114	1644	21667	10135	11882	5845
灵寿县	26656	458	7880	5950	5100	6380
高邑县	21895	376	7115	5424	4153	3890
深泽县	38068	937	16132	8805	8112	1949
赞皇县	17994	354	10114	14240	13847	11667
无极县	77038	904	17740	18386	8551	1349
平山县	29632	2600	12135	12200	7760	910
元氏县	24517	790	22635	8670	805	6105
赵县	88323	1679	31070	16079	19575	8230
晋州市	113211	1285	17683	17165	11396	3875
新乐市	80669	3420	25473	29422	14671	6032
辛集市	117398	1520	35692	12220	9268	4514

9—2 续表 2　　（2015 年）　　计量单位：人

行政单位	二、乡村从业人员（续）					
	（二）按国民经济行业分（续）					
	7. 信息传输、计算机服务和软件业从业人员	8. 金融业从业人员	9. 房地产业从业人员	10. 租赁和商务服务业从业人员	11. 科学研究、技术服务和地质勘查业从业人员	12. 水利、环境和公共设施管理业从业人员
石家庄市	**23094**	**13870**	**8309**	**37551**	**5453**	**9405**
长安区	773	70	18	46	18	16
桥西区	1020	142	175	719	16	174
新华区	621	200	998	2183	34	2779
裕华区	36	27	5	41		14
矿　区						
藁城区	3140	1358	3876	9040	363	733
鹿泉区	971	546	203	1553	195	530
栾城区	764	144		2617		10
高新区	206	62	92	21	31	33
循环化工园区	65	132				
井陉县	578	219	80	651	284	232
正定县	1981	627	258	3199	108	865
行唐县	613	970	127	1876	217	636
灵寿县	2085	459	48	295	29	835
高邑县	382	712	12	297	54	90
深泽县	654	418	41	428	58	80
赞皇县	897	930	415	519	1651	166
无极县	125	1196	48	615		103
平山县	302	510	430	2750	1248	192
元氏县	4665	460	570	7458	160	360
赵　县	909	1557		469	473	489
晋州市	32	806		885	95	236
新乐市	840	1033	578	655	239	199
辛集市	1435	1292	335	1234	180	633

9—2 续表 3　　（2015 年）　　计量单位：人

行政单位	二、乡村从业人员（续）					
	（二）按国民经济行业分（续）					（三）按文化程度分
	13. 居民服务和其他服务业从业人员	14. 教育从业人员	15. 卫生、社会保障和社会福利业从业人员	16. 文化、体育和娱乐业从业人员	17. 公共管理和社会组织从业人员	1. 未上过学
石家庄市	**89729**	**33815**	**25323**	**21772**	**28836**	**41353**
长 安 区	302	120	59	11	193	
桥 西 区	3816	275	318	211	318	6
新 华 区	516	614	411	6	2227	119
裕 华 区	605	94	45	40	70	2
矿　区						
藁 城 区	7339	4699	1671	1722	2001	542
鹿 泉 区	5998	1369	1036	582	1324	680
栾 城 区	7071	2903	2277	674	882	
高 新 区	755	311	327	51	429	
循环化工园区	2245	160	95	139	1354	28
井陉县	6372	1245	934	2734	1846	3
正定县	4110	2671	3080	2329	2408	2658
行唐县	7867	2163	1964	872	2212	
灵寿县	4790	1815	1018	822	500	3567
高邑县	5474	366	316	94	440	45
深泽县	1261	789	818	547	1043	366
赞皇县	280	412	928	812	1809	2241
无极县	2964	108	329	2014	1678	8599
平山县	980	1640	2130	191	1930	14500
元氏县	600	1300	680	380	840	5348
赵　县	6778	3063	2764	4910	2168	1593
晋州市	3256	1331	1295	1165	892	167
新乐市	1935	3894	1840	588	495	100
辛集市	14415	2473	988	878	1777	789

9—2 续表 4　　（2015 年）　　计量单位：人

行政单位	二、乡村从业人员（续） （三）按文化程度分（续） 2. 小学文化程度从业人员	3. 初中文化程度从业人员	4. 高中（中专）文化程度从业人员	5. 大专及大专以上文化程度从业人员
石家庄市	**749854**	**1783423**	**1040222**	**129823**
长安区	1288	8146	5583	778
桥西区	1083	5118	8939	3475
新华区	706	8796	16906	10243
裕华区	2461	5440	4751	480
矿　区				
藁城区	66613	198617	105929	13469
鹿泉区	26768	72228	59884	17415
栾城区	24085	79924	59673	9077
高新区	1730	12201	17484	6136
循环化工园区	2843	14237	4957	1327
井陉县	24033	65747	50541	8339
正定县	43784	107537	62887	9649
行唐县	29719	99110	56090	1804
灵寿县	37878	62410	37466	1393
高邑县	16578	38308	39318	1991
深泽县	33138	61696	31323	1989
赞皇县	24101	78921	21858	510
无极县	93664	96869	48606	1468
平山县	49320	113100	58710	8250
元氏县	63050	110623	56889	6280
赵　县	48912	166138	65427	8609
晋州市	61759	126546	71326	655
新乐市	30307	101208	81154	10387
辛集市	66034	150503	74521	6099

农业机械化情况

9—3 （2015 年） 单位：台、辆、公顷

行政单位	农用机械总动力（千瓦）			
	合计	1、柴油发动机动力	2、汽油发动机动力	3、电动机动力
石家庄市	**20404517**	**14818041**	**137445**	**5449016**
长 安 区	22321	18876		3445
桥 西 区	3889	2467	246	1176
新 华 区	28459	17083	474	10902
裕 华 区	1699	211		1473
矿　区	28493	21293	94	7106
藁 城 区	2277994	1492714	30820	754460
鹿 泉 区	640383	436466	1765	202152
栾 城 区	642031	392073	1596	248362
高 新 区	43803	31570	3040	9193
循环化工园区				
井 陉 县	476112	372884	205	103023
正 定 县	1484203	1046904	6734	430565
行 唐 县	1396842	1025348	1905	369589
灵 寿 县	597637	496756	8037	92844
高 邑 县	458950	359502	33016	66432
深 泽 县	673088	592601		80487
赞 皇 县	512129	454655	7141	50333
无 极 县	983931	857803	1390	124738
平 山 县	1033945	794532	8966	230447
元 氏 县	706533	605288	594	100651
赵　县	2602688	1491555	3486	1107647
晋 州 市	1391350	1117369	2302	271679
新 乐 市	2396162	1697037	5438	693687
辛 集 市	2001875	1493054	20196	488625

9—3 续表 1　　（2015 年）　　单位：台、辆、公顷

行政单位	一、拖拉机及配套农具			
	大中型拖拉机（台）	小型拖拉机（台）	大中型拖拉机配套农具（台）	小型拖拉机配套农具（台）
石家庄市	**34212**	**162659**	**66866**	**145850**
长安区	59		55	60
桥西区	14	17	23	28
新华区	155	213	252	72
裕华区				
矿　区	131	754	216	419
藁城区	5226	3000	8920	4530
鹿泉区	1463	6862	3660	4297
栾城区	1791	4101	4095	11823
高新区	164	152	175	203
循环化工园区				
井陉县	621	21429	417	17771
正定县	2100	6146	3965	3885
行唐县	2386	4420	4293	7775
灵寿县	1484	8581	1319	5208
高邑县	870	8963	1247	6564
深泽县	1128	1200	4540	49
赞皇县	2530	17555	3183	18029
无极县	1942	11216	3036	2878
平山县	1976	9737	8637	5560
元氏县	1840	13073	4909	13138
赵　县	1616	7031	4047	17232
晋州市	1592	17329	3163	9865
新乐市	3107	4200	3300	5800
辛集市	2017	16680	3414	10664

9—3 续表 2 （2015 年） 单位：台、辆、公顷

行政单位	二、农用排灌机械			
	1. 农用排灌电动机（台）	2. 农用排灌柴油机（台）	3. 农用水泵（台）	4. 节水灌溉机械（套）
石家庄市	**233316**	**137917**	**209596**	**12170**
长安区	565			874
桥西区	84		84	3
新华区	657		657	39
裕华区	163		160	3
矿 区	120	7	120	
藁城区	21730	1232	21700	9100
鹿泉区	6979		5183	126
栾城区	12187	2817	8430	56
高新区	400			
循环化工园区				
井陉县	2446	577	2146	134
正定县	17438	8510	14274	132
行唐县	8988	3178	10848	846
灵寿县	7580	9190	6053	15
高邑县	5986	4629	3664	
深泽县	3840		5470	24
赞皇县	3567	3942	7413	133
无极县	12780	12041	12780	
平山县	11003	5811	5300	325
元氏县	11119	6902	9351	124
赵 县	30657	1078	30288	4
晋州市	12170	4082	11002	192
新乐市	42201	49840	31720	21
辛集市	20656	24081	22953	19

9—3 续表 3　　（2015 年）　　单位：台、辆、公顷

行政单位	三、收获机械		四、农用运输车（包括机动三轮车）（辆）	五、农业机械化项目水平（公顷）		
	联合收割机（台）	机动脱粒机（台）		（一）当年实际机耕地面积	（二）当年机械播种面积	（三）当年机械收获面积
石家庄市	**27651**	**25503**	**479973**	**571858**	**711032**	**656016**
长安区	32		457	7513	7513	7513
桥西区	5		20	127	127	127
新华区	31	52	129	3315	3315	1973
裕华区	3			464	736	592
矿区	132	58	267	950	1750	1282
藁城区	2720	1550	63280	53300	64232	63666
鹿泉区	882	4848	6335	17387	31290	27500
栾城区	1390	2910	4956	25200	32600	30300
高新区	53		1030	4100	5330	5330
循环化工园区						
井陉县	388	6147	8560	12300	12000	8900
正定县	1623		36593	29640	44320	38720
行唐县	2199		41376	42474	47034	37720
灵寿县	1334	485	17211	20850	18380	32054
高邑县	811		3207	18780	20580	22726
深泽县	1358		17971	10999	26179	29843
赞皇县	601	297	7434	21000	33000	22000
无极县	1662		28463	33090	45727	43289
平山县	728	4864	19590	19120	20440	13280
元氏县	2298		7238	34767	43134	40865
赵县	2578		63918	80183	74260	73430
晋州市	1980		57800	39333	47333	42000
新乐市	2587	1262	52862	43433	43383	41040
辛集市	2256	3030	41276	53533	88369	71866

农业主要能源及物资消耗情况

9—4 （2015 年） 单位：台、辆、公顷

行政单位	一、农村用电量（万千瓦时）	二、农用化肥施用量（吨）				
		按实物量计算				
		合计	氮肥	磷肥	钾肥	复合肥
石家庄市	**772052**	**1728819**	**897762**	**450227**	**58137**	**322693**
长安区	1023	15917	10245	3808	651	1213
桥西区	6020	462	227	68	31	136
新华区	2050	270	100	20	50	100
裕华区	730	1685	776	202	99	608
矿　区	16841	4013	2710	340	82	881
藁城区	97267	210103	99353	58674	8338	43738
鹿泉区	34614	39273	18350	8895	2292	9736
栾城区	15742	48329	21178	16260	1591	9300
高新区	5210	10131	5682	1933	950	1566
循环化工园区	6108	55417	2680		887	51850
井陉县	18878	36877	19318	9549	809	7201
正定县	18145	157928	93697	37599	3714	22918
行唐县	32676	105379	83270	7961	863	13285
灵寿县	27420	57162	31530	14868	832	9932
高邑县	12230	28799	12041	4760	1242	10756
深泽县	26850	51136	22872	12415	1202	14647
赞皇县	57192	33323	14402	5971		12950
无极县	47285	111898	63456	35891	2985	9566
平山县	17350	67622	40130	19920	23	7549
元氏县	18367	121143	58558	39232	2275	21078
赵　县	48493	148771	68788	38482	12817	28684
晋州市	193985	105796	65024	22860	2452	15460
新乐市	31768	90111	53031	25789	5596	5695
辛集市	35808	227274	110344	84730	8356	23844

9—4 续表 1　　（2015 年）　　单位：台、辆、公顷

行政单位	二、农用化肥施用量（吨）（续）				
	按折纯法计算				
	合计	氮肥	磷肥	钾肥	复合肥
石家庄市	**501190**	**260277**	**78269**	**26999**	**135545**
长 安 区	3578	1543	1143	314	578
桥 西 区	202	89	16	13	84
新 华 区	95	17	2	26	50
裕 华 区	1190	791	74	4	321
矿　区	547	223	47	46	231
藁 城 区	59677	24838	8801	4169	21869
鹿 泉 区	15136	6763	2250	1277	4846
栾 城 区	16004	8023	3365	747	3869
高 新 区	3879	2230	564	235	850
循环化工园区	17876	865		286	16725
井 陉 县	11862	5290	2252	362	3958
正 定 县	42856	24496	6187	1931	10242
行 唐 县	25344	17023	1194	431	6696
灵 寿 县	10254	6309	2006	283	1656
高 邑 县	11634	4409	847	438	5940
深 泽 县	16250	7227	1687	604	6732
赞 皇 县	11855	3602	1792		6461
无 极 县	28909	18168	5572	1432	3737
平 山 县	14534	8026	4102	13	2393
元 氏 县	33958	17581	7850	1153	7374
赵　县	58132	30561	9326	6219	12026
晋 州 市	32802	19759	3255	1131	8657
新 乐 市	20340	12752	2846	2680	2062
辛 集 市	64276	39692	13191	3205	8188

9—4 续表 2 （2015 年） 单位：台、辆、公顷

行政单位	三、农用塑料薄膜使用情况			四、农用柴油消耗量（吨）	五、农药使用量（吨）
	塑料薄膜使用量（吨）	#地膜使用量	地膜覆盖面积（公顷）		
石家庄市	**8203**	**3219**	**50697**	**303950**	**12799**
长 安 区	140	17	222	625	473
桥 西 区	6	2	49	79	20
新 华 区	40	40	580	260	80
裕 华 区	3	3	40		4
矿　 区	6	2	25	201	36
藁 城 区	956	313	4921	29860	578
鹿 泉 区	546	58	971	7651	557
栾 城 区	121	65	878	7311	255
高 新 区	6	4	79	49	3
循环化工园区	180	38	512		28
井 陉 县	65	36	515	10550	144
正 定 县	783	256	3611	37834	504
行 唐 县	319	243	5172	28760	569
灵 寿 县	106	40	615	6819	150
高 邑 县	1124	150	2002	3578	275
深 泽 县	87	30	447	3779	267
赞 皇 县	371	147	1965	36596	395
无 极 县	472	126	2147	20292	589
平 山 县	151	146	2753	8640	209
元 氏 县	595	375	6478	8084	545
赵　 县	261	93	1911	18188	2144
晋 州 市	160	49	650	19130	1015
新 乐 市	553	456	7050	18437	501
辛 集 市	1152	530	7104	37227	3458

农田水利建设情况

9—5　　（2015 年）　　单位：公顷、眼

行政单位	一、有效灌溉面积（公顷）	二、旱涝保收面积（公顷）	三、机电井年末达到数（眼）
石家庄市	**512910**	**464687**	**150333**
长安区	4030	4030	1552
桥西区	230	230	108
新华区	2370	2370	503
裕华区	569	569	206
矿　区	1910	800	159
藁城区	55050	55050	18081
鹿泉区	21740	21740	4219
栾城区	22270	22270	8260
高新区	1321	1321	1013
循环化工园区			
井陉县	17350	8640	796
正定县	29890	29890	11407
行唐县	24240	24240	11640
灵寿县	17630	9773	2891
高邑县	14370	14370	3208
深泽县	20640	20640	6674
赞皇县	22110	3700	3130
无极县	33440	33440	13313
平山县	18330	14670	2242
元氏县	20630	20630	4215
赵　县	47780	47780	14310
晋州市	39980	39980	12020
新乐市	32830	32830	14291
辛集市	64200	55724	16095

农业主要产品生产情况

9—6　　（2015 年）　　计量单位：公顷、公斤 / 公顷、吨

行政单位	农作物总播种面积	一、粮食作物合计			（一）夏收粮食		
		播种面积	单　产	总 产 量	播种面积	单　产	总 产 量
石家庄市	**1002176**	**755349**	**6683**	**5047938**	**370581**	**6933**	**2569280**
长 安 区	8712	7366	6099	44928	3762	6195	23306
桥 西 区	1211	160	6069	971	80	6000	480
新 华 区	4794	2949	6352	18731	1499	6255	9376
裕 华 区	1319	874	6229	5444	460	6165	2836
矿　区	2790	2356	5372	12657	950	5280	5016
藁 城 区	102849	65951	7816	515458	32752	7617	249472
鹿 泉 区	46784	33768	5807	196098	15933	6278	100035
栾 城 区	44448	32479	7447	241870	16445	7456	122606
高 新 区	5627	4591	6147	28223	2434	6165	15006
循环化工园区	7027	5531	7246	40075	2848	7517	21409
井 陉 县	31594	24745	3713	91877	7805	4590	35825
正 定 县	55425	41364	7499	310182	20990	7452	156421
行 唐 县	59868	45251	6575	297511	20636	6574	135668
灵 寿 县	36384	29622	4700	139218	12548	4953	62151
高 邑 县	32506	22320	7343	163904	11182	7140	79839
深 泽 县	35889	27820	7205	200435	12535	7306	91575
赞 皇 县	35857	26008	4166	108360	11800	4785	56463
无 极 县	65838	48551	6993	339504	25325	7292	184664
平 山 县	48933	36662	5376	197091	15887	6445	102396
元 氏 县	63241	52383	6199	324737	26000	6535	169914
赵　县	83491	70488	7907	557319	38147	7618	290620
晋 州 市	61470	51458	6770	348379	25033	7228	180931
新 乐 市	64943	44288	7163	317217	24332	7175	174594
辛 集 市	101176	78364	6990	547749	41198	7250	298677

9—6 续表 1　　（2015 年）　　计量单位：公顷、公斤 / 公顷、吨

行政单位	夏收粮食中：冬小麦			（二）秋收粮食		
	播种面积	单　产	总 产 量	播种面积	单　产	总 产 量
石家庄市	**370101**	**6938**	**2567907**	**384768**	**6442**	**2478658**
长 安 区	3762	6195	23306	3604	5999	21622
桥 西 区	80	6000	480	80	6138	491
新 华 区	1499	6255	9376	1450	6452	9355
裕 华 区	460	6165	2836	414	6300	2608
矿　区	950	5280	5016	1406	5435	7641
藁 城 区	32752	7617	249472	33199	8012	265986
鹿 泉 区	15933	6278	100035	17835	5386	96063
栾 城 区	16400	7459	122334	16034	7438	119264
高 新 区	2434	6165	15006	2157	6127	13217
循环化工园区	2848	7517	21409	2683	6957	18666
井 陉 县	7805	4590	35825	16940	3309	56052
正 定 县	20990	7452	156421	20374	7547	153761
行 唐 县	20636	6574	135668	24615	6575	161843
灵 寿 县	12113	5040	61050	17074	4514	77067
高 邑 县	11182	7140	79839	11138	7548	84065
深 泽 县	12535	7306	91575	15285	7122	108860
赞 皇 县	11800	4785	56463	14208	3653	51897
无 极 县	25325	7292	184664	23226	6667	154840
平 山 县	15887	6445	102396	20775	4558	94695
元 氏 县	26000	6535	169914	26383	5868	154823
赵　县	38147	7618	290620	32341	8246	266699
晋 州 市	25033	7228	180931	26425	6337	167448
新 乐 市	24332	7175	174594	19956	7147	142623
辛 集 市	41198	7250	298677	37166	6702	249072

9—6 续表 2　　（2015 年）　　计量单位：公顷、公斤 / 公顷、吨

行政单位	1. 谷 物			#（1） 玉 米		
	播种面积	单 产	总 产 量	播种面积	单 产	总 产 量
石家庄市	**718834**	**6861**	**4931572**	**338617**	**6915**	**2341631**
长 安 区	7366	6099	44928	3604	5999	21622
桥 西 区	160	6069	971	60	6367	382
新 华 区	2949	6352	18731	1450	6452	9355
裕 华 区	874	6229	5444	414	6300	2608
矿 区	2330	5387	12551	1380	5460	7535
藁 城 区	63192	7974	503877	30340	8370	253955
鹿 泉 区	32262	5963	192370	16103	5700	91791
栾 城 区	31434	7632	239898	14900	7856	117051
高 新 区	4591	6147	28223	2157	6127	13217
循环化工园区	5531	7246	40075	2683	6957	18666
井 陉 县	21465	3913	83993	12269	3795	46561
正 定 县	40052	7624	305371	19062	7814	148950
行 唐 县	41212	6716	276800	19818	7041	139533
灵 寿 县	26383	4939	130316	13965	4905	68499
高 邑 县	21745	7435	161669	10508	7770	81647
深 泽 县	26474	7382	195430	13820	7477	103337
赞 皇 县	24061	4357	104827	11750	4035	47411
无 极 县	46430	7194	334009	20147	7329	147667
平 山 县	33649	5681	191176	16401	5317	87210
元 氏 县	49543	6328	313493	22400	6306	141248
赵 县	70258	7916	556179	32111	8270	265559
晋 州 市	48378	7055	341290	21500	7201	154813
新 乐 市	43002	7262	312261	18670	7374	137667
辛 集 市	75493	7122	537690	33105	7109	235347

9—6 续表 3　　（2015 年）　　计量单位：公顷、公斤 / 公顷、吨

行政单位	（2）谷子			（3）高粱		
	播种面积	单产	总产量	播种面积	单产	总产量
石家庄市	**9242**	**2101**	**19415**	**156**	**2968**	**463**
长安区						
桥西区	20	5450	109			
新华区						
裕华区						
矿　区						
藁城区	100	4500	450			
鹿泉区	221	2412	533	5	2200	11
栾城区	134	3828	513			
高新区						
循环化工园区						
井陉县	1283	1060	1360	20	1800	36
正定县						
行唐县	668	1982	1324	50	3780	189
灵寿县	280	2371	664			
高邑县	55	3327	183			
深泽县	119	4353	518			
赞皇县	470	1953	918	2	1500	3
无极县	908	1542	1400			
平山县	939	412	387	79	2835	224
元氏县	1010	1826	1844			
赵　县						
晋州市	1845	3006	5546			
新乐市						
辛集市	1190	3081	3666			

9—6 续表 4 （2015 年） 计量单位：公顷、公斤 / 公顷、吨

行政单位	2. 豆类			# 大豆		
	播种面积	单产	总产量	播种面积	单产	总产量
石家庄市	**15600**	**1534**	**23935**	**14349**	**1428**	**22282**
长安区						
桥西区						
新华区						
裕华区						
矿区	16	1813	29	6	2000	12
藁城区	1577	2110	3327	1577	2110	3327
鹿泉区	911	1153	1050	761	1125	856
栾城区	1020	1736	1771	1000	1700	1700
高新区						
循环化工园区						
井陉县	1882	1047	1970	1153	1060	1222
正定县	1052	2602	2737	1052	2602	2737
行唐县	369	1290	476	339	1251	424
灵寿县	122	1877	229	109	1826	199
高邑县	166	1982	329	132	2000	264
深泽县	856	1725	1477	856	1725	1477
赞皇县	567	755	428	550	745	410
无极县	1030	937	965	1030	937	965
平山县	683	1463	999	578	1325	766
元氏县	1020	1557	1588	877	1554	1363
赵县						
晋州市	2390	1590	3800	2390	1590	3800
新乐市	571	1140	651	571	1140	651
辛集市	1368	1542	2109	1368	1542	2109

9—6 续表 5　　（2015 年）　　计量单位：公顷、公斤 / 公顷、吨

行政单位	3. 薯类			二、油料		
	播种面积	单产	总产量	播种面积	单产	总产量
石家庄市	**20915**	**22097**	**462154**	**60660**	**3396**	**206007**
长安区						
桥西区						
新华区				23	3565	82
裕华区						
矿区	10	38500	385	35	2371	83
藁城区	1182	34915	41270	1926	4558	8779
鹿泉区	595	22504	13390	1153	3404	3925
栾城区	25	40200	1005	77	3675	283
高新区						
循环化工园区						
井陉县	1398	21152	29570	2698	2063	5567
正定县	260	39888	10371	4536	4391	19918
行唐县	3670	27568	101173	7086	3241	22966
灵寿县	3117	13912	43365	2516	2085	5245
高邑县	409	23303	9531	1257	3857	4848
深泽县	490	36000	17640	1654	3830	6335
赞皇县	1380	11250	15525	6976	1465	10218
无极县	1091	20761	22650	4645	3686	17120
平山县	2330	10549	24580	4158	2327	9676
元氏县	1820	26527	48280	2843	2691	7650
赵县	230	24783	5700	880	4534	3990
晋州市	690	23833	16445	2855	3201	9138
新乐市	715	30105	21525	8002	4654	37241
辛集市	1503	26446	39749	7340	4488	32943

9—6 续表 6　（2015 年）　计量单位：公顷、公斤 / 公顷、吨

行政单位	油料作物中：花生			三、棉　花		
	播种面积	单　产	总产量	播种面积	单　产	总产量
石家庄市	**53474**	**3558**	**190286**	**7724**	**997**	**7700**
长安区				54	1000	54
桥西区						
新华区	10	4300	43	13	1000	13
裕华区						
矿　区	10	2300	23			
藁城区	1926	4558	8779	205	1844	378
鹿泉区	435	3644	1585	162	969	157
栾城区	51	4098	209	17	529	9
高新区						
循环化工园区						
井陉县	810	2235	1810	155	806	125
正定县	4438	4428	19651	226	841	190
行唐县	6675	3271	21834	621	649	403
灵寿县	2420	2145	5191	228	601	137
高邑县	1212	3901	4728	95	1137	108
深泽县	1654	3830	6335	150	907	136
赞皇县	5304	1482	7860	109	624	68
无极县	4645	3686	17120	360	656	236
平山县	3285	2308	7582	667	903	602
元氏县	2410	2833	6828	540	959	518
赵　县	880	4534	3990			
晋州市	2645	3201	8466			
新乐市	8002	4654	37241	160	931	149
辛集市	6662	4655	31011	3962	1125	4417

9—6 续表 7　　（2015 年）　　计量单位：公顷、公斤 / 公顷、吨

行政单位	四、蔬菜及食用菌			五、瓜 果 类			瓜果类中：西瓜		
	播种面积	单 产	总 产 量	播种面积	单 产	总 产 量	播种面积	单 产	总 产 量
石家庄市	**163891**	**81149**	**13299570**	**9929**	**54912**	**545225**	**7373**	**57174**	**421548**
长 安 区	1240	65629	81380	48	53833	2584	43	56326	2422
桥 西 区	970	69778	67685						
新 华 区	1762	64818	114209	47	15319	720	40	15250	610
裕 华 区	444	76324	33888						
矿 区	390	42210	16462						
藁 城 区	34372	88672	3047850	315	61740	19448	315	61740	19448
鹿 泉 区	11393	82970	945280	214	49640	10623	212	49920	10583
栾 城 区	9837	94942	933943	264	41409	10932	78	65936	5143
高 新 区	1034	68047	70361	2	16000	32			
循环化工园区	1496	56618	84701						
井 陉 县	3933	58795	231239						
正 定 县	8678	100302	870422	539	55523	29927	371	64881	24071
行 唐 县	5147	74197	381891	457	45608	20843	133	50496	6716
灵 寿 县	3193	71350	227822	190	16021	3044	169	17882	3022
高 邑 县	8280	74362	615719	500	67116	33558	470	70336	33058
深 泽 县	6080	77813	473102	142	65458	9295	110	68245	7507
赞 皇 县	2556	63187	161506	130	17654	2295	30	24000	720
无 极 县	11731	75661	887580	551	72782	40103	551	72782	40103
平 山 县	6324	48869	309050	498	26876	13384	369	25675	9474
元 氏 县	7107	71156	505706	825	44588	36785	605	50000	30250
赵 县	10960	78410	859370	1075	61447	66056	1075	61447	66056
晋 州 市	7097	76894	545716	60	32383	1943	40	29500	1180
新 乐 市	8472	96915	821064	4021	60047	241449	2740	58330	159824
辛 集 市	11395	88953	1013624	51	43216	2204	22	61864	1361

水果及食用坚果生产情况

9—7 （2015 年）

行政单位	一、水果产量（不含果用瓜）（吨）	#1. 苹果	红富士苹果	国光苹果	2. 梨
石家庄市	**2801287**	**375896**	**290479**	**7450**	**1821255**
长安区	5770				2790
桥西区	15	12	12		
新华区	3200	315	252	63	2675
裕华区					
矿　区	4621	4050	3850	10	80
藁城区	239565	43630	13600	4300	178350
鹿泉区	44087	16004	14430	337	1775
栾城区	850	150			
高新区	1300	500			
循环化工园区					
井陉县	47236	42291	42291		
正定县	16420	3112	3112		1755
行唐县	135468	8000	8000		1000
灵寿县	23730	5450			3990
高邑县	3564				600
深泽县	113656	70328	54906	1500	24538
赞皇县	148138	4500	3915		2130
无极县	20969	3474	3474		17495
平山县	61059	20110	16710	640	4337
元氏县	15010	1500			
赵　县	620000				620000
晋州市	753100	20000	14040		620800
新乐市	30529	3750	2800	600	21000
辛集市	513000	128720	109087		317940

9—7 续表 1　　（2015 年）

行政单位	一、水果产量（吨）（续）				
	梨产量（续）		3. 桃	4. 葡萄	5. 红枣
	雪花梨	鸭梨			
石家庄市	**441381**	**587755**	**104432**	**141339**	**282462**
长安区			2680	300	
桥西区			1		
新华区	2595	80		210	
裕华区					
矿　区			90		10
藁城区	46000	60000	6940	5330	4830
鹿泉区	1460	253	1626	14588	5290
栾城区				690	
高新区				800	
循环化工园区					
井陉县			147		4015
正定县	1755		11206	332	15
行唐县	545	455	10	350	123000
灵寿县			80	3500	1170
高邑县			1282	250	230
深泽县	162	50	977	16942	130
赞皇县	2130		120	10	135000
无极县	12246	5249			
平山县	1408	2888	6400	390	6755
元氏县					150
赵　县	342487	82500			
晋州市	25593	350600	24000	88100	
新乐市	5000	7000	3850	1250	
辛集市		78680	45023	8297	1867

9—7 续表 2 （2015 年）

行政单位	二、果园面积（公顷）	# 苹果园	梨园	桃园	葡萄园	三、食用坚果（吨）	# 核桃
石家庄市	**167469**	**17081**	**50128**	**4779**	**5086**	**58982**	**52302**
长安区	443		115	108	20		
桥西区	17	2		1			
新华区	202	69	58	27	14	2	2
裕华区							
矿　区	207	180	3	4		60	60
藁城区	7853	1654	5704	203	164	700	700
鹿泉区	3659	585	63	51	523	2153	2153
栾城区	940	219		97	49	50	50
高新区	41	14			27		
循环化工园区							
井陉县	1639	1116		26		1870	1870
正定县	662	130	46	427	16	57	57
行唐县	41491	730	245	113	20	600	600
灵寿县	2673	485	160	67	190	10720	6980
高邑县	119		15	30	7	600	600
深泽县	3675	2117	837	33	633	710	710
赞皇县	32448	620	400	277	27	19200	18000
无极县	1158	200	958				
平山县	9647	2228	219	496	43	15240	13500
元氏县	5735	203				7000	7000
赵　县	16667		16667				
晋州市	16067	545	12055	589	2873		
新乐市	1263	234	600	234	114	20	20
辛集市	20863	5750	11983	1996	366		

林业生产情况

9—8　　（2015 年）　　单位：公顷、株

行政单位	一、营林情况（公顷）				
	1、当年造林面积	#当年人工造林面积	2、当年零星（四旁）植树	3、封山育林面积	4、森林抚育面积
石家庄市	**47783**	**39449**	**17794977**	**66124**	**111287**
长 安 区	342	342	500000		
桥 西 区			20000		
新 华 区	267	267	22600		
裕 华 区			155760		
矿　区	1100	433	200000	2000	467
藁 城 区	2400	2400	750000		2400
鹿 泉 区	3442	2442	353900	10564	6908
栾 城 区	1960	1960	650000		1136
高 新 区	133	133	1500		
循环化工园区					
井 陉 县	3113	2113	1000000	6849	2100
正 定 县	1500	1500	300000		
行 唐 县	4247	3580	2000000	2867	
灵 寿 县	7733	6400	200000	4187	600
高 邑 县	420	420	400000		
深 泽 县	867	867	1041217		873
赞 皇 县	7200	6533	1000000	19424	400
无 极 县	467	467	300000		
平 山 县	4734	2734	5500000	18167	66000
元 氏 县	2673	1673	650000	2066	
赵　县	825	825	480000		13552
晋 州 市	673	673	720000		16287
新 乐 市	3500	3500	750000		
辛 集 市	187	187	800000		564

9—8 续表 （2015 年） 单位：公顷、株、立方米

行政单位	一、营林情况（公顷）（续）		二、主要林产品产量		三、商品材	
	5、当年苗木产量	6、育苗面积	山杏仁	花椒		#村及村以下
石家庄市	**128407039**	**5929**	**1595**	**4286**	**32484**	**32484**
长安区	50000	16				
桥西区	106000	13				
新华区	457000	109				
裕华区						
矿区	650000	13		6	270	270
藁城区	1802800	800			909	909
鹿泉区	3628000	202			224	224
栾城区	924000	682			50	50
高新区						
循环化工园区						
井陉县	17910000	67		290	1800	1800
正定县	1000000	150			485	485
行唐县	2000000	933			1069	1069
灵寿县	1200000	200	1500	90	12864	12864
高邑县	200000	150			407	407
深泽县	979239	73			1988	1988
赞皇县	71480000	827			920	920
无极县	4000000	130			495	495
平山县	1100000	180	95	3900	4460	4460
元氏县	850000	67			1360	1360
赵县	380000	188				
晋州市	5700000	200			543	543
新乐市	10190000	500			2920	2920
辛集市	3800000	429			1720	1720

畜牧业生产情况

9—9　（2015年）

行政单位	一、当年出售和自宰的（百头、百只）					
	（一）大牲畜	1、牛	2、马	3、驴	4、骡	（二）猪
石家庄市	**6274.05**	**5705**	**102.22**	**393.54**	**73.29**	**60863**
长安区	12	12				288
桥西区	3	3				253
新华区						
裕华区						62
矿　区	1	1				275
藁城区	520	494	6	12	8	5898
鹿泉区	74.9	74	0.1	0.62	0.18	2528
栾城区	281	281				3050
高新区	7	7				106
循环化工园区	26	26				78
井陉县	494	494				1530
正定县	696	696				6150
行唐县	634	621	2	8	3	2856
灵寿县	247	235	2	7	3	3040
高邑县	23	23				1081
深泽县	104	94	1	7	2	2345
赞皇县	633	633				1350
无极县	765	678	15	39	33	3719
平山县	128	128				2060
元氏县	590	553		37		3098
赵　县	175.67	146		29.67		4168
晋州市	177	163	4	3	7	4400
新乐市	466.48	208	47.12	194.25	17.11	5294
辛集市	216	135	25	56		7234

9—9 续表 1 （2015 年）

行政单位	一、当年出售和自宰的（百头、百只）（续）				
	（三）羊	（四）家禽	#鸡	鸭	（五）兔
石家庄市	**16388**	**1615395**	**1583550**		**47995.2**
长安区	96	835	835		
桥西区	6	766	740		
新华区	9	130	130		
裕华区	8	300	300		
矿　区	35	1400	1400		
藁城区	1625	231365	219796		3140
鹿泉区	424	47674	46313		86
栾城区	477	170010	170010		500
高新区	13	1342	1342		
循环化工园区	33	3303	3303		
井陉县	1581	44157	42592		3590
正定县	518	192199	192199		
行唐县	681	51693	51693		780
灵寿县	665	34904	34884		3314
高邑县	263	33422	32272		6559
深泽县	1093	29940	27087		1030
赞皇县	589	32900	25334		470
无极县	1612	128507	128438		4600
平山县	901	18000	17750		4800
元氏县	1843	85813	85813		3600
赵　县	770	70697	70091		809.74
晋州市	1310	118758	118758		3720
新乐市	245	123010	118200		6100.46
辛集市	1591	194270	194270		4896

9—9 续表 2

（2015 年）

行政单位	二、期末存栏（百头、百只）							
	（一）大牲畜	1、牛	（1）肉牛	（2）奶牛	（3）役用牛	2、马	3、驴	4、骡
石家庄市	**8290.21**	**7796**	**3805**	**3919**	**72**	**88.59**	**342.17**	**63.45**
长安区	21	21	3	18				
桥西区	3	3	3					
新华区								
裕华区	1	1		1				
矿　区	1	1	1					
藁城区	624	607	312	295		3	9	5
鹿泉区	252.01	251	16	223	12	0.07	0.66	0.28
栾城区	563	563	139	424				
高新区	6	6	5	1				
循环化工园区	65	65	20	45				
井陉县	618	618	586	32				
正定县	879	879	433	446				
行唐县	958	946	21	905	20	2	7	3
灵寿县	512	435	185	230	20	13	49	15
高邑县	26	26	10	16				
深泽县	173	154	9	145		4	11	4
赞皇县	598	598	598					
无极县	940	860	624	236		7	53	20
平山县	246	246	179	47	20			
元氏县	528	524	316	208			4	
赵　县	183.36	153	72	81			30.36	
晋州市	140	131	65	66		3	4	2
新乐市	504.84	325	27	298		44.52	121.15	14.17
辛集市	448	383	181	202		12	53	

9—9 续表 3　（2015 年）

行政单位	二、期末存栏（百头、百只）（续）				
	（二）猪	（三）羊	（四）家禽	#鸡	（五）兔
石家庄市	**35660**	**12380**	**1216928**	**1115492**	**25332.24**
长安区	162	95	305	305	
桥西区	127	4	745	733	
新华区		23	90	90	
裕华区	40	14	300	300	
矿　区	200	50	1400	1350	
藁城区	3039	983	171928	129259	1958
鹿泉区	1203	351	41340	40996	62
栾城区	1515	337	121543	120043	250
高新区	89	31	1868	1812	
循环化工园区	60	57	8500	8500	
井陉县	1003	1238	40386	37503	2295
正定县	4131	348	135630	104630	
行唐县	1745	577	41798	38510	350
灵寿县	1708	490	23360	16653	1900
高邑县	610	179	19085	18485	1713
深泽县	1166	734	23583	22109	829
赞皇县	840	600	21960	20794	357
无极县	2254	1075	90407	90407	3700
平山县	1450	713	17246	16193	800
元氏县	1921	1354	64901	61151	2300
赵　县	2156	486	48850	46750	700.24
晋州市	2685	859	75820	75820	958
新乐市	3516	200	87953	85418	5310
辛集市	4040	1582	177930	177681	1850

9—9 续表 4　　（2015 年）

行政单位	三、肉类产量（吨）	# 1、猪肉	2、牛肉	3、羊肉	4、家禽肉	5、驴肉	6、兔肉
石家庄市	**784133**	**460153**	**90253**	**22543**	**197442**	**3305**	**7747**
长安区	2600	2160	191	124	125		
桥西区	2058	1922	48	8	80		
新华区	31			15	16		
裕华区	530	471		11	48		
矿　区	2261	2063	13	45	140		
藁城区	83689	44782	7904	2235	27850	72	483
鹿泉区	27388	19220	1182	609	6355	5	14
栾城区	48927	23164	4424	617	20346		76
高新区	1169	848	89	15	217		
循环化工园区	1494	580	416	43	455		
井陉县	27571	11597	7862	2201	5306		605
正定县	81166	46581	10783	682	23120		
行唐县	38946	21684	9936	890	6203	72	106
灵寿县	32106	23112	3645	878	3945	50	405
高邑县	13882	8081	361	358	4030		1052
深泽县	24774	17815	1504	1580	3603	56	161
赞皇县	26039	10125	10111	774	4935		94
无极县	57490	28190	10604	2152	15224	234	665
平山县	22153	15619	2048	1330	2196		960
元氏县	46252	23482	8848	2422	10681	280	539
赵　县	43875	31466	2320	1025	8497	266	162
晋州市	53009	33449	2584	1885	14394	19	553
新乐市	59436	38764	3220	329	13650	1747	893
辛集市	87287	54978	2160	2315	26026	504	979

9—9 续表 5 （2015 年）

行政单位	四、其他畜产品产量（吨）				
	1、奶类产量	#牛奶产量	2、蜂蜜产量	3、禽蛋产量	#鸡蛋
石家庄市	**1227900**	**1225495**	**3112**	**1094495**	**1085896**
长安区	3020	3020		1095	1095
桥西区				335	335
新华区				408	408
裕华区	400	400		400	400
矿　区				1600	1600
藁城区	79441	79398		147420	144500
鹿泉区	80358	80358	29	36021	35400
栾城区	107388	107388		100596	100596
高新区	400	400		870	870
循环化工园区	990	990		1820	1820
井陉县	11440	11440	83	34769	33323
正定县	120843	120843		129871	129871
行唐县	335950	335200	3	35237	35237
灵寿县	69659	69649	116	20365	20310
高邑县	5200	5200		16360	16360
深泽县	46816	46784		19883	19723
赞皇县			1610	22513	21013
无极县	61725	61725		76920	76920
平山县	12925	12925	951	15020	14733
元氏县	74048	74048	175	57040	57040
赵　县	37299	37299	145	54500	54490
晋州市	21938	21938		76562	76562
新乐市	94170	92600		83200	81600
辛集市	63890	63890		161690	161690

渔业生产情况

9—10 （2015 年）

行政单位	水产品总产量（吨）	#淡水产品	#淡水养殖	水产品养殖面积（公顷）	#池塘养殖	水库养殖
石家庄市	**33855**	**33855**	**17098**	**15383**	**866**	**14447**
长安区						
桥西区						
新华区	45	45	45	7	7	
裕华区						
矿　区	20	20	20	3	2	1
藁城区	40	40	40	1	1	
鹿泉区	6335	6335	5308	1951	374	1577
栾城区	4	4	4	2	2	
高新区						
循环化工园区						
井陉县	710	710	710	169	65	104
正定县	1550	1550	1550	226	156	
行唐县	1561	1561	1100	839	24	815
灵寿县	8350	8350	4035	2767	70	2697
高邑县						
深泽县	121	121	121	10	10	
赞皇县	1000	1000	573	300		300
无极县	11	11	11	3	3	
平山县	13820	13820	3306	8850	137	8713
元氏县	223	223	210	243	3	240
赵　县						
晋州市						
新乐市	22	22	22	1	1	
辛集市	43	43	43	11	11	

农林牧渔业总产值

9—11 （2015 年） 计量单位：万元

行政单位	农林牧渔业总产值	一、农业产值	（一）谷物及其它作物产值				
			总　计	1、谷物	2、薯类	3、油料	4、豆类
石家庄市	**8955030**	**4930922**	**1329829**	**1083463**	**93691**	**87243**	**11644**
长安区	41963	28288	9922	9809			
桥西区	24283	17247	244	244			
新华区	31183	26059	4264	4074		34	
裕华区	11092	6725	1190	1190			
矿　区	14915	6716	2961	2673	81	39	12
藁城区	1261099	857066	142431	126119	8667	3687	1597
鹿泉区	397490	228965	75086	42177	2812	1677	560
栾城区	515929	235294	57333	52441	141	145	857
高新区	30788	26949	6178	6178			
循环化工园区	54258	19590	8778	8778			
井陉县	244892	76851	29185	18438	6210	3310	964
正定县	666057	273492	93818	81535	2178	8392	1314
行唐县	510607	210127	108632	60508	20698	9780	240
灵寿县	327383	161202	40288	28377	8105	2221	111
高邑县	217632	155810	38719	35174	1096	2047	159
深泽县	293597	179473	50656	42205	3704	2661	709
赞皇县	288829	148837	34003	26807	3260	3585	208
无极县	527947	252151	98829	85903	4757	7190	483
平山县	366673	198722	71616	56208	4439	4128	477
元氏县	445942	208428	84129	69400	9555	3300	786
赵　县	608905	397567	137810	126533	656	302	
晋州市	606777	375607	85484	76385	3453	3822	1824
新乐市	545141	264502	104149	75248	4375	15641	312
辛集市	911649	533937	154050	119408	8347	13790	1012

9—11 续表 1　　（2015 年）　　计量单位：万元

行政单位	一、农业产值（续）					
	（一）谷物及其它作物产值（续）		（二）蔬菜园艺作物		（三）水果、坚果、饮料和香料	（四）中药材
	5、棉 花	6、烟 草	1、蔬菜（含菜用瓜）	2、花卉		
石家庄市	**16170**	**809**	**2459886**	**8341**	**974652**	**19153**
长 安 区	113		16101	184	2081	
桥 西 区			13451	3550	2	
新 华 区	27		20244	627	914	
裕 华 区			5477	58		
矿　 区			1901	19	1571	88
藁 城 区	794		621021	795	90588	
鹿 泉 区	330		129149	223	23169	100
栾 城 区	19		152790	161	9539	272
高 新 区			20280	2	257	
循环化工园区			10810			
井 陉 县	263		26809		20462	379
正 定 县	399		152454	183	14217	114
行 唐 县	846	332	48068		44816	8611
灵 寿 县	288	477	13131		22233	340
高 邑 县	227		109892	135	7064	
深 泽 县	286		82304	14	45898	14
赞 皇 县	143		17777	40	92897	
无 极 县	496		139652		12372	
平 山 县	1264		38576	654	68103	5457
元 氏 县	1088		83317	103	39556	
赵　 县			116167	20	142097	
晋 州 市			58623		231500	
新 乐 市	313		109670		49894	
辛 集 市	9276		208221		170686	969

9—11 续表 2　　（2015 年）　　计量单位：万元

行政单位	二、林业产值			
	合 计	（一）林木的培育和种植	（二）竹木采运	（三）林产品
石家庄市	**165715**	**122678**	**2182**	**40855**
长安区	976	976		
桥西区	24	24		
新华区	548	548		
裕华区	166	166		
矿　区	1116	1060	17	39
藁城区	9399	9208	60	131
鹿泉区	6113	5840	14	259
栾城区	4339	4335	4	
高新区	191	191		
循环化工园区	283	283		
井陉县	24590	7393	112	17085
正定县	3424	3358	33	33
行唐县	13539	13193	70	276
灵寿县	14283	9308	836	4139
高邑县	2032	1962	27	43
深泽县	2744	2527	129	88
赞皇县	14968	14554	57	357
无极县	2320	2162	34	124
平山县	34899	29603	296	5000
元氏县	12945	12856	74	15
赵　县	7133	7133		
晋州市	8387	8353	34	
新乐市	4001	3777	17	207
辛集市	5360	5192	168	

9—11 续表 3　　（2015 年）　　计量单位：万元

行政单位	三、牧业产值						
	合 计	（一）牲畜饲养	（1）牛	（2）羊	（3）其他牲畜	（4）奶产品	（5）毛绒产品
石家庄市	**3446706**	**1023289**	**467278**	**137362**	**9141**	**405284**	**4224**
长 安 区	8811	2705	972	734		999	
桥 西 区	6199	419	352	67			
新 华 区	451	76		76			
裕 华 区	1685	198		65		133	
矿　区	6705	379	82	294			3
藁 城 区	366480	81240	40472	13881	420	26201	266
鹿 泉 区	127756	36193	6034	3453	15	26652	39
栾 城 区	240744	62776	23080	4012		35652	32
高 新 区	3648	772	541	96		135	
循环化工园区	33590	12654	4025	4259		4274	96
井 陉 县	125277	57757	40459	12902		3830	566
正 定 县	367479	101681	57224	4394		40062	1
行 唐 县	261517	167702	51191	5783	210	110433	85
灵 寿 县	126778	48249	19143	5491	194	22754	667
高 邑 县	49348	5852	1892	2188		1725	47
深 泽 县	97821	32915	7664	9396	161	15424	270
赞 皇 县	108322	55649	51102	4547			
无 极 县	253293	91045	55364	13590	1409	20351	331
平 山 县	90480	22707	10655	7629		4279	144
元 氏 县	200968	82863	41632	16101	592	24265	273
赵　县	178936	31723	12080	6507	475	12421	240
晋 州 市	199930	32935	13552	11330	228	7315	510
新 乐 市	249316	54532	16903	2019	4144	30895	571
辛 集 市	353986	47404	11078	13467	1296	21188	375

9—11 续表 4　　（2015 年）　　计量单位：万元

行政单位	三、牧业产值（续）					
	（二）猪的饲养	（三）家禽饲养	1. 肉禽	2. 禽蛋	（四）其他畜牧业	# 兔
石家庄市	**1004668**	**1330396**	**370645**	**959751**	**88353**	**19198**
长安区	4968	1138	189	949		
桥西区	4918	857	329	528	5	
新华区		374	28	346	1	
裕华区	999	424	72	352	64	
矿　区	4587	1737	326	1411	2	
藁城区	97080	184168	53453	130715	3992	1256
鹿泉区	42597	42373	11044	31329	6593	34
栾城区	49752	125889	38544	87345	2327	200
高新区	1751	1125	337	788		
循环化工园区	6661	9275	2181	7094	5000	
井陉县	25232	40555	10216	30339	1733	1436
正定县	101846	157792	43880	113912	6160	
行唐县	46858	43006	11845	31161	3951	312
灵寿县	50654	25792	7924	17868	2083	1326
高邑县	17760	21956	7655	14301	3780	2624
深泽县	39192	24526	7100	17426	1188	412
赞皇县	22902	27416	8024	19392	2355	188
无极县	62393	97433	29395	68038	2422	1840
平山县	33540	17233	4128	13105	17000	1920
元氏县	35264	78401	32570	45831	4440	1440
赵　县	70273	64930	16756	48174	12010	324
晋州市	71311	94196	27058	67138	1488	1488
新乐市	90400	101335	28599	72736	3049	2440
辛集市	118225	185189	44080	141109	3168	1958

9—11 续表 5　　（2015 年）　　计量单位：万元

行政单位	四、渔业产值	#鱼类	虾蟹类	五、农林牧渔服务业产值
石家庄市	**52837**	**47644**	**2341**	**358850**
长安区				3888
桥西区				813
新华区	67	67		4058
裕华区				2516
矿　区	33	33		345
藁城区	54	54		28100
鹿泉区	11529	8780	35	23127
栾城区	6	6		35546
高新区				
循环化工园区				795
井陉县	3179			14995
正定县	3421	3421		18241
行唐县	2487	2183		22937
灵寿县	12808	12808		12312
高邑县				10442
深泽县	203	44		13356
赞皇县	1002	1002		15700
无极县	33			20150
平山县	22105	12222	4248	20467
元氏县	245	236	9	23356
赵　县				25269
晋州市				22853
新乐市	206	4		27116
辛集市	61	61		18305

农林牧渔业中间消耗

9—12 （2015 年） 计量单位：万元

行政单位	农林牧渔业中间消耗	一、农业中间消耗		
		合 计	1、物质消耗	2、生产服务支出
石家庄市	**3849353**	**1576852**	**1265991**	**310861**
长 安 区	15482	7547	6272	1275
桥 西 区	8704	5174	3963	1211
新 华 区	9733	7101	4751	2350
裕 华 区	4889	2547	2009	538
矿 区	6836	2276	1917	359
藁 城 区	519395	320510	243588	76922
鹿 泉 区	157407	76922	61837	15085
栾 城 区	220306	84047	77072	6975
高 新 区	11302	9241	8410	831
循环化工园区	26860	7836	6112	1724
井 陉 县	99319	26100	21484	4616
正 定 县	323021	103842	82561	21281
行 唐 县	228860	71341	57423	13918
灵 寿 县	141726	55649	42078	13571
高 邑 县	87147	60244	48519	11725
深 泽 县	127489	62335	51025	11310
赞 皇 县	108365	50549	40952	9597
无 极 县	245529	96278	75341	20937
平 山 县	169997	76692	60582	16110
元 氏 县	183400	62987	43147	19840
赵 县	249247	141712	94712	47000
晋 州 市	253822	132974	132974	
新 乐 市	241371	94754	81122	13632
辛 集 市	399147	174365	166741	7624

9—12 续表 1　　（2015 年）　　计量单位：万元

行政单位	二、林业中间消耗			三、牧业中间消耗		
	合 计	1、物质消耗	2、生产服务支出	合 计	1、物质消耗	2、生产服务支出
石家庄市	**71199**	**49589**	**21610**	**1978649**	**1881785**	**96864**
长 安 区	544	544		5429	5192	237
桥 西 区	24	20	4	3069	2888	181
新 华 区	300	260	40	271	90	181
裕 华 区	103	103		975	931	44
矿　 区	517	460	57	3834	3640	194
藁 城 区	4982	4154	828	179569	168795	10774
鹿 泉 区	2742	2208	534	62558	59554	3004
栾 城 区	2016	1677	339	115884	110526	5358
高 新 区	116	107	9	1945	1477	468
循环化工园区	113	86	27	18474	17551	923
井 陉 县	10957	8252	2705	54573	51086	3487
正 定 县	1654	1359	295	207340	197054	10286
行 唐 县	6003	4539	1464	138980	127878	11102
灵 寿 县	5287	3531	1756	67731	64480	3251
高 邑 县	1014	834	180	21713	20142	1571
深 泽 县	1083	951	132	57102	55773	1329
赞 皇 县	3812	2257	1555	44665	42004	2661
无 极 县	946	724	222	138110	130775	7335
平 山 县	18555	12978	5577	50107	47670	2437
元 氏 县	4590	3690	900	101457	95294	6163
赵　 县	3625	2713	912	91377	86990	4387
晋 州 市	1852	1352	500	107668	100283	7385
新 乐 市	1049	897	152	131834	128064	3770
辛 集 市	2110	2078	32	212392	198719	13673

9—12 续表 2　　（2015 年）　　计量单位：万元

行政单位	四、渔业中间消耗			五、农林牧渔服务业中间消耗		
	合计	1. 物质消耗	2. 生产服务支出	合计	1. 物质消耗	2. 生产服务支出
石家庄市	**25102**	**20768**	**4334**	**197551**	**179753**	**17798**
长安区				1962	1840	122
桥西区				437	219	218
新华区	29	16	13	2032		2032
裕华区				1264	1155	109
矿　区	17	14	3	192	150	42
藁城区	34	28	6	14300	2145	12155
鹿泉区	5319	4384	935	9866	4946	4920
栾城区	3	3		18356	15601	2755
高新区						
循环化工园区				437	345	92
井陉县	1240	988	252	6449	6015	434
正定县	1658	1484	174	8527	8527	
行唐县	1059	654	405	11477	10040	1437
灵寿县	6842	5640	1202	6217	2165	4052
高邑县				4176	871	3305
深泽县	80	71	9	6889	5868	1021
赞皇县	626	542	84	8713	7925	788
无极县	27	14	13	10168	9232	936
平山县	12613	10401	2212	12030	10920	1110
元氏县	147	132	15	14219	13299	920
赵　县				12533	11431	1102
晋州市				11328	9972	1356
新乐市	97	54	43	13637	1853	11784
辛集市	28	23	5	10252	9311	941

农林牧渔业增加值

9—13　　　　（2015 年）　　　　计量单位：万元

行政单位	农林牧渔业增加值	1、农业	2、林业	3、牧业	4、渔业	5、农林牧渔服务业
石家庄市	**5105677**	**3354070**	**94516**	**1468057**	**27735**	**161300**
长 安 区	26481	20741	432	3382		1926
桥 西 区	15579	12073		3130		376
新 华 区	21450	18958	248	180	38	2026
裕 华 区	6203	4178	63	710		1252
矿　 区	8079	4440	599	2871	16	153
藁 城 区	741704	536556	4417	186911	20	13800
鹿 泉 区	240083	152043	3371	65198	6210	13261
栾 城 区	295623	151247	2323	124860	3	17190
高 新 区	19486	17708	75	1703		
循环化工园区	27398	11754	170	15116		358
井 陉 县	145573	50751	13633	70704	1939	8546
正 定 县	343036	169650	1770	160139	1763	9714
行 唐 县	281747	138786	7536	122537	1428	11460
灵 寿 县	185657	105553	8996	59047	5966	6095
高 邑 县	130485	95566	1018	27635		6266
深 泽 县	166108	117138	1661	40719	123	6467
赞 皇 县	180464	98288	11156	63657	376	6987
无 极 县	282418	155873	1374	115183	6	9982
平 山 县	196676	122030	16344	40373	9492	8437
元 氏 县	262542	145441	8355	99511	98	9137
赵　 县	359658	255855	3508	87559		12736
晋 州 市	352955	242633	6535	92262		11525
新 乐 市	303770	169748	2952	117482	109	13479
辛 集 市	512502	359572	3250	141594	33	8054

农林牧渔业商品产值

9—14 （2015 年） 计量单位：万元

行政单位	农林牧渔业商品产值	一、农业商品产值				
		合 计	（一）谷物及其他作物			
			小 计	1、谷物	2、薯类
石家庄市	**6436318**	**3465885**	**852172**	**685099**	**65589**
长 安 区	32931	24934	8607	8523	
桥 西 区	17200	12576	172	172	
新 华 区	23941	23483	3797	3752	
裕 华 区	7831	6292	909	909	
矿　 区	10118	4316	1436	1344	75
藁 城 区	1049685	724649	110100	97696	6934
鹿 泉 区	299727	168187	41620	20411	312
栾 城 区	428763	196088	34474	34474	
高 新 区	24243	21113	4943	4943	
循环化工园区	30547	13712	6144	6144	
井 陉 县	177680	55975	22161	17266	3248
正 定 县	510495	212970	62930	52895	1320
行 唐 县	413977	172907	84278	56234	20448
灵 寿 县	190038	109261	8271	1253	4981
高 邑 县	166398	122295	27104	24622	767
深 泽 县	226127	140190	40476	33957	3360
赞 皇 县	221232	122571	24540	20526	2282
无 极 县	365415	132862	56732	46879	2638
平 山 县	231843	128140	41831	30025	2477
元 氏 县	276852	123415	55688	45580	6688
赵　 县	468947	315297	90947	90420	368
晋 州 市	401360	249143	40721	36806	2288
新 乐 市	363714	155826	52574	38124	3063
辛 集 市	648380	341553	98746	80563	3339

9—14 续表 1　　（2015 年）　　计量单位：万元

行政单位	一、农业商品产值（续）				
	（一）谷物及其他作物（续）				
	3、油料	4、豆类	5、棉花	6、烟叶	7、其他农作物
石家庄市	**57193**	**6026**	**13515**	**469**	**24282**
长安区			84		
桥西区					
新华区	25		20		
裕华区					
矿　区	7	10			
藁城区	3318	1437	715		
鹿泉区	1127	187	312		19271
栾城区					
高新区					
循环化工园区					
井陉县	1099	548			
正定县	7478	942	295		
行唐县	6541	215	516	324	
灵寿县	1775	76	41	145	
高邑县	1433	112	159		11
深泽县	1890	624	245		400
赞皇县	1613	119			
无极县	6865		350		
平山县	3309	156	1264		4600
元氏县	2107	551	762		
赵　县	159				
晋州市	1302	325			
新乐市	10949	219	219		
辛集市	5806	506	8533		

9—14 续表 2　　　　（2015 年）　　　　计量单位：万元

行政单位	一、农业商品产值（续）					
	（二）蔬菜、园艺作物				（三）水果、坚果、饮料和香料作物	（四）中药材
	合计	1、蔬菜	2、花卉	3、盆景园艺		
石家庄市	**1715311**	**1586842**	**4780**		**882660**	**15742**
长安区	14363	14179	184		1964	
桥西区	12404	10251	2153			
新华区	19047	18596	444		639	
裕华区	5383	5325	58			
矿　区	1530	1530			1280	70
藁城区	533020	530448	720		81529	
鹿泉区	104652	103317	220		21815	100
栾城区	152154	138089	133		9187	272
高新区	15964	15779			206	
循环化工园区	7567	7567				
井陉县	14395	14388			19138	281
正定县	138059	126357	10		11875	106
行唐县	37086	37086			42932	8611
灵寿县	82523	5052			18212	255
高邑县	91016	90924	92		4175	
深泽县	61633	61078	11		38067	14
赞皇县	14250	14220	30		83781	
无极县	64075	62912			12055	
平山县	21038	17642	631		60110	5161
元氏县	43526	42523	78		24201	
赵　县	91912	90429	16		132438	
晋州市	30738	30738			177684	
新乐市	68321	67768			34931	
辛集市	108354	108345			133581	872

9—14 续表 3　　（2015 年）　　计量单位 : 万元

行政单位	二、林业商品产值		三、牧业商品产值		
	总计	林产品	总 计	（一）牲畜的饲养	
				合 计	1、牛
石家庄市	**23371**	**7706**	**2910642**	**886968**	**390933**
长 安 区			7997	2284	875
桥 西 区			4624	293	246
新 华 区	75		383	65	
裕 华 区			1539	193	
矿　区	21		5762	260	50
藁 城 区	54		324934	73116	36425
鹿 泉 区	682		119560	35169	5612
栾 城 区	625		232046	59084	22909
高 新 区	28		3101	656	460
循环化工园区	42		16793	10758	3421
井 陉 县	654		121051	56202	39802
正 定 县	710		294403	93510	54337
行 唐 县	21		241049	156017	49560
灵 寿 县	3200	3200	68537	14216	
高 邑 县	304	6	43799	5373	1608
深 泽 县	160		85733	29772	7338
赞 皇 县	4260		93599	53917	50053
无 极 县			232553	80145	48097
平 山 县	4796	4500	83748	20016	8548
元 氏 县	1700		151548	54683	29637
赵　县	1805		151845	31476	11915
晋 州 市	34		152183	25532	8148
新 乐 市	655		207233	46360	14368
辛 集 市	3545		303221	41268	10524

9—14 续表 4 （2015 年） 计量单位：万元

行政单位	三、牧业商品产值（续）				
	（一）牲畜的饲养（续）				（二）猪的饲养
	2、羊	3、其他牲畜	4、奶类	5、毛绒类	
石家庄市	**121678**	**8068**	**362343**	**3945**	**851476**
长 安 区	660		749		4869
桥 西 区	47				3628
新 华 区	65				
裕 华 区	60		133		870
矿 区	210				4112
藁 城 区	12493	378	23581	240	87373
鹿 泉 区	3384	15	26119	39	40041
栾 城 区	3957		32186	32	49677
高 新 区	82		115		1488
循环化工园区	3620		3635	82	
井 陉 县	12334		3522	545	24626
正 定 县	3934		35239		81384
行 唐 县	5687	210	100476	84	46697
灵 寿 县			13570	646	36472
高 邑 县	2059		1666	40	16995
深 泽 县	6852	152	15166	264	31755
赞 皇 县	3865				19467
无 极 县	11862	1392	18463	331	59649
平 山 县	7184		4140	144	33540
元 氏 县	3685	503	20625	232	25974
赵 县	6427	474	12420	240	58760
晋 州 市	10379	228	6267	510	53692
新 乐 市	1716	3522	26262	492	76840
辛 集 市	11317	1193	18009	224	108767

9—14 续表 5　　（2015 年）　　计量单位：万元

行政单位	三、牧业商品产值（续）				四、渔业商品产　值
	（三）家禽的饲养（续）			（四）其他畜牧业	
	合 计	1、肉禽	2、蛋禽		
石家庄市	**1141041**	**329726**	**811315**	**31157**	**36419**
长安区	844	180	664		
桥西区	703	265	438		
新华区	318	24	294		
裕华区	417	70	347	59	
矿　区	1390	270	1120		19
藁城区	164445	48108	116337		49
鹿泉区	38087	10512	27575	6263	11298
栾城区	123285	37084	86201		5
高新区	957	287	670		
循环化工园区	6035	1505	4530		
井陉县	40223	10159	30064		
正定县	119509	35110	84399		2412
行唐县	38335	8516	29819		
灵寿县	17849	5670	12179		9040
高邑县	18596	6435	12161	2835	
深泽县	23206	6544	16662	1000	44
赞皇县	20215	6640	13575		802
无极县	92759	26419	66340		
平山县	13192	2949	10243	17000	15159
元氏县	70891	29384	41507		189
赵　县	57609	16283	41326	4000	
晋州市	72959	20453	52506		
新乐市	84033	23309	60724		
辛集市	153186	37552	115634		61

十、工业　交通　邮政

全市规模以上工业企业主要产品产量

10—1 （2015 年）

产品名称	计量单位	2015	2014	增长速度（%）
铁矿石原矿	吨	1416967	1416967	0.0
铁矿石成品矿	吨	608018	554740	9.6
#铁精矿	吨	608018	554740	9.6
石灰石	吨		225322	-100.0
小麦粉	吨	1528372	1820437	-16.0
饲料	吨	5621695	4936256	13.9
#配合饲料	吨	1447609	1340360	8.0
混合饲料	吨	3664090	3135404	16.9
精制食用植物油	吨	289767	276916	4.6
鲜、冷藏肉	吨	179698	191816	-6.3
糖果	吨	9645	9655	-0.1
乳制品	吨	819270	786544	4.2
#液体乳	吨	802427	775464	3.5
固体及半固体乳制品	吨	16843	11080	52.0
#乳粉	吨	16843	11080	52.0
#婴幼儿配方乳粉	吨	6660	2326	186.3
罐头	吨	160260	132008	21.4
酱油	吨	29854	30532	-2.2
冷冻饮品	吨	6217	8218	-24.3
食品添加剂	吨	13588	14769	-8.0
饮料酒	千升	334049	359749	-7.1
#白酒(折65度，商品量)	千升	10104	12036	-16.1
啤酒	千升	322406	345749	-6.8
软饮料	吨	1283834	1121436	14.5
#碳酸型饮料(汽水)	吨	358853	312506	14.8
包装饮用水	吨	638479	573941	11.2
果汁和蔬菜汁类饮料	吨	70865	66163	7.1
卷烟	万支	2530000	2610000	-3.1
纱	吨	795042	757664	4.9
#棉纱	吨	437325	431228	1.4
棉混纺纱	吨	235158	201287	16.8

10—1 续表 1　　（2015 年）

产品名称	计量单位	2015	2014	增长速度（%）
化学纤维纱	吨	122559	125148	–2.1
布	万米	407990	367231	11.1
# 色织布（含牛仔布）	万米	2788	2203	26.6
棉布	万米	365681	331024	10.5
# 棉混纺布	万米	41521	35412	17.3
化学纤维短纤布	万米	788	795	–0.9
印染布	万米	6514	8605	–24.3
无纺布（无纺织物）	吨	85216	82447	3.4
服装	万件	18105	19018	–4.8
# 梭织服装	万件	9057	11148	–18.8
# 羽绒服装	万件	131	194	–32.5
衬衫	万件	472	296	59.5
针织服装	万件	9048	7870	15.0
轻革	平方米	118680291	115207482	3.0
皮革服装	万件	1902	1787	6.4
鞋	万双	824	857	–3.9
# 纺织面鞋	万双	3		
皮革鞋靴	万双	821	857	–4.2
人造板	立方米	1609735	1323357	21.6
# 胶合板	立方米	315149	285055	10.6
纤维板	立方米	953841	786911	21.2
刨花板	立方米	340745	251391	35.5
人造板表面装饰板	平方米	1360744	1445161	–5.8
家具	件	693890	710281	–2.3
# 木质家具	件	675993	673200	0.4
软体家具	件	17897	37081	–51.7
机制纸及纸板（外购原纸加工除外）	吨	681127	748814	–9.0
# 未涂布印刷书写用纸	吨	366494	375831	–2.5
# 新闻纸	吨	366494	375831	–2.5
包装用纸及纸板	吨	127950	161615	–20.8
# 箱纸板	吨	127950	161615	–20.8
纸制品	吨	915891	834083	9.8
# 瓦楞纸箱	吨	881387	797896	10.5

10—1 续表 2　　（2015 年）

产品名称	计量单位	2015	2014	增长速度（%）
单色印刷品	令	232115	202156	14.8
多色印刷品	对开色令	172025	140366	22.6
硫酸（折 100%）	吨	532035	514652	3.4
浓硝酸（折 100%）	吨	12811	11204	14.3
烧碱（折 100%）	吨	106352	101346	4.9
#离子膜法烧碱（折 100%）	吨	106352	101346	4.9
纯碱（碳酸钠）	吨		155660	-100.0
纯苯	吨	168862	16683	912.2
精甲醇	吨	141902	191736	-26.0
冰乙酸（冰醋酸）	吨	10250	8944	14.6
合成氨（无水氨）	吨	939607	1050179	-10.5
农用氮、磷、钾化学肥料（折纯）	吨	752199	830242	-9.4
#氮肥（折含氮 100%）	吨	742091	821161	-9.6
#尿素（折含氮 100%）	吨	600375	590088	1.7
钾肥（折氯化钾 100%）	吨	10108	9081	11.3
化学农药原药（折有效成分 100%）	吨	10006	18443	-45.7
#杀虫剂（杀螨剂）原药	吨	3287	6071	-45.9
杀菌剂原药	吨	3122	6257	-50.1
除草剂原药	吨	905	4147	-78.2
涂料	吨	249737	242638	2.9
初级形态塑料	吨	151905	28604	431.1
#聚丙烯树脂	吨	151905	28604	431.1
合成橡胶	吨		6350	-100.0
合成纤维单体	吨	40312	31880	26.4
合成纤维聚合物	吨	15247	12760	19.5
#聚酯	吨	8492	6674	27.2
化学试剂	吨	147109	250922	-41.4
合成洗涤剂	吨	144630	141766	2.0
化学药品原药	吨	168715	199676	-15.5
中成药	吨	20151	17499	15.2
兽用药品	吨	4944	4687	5.5
化学纤维用浆粕	吨	46240	50686	-8.8

10—1 续表 3　　　　（2015 年）

产品名称	计量单位	2015	2014	增长速度（%）
化学纤维	吨	51184	46461	10.2
#人造纤维（纤维素纤维）	吨	29863	28107	6.2
#粘胶短纤维	吨	29863	21303	40.2
合成纤维	吨	21321	18354	16.2
#涤纶纤维	吨	21321	18354	16.2
塑料制品	吨	747810	658953	13.5
#塑料薄膜	吨	22224	20179	10.1
泡沫塑料	吨	50037	45094	11.0
塑料人造革、合成革	吨	19267	17830	8.1
日用塑料制品	吨	260266	241558	7.7
硅酸盐水泥熟料	吨	10334818	12123695	-14.8
#窑外分解窑水泥熟料	吨	9347285	11042036	-15.3
水泥	吨	23422805	24587204	-4.7
#强度等级 42.5 水泥（含 R 型）	吨	8670704	10164719	-14.7
强度等级 52.5 水泥（含 R 型）	吨	17546	25944	-32.4
石灰	吨	260886		
商品混凝土	立方米	4143395	3865376	7.2
水泥混凝土排水管	千米	346	315	9.8
石膏板	万平方米	3161	3340	-5.4
砖	万块	114323	96573	18.4
瓦	万片	4302	3935	9.3
瓷质砖	平方米	229435604	204628750	12.1
天然大理石建筑板材	平方米	5146773	4989253	3.2
沥青和改性沥青防水卷材	平方米	44043940	38300267	15.0
平板玻璃	重量箱	10517079	7427691	41.6
钢化玻璃	平方米	299240	301160	-0.6
日用玻璃制品	吨	288529	302132	-4.5
玻璃包装容器	吨	271608	245853	10.5
石墨及炭素制品	吨	614502	479804	28.1
生铁	吨	15157609	14514800	4.4
粗钢	吨	14975265	14299006	4.7
铸铁件	吨	462830	448066	3.3
铸钢件	吨	221879	265955	-16.6

10—1 续表 4　　　　（2015 年）

产品名称	计量单位	2015	2014	增长速度（%）
钢材	吨	14536752	14034263	3.6
#棒材	吨	1418413	1569769	-9.6
钢筋	吨	7114903	6926552	2.7
线材（盘条）	吨	1560421	1545019	1.0
中板	吨	2057776	1896871	8.5
中厚宽钢带	吨	1942972	1678410	15.8
热轧窄钢带	吨	374255	404293	-7.4
冷轧窄钢带	吨	127	197	-35.5
焊接钢管	吨	15521		
其他钢材	吨	52364	13152	298.1
铁合金	吨	9534	41313	-76.9
#锰硅合金（折合含锰硅量合计 82%）	吨	6727	37140	-81.9
十种有色金属	吨	12126	15491	-21.7
#原铝（电解铝）	吨	12126	15491	-21.7
黄金	千克	544	502	8.4
白银（银锭）	千克	1076	650	65.5
铝材	吨	4693	4480	4.8
钢结构	吨	5558	5589	-0.6
金属切削工具	万件	9242	9272	-0.3
钢丝	吨	2497	2129	17.3
粉末冶金零件	吨	72	56	28.6
金属成形机床	台	2800	3146	-11.0
泵	台	3135	3588	-12.6
气体压缩机	台	45798	4353	952.1
#非制冷设备用压缩机	台	45798	4353	952.1
阀门	吨	5736	5538	3.6
液压元件	件	4961	7294	-32.0
滚动轴承	万套	981	1245	-21.2
风机	台	4741	6313	-24.9
金属紧固件	吨	42951	44799	-4.1
矿山专用设备	吨	5018	5204	-3.6
石油钻井设备	台（套）	18	22	-18.2
金属冶炼设备	吨	2200	3008	-26.9
炼油、化工生产专用设备	吨	3704	6552	-43.5

10—1 续表 5　　（2015 年）

产品名称	计量单位	2015	2014	增长速度（%）
塑料加工专用设备	台	127	95	33.7
农产品初加工机械	台	6982	6324	10.4
饲料生产专用设备	台	5507	4392	25.4
中型拖拉机	台	272	68	300.0
小型拖拉机	台	600	797	-24.7
机械化农业及园艺机具	台	3894	3996	-2.6
# 收获机械	台	3894	3891	0.1
# 玉米收获机械	台	3484	3158	10.3
环境污染防治专用设备	台（套）	4875	6016	-19.0
# 大气污染防治设备	台（套）	4875	6003	-18.8
固体废弃物处理设备	台（套）		13	-100.0
汽车	辆	900		
# 新能源汽车	辆	900		
改装汽车	辆	4689	11761	-60.1
摩托车整车	辆	93754	97846	-4.2
电动机	千瓦	6191500	7360700	-15.9
# 交流电动机	千瓦	3061000	3349700	-8.6
通信及电子网络用电缆	对千米	80681	130909	-38.4
电力电缆	千米	359144	319124	12.5
光缆	芯千米	1332976	704368	89.2
铅酸蓄电池	千伏安时	63973	1905563	-96.6
房间空气调节器	台	3055059	3762340	-18.8
家用电风扇	台	2696828	2024266	33.2
电饭锅	个	703377	616590	14.1
灯具及照明装置	套（台、个）	437732	363891	20.3
程控交换机	线	133857	136128	-1.7
# 数字程控交换机	线	133857	136128	-1.7
集成电路	万块	4547	4673	-2.7
光电子器件	万只（片）	908	681	33.4
# 发光二极管 (LED 管）	万只	908	681	33.4
电子元件	万只	30000	30000	0.0
环境监测专用仪器仪表	台	113160	90880	24.5
表	只	1364254	1519481	-10.2
眼镜成镜	副	7585028	8308828	-8.7
自来水生产量	万立方米	15500	15391	0.7

全市规模以上工业企业主要经济指标

10—2　　（2015 年）　　计量单位：千元

项目名称	工业企业单位数（个）	工业企业总产值	工业企业销售产值	资产合计	# 流动资产小计
总　计	**2752**	**941047450**	**924562403**	**593929126**	**224001719**
一、按登记注册类型分组					
内资企业	2655	884551613	870037592	521767739	186137621
国有企业	17	24947143	24853156	27945399	3939894
集体企业	19	6347929	6277171	4930422	815683
股份合作企业	2	538736	531879	237554	89739
联营企业	1	374100	350236	61230	6623
有限责任公司	422	155300680	151659727	161967512	72103509
股份有限公司	97	63914484	62698411	58524666	21591646
私营企业	2094	632215177	622754728	267885903	87508637
其他企业	3	913364	912284	215053	81890
港、澳、台商投资企业	39	33020409	31257957	43562648	23344519
外商投资企业	58	23475428	23266854	28598739	14519579
二、按经济组织类型分组					
独资企业	165	83775932	81068677	82734686	29293091
合作、合伙企业	52	13921320	13700766	3890682	1060347
股份有限公司	232	148104537	145043693	106156792	33247627
有限责任公司	2303	695245661	684749267	401146966	160400654
三、在总计中：亏损企业	158	51345696	50986494	57704833	22002328
在总计中：国有控股企业	100	122364638	120257917	172519368	65928070
在总计中：农村工业	15	10913482	10737355	12857195	4679280
在总计中：轻工业	1314	444904851	435801711	234907153	89703798
重工业	1438	496142599	488760692	359021973	134297921
在总计中：大型企业	67	204090396	199566328	262261796	113883537
中型企业	435	247499316	243732813	143450594	53182282
小型企业	2250	489457738	481263262	188216736	56935900

10—2 续表 1　　（2015 年）　　计量单位：千元

项目名称	固定资产小计	固定资产原价	累计折旧
总　计	**272715290**	**383709594**	**132915793**
一、按登记注册类型分组			
内资企业	246734830	355879576	122539206
国有企业	19125403	37110144	18074732
集体企业	614476	784428	186621
股份合作企业	147815	190576	43661
联营企业	8120	44365	36245
有限责任公司	62060536	96178776	37133036
股份有限公司	29868586	41974767	15492250
私营企业	134819818	179488883	51554900
其他企业	90076	107637	17761
港、澳、台商投资企业	15177763	13668374	5996956
外商投资企业	10802697	14161644	4379631
二、按经济组织类型分组			
独资企业	42198041	60791382	26394316
合作、合伙企业	2317692	3017817	822223
股份有限公司	57151603	79883051	27652446
有限责任公司	171047954	240017344	78046808
三、在总计中：亏损企业	30142684	45214502	17422533
在总计中：国有控股企业	77435019	132613169	58764376
在总计中：农村工业	5495466	6994391	1889834
在总计中：轻工业	98558464	122730520	37294005
重工业	174156826	260979074	95621788
在总计中：大型企业	105584424	158662445	65426810
中型企业	70167759	101531933	35156648
小型企业	96963107	123515216	32332335

10—2 续表 2 （2015 年） 计量单位：千元

项目名称	负债合计	#流动负债	所有者权益	#实收资本
总　　计	**268883578**	**212000157**	**318094376**	**108183063**
一、按登记注册类型分组				
内资企业	235699983	184682420	279289233	94237787
国有企业	16915054	12772897	11030344	3850151
集体企业	579729	184401	718111	233206
股份合作企业	94765	94765	142789	15590
联营企业	8300	4484	52930	8600
有限责任公司	85262799	65264138	76389477	36721633
股份有限公司	29340878	26266542	29111535	8463610
私营企业	103407562	80031487	161719890	44863922
其他企业	90896	63706	124157	81075
港、澳、台商投资企业	22457731	18449421	21104916	8921498
外商投资企业	10725864	8868316	17700227	5023778
二、按经济组织类型分组				
独资企业	37177692	28020495	41557887	13729059
合作、合伙企业	1206479	1036404	2596227	693540
股份有限公司	51053944	45186858	54802417	13442866
有限责任公司	179445463	137756400	219137845	80317598
三、在总计中：亏损企业	48139670	43325967	9463436	10829596
在总计中：国有控股企业	98684976	79035027	73834380	31182919
在总计中：农村工业	5373123	3670820	7076518	1933471
在总计中：轻工业	86450618	69718348	142696980	50533226
重工业	182432960	142281809	175397396	57649837
在总计中：大型企业	145756749	120874100	116505043	35839547
中型企业	60967405	43873848	82483183	30220343
小型企业	62159424	47252209	119106150	42123173

10—2 续表 3　　（2015 年）　　计量单位：千元

项目名称	实收资本中：		主营业务收入	主营业务成本	主营业务税金及附加
	# 国家资本	集体资本			
总　计	**13560707**	**2424201**	**953854989**	**798407467**	**15066064**
一、按登记注册类型分组					
内资企业	11733614	2415925	887788624	747088818	14719958
国有企业	3756109		24308810	23337441	50765
集体企业		18719	6240263	5468156	27850
股份合作企业			543519	475223	4259
联营企业		8600	369824	311877	4659
有限责任公司	6799463	2003099	155448045	125957097	3993364
股份有限公司	803442	37237	70890158	55587670	7528904
私营企业	374600	348270	629145144	535323750	3069832
其他企业			842861	627604	40325
港、澳、台商投资企业	1515090		40401210	32242332	195650
外商投资企业	312003	8276	25665155	19076317	150456
二、按经济组织类型分组					
独资企业	3756109	18719	91203257	76370951	479583
合作、合伙企业		8600	13691914	11716352	89618
股份有限公司	1177842	37237	158992576	134370562	7812892
有限责任公司	8626756	2359645	689967242	575949602	6683971
三、在总计中：亏损企业	1939965	82860	50734789	42840643	7396726
在总计中：国有控股企业	13000785	177524	130757305	106061995	10908473
在总计中：农村工业		1797996	10673976	8503860	68077
在总计中：轻工业	2415675	70531	463841097	384085475	5766058
重工业	11145032	2353670	490013892	414321992	9300006
在总计中：大型企业	6992398	2126337	229428061	189322760	11276199
中型企业	4296774	190460	243168379	202240822	1198503
小型企业	2271535	107404	481258549	406843885	2591362

10—2 续表 4 （2015 年） 计量单位：千元

项目名称	管理费用	# 税 金	财务费用	# 利息支出	营业利润
总　　计	**26405040**	**1248096**	**8734574**	**8729585**	**80798233**
一、按登记注册类型分组					
内资企业	23340144	1051344	8234072	8088345	74170679
国有企业	335504	12614	243134	252119	328987
集体企业	222974	6253	22395	20721	401947
股份合作企业	9352	324	376	311	41035
联营企业	412	12	309		52039
有限责任公司	6469271	361018	2099234	2259024	11483205
股份有限公司	2457771	148350	926359	911755	2846293
私营企业	13835065	521850	4924431	4627032	58922015
其他企业	9795	923	17834	17383	95158
港、澳、台商投资企业	1624383	104744	310210	422959	3483411
外商投资企业	1440513	92008	190292	218281	3144143
二、按经济组织类型分组					
独资企业	2712455	155243	565140	576961	7215601
合作、合伙企业	236499	13126	58535	60057	1273818
股份有限公司	4285908	258290	1778779	1742720	8079368
有限责任公司	19170178	821437	6332120	6349847	64229446
三、在总计中：亏损企业	2327540	164529	1321897	1153101	-3864576
在总计中：国有控股企业	4938358	370319	2039544	2353383	5486728
在总计中：农村工业	371472	6836	395712	406068	626163
在总计中：轻工业	13027070	614058	3729266	3816611	41941684
重工业	13377970	634038	5005308	4912974	38856549
在总计中：大型企业	8279054	555797	2998319	3382009	10080572
中型企业	7141800	308268	2247594	2148826	24455620
小型企业	10984186	384031	3488661	3198750	46262041

10—2 续表 5　　（2015 年）　　计量单位：千元

项目名称	投资收益	利润总额	应交所得税	本年应付职工薪酬	全部从业人员年平均人数
总　　计	**328065**	**81591190**	**5772046**	**38829797**	**706266**
一、按登记注册类型分组					
内资企业	139932	74697189	4867734	35254704	636722
国有企业	14570	341817	–33229	3051174	15610
集体企业		389045	3989	82051	1974
股份合作企业		36279		18198	277
联营企业		52039		1950	69
有限责任公司	44644	12005804	1560747	8838574	147233
股份有限公司	–3082	3056681	628650	2290353	36749
私营企业	83800	58720366	2702208	20959804	434353
其他企业		95158	5369	12600	457
港、澳、台商投资企业	24118	3535505	402400	2226788	44951
外商投资企业	164015	3358496	501912	1348305	24593
二、按经济组织类型分组					
独资企业	78703	7408211	786714	5369381	63083
合作、合伙企业	4742	1256563	64365	377550	9299
股份有限公司	21890	8327897	894640	5092078	92310
有限责任公司	222730	64598519	4026327	27990788	541574
三、在总计中：亏损企业	98763	–3538207	–13041	2471967	53637
在总计中：国有控股企业	601444	6006025	1488570	9829168	95359
在总计中：农村工业	–578792	657006	15759	249220	7026
在总计中：轻工业	689954	41995379	2463014	20089290	370933
重工业	–361889	39595811	3309032	18740507	335333
在总计中：大型企业	250117	11252595	1752336	13694583	186634
中型企业	39319	24520988	2104556	11652178	218212
小型企业	38629	45817607	1915154	13483036	301420

市区规模以上工业企业主要经济指标

10—3　　（2015 年）　　计量单位：千元

项目名称	工业企业单位数（个）	工业企业总产值	工业企业销售产值	资产合计	# 流动资产小 计
总　　计	**1047**	**409748472**	**400720686**	**355292197**	**156179170**
一、按登记注册类型分组					
内资企业	996	371774850	364427957	296637769	122620444
国有企业	14	23786069	23696532	26884452	3269550
集体企业	12	3404088	3366268	1426827	358716
股份合作企业	2	538736	531879	237554	89739
有限责任公司	236	97591124	94427260	120794696	55508372
股份有限公司	63	47355031	46592261	43360000	15845257
私营企业	667	198780024	195495059	103789288	47469770
其他企业	2	319778	318698	144952	79040
港、澳、台商投资企业	17	21830464	20249513	36703949	21608705
外商投资企业	34	16143158	16043216	21950479	11950021
二、按经济组织类型分组					
独资企业	77	58327640	55878594	70128769	25937293
合作、合伙企业	13	3657515	3615585	1366277	616052
股份有限公司	95	60571027	58756001	52990381	19466667
有限责任公司	862	287192290	282470506	230806770	110159158
三、在总计中：亏损企业	87	38490711	38146454	34421125	12186502
在总计中：国有控股企业	77	107319167	105178570	147975225	57741290
在总计中：农村工业	7	8612581	8505427	12365147	4627626
在总计中：轻工业	425	163352675	158324551	138925170	65762788
重工业	622	246395797	242396135	216367027	90416382
在总计中：大型企业	36	131078854	126840158	209459264	98502620
中型企业	211	109736146	108452158	77594553	32330054
小型企业	800	168933472	165428370	68238380	25346496

10—3 续表 1　　（2015 年）　　计量单位：千元

项目名称	固定资产小计	固定资产原价	累计折旧
总　　计	**144207060**	**196654584**	**67516388**
一、按登记注册类型分组			
内资企业	123884730	176051206	59554693
国有企业	18815565	36583963	17774506
集体企业	535449	689800	167441
股份合作企业	147815	190576	43661
有限责任公司	41845160	63171949	23567109
股份有限公司	22174400	27488568	8174270
私营企业	40332695	47884018	9818820
其他企业	33646	42332	8886
港、澳、台商投资企业	12358022	10104926	4628516
外商投资企业	7964308	10498452	3333179
二、按经济组织类型分组			
独资企业	37324621	54166613	24423389
合作、合伙企业	563466	724075	214441
股份有限公司	26174332	32335063	9096959
有限责任公司	80144641	109428833	33781599
三、在总计中：亏损企业	19256836	28350896	10286561
在总计中：国有控股企业	63470754	103727547	43013163
在总计中：农村工业	5095821	6492657	1773349
在总计中：轻工业	51899962	61710042	20342521
重工业	92307098	134944542	47173867
在总计中：大型企业	77044407	111081879	44161105
中型企业	34887366	46594271	13463421
小型企业	32275287	38978434	9891862

10—3 续表 2　　　　（2015 年）　　　　计量单位：千元

项目名称	负债合计	#流动负债	所有者权益	#实收资本
总　计	**178992426**	**139747907**	**175125901**	**69139409**
一、按登记注册类型分组				
内资企业	151828306	117822309	143635597	57128390
国有企业	16436446	12393372	10448005	3726507
集体企业	433261	148499	580887	215896
股份合作企业	94765	94765	142789	15590
有限责任公司	66861115	51345772	53833186	26407840
股份有限公司	25156100	22571095	18131651	6858580
私营企业	42759249	31208226	60441497	19888977
其他企业	87370	60580	57582	15000
港、澳、台商投资企业	19050484	15236360	17653464	8154173
外商投资企业	8113636	6689238	13836840	3856846
二、按经济组织类型分组				
独资企业	34590419	26244368	34966430	12132638
合作、合伙企业	530370	502754	835907	143065
股份有限公司	27725824	24609997	25192306	8937524
有限责任公司	116145813	88390788	114131258	47926182
三、在总计中：亏损企业	28944430	26553592	5476687	4962548
在总计中：国有控股企业	87453595	69172614	60521622	26895234
在总计中：农村工业	5258904	3565524	6706007	1908604
在总计中：轻工业	59447404	48434505	79001067	33142943
重工业	119545022	91313402	96124834	35996466
在总计中：大型企业	117633483	95260966	91825779	31546829
中型企业	35845100	25325273	41749447	19354427
小型企业	25513843	19161668	41550675	18238153

10—3 续表 3　　（2015 年）　　计量单位：千元

项目名称	实收资本中：		主营业务收入	主营业务成本	主营业务税金及附加
	# 国家资本	集体资本			
总　计	**11629835**	**2229717**	**422899986**	**339613363**	**12678741**
一、按登记注册类型分组					
内资企业	9857642	2221441	375227227	303389718	12415611
国有企业	3641365		23212611	22374468	48577
集体企业		14515	3307002	2711349	25097
股份合作企业			543519	475223	4259
有限责任公司	5375377	1830299	98902983	78156175	3732309
股份有限公司	466500	29937	54359392	42739691	7451532
私营企业	374400	346690	194582867	156659786	1149240
其他企业			318853	273026	4597
港、澳、台商投资企业	1500000		29209299	22721558	152441
外商投资企业	272193	8276	18463460	13502087	110689
二、按经济组织类型分组					
独资企业	3641365	14515	66026491	54712434	330159
合作、合伙企业			3627347	3028989	17503
股份有限公司	840900	29937	66753257	52145763	7519351
有限责任公司	7147570	2185265	286492891	229726177	4811728
三、在总计中：亏损企业	1382568	47860	38453404	31076399	7360401
在总计中：国有控股企业	11086355	44724	114952000	94334527	10831149
在总计中：农村工业		1782829	8445850	6493316	53340
在总计中：轻工业	2336942	48031	184208666	144971344	4275528
重工业	9292893	2181686	238691320	194642019	8403213
在总计中：大型企业	6537172	2126337	151614597	119175674	11093633
中型企业	3168863	62260	107211855	86646608	580434
小型企业	1923800	41120	164073534	133791081	1004674

10—3 续表 4　　　　（2015 年）　　　　计量单位：千元

项目名称	管理费用	# 税 金	财务费用	# 利息支出	营业利润
总　计	**16147548**	**720562**	**3796727**	**4044354**	**34211120**
一、按登记注册类型分组					
内资企业	13774618	553360	3532411	3646907	29380664
国有企业	299594	8870	243101	249474	239423
集体企业	196126	3608	16089	15314	296006
股份合作企业	9352	324	376	311	41035
有限责任公司	4728933	254172	1543894	1706786	6284281
股份有限公司	1930237	103976	714902	699679	471943
私营企业	6606553	181663	1013634	974928	22015894
其他企业	3823	747	415	415	32082
港、澳、台商投资企业	1198775	89895	198067	303259	2628458
外商投资企业	1174155	77307	66249	94188	2201998
二、按经济组织类型分组					
独资企业	2311932	135245	436672	461795	4747956
合作、合伙企业	102060	3437	8289	11372	365234
股份有限公司	2418696	132255	735540	727043	1844446
有限责任公司	11314860	449625	2616226	2844144	27253484
三、在总计中：亏损企业	1682893	111115	867201	759449	-2981330
在总计中：国有控股企业	4029097	291065	1708887	1999752	2794974
在总计中：农村工业	345960	2912	379626	391197	486786
在总计中：轻工业	7574786	379147	1027531	1259967	16614080
重工业	8572762	341415	2769196	2784387	17597040
在总计中：大型企业	6097955	430409	2037014	2382047	5892537
中型企业	4202141	147508	785536	752015	11751558
小型企业	5847452	142645	974177	910292	16567025

10—3 续表 5　（2015 年）　计量单位：千元

项目名称	投资收益	利润总额	应交所得税	本年应付职工薪酬	全部从业人员年平均人数
总　计	**286978**	**34567394**	**2721633**	**20518676**	**317733**
一、按登记注册类型分组					
内资企业	100303	29570831	1973629	17887942	273650
国有企业	14570	252705	–38919	2891266	12467
集体企业		283104	3989	65751	1469
股份合作企业		36279		18198	277
有限责任公司	31159	6694500	880758	6608682	94311
股份有限公司	–4178	641200	220605	1752740	25613
私营企业	58752	21630961	901827	6543143	139190
其他企业		32082	5369	8162	323
港、澳、台商投资企业	25325	2664579	394408	1524953	26469
外商投资企业	161350	2331984	353596	1105781	17614
二、按经济组织类型分组					
独资企业	76038	4862978	571252	4634283	47439
合作、合伙企业	4742	349502	16847	164915	3252
股份有限公司	10877	1958917	284160	2471032	37172
有限责任公司	195321	27395997	1849374	13248446	229870
三、在总计中：亏损企业	85065	–2799151	–5700	1708301	31144
在总计中：国有控股企业	600288	3236098	751536	8798852	76745
在总计中：农村工业	–578792	517705	12999	200961	5070
在总计中：轻工业	675147	16577717	1366276	8917476	154415
重工业	–388169	17989677	1355357	11601200	163318
在总计中：大型企业	233443	7002921	1408859	9976154	108692
中型企业	31270	11572808	665555	5664361	98975
小型企业	22265	15991665	647219	4878161	110066

全市规模以上工业企业分行业主要经济指标

10—4　　　　　　　　　　　　　　（2015 年）　　　　　　　　　　　　　　计量单位：千元

项目名称	工业企业单位数（个）	工业企业总产值	工业企业销售产值	资产合计	#流动资产小计
总　　计	**2752**	**941047450**	**924562403**	**593929126**	**224001719**
采矿业	70	24700653	24188731	12947080	5691491
煤炭开采和洗选业	46	17497270	17210277	11331831	5367178
黑色金属矿采选业	14	5281550	5110762	1154551	242999
非金属矿采选业	10	1921833	1867692	460698	81314
制造业	2651	876381790	860413677	522458895	210174070
农副食品加工业	183	64907709	63868272	19521090	5262562
食品制造业	63	20499061	20288828	11265600	5109252
酒、饮料和精制茶制造业	34	11255601	11397522	5562803	1626823
烟草制品业	1	6942470	6874610	7029700	5920330
纺织业	277	78375989	77370801	32730100	12102982
纺织服装、服饰业	70	20439584	20291460	6800150	2238647
皮革、毛皮、羽毛及其制品和制鞋业	232	95896998	94995631	31295446	5292388
木材加工和木、竹、藤、棕、草制品业	39	15490659	15255139	3686783	685608
家具制造业	31	6760719	6653276	1938659	471558
造纸和纸制品业	47	13087955	13022587	6078477	1835395
印刷和记录媒介复制业	48	10911020	10948473	6866960	2645819
文教、工美、体育和娱乐用品制造业	26	8695219	8638676	2648943	918858
石油加工、炼焦和核燃料加工业	27	33589069	33531857	19133148	5115329
化学原料和化学制品制造业	351	111382036	109340351	53663361	21765119
医药制造业	101	54489626	49078880	78225511	38333359
化学纤维制造业	27	5503670	5485947	2962680	1080725
橡胶和塑料制品业	122	28830564	28419364	12353592	3748938
非金属矿物制品业	240	55949749	54844473	41509182	13529624
黑色金属冶炼和压延加工业	71	60674605	60460002	45695949	13997416
有色金属冶炼和压延加工业	21	3723802	3678272	1786486	425222
金属制品业	136	34852971	34018689	13382873	4773222
通用设备制造业	129	30095068	29606477	17346373	8240934
专用设备制造业	114	26337598	25848779	18753767	9660451
汽车制造业	44	8665085	8427376	8912977	4907050
铁路、船舶、航空航天和其他运输设备制造业	15	4372553	4081405	5623193	3021300
电气机械和器材制造业	133	44762262	44662278	18713764	6264792
计算机、通信和其他电子设备制造业	43	14850887	14489622	42924146	27288850
仪器仪表制造业	11	1384034	1201412	2551826	1524148
其他制造业	5	835584	809052	215815	74642
废弃资源综合利用业	8	1335365	1339888	220938	67753
金属制品、机械和设备修理业	2	1484278	1484278	3058603	2244974
电力、燃气及水生产和供应业	31	39965007	39959995	58523151	8136158
电力、热力生产和供应业	24	37458792	37458210	54610646	7055960
燃气生产和供应业	2	1562184	1562184	1620423	394565
水的生产和供应业	5	944031	939601	2292082	685633

自 2011 年报始，行业分类按照国家统计局修订的《国民经济行业分类》（2011 版）执行。

10—4 续表 1 （2015 年） 计量单位：千元

项目名称	固定资产小计	固定资产原价	累计折旧
总　　计	**272715290**	**383709594**	**132915793**
采矿业	2851071	4197220	1632541
煤炭开采和洗选业	1886261	3026536	1295603
黑色金属矿采选业	741427	933400	280805
非金属矿采选业	223383	237284	56133
制造业	227100061	298836475	92634430
农副食品加工业	9348055	12879708	4141473
食品制造业	4135360	5007988	1354363
酒、饮料和精制茶制造业	3455473	4539376	1121329
烟草制品业	965110	1966760	1001650
纺织业	15736566	17523901	4532057
纺织服装、服饰业	3463286	4560375	1249783
皮革、毛皮、羽毛及其制品和制鞋业	10352022	12365785	2099886
木材加工和木、竹、藤、棕、草制品业	2689818	4016435	1372150
家具制造业	1417680	2314923	940160
造纸和纸制品业	3403942	4955266	1659472
印刷和记录媒介复制业	3754827	6174554	2534520
文教、工美、体育和娱乐用品制造业	1528820	2116094	650669
石油加工、炼焦和核燃料加工业	12657865	18590482	6069312
化学原料和化学制品制造业	23778291	30807599	9786693
医药制造业	28578541	31739822	10791840
化学纤维制造业	1591752	2277121	735740
橡胶和塑料制品业	7835341	11155462	4050012
非金属矿物制品业	22201472	29170572	7707137
黑色金属冶炼和压延加工业	23257273	36079844	13809314
有色金属冶炼和压延加工业	1171182	1530631	363769
金属制品业	6605266	9835565	3795708
通用设备制造业	6439482	8746940	2676211
专用设备制造业	5692632	7209196	2113911
汽车制造业	2376606	3233405	956825
铁路、船舶、航空航天和其他运输设备制造业	2275772	2004087	376236
电气机械和器材制造业	10511935	12742742	3084444
计算机、通信和其他电子设备制造业	10474404	13340395	2990915
仪器仪表制造业	382758	395238	113841
其他制造业	97604	108314	14007
废弃资源综合利用业	150438	236567	98163
金属制品、机械和设备修理业	770488	1211328	442840
电力、燃气及水生产和供应业	42764158	80675899	38648822
电力、热力生产和供应业	40742840	77272159	37124251
燃气生产和供应业	1058985	1289601	371659
水的生产和供应业	962333	2114139	1152912

10—4 续表 2　　（2015 年）　　计量单位：千元

项目名称	负债合计	#流动负债	所有者权益	#实收资本
总　计	**268883578**	**212000157**	**318094376**	**108183063**
采矿业	7873392	7321384	5073685	750829
煤炭开采和洗选业	7282861	6969785	4048967	534144
黑色金属矿采选业	443877	246496	710674	174298
非金属矿采选业	146654	105103	314044	42387
制造业	229559666	184438843	285948062	96131573
农副食品加工业	4738319	2680996	11413661	4493848
食品制造业	3896278	3306887	7369320	4093894
酒、饮料和精制茶制造业	2119845	1843318	3442958	2211723
烟草制品业	1048720	1048720	5980980	1000000
纺织业	12150667	9896871	20463002	6896197
纺织服装、服饰业	1994177	1529710	4429682	1382593
皮革、毛皮、羽毛及其制品和制鞋业	7002779	6187535	22700854	1660499
木材加工和木、竹、藤、棕、草制品业	1003101	616646	2683681	626851
家具制造业	492475	208821	1446180	639094
造纸和纸制品业	1763454	1400001	4315021	2190250
印刷和记录媒介复制业	1914893	1724330	4952063	2292606
文教、工美、体育和娱乐用品制造业	689445	536857	1690094	1015108
石油加工、炼焦和核燃料加工业	15673590	14537906	3444338	613769
化学原料和化学制品制造业	23189711	17033863	29823502	9344786
医药制造业	37976370	30267211	40249135	16239965
化学纤维制造业	1649362	1625551	1313317	699206
橡胶和塑料制品业	3940076	2921080	8349328	2608773
非金属矿物制品业	17417041	14533526	24056079	10396762
黑色金属冶炼和压延加工业	25624284	23442439	20071664	3374050
有色金属冶炼和压延加工业	474830	474830	1311653	360518
金属制品业	5247119	4141448	7844034	2635896
通用设备制造业	7810038	6528192	9536323	3571859
专用设备制造业	8288003	6734965	10465755	5190055
汽车制造业	4439899	2977181	4473078	1368552
铁路、船舶、航空航天和其他运输设备制造业	3245404	1867520	2377789	1034195
电气机械和器材制造业	6491574	5997817	12051459	4540557
计算机、通信和其他电子设备制造业	26772885	18149838	16151259	4640447
仪器仪表制造业	421825	392034	2129999	700929
其他制造业	51798	49096	164017	112300
废弃资源综合利用业	50716	23690	170222	68680
金属制品、机械和设备修理业	1980988	1759964	1077615	127611
电力、燃气及水生产和供应业	31450520	20239930	27072629	11300661
电力、热力生产和供应业	29040376	18293739	25570269	9974356
燃气生产和供应业	1038635	1038635	581787	313325
水的生产和供应业	1371509	907556	920573	1012980

10—4 续表 3　　　　（2015 年）　　　　计量单位：千元

项目名称	实收资本中:		主营业务收　入	主营业务成　本	主营业务税金及附加
	国家资本	集体资本			
总　计	**13560707**	**2424201**	**953854989**	**798407467**	**15066064**
采矿业			22374245	19473387	63151
煤炭开采和洗选业			15174297	13572675	31340
黑色金属矿采选业			5203743	4227671	29263
非金属矿采选业			1996205	1673041	2548
制造业	5421667	2301001	891641231	745877672	14813219
农副食品加工业			65090430	56662570	298145
食品制造业			21358313	16635744	92745
酒、饮料和精制茶制造业	104943		11857790	9433229	142720
烟草制品业			6497730	2010440	3241890
纺织业	2060	33941	86062703	75999194	315950
纺织服装、服饰业	72401		20885524	18311257	62878
皮革、毛皮、羽毛及其制品和制鞋业		12300	95460187	77163590	783108
木材加工和木、竹、藤、棕、草制品业			15283144	12804781	58808
家具制造业			6757747	5726089	24385
造纸和纸制品业	3000		12842532	10559758	75251
印刷和记录媒介复制业	44801		10765689	9033658	50191
文教、工美、体育和娱乐用品制造业			8637106	7324593	62679
石油加工、炼焦和核燃料加工业	130000		33099989	25601385	7347409
化学原料和化学制品制造业	820144	15310	109920713	93470353	437231
医药制造业	1048054	17318	64579354	50004181	371895
化学纤维制造业	240828	1700	5561711	4971874	21050
橡胶和塑料制品业	38400	8139	28482269	24385105	157319
非金属矿物制品业	360215	1843679	54638097	45779876	308156
黑色金属冶炼和压延加工业	1500000		65206006	60133211	165949
有色金属冶炼和压延加工业	15270		3683406	3194137	5665
金属制品业	34351	580	33972179	28817675	178607
通用设备制造业	140035	12282	29213706	24132528	147182
专用设备制造业	77500	6479	25169397	20923142	117042
汽车制造业	217202	12583	8412042	7138342	34389
铁路、船舶、航空航天和其他运输设备制造业	340485	336690	4081180	3014764	28379
电气机械和器材制造业	2400		44028887	36729258	189774
计算机、通信和其他电子设备制造业	98967		15528201	12260008	72269
仪器仪表制造业	3000		1306058	909571	10280
其他制造业			808717	686788	7810
废弃资源综合利用业			1277069	1131367	2297
金属制品、机械和设备修理业	127611		1173355	929204	1766
电力、燃气及水生产和供应业	8139040	123200	39839513	33056408	189694
电力、热力生产和供应业	7093652	123200	37290418	31241775	165873
燃气生产和供应业	120000		1557959	1130934	20662
水的生产和供应业	925388		991136	683699	3159

10—4 续表 4 （2015 年） 计量单位：千元

项目名称	管理费用	# 税 金	财务费用	# 利息支出	营业利润
总 计	**26405040**	**1248096**	**8734574**	**8729585**	**80798233**
采矿业	385559	23671	152187	129309	1675626
煤炭开采和洗选业	236383	21535	101156	84488	793891
黑色金属矿采选业	114015	2059	38710	36900	655099
非金属矿采选业	35161	77	12321	7921	226636
制造业	25306990	1162612	7713764	7748602	74097828
农副食品加工业	1247914	39517	270706	249144	5146235
食品制造业	622305	24648	73037	98140	1697310
酒、饮料和精制茶制造业	257865	14252	51266	46710	1171464
烟草制品业	421080	16830	–1480	50	799370
纺织业	1484250	80964	431273	374966	6522523
纺织服装、服饰业	388043	17375	68025	56112	1638890
皮革、毛皮、羽毛及其制品和制鞋业	2940950	77302	1784193	1751822	10482004
木材加工和木、竹、藤、棕、草制品业	254152	7241	64085	63741	1676269
家具制造业	167857	2932	17349	15325	601835
造纸和纸制品业	389768	16652	109451	106316	1353343
印刷和记录媒介复制业	418722	19196	36500	51173	1035830
文教、工美、体育和娱乐用品制造业	91200	1099	22142	18843	943078
石油加工、炼焦和核燃料加工业	789962	49611	550521	527374	–1428807
化学原料和化学制品制造业	3175081	155360	777996	725489	9463851
医药制造业	2920377	208271	541063	726802	5828066
化学纤维制造业	109737	8110	34611	28541	299943
橡胶和塑料制品业	532545	16597	119371	124156	2857440
非金属矿物制品业	1296369	42253	799887	748082	4700221
黑色金属冶炼和压延加工业	1257778	112104	802209	875883	3049881
有色金属冶炼和压延加工业	58263	962	6382	4630	399786
金属制品业	833235	31133	182081	177293	3171489
通用设备制造业	1238687	37357	216047	209363	2614188
专用设备制造业	997236	49381	136162	133411	2161038
汽车制造业	359069	22358	122992	139946	550097
铁路、船舶、航空航天和其他运输设备制造业	379546	12431	61478	61440	535837
电气机械和器材制造业	1543915	46965	161679	143700	4429467
计算机、通信和其他电子设备制造业	773638	44451	275583	281654	1992378
仪器仪表制造业	155307	3482	449	2501	122303
其他制造业	6434	146	2546	2485	100417
废弃资源综合利用业	10874	223	1526	1375	111936
金属制品、机械和设备修理业	184831	3409	–5366	2135	70146
电力、燃气及水生产和供应业	712491	61813	868623	851674	5024779
电力、热力生产和供应业	501614	48564	829495	810904	4645227
燃气生产和供应业	76567	4272	10828	11961	280890
水的生产和供应业	134310	8977	28300	28809	98662

10—4 续表 5　　（2015 年）　　计量单位：千元

项目名称	投资收益	利润总额	应交所得税	本年应付职工薪酬	全部从业人员年平均人数
总　计	**328065**	**81591190**	**5772046**	**38829797**	**706266**
采矿业	2778	1739807	28732	407855	9168
煤炭开采和洗选业	2778	857547	13545	346073	6655
黑色金属矿采选业		655099	15136	46663	1657
非金属矿采选业		227161	51	15119	856
制造业	283356	74675693	4608802	34586055	677075
农副食品加工业	19111	5036598	244419	1446516	30567
食品制造业	38987	1696088	84874	1040737	18853
酒、饮料和精制茶制造业	98724	1165042	36960	438301	8410
烟草制品业		794400	197760	446860	1360
纺织业	1613	6679487	320107	3406382	71042
纺织服装、服饰业	169	1658935	67448	667665	17629
皮革、毛皮、羽毛及其制品和制鞋业	211	10474482	76055	5109297	76774
木材加工和木、竹、藤、棕、草制品业		1595569	59315	437729	8939
家具制造业		588748	51844	210826	4567
造纸和纸制品业	5728	1324680	88918	310411	8269
印刷和记录媒介复制业	16975	1126008	92477	692742	10174
文教、工美、体育和娱乐用品制造业		922242	130078	489851	8527
石油加工、炼焦和核燃料加工业	511	−1467903	73139	497911	7336
化学原料和化学制品制造业	11887	9443722	648678	3157380	76184
医药制造业	507479	5794284	747680	3455586	60251
化学纤维制造业	186	293864	14088	288147	6213
橡胶和塑料制品业	293	2802924	232605	867281	22830
非金属矿物制品业	−578299	4808775	132235	1935649	50399
黑色金属冶炼和压延加工业	19553	3077042	166741	2154302	41397
有色金属冶炼和压延加工业		401010	15144	145679	3175
金属制品业	989	3053443	160078	1187591	24326
通用设备制造业	−4777	2592111	145429	1317650	27691
专用设备制造业	10021	2227188	153188	1131195	21854
汽车制造业	3658	652094	59804	354596	8453
铁路、船舶、航空航天和其他运输设备制造业	89490	561928	121411	501521	7222
电气机械和器材制造业	−471	4427300	236727	1714576	34725
计算机、通信和其他电子设备制造业	41204	2503753	224996	643805	10739
仪器仪表制造业	114	151441	20311	160198	3194
其他制造业		108022	567	25554	618
废弃资源综合利用业		111937	36	36368	1045
金属制品、机械和设备修理业		70479	5690	313749	4312
电力、燃气及水生产和供应业	41931	5175690	1134512	3835887	20023
电力、热力生产和供应业	41190	4801645	1058487	3474711	14083
燃气生产和供应业	540	280553	66969	90228	1111
水的生产和供应业	201	93492	9056	270948	4829

市区规模以上工业企业分行业主要经济指标

10—5 （2015 年） 计量单位：千元

项目名称	工业企业单位数（个）	工业企业总产值	工业企业销售产值	资产合计	# 流动资产小计
总　计	**1047**	**409748472**	**400720686**	**355292197**	**156179170**
采矿业	28	11087157	10825268	9425025	4058943
煤炭开采和洗选业	27	11065157	10804164	9411670	4057088
非金属矿采选业	1	22000	21104	13355	1855
制造业	997	367269582	358508697	302200807	147898267
农副食品加工业	74	22680362	22458260	6557214	2388065
食品制造业	33	13582421	13443265	8068991	4119345
酒、饮料和精制茶制造业	17	5103954	5350708	3342951	912830
烟草制品业	1	6942470	6874610	7029700	5920330
纺织业	74	21175896	21001621	15613097	7366362
纺织服装、服饰业	34	7176287	7128741	2215537	614705
皮革、毛皮、羽毛及其制品和制鞋业	6	2421999	2416528	1513413	571679
木材加工和木、竹、藤、棕、草制品业	18	9591287	9518012	1876319	347175
家具制造业	10	2241551	2237378	534323	217496
造纸和纸制品业	20	5994162	5919998	1780752	425154
印刷和记录媒介复制业	22	5002102	5103554	4367614	2136112
文教、工美、体育和娱乐用品制造业	8	2576411	2542340	977894	498047
石油加工、炼焦和核燃料加工业	8	31664765	31611312	17587173	4697570
化学原料和化学制品制造业	132	44850255	43909700	19743429	8474784
医药制造业	58	46223895	41385562	72429495	35582663
化学纤维制造业	6	2148701	2173663	969174	465144
橡胶和塑料制品业	45	9143512	9074753	3020280	833164
非金属矿物制品业	62	18661331	18449479	20621298	7748730
黑色金属冶炼和压延加工业	33	15887992	15774492	13316464	7118592
有色金属冶炼和压延加工业	4	940870	916325	122339	37249
金属制品业	72	18307765	17835558	7243128	3036315
通用设备制造业	69	16499181	16213066	12709141	6922438
专用设备制造业	57	13690545	13366463	14555488	8071993
汽车制造业	14	3042124	2837668	3940477	2580488
铁路、船舶、航空航天和其他运输设备制造业	11	3905389	3603168	4307029	2093906
电气机械和器材制造业	60	22371541	22464261	10615112	4485202
计算机、通信和其他电子设备制造业	38	12862187	12510168	42740846	27233870
仪器仪表制造业	8	965003	792985	2032216	1313811
其他制造业	2	694594	674029	111696	37334
金属制品、机械和设备修理业	1	921030	921030	2258217	1647714
电力、燃气及水生产和供应业	22	31391733	31386721	43666365	4221960
电力、热力生产和供应业	15	28885518	28884936	39753860	3141762
燃气生产和供应业	2	1562184	1562184	1620423	394565
水的生产和供应业	5	944031	939601	2292082	685633

10—5 续表 1　　（2015 年）　　计量单位：千元

项目名称	固定资产小计	固定资产原价	累计折旧
总　计	**144207060**	**196654584**	**67516388**
采矿业	1506645	2393234	1007567
煤炭开采和洗选业	1495145	2380734	1006567
非金属矿采选业	11500	12500	1000
制造业	109576594	136510880	41148405
农副食品加工业	3626373	4529991	1072845
食品制造业	2370166	2955016	874079
酒、饮料和精制茶制造业	2144055	2907575	766873
烟草制品业	965110	1966760	1001650
纺织业	4899617	4210266	1153344
纺织服装、服饰业	1118800	1414644	349306
皮革、毛皮、羽毛及其制品和制鞋业	685529	785674	100445
木材加工和木、竹、藤、棕、草制品业	1503208	1767595	291294
家具制造业	313255	397059	85226
造纸和纸制品业	1099500	1313039	220895
印刷和记录媒介复制业	1992145	3901326	1988406
文教、工美、体育和娱乐用品制造业	318931	413550	96431
石油加工、炼焦和核燃料加工业	11872417	17733813	5997948
化学原料和化学制品制造业	7832181	9873642	2738774
医药制造业	26339611	29083603	10181135
化学纤维制造业	335690	771339	443679
橡胶和塑料制品业	1993477	1855781	420898
非金属矿物制品业	9586267	12888300	3811936
黑色金属冶炼和压延加工业	1742646	2442628	834394
有色金属冶炼和压延加工业	29536	31074	5858
金属制品业	2882991	3753462	1079848
通用设备制造业	3528683	4833383	1504343
专用设备制造业	3686656	4408196	1059240
汽车制造业	836435	1202331	403917
铁路、船舶、航空航天和其他运输设备制造业	2109401	1728810	266717
电气机械和器材制造业	4472160	4950345	1172061
计算机、通信和其他电子设备制造业	10394949	13240745	2966578
仪器仪表制造业	223875	284938	64215
其他制造业	62427	68829	9407
金属制品、机械和设备修理业	610503	797166	186663
电力、燃气及水生产和供应业	33123821	57750470	25360416
电力、热力生产和供应业	31102503	54346730	23835845
燃气生产和供应业	1058985	1289601	371659
水的生产和供应业	962333	2114139	1152912

10—5 续表 2　（2015 年）　计量单位：千元

项目名称	负债合计	# 流动负债	所有者权益	# 实收资本
总　计	**178992426**	**139747907**	**175125901**	**69139409**
采矿业	6267607	5968497	3157416	361272
煤炭开采和洗选业	6257107	5957997	3154561	358417
非金属矿采选业	10500	10500	2855	2855
制造业	145949843	116982375	155077098	59795884
农副食品加工业	2187632	1510561	4328934	1937663
食品制造业	3137701	2657288	4931288	3239275
酒、饮料和精制茶制造业	1587357	1473371	1755594	1438374
烟草制品业	1048720	1048720	5980980	1000000
纺织业	6613065	5731905	8927785	2695140
纺织服装、服饰业	450125	364857	1671028	584260
皮革、毛皮、羽毛及其制品和制鞋业	347757	273185	1165655	473583
木材加工和木、竹、藤、棕、草制品业	332046	208982	1544273	326432
家具制造业	87170	37469	447150	276974
造纸和纸制品业	353926	160770	1426825	465335
印刷和记录媒介复制业	1149234	1069821	3218378	1674682
文教、工美、体育和娱乐用品制造业	259707	107927	448783	290356
石油加工、炼焦和核燃料加工业	15060608	14098679	2526565	410360
化学原料和化学制品制造业	7814040	6395890	11732350	4284584
医药制造业	35408422	28028556	37021069	15065418
化学纤维制造业	1073550	1062217	-104376	321828
橡胶和塑料制品业	716597	565647	2275979	1052007
非金属矿物制品业	9117656	7341624	11491196	4598711
黑色金属冶炼和压延加工业	6044957	4643622	7271507	2480854
有色金属冶炼和压延加工业	16355	16355	105984	27500
金属制品业	2345233	1975295	4608659	1601466
通用设备制造业	6258854	5248741	6450282	2296401
专用设备制造业	6767330	5487751	7788153	4286348
汽车制造业	1849053	1603685	2091424	516964
铁路、船舶、航空航天和其他运输设备制造业	2599978	1775620	1707051	942066
电气机械和器材制造业	4629766	4228387	5814615	2183035
计算机、通信和其他电子设备制造业	26706321	18090529	16034523	4615606
仪器仪表制造业	340142	329130	1692072	551795
其他制造业	23429	23429	88267	96000
金属制品、机械和设备修理业	1623112	1422362	635105	62867
电力、燃气及水生产和供应业	26774976	16797035	16891387	8982253
电力、热力生产和供应业	24364832	14850844	15389027	7655948
燃气生产和供应业	1038635	1038635	581787	313325
水的生产和供应业	1371509	907556	920573	1012980

10—5 续表 3　　（2015 年）　　计量单位：千元

项目名称	实收资本中：		主营业务收入	主营业务成　本	主营业务税金及附加
	国家资本	集体资本			
总　计	**11629835**	**2229717**	**422899986**	**339613363**	**12678741**
采矿业			9152225	8369508	26856
煤炭开采和洗选业			9131121	8352625	26828
非金属矿采选业			21104	16883	28
制造业	4317596	2229717	382414092	303295735	12517820
农副食品加工业			23170939	19580244	130357
食品制造业			14358484	10672496	74286
酒、饮料和精制茶制造业	41500		5802961	4489787	124161
烟草制品业			6497730	2010440	3241890
纺织业		32941	28836442	24784430	118524
纺织服装、服饰业	72401		7052539	5805544	38427
皮革、毛皮、羽毛及其制品和制鞋业			2849231	2393931	11222
木材加工和木、竹、藤、棕、草制品业			9550149	7738944	40230
家具制造业			2231296	1738763	14396
造纸和纸制品业	3000		5915708	4640718	37695
印刷和记录媒介复制业	44801		5124815	4178032	35502
文教、工美、体育和娱乐用品制造业			2542749	2043485	16307
石油加工、炼焦和核燃料加工业	130000		31213523	23931179	7341178
化学原料和化学制品制造业	150900	9573	44786762	36968530	238765
医药制造业	1034824	8718	56763710	43724341	307112
化学纤维制造业	240828	1100	2221221	1940008	12473
橡胶和塑料制品业	38400	5272	9115717	7485452	76232
非金属矿物制品业	331815	1804079	18230244	14298164	108512
黑色金属冶炼和压延加工业	1500000		15782517	13278395	49333
有色金属冶炼和压延加工业			925128	796999	2520
金属制品业	34351		17580473	14194849	98892
通用设备制造业	90035	12282	15406339	12171324	87978
专用设备制造业	77500	6479	12558099	9852779	68546
汽车制造业	19522	12583	2851738	2388851	15465
铁路、船舶、航空航天和其他运输设备制造业	340485	336690	3602943	2684910	24753
电气机械和器材制造业	2400		21631763	17408448	122740
计算机、通信和其他电子设备制造业	98967		13555980	10452814	66813
仪器仪表制造业	3000		914931	591638	7807
其他制造业			674554	565317	5393
金属制品、机械和设备修理业	62867		665407	484923	311
电力、燃气及水生产和供应业	7312239		31333669	27948120	134065
电力、热力生产和供应业	6266851		28784574	26133487	110244
燃气生产和供应业	120000		1557959	1130934	20662
水的生产和供应业	925388		991136	683699	3159

10—5 续表 4　　（2015 年）　　计量单位：千元

项目名称	管理费用	# 税 金	财务费用	# 利息支出	营业利润
总　计	**16147548**	**720562**	**3796727**	**4044354**	**34211120**
采矿业	195339	19968	68802	61180	199815
煤炭开采和洗选业	195313	19955	68772	61150	195704
非金属矿采选业	26	13	30	30	4111
制造业	15651517	681367	3053004	3326231	31703368
农副食品加工业	668716	15106	74212	77226	1932383
食品制造业	477985	18594	49845	67463	1048132
酒、饮料和精制茶制造业	174393	11530	18382	23823	510329
烟草制品业	421080	16830	–1480	50	799370
纺织业	913440	43837	208333	206057	2122570
纺织服装、服饰业	236272	6224	16788	19009	657668
皮革、毛皮、羽毛及其制品和制鞋业	77834	1763	4998	4162	312888
木材加工和木、竹、藤、棕、草制品业	176701	3576	20856	20268	1250248
家具制造业	83212	642	8748	8748	304822
造纸和纸制品业	282343	3626	36282	35400	755548
印刷和记录媒介复制业	359302	16522	18365	32380	428599
文教、工美、体育和娱乐用品制造业	56982	471	858	2057	276541
石油加工、炼焦和核燃料加工业	741967	44956	533059	509917	–1537408
化学原料和化学制品制造业	1664816	54036	287419	222221	4048411
医药制造业	2639357	186646	462144	650992	5209119
化学纤维制造业	98857	7879	25433	20827	32046
橡胶和塑料制品业	222983	2433	43452	40762	1126841
非金属矿物制品业	761391	19275	482330	480714	1303165
黑色金属冶炼和压延加工业	351985	29105	109395	205862	1649728
有色金属冶炼和压延加工业	20476	252	1125	1125	93194
金属制品业	630423	17156	92823	95991	1954620
通用设备制造业	958246	30855	143577	142243	1446952
专用设备制造业	743421	34071	73111	75771	1243525
汽车制造业	193599	16299	–129	19087	173579
铁路、船舶、航空航天和其他运输设备制造业	314674	11539	37629	37591	496382
电气机械和器材制造业	1346300	42255	54413	61648	1930036
计算机、通信和其他电子设备制造业	750628	43019	255565	261633	1897144
仪器仪表制造业	128431	2786	–1176	1648	93134
其他制造业	3722	12	1536	1556	99448
金属制品、机械和设备修理业	151981	72	–4889		44354
电力、燃气及水生产和供应业	300692	19227	674921	656943	2307937
电力、热力生产和供应业	89815	5978	635793	616173	1928385
燃气生产和供应业	76567	4272	10828	11961	280890
水的生产和供应业	134310	8977	28300	28809	98662

10—5 续表 5　　（2015 年）　　计量单位：千元

项目名称	投资收益	利润总额	应交所得税	本年应付职工薪酬	全部从业人员年平均人数
总　计	**286978**	**34567394**	**2721633**	**20518676**	**317733**
采矿业		262431	4347	300392	5154
煤炭开采和洗选业		258320	4347	299932	5135
非金属矿采选业		4111		460	19
制造业	245057	31940158	2328882	16754814	295925
农副食品加工业	19066	1813440	60160	679277	14140
食品制造业	36322	1035621	33398	811104	14157
酒、饮料和精制茶制造业	98724	495649	21370	281540	5171
烟草制品业		794400	197760	446860	1360
纺织业	854	2264031	139219	1124078	21058
纺织服装、服饰业		675272	52230	315497	7206
皮革、毛皮、羽毛及其制品和制鞋业	81	307255	15336	129871	2250
木材加工和木、竹、藤、棕、草制品业		1157404	5902	306028	5653
家具制造业		291398	6692	98231	1647
造纸和纸制品业		721097	10100	167216	3706
印刷和记录媒介复制业	12549	517436	44140	486065	5630
文教、工美、体育和娱乐用品制造业		254565	2265	56410	1394
石油加工、炼焦和核燃料加工业	511	–1576504	64643	450211	5845
化学原料和化学制品制造业	5409	4001602	191682	1429889	31588
医药制造业	507473	5155486	682501	3198335	53338
化学纤维制造业		26136	6867	82016	2311
橡胶和塑料制品业		1064473	19976	259806	5750
非金属矿物制品业	–578792	1360990	53634	693477	15157
黑色金属冶炼和压延加工业	2490	1625007	92048	764094	11406
有色金属冶炼和压延加工业		93194	11406	8229	232
金属制品业	989	1836587	27879	704385	14261
通用设备制造业	–4777	1417503	89190	1012542	18352
专用设备制造业	10021	1297038	55338	833945	13553
汽车制造业	3800	192759	10962	217945	3568
铁路、船舶、航空航天和其他运输设备制造业	89490	521269	112680	440275	5773
电气机械和器材制造业	–471	1927772	88451	867728	17318
计算机、通信和其他电子设备制造业	41204	2408519	217224	628465	10145
仪器仪表制造业	114	122272	15829	81100	1582
其他制造业		93348		13007	349
金属制品、机械和设备修理业		45139		167188	2025
电力、燃气及水生产和供应业	41921	2364805	388404	3463470	16654
电力、热力生产和供应业	41180	1990760	312379	3102294	10714
燃气生产和供应业	540	280553	66969	90228	1111
水的生产和供应业	201	93492	9056	270948	4829

分县（市）区规模以上工业企业主要经济指标

10—6　　（2015 年）　　计量单位：千元

行政单位	企业单位数（个）	工业总产值	工业销售产值	资产合计	# 流动资产小计
石家庄市	**2752**	**941047450**	**924562403**	**593929126**	**224001719**
市　区	1047	409748472	400720686	355292197	156179170
长安区	24	8972532	9050213	25407009	14080798
桥西区	12	1520830	1458460	4091270	2024487
新华区	18	2175989	2156849	3950045	2823830
裕华区	15	4877671	4677311	5918096	2478869
矿　区	46	17556193	17124569	16353139	7481181
藁城区	426	153981480	152996439	60911255	24671335
鹿泉区	201	72785790	71243081	45231003	15615981
栾城区	164	39869963	39096865	26418396	11971617
高新区	112	42680887	39770302	96495858	55997393
循环化工园区	26	32017742	31559389	18847401	5542197
井陉县	68	18866121	18730507	15460757	6986551
正定县	146	47848218	45927030	21572870	6981605
行唐县	89	24354156	24335949	16194743	5768379
灵寿县	69	15003786	14435214	5925907	1247644
高邑县	72	15359070	14697889	5432666	1670194
深泽县	86	21570801	20986925	3529198	1010429
赞皇县	75	19547364	19136520	8257707	2471759
无极县	123	38577984	37419076	6430045	1988814
平山县	25	38164366	38221375	36252459	8494102
元氏县	78	34700325	34535479	12788044	6450036
赵　县	122	60679363	59788734	16442217	3305920
晋州市	262	61371254	60718246	35563235	8075263
新乐市	172	46089083	45675605	12910870	2841607
辛集市	318	89167087	89233168	41876211	10530246

10—6 续表 1　　（2015 年）　　计量单位：千元

行政单位	固定资产小计	固定资产原价	累计折旧
石家庄市	**272715290**	**383709594**	**132915793**
市　区	144207060	196654584	67516388
长安区	5511058	7185120	3520478
桥西区	1369444	2532078	1459398
新华区	334513	855871	561867
裕华区	3012965	5944016	2779252
矿　区	3962612	5819153	2208859
藁城区	33642684	39969476	8509938
鹿泉区	20015882	25856756	7522135
栾城区	8952859	11802146	3837336
高新区	29200347	30572293	9044178
循环化工园区	12313769	18376605	6214153
井陉县	6774474	13992018	7328969
正定县	11441263	21572741	10705226
行唐县	9568891	11997664	2845952
灵寿县	3329527	4301958	1365048
高邑县	3537508	4613944	1085200
深泽县	2280554	2537074	346029
赞皇县	4359089	5539794	1384337
无极县	3949880	5204549	1403852
平山县	23819784	40186444	17376355
元氏县	3938649	4922222	1329788
赵　县	6891256	7663934	2920213
晋州市	27275592	34063738	6873413
新乐市	9187021	13381867	5364331
辛集市	12154742	17077063	5070692

10—6 续表 2 （2015 年） 计量单位：千元

行政单位	负债合计	# 流动负债	所有者权益合计	# 实收资本
石家庄市	**268883578**	**212000157**	**318094376**	**108183063**
市 区	178992426	139747907	175125901	69139409
长安区	13000631	10727559	12406372	5229300
桥西区	2737878	2145734	1353391	1098324
新华区	1348602	1126582	2601438	2718540
裕华区	2429452	1664850	3488642	1778114
矿 区	12024226	10414256	4328911	1387333
藁城区	16262428	11127958	43475003	18044199
鹿泉区	20750258	16114174	24480735	7141652
栾城区	10699696	7816158	15718691	3778700
高新区	51142757	38705545	45353092	16840149
循环化工园区	15557320	15206647	3290079	1523847
井陉县	5865275	4438636	9570423	1346590
正定县	9256129	5426837	12209392	4206782
行唐县	3987145	3672335	12207597	3374508
灵寿县	3290730	2490590	2612716	1147631
高邑县	2211639	1770087	3221027	1906196
深泽县	1767171	980549	1744176	302478
赞皇县	4227192	2818415	4030514	1525787
无极县	1951689	1808123	4320500	705220
平山县	20185978	18618717	16066477	3132848
元氏县	4225513	1873558	8240441	1517041
赵 县	3075066	2097054	10100055	5051703
晋州市	9131124	8995209	26432107	8264387
新乐市	5439572	5101708	7349209	3916020
辛集市	15276929	12160432	24863841	2646463

10—6 续表 3　　（2015 年）　　计量单位：千元

行政单位	实收资本中：		主营业务收入	主营业务成本	主营业务税金及附　加
	#国家资本	集体资本			
石家庄市	**13560707**	**2424201**	**953854989**	**798407467**	**15066064**
市　区	11629835	2229717	422899986	339613363	12678741
长安区	1622970	10000	17116645	15141093	86568
桥西区	873889	5746	1978615	1540010	13413
新华区		29937	2027621	1475547	9745
裕华区	270168	2583	4674012	3969427	27961
矿　区	197400	3536	14679420	13447425	42198
藁城区	969968	337790	153788559	118628753	4230875
鹿泉区	754294	1797584	72768879	58416490	368843
栾城区	1242715	9573	38816498	32312176	143470
高新区	703986	24250	48529914	35458541	322099
循环化工园区	73650		32373349	25035508	7341017
井陉县	65897		18113941	14899151	55678
正定县	84442	30000	46052643	40289951	163344
行唐县			24291747	20169747	165719
灵寿县	28500	8600	14555256	12700819	42605
高邑县			14538430	12883145	23518
深泽县			20684930	18801031	215000
赞皇县	4000	6000	19265241	15608269	18790
无极县	39810	12300	37483769	33346196	131657
平山县	776800	123200	43063768	40002178	88324
元氏县	200	1000	33509471	27843084	250344
赵　县		580	63224367	57051568	75274
晋州市	120000	5600	60734670	53377613	190104
新乐市	723969	3600	45863596	39689260	186974
辛集市	87254	3604	89573174	72132092	779992

10—6 续表 4 （2015 年） 计量单位：千元

行政单位	管理费用	#税 金	财务费用	#利息支出	营业利润
石家庄市	**26405040**	**1248096**	**8734574**	**8729585**	**80798233**
市　　区	16147548	720562	3796727	4044354	34211120
长 安 区	640499	62961	191694	311267	708282
桥 西 区	269826	14439	53351	51743	33765
新 华 区	142550	17953	9474	18084	14156
裕 华 区	320103	12360	1192	19355	368526
矿　　区	395835	34890	193144	150425	151676
藁 城 区	5713943	103505	528309	534891	18121720
鹿 泉 区	2536883	52326	914697	863890	7176464
栾 城 区	1302447	90711	202776	213469	3994971
高 新 区	3406699	208777	519351	562540	4959972
循环化工园区	861527	65591	539295	538207	-1746806
井 陉 县	331656	41410	193225	171949	2467662
正 定 县	779428	28807	289740	286909	3325776
行 唐 县	538718	19010	228512	206689	2633196
灵 寿 县	187495	10494	84247	67875	1454733
高 邑 县	109320	9598	63703	61204	1397369
深 泽 县	488295	84988	143637	143572	625793
赞 皇 县	591198	7323	239827	233932	2225541
无 极 县	357673	25831	194411	145223	3157472
平 山 县	1075164	96420	660878	643212	1919053
元 氏 县	838396	15437	293570	220085	3525354
赵　　县	675528	38085	211153	197209	3994298
晋 州 市	160348	4440	98192	84571	6822148
新 乐 市	767784	41184	248524	250446	4210357
辛 集 市	3356489	104507	1988228	1972355	8828361

10—6 续表 5　（2015 年）　计量单位：千元

行政单位	投资收益	利润总额	应交所得税	本年应付职工薪酬	全部从业人员年平均人数
石家庄市	**328065**	**81591190**	**5772046**	**38829797**	**706266**
市　区	286978	34567394	2721633	20518676	317733
长安区	39841	1049729	145920	1297039	15339
桥西区	9855	47895	817	368010	6455
新华区	13496	34794	553	241210	5121
裕华区	7786	368277	71964	566430	4289
矿　区	511	235034	11579	512215	9997
藁城区	125172	16989087	677379	6054408	109035
鹿泉区	-550421	7244573	343205	2271678	46029
栾城区	123544	4288196	554167	1730954	35209
高新区	76483	5794289	880478	3209056	56070
循环化工园区	261	-1769513	40272	714745	10752
井陉县	8589	2483984	398930	568860	13633
正定县	4802	3486443	449159	972089	27085
行唐县	2734	2665815	431202	557606	14604
灵寿县	-1201	1467308	-5647	307569	9088
高邑县		1405360	2801	721004	20591
深泽县		625793	115545	423594	14773
赞皇县		2261815	741	247247	12063
无极县	130	3160906	51683	556339	26102
平山县	10283	1950269	405830	1419923	26392
元氏县	1270	3531249	106023	374659	12132
赵　县	5728	4007493	351610	1841584	32741
晋州市	186	6835258	2953	2535230	55266
新乐市	898	4257877	647901	2134619	39864
辛集市	7668	8884226	91682	5650798	84199

分县（市）区规模以上国有控股工业企业主要经济指标

10—7　　　　（2015 年）　　　　计量单位：千元

行政单位	企业单位数（个）	工业总产值	工业销售产值	资产合计	# 流动资产小计
石家庄市	**100**	**122364638**	**120257917**	**172519368**	**65928070**
市　区	77	107319167	105178570	147975225	57741290
长安区	8	7385808	7452529	23669034	12946904
桥西区	4	804415	793376	2422970	1085259
新华区	2	1355418	1315532	2971486	2120479
裕华区	5	3342249	3471797	4783413	1918678
矿　区	3	6923652	6877008	9844114	3867752
藁城区	6	9842579	9808761	10333128	6654855
鹿泉区	20	9706739	9391428	14706262	5982893
栾城区	10	4277820	4208912	9424394	3483772
高新区	12	3995988	3945466	4601296	3329788
循环化工园区	4	26375104	26326553	13550403	2859428
井陉县	3	5838968	5864978	10026481	3977603
正定县	1	334694	331077	458033	277732
行唐县					
灵寿县	2	691599	691296	439912	102948
高邑县					
深泽县					
赞皇县	2	570542	568459	1613094	357823
无极县	1	364105	370004	831236	215191
平山县	4	4657170	4646662	6735865	1427427
元氏县					
赵　县					
晋州市	2	134552	130405	270889	88383
新乐市	6	1447328	1461353	2458425	628645
辛集市	2	1006513	1015113	1710208	1111028

10—7 续表 1 （2015 年） 计量单位：千元

行政单位	固定资产小计	固定资产原价	累计折旧
石家庄市	**77435019**	**132613169**	**58764376**
市　区	63470754	103727547	43013163
长安区	5037938	6280443	3060224
桥西区	736612	1880736	1144128
新华区	168060	613043	444983
裕华区	2580816	5183853	2445047
矿　区	1676099	2940422	1264323
藁城区	3397700	5041291	1827226
鹿泉区	7115200	10321207	3208815
栾城区	5464511	6698748	1993491
高新区	811476	1279592	497960
循环化工园区	10591415	15747142	5268172
井陉县	5190285	11477499	6289214
正定县	146896	305693	160074
行唐县			
灵寿县	177137	321825	144688
高邑县			
深泽县			
赞皇县	1110971	1489015	378044
无极县	433617	643727	210110
平山县	4707389	11820876	7365675
元氏县			
赵　县			
晋州市	182502	284629	184010
新乐市	1418837	1742868	755732
辛集市	596631	799490	263666

10—7 续表 2　（2015 年）　计量单位：千元

行政单位	负债合计	#流动负债	所有者权益合计	#实收资本
石家庄市	**98684976**	**79035027**	**73834380**	**31182919**
市　区	87453595	69172614	60521622	26895234
长安区	12270426	10022651	11398606	4686522
桥西区	1684486	1250176	738484	913889
新华区	747176	540887	2224310	2469030
裕华区	1731551	1183789	3051861	1564986
矿　区	6870421	5985620	2973693	354950
藁城区	2805996	2221335	7527131	1953578
鹿泉区	8329901	6252541	6376359	2950873
栾城区	6414132	3747527	3010262	1652638
高新区	1952031	1711871	2649264	646162
循环化工园区	11608297	11557773	1942105	103355
井陉县	2516243	2081386	7510238	214745
正定县	170697	170697	287336	124729
行唐县				
灵寿县	237164	159884	202747	24170
高邑县				
深泽县				
赞皇县	945979	923735	667115	610000
无极县	766356	762024	64880	77300
平山县	3264124	2518962	3471740	2175477
元氏县				
赵　县				
晋州市	337849	324320	-66960	120000
新乐市	1846550	1774986	611873	800042
辛集市	1146419	1146419	563789	141222

10—7 续表 3　　（2015 年）　　计量单位：千元

行政单位	实收资本中：国家资本	主营业务收入	主营业务成本	主营业务税金及附　加
石家庄市	**13000785**	**130757305**	**106061995**	**10908473**
市　区	11086355	114952000	94334527	10831149
长安区	1622970	15243694	13690658	36665
桥西区	873889	791811	536869	4036
新华区		1181703	740100	7184
裕华区	270168	3386518	2807887	19289
矿　区	197400	5470503	5026748	15164
藁城区	928468	9472110	4187297	3263828
鹿泉区	754294	9332616	7621223	36961
栾城区	1242715	4408699	3547842	21477
高新区	202006	3033775	2202096	20438
循环化工园区	73650	26484097	19785414	7313555
井陉县	64745	6057733	4197813	37799
正定县	82582	469476	433892	1728
行唐县				
灵寿县	15270	690253	578712	1910
高邑县				
深泽县				
赞皇县	4000	568368	505502	2971
无极县	39810	382629	404666	697
平山县	776800	4627195	2931661	18897
元氏县				
赵　县				
晋州市	120000	125280	119160	670
新乐市	723969	1499214	1385732	4434
辛集市	87254	1385157	1170330	8218

10—7 续表 4　（2015 年）　计量单位：千元

行政单位	管理费用	#税 金	财务费用	#利息支出	营业利润
石家庄市	**4938358**	**370319**	**2039544**	**2353383**	**5486728**
市 区	4029097	291065	1708887	1999752	2794974
长安区	504165	55985	190231	301865	614806
桥西区	138769	8020	24520	25136	30608
新华区	70233	15739	6679	13367	16237
裕华区	244117	9256	–5724	12572	352222
矿 区	215853	14196	63055	74124	–16171
藁城区	502941	22578	73235	71755	1415706
鹿泉区	531253	20831	138008	143266	926768
栾城区	404824	30186	142640	144075	287113
高新区	270931	15730	8847	10695	447330
循环化工园区	588775	41495	423952	422414	–1708039
井陉县	185227	30027	115016	120364	1516840
正定县	31424	1986	–2314	184	6432
行唐县					
灵寿县	29215	413	2865	2919	76319
高邑县					
深泽县					
赞皇县	75446	3075	34881	34603	–69565
无极县	24651	3594	10199	10419	–65726
平山县	309664	24761	72663	80952	1301059
元氏县					
赵 县					
晋州市	8875	1117	12687	12725	–17145
新乐市	170185	12357	38733	45022	–120261
辛集市	74574	1924	45927	46443	63801

10—7 续表 5　　（2015 年）　　计量单位：千元

行政单位	投资收益	利润总额	应交所得税	本年应付职工薪酬	全部从业人员年平均人数
石家庄市	**601444**	**6006025**	**1488570**	**9829168**	**95359**
市　区	600288	3236098	751536	8798852	76745
长安区	39690	947319	136104	1073237	11196
桥西区	9715	37736		273302	4625
新华区	13496	23415		158848	2885
裕华区	7519	349124	67344	475479	2643
矿　区		49158	2395	392794	5068
藁城区		1404017	352115	635317	4059
鹿泉区	81	952514	113518	758117	10574
栾城区	84749	484463	8755	684714	7788
高新区	4588	455098	52807	411905	4867
循环化工园区		-1751779	23199	382208	3603
井陉县	169	1531259	372613	374273	6551
正定县	56	6169	1569	24809	1002
行唐县					
灵寿县		77550	3693	43510	804
高邑县					
深泽县					
赞皇县		-34826	-347	28504	674
无极县		-61979	6968	24614	762
平山县		1289774	346717	272782	2708
元氏县					
赵　县					
晋州市		-9002		11357	659
新乐市	898	-93303	3742	165310	3444
辛集市	33	64285	2079	85157	2010

分县（市）区规模以上集体工业企业主要经济指标

10—8　　　　（2015 年）　　　　计量单位：千元

行政单位	企业单位数（个）	工业总产值	工业销售产值	资产合计	# 流动资产小计
石家庄市	**19**	**6347929**	**6277171**	**4930422**	**815683**
市　区	12	3404088	3366268	1426827	358716
长安区					
桥西区					
新华区					
裕华区					
矿　区	1	26708	32095	60293	57217
藁城区	6	1893259	1893130	1130543	254610
鹿泉区	3	863441	830889	148844	20960
栾城区	2	620680	610154	87147	25929
高新区					
循环化工园区					
井陉县					
正定县					
行唐县	2	468980	468980	82458	5331
灵寿县					
高邑县					
深泽县					
赞皇县					
无极县					
平山县					
元氏县					
赵　县	2	2279145	2246207	3330469	425596
晋州市	1	90984	90984	40028	21768
新乐市					
辛集市	2	104732	104732	50640	4272

10—8 续表 1　　（2015 年）　　计量单位：千元

行政单位	固定资产小计	固定资产原价	累计折旧
石家庄市	**614476**	**784428**	**186621**
市　区	535449	689800	167441
长安区			
桥西区			
新华区			
裕华区			
矿　区	3076	8220	5144
藁城区	444336	541332	96996
鹿泉区	76062	127158	63167
栾城区	11975	13090	2134
高新区			
循环化工园区			
井陉县			
正定县			
行唐县	43399	48422	8602
灵寿县			
高邑县			
深泽县			
赞皇县			
无极县			
平山县			
元氏县			
赵　县			
晋州市	18260	23848	5588
新乐市			
辛集市	17368	22358	4990

10—8 续表 2　　（2015 年）　　计量单位：千元

行政单位	负债合计	# 流动负债	所有者权益合计	# 实收资本
石家庄市	**579729**	**184401**	**718111**	**233206**
市　区	433261	148499	580887	215896
长安区				
桥西区				
新华区				
裕华区				
矿　区	65237	59757	–4943	3536
藁城区	278222	15824	439642	195381
鹿泉区	70316	53432	78527	10479
栾城区	19486	19486	67661	6500
高新区				
循环化工园区				
井陉县				
正定县				
行唐县	580	580	81878	13106
灵寿县				
高邑县				
深泽县				
赞皇县				
无极县				
平山县				
元氏县				
赵　县	110566			
晋州市	28233	28233	11795	600
新乐市				
辛集市	7089	7089	43551	3604

10—8 续表 3　　（2015 年）　　计量单位：千元

行政单位	实收资本中：	主营业务收入	主营业务成本	主营业务税金及附　加
	集体资本			
石家庄市	**18719**	**6240263**	**5468156**	**27850**
市　区	14515	3307002	2711349	25097
长安区				
桥西区				
新华区				
裕华区				
矿　区	3536	25705	21330	235
藁城区		1893130	1505515	18734
鹿泉区	9479	814195	657815	4399
栾城区	1500	573972	526689	1729
高新区				
循环化工园区				
井陉县				
正定县				
行唐县		491338	439432	277
灵寿县				
高邑县				
深泽县				
赞皇县				
无极县				
平山县				
元氏县				
赵　县		2246207	2144213	1919
晋州市	600	90984	81675	81
新乐市				
辛集市	3604	104732	91487	476

10—8 续表 4　　（2015 年）　　计量单位：千元

行政单位	管理费用	#税 金	财务费用	#利息支出	营业利润
石家庄市	**222974**	**6253**	**22395**	**20721**	**401947**
市　区	196126	3608	16089	15314	296006
长安区					
桥西区					
新华区					
裕华区					
矿　区	5570	1880	256		71
藁城区	138996	1305	13486	13486	179026
鹿泉区	49867	244	1774	1255	74234
栾城区	1693	179	573	573	42675
高新区					
循环化工园区					
井陉县					
正定县					
行唐县	1779	14	920	21	47099
灵寿县					
高邑县					
深泽县					
赞皇县					
无极县					
平山县					
元氏县					
赵　县	23987	2608	5284	5284	42950
晋州市	60	1	67	67	9039
新乐市					
辛集市	1022	22	35	35	6853

10—8 续表 5　　（2015 年）　　计量单位：千元

行政单位	投资收益	利润总额	应交所得税	本年应付职工薪酬	全部从业人员年平均人数
石家庄市		**389045**	**3989**	**82051**	**1974**
市　区		283104	3989	65751	1469
长安区					
桥西区					
新华区					
裕华区					
矿　区				10757	166
藁城区		166195		30002	571
鹿泉区		74234		18713	546
栾城区		42675	3989	6279	186
高新区					
循环化工园区					
井陉县					
正定县					
行唐县		47099		8290	234
灵寿县					
高邑县					
深泽县					
赞皇县					
无极县					
平山县					
元氏县					
赵　县		42950			
晋州市		9039		5970	159
新乐市					
辛集市		6853		2040	112

历年规模以上工业总产值、工业增加值指数

10—9 （上年＝100） 计量单位 :%

年份	工业总产值	年份	工业总产值	工业增加值
1953	131.85	1985	113.55	
1954	132.48	1986	108.66	
1955	119.29	1987	117.69	
1956	119.97	1988	117.15	
1957	109.47	1989	106.14	
1958	157.78	1990	103.07	
1959	167.58	1991	115.30	
1960	110.79	1992	115.41	
1961	59.75	1993	119.56	117.11
1962	68.62	1994	112.20	110.67
1963	100.13	1995	117.01	114.89
1964	121.64	1996	123.51	120.57
1965	134.86	1997	119.10	116.71
1966	113.18	1998	102.73	102.39
1967	104.34	1999	117.40	115.23
1968	131.46	2000	112.82	111.22
1969	118.92	2001	114.79	112.94
1970	115.84	2002	116.91	114.80
1971	96.74	2003	124.23	121.20
1972	97.12	2004	128.62	125.04
1973	111.47	2005	127.94	122.85
1974	108.05	2006	126.60	119.80
1975	118.80	2007	128.63	120.40
1976	111.41	2008	127.07	113.20
1977	114.86	2009	107.99	113.00
1978	98.54	2010	132.9	116.5
1979	103.44	2011	130.4	116.2
1980	105.44	2012	111.1	113.5
1981	103.20	2013	109.4	110.8
1982	104.17	2014	105.7	108.0
1983	109.92	2015	103.8	106.0
1984	116.80			

营运车辆拥有量

10—10　　（2015 年）　　计量单位：辆

指标名称	2015 年	2014 年	2013 年	2012 年
客运车辆总计	3018	3116	3153	3359
载客汽车	3018	3116	3153	3359
# 大型	1550	1527	1383	1375
# 班车客运客车	2417	2511	2531	2773
旅游客车				
包车客车	601	605	622	586
货运车辆总计	266842	261876	244405	181252
载货汽车	259509	254358	234585	164482
# 大型	89344	87510	80491	66397
# 栏板货车	131238	132192	123417	154223
厢式车	10312	10494	9620	8260
集装箱车	20	20	20	25
罐车	1636	1534	1548	1974
# 普通载货汽车	142054	143229	133435	161848
专用载货汽车	1132	991	1150	2634
其它载货机动车	7333	7518	9610	12841
轮胎式拖拉机			210	225

线路长度及运输量

10—11　　（2015 年）

指标名称	单位	2015 年	2014 年	2013 年	2012 年
境内公路里程	公里	18862.4	17974.3	17481.4	16282.0
#境内等级公路里程	公里	17301.1	16969.6	16410.0	15138.0
#境内高速公路里程	公里	611.1	559.7	477.5	477.0
公路客运量	万人	5811.5	6179.2	12205.6	13793.0
民航客运量	万人		560.1	511.1	485.2
公路货运量	万吨	27980.7	24141.6	34489.8	27351.0
民航货运量	万吨		4.6	4.3	3.97
公路客运周转量	万人公里	307039.1	375277.9	577973.7	721557.0
公路货运周转量	万吨公里	1148067.9	10247049.6	9674180.4	8260080.7

注：公路客运量、民航客运量、公路货运量、民航货运量、公路客运周转量、公路货运周转量为不含辛集市数据

邮政业务量

10—12　　（2015 年）

指标名称	单位	2015 年	2014 年	2013 年
邮政业务总量合计	**亿元**	**36.15**	**24.84**	**21.46**
函件	万件	2777.97	7264.36	8632.63
包裹	万件	47.73	54.69	54.18
快递	万件	16373.39	9989.13	6868.11
报纸	万份	13566.3	13692.92	15931.45
杂志	万份	755.19	892.05	868.66
汇兑	万笔	24.66	48.48	108.5

十一、贸易　外经　旅游

全市限额以上住宿和餐饮业企业经营状况

11—1　　　　（2015 年）　　　　计量单位：万元

指标名称	法人企业（个）	从业人员期末人数（人）	营业额（万元）				
				# 客房收入	餐费收入	商品销售收入	其他收入
总　计	**106**	**15165**	**220365**	**69340**	**127629**	**2212**	**21183**
一、住宿业	71	11653	168970	64320	82263	1419	20967
1. 按登记注册类型分组							
内资企业	69	11468	166983	63090	81702	1416	20775
国有企业	27	4378	58180	23869	27421	966	5924
集体企业	4	190	2500	1521	749		230
有限责任公司	25	4137	63835	23219	31749	287	8580
国有独资公司	1	304	5256	2101	2293		862
其他有限责任公司	24	3833	58579	21118	29457	287	7717
股份有限公司	2	659	12370	2881	4527	55	4907
私营企业	11	2104	30099	11601	17256	107	1135
私营有限责任公司	11	2104	30099	11601	17256	107	1135
港、澳、台商投资企业	2	185	1987	1230	561	3	192
与港澳台商合资经营企业	1	73	998	808			190
与港澳台商合作经营企业	1	112	989	422	561	3	2
2. 按国民经济行业分组							
旅游饭店	54	9414	145596	53779	71784	767	19266
一般旅馆	14	1924	19554	8532	9055	636	1331
其他住宿业	3	315	3820	2009	1425	16	370
二、餐饮业	35	3512	51395	5020	45366	793	216
1. 按登记注册类型分组							
内资企业	35	3512	51395	5020	45366	793	216
国有企业	1	57	183	23	160		
有限责任公司	12	945	16272	2977	13235	22	39
其他有限责任公司	12	945	16272	2977	13235	22	39
股份有限公司	1	312	6563		6563		
私营企业	21	2198	28377	2020	25408	772	177
私营独资企业	2	202	2027	265	1730	29	2
私营有限责任公司	19	1996	26351	1755	23679	742	175
2. 按国民经济行业分组							
正餐服务	35	3512	51395	5020	45366	793	216

市区限额以上住宿和餐饮业企业经营状况

11—2　（2015年）　计量单位：万元

指标名称	法人企业（个）	从业人员期末人数（人）	营业额（万元）	#客房收入	餐费收入	商品销售收入	其他收入
总　计	**74**	**11841**	**185204**	**58100**	**110062**	**1101**	**15942**
一、住宿业	47	8804	137613	53810	67479	562	15763
1. 按登记注册类型分							
内资企业	46	8731	136615	53002	67479	562	15573
国有企业	17	3643	51203	21487	23604	332	5780
集体企业	4	190	2500	1521	749		230
有限责任公司	19	3456	58144	20652	28941	122	8428
国有独资公司	1	304	5256	2101	2293		862
其他有限责任公司	18	3152	52888	18551	26648	122	7566
私营企业	6	1442	24768	9341	14185	107	1135
私营有限责任公司	6	1442	24768	9341	14185	107	1135
港、澳、台商投资企业	1	73	998	808			190
与港澳台商合资经营企业	1	73	998	808			190
2. 按住宿业行业小类分							
旅游饭店	35	6895	117653	44273	58775	544	14062
一般旅馆	10	1674	16901	7732	7836	2	1331
其他住宿业	2	235	3059	1805	868	16	370
二、餐饮业	27	3037	47591	4291	42583	539	179
1. 按登记注册类型分							
内资企业	27	3037	47591	4291	42583	539	179
有限责任公司	10	841	15177	2647	12515	6	9
其他有限责任公司	10	841	15177	2647	12515	6	9
股份有限公司	1	312	6563		6563		
私营企业	16	1884	25852	1644	23506	533	170
私营独资企业	1	82	1156		1156		
私营有限责任公司	15	1802	24696	1644	22349	533	170
2. 按国民经济行业分组							
正餐服务	27	3037	47591	4291	42583	539	179

全市亿元以上商品交易市场基本情况

11—3　（2015 年）　计量单位：个、万元

指标名称	期末市场个数	成交额
总　　计	**53**	**13708494**
一、按市场类别分组		
1. 综合市场	14	6029405
2. 专业市场	39	7679089
生产资料市场	3	145588
农产品市场	9	217567
纺织、服装、鞋帽市场	7	5833855
电器、通讯器材、电子设备市场	2	50937
家具、五金及装饰材料市场	15	851960
汽车、摩托车及零配件市场	3	579182
二、按营业状态分组		
1. 常年营业	52	13696587
2. 其他	1	11907
三、按经营方式分组		
1. 以批发为主	35	12466485
2. 以零售为主	18	1242009
四、按经营环境分组		
1. 露天式	8	220584
2. 封闭式	33	12191072
3. 其他	12	1296838

全市限额以上批发贸易业商品购销存总额

11—4 （2015年） 计量单位：万元

项 目	法人企业（个）	商品购进额	商品销售额	#批发	零售	年末库存总额
总 计	**189**	**9657296**	**10262686**	**9940655**	**322031**	**731682**
1. 按登记注册类型分						
内资企业	188	9647238	10250476	9933779	316697	731672
国有企业	6	792559	1025737	1021591	4146	56987
集体企业	5	95045	115554	115458	96	41488
有限责任公司	79	6919835	7015232	6907096	108137	468515
国有独资公司	7	3408571	3452612	3452359	253	127419
其他有限责任公司	72	3511264	3562621	3454737	107884	341096
股份有限公司	7	176402	187950	185191	2759	27177
私营企业	90	1617976	1856383	1654824	201560	131408
私营有限责任公司	89	1552401	1788607	1587047	201560	127884
私营股份有限公司	1	65574	67777	67777		3524
其他企业	1	45421	49621	49621		6096
港、澳、台商投资企业	1	10058	12211	6876	5335	10
与港澳台商合资经营企业	1	10058	12211	6876	5335	10
2. 按批发行业小类分						
农、林、牧产品批发	7	187090	181529	181232	297	23611
谷物、豆及薯类批发	3	8843	7707	7411	297	8183
饲料批发	1	1015	1167	1167		
棉、麻批发	2	176256	170227	170227		14452
林业产品批发	1	976	2428	2428		976
食品、饮料及烟草制品批发	19	1001798	1289671	1281217	8454	154184
米、面制品及食用油批发	7	82922	105390	105390		35999
果品、蔬菜批发	1	13500	13411	11799	1612	293
肉、禽、蛋、奶及水产品批发	1	3851	4675	4675		21
盐及调味品批发	3	111858	144619	144523	96	41136
酒、饮料及茶叶批发	4	97863	99886	93140	6746	22741
烟草制品批发	1	675944	905327	905327		53051
其他食品批发	2	15859	16362	16362		942
纺织、服装及家庭用品批发	18	1077867	1061106	1053321	7785	105118
纺织品、针织品及原料批发	6	141001	142367	142367		8292

11—4 续表　　（2015 年）　　计量单位：万元

项　目	法人企业（个）	商品购进额	商品销售额	#批发	零售	年末库存总额
服装批发	3	21010	24635	19301	5335	752
鞋帽批发	1	7620	7320	7320		
化妆品及卫生用品批发	2	52676	57609	56584	1024	3877
家用电器批发	6	855561	829174	827749	1426	92197
文化、体育用品及器材批发	6	599423	630262	626955	3307	104952
文具用品批发	1	189957	201060	201060		8558
体育用品及器材批发	1	35762	38279	35993	2286	1156
图书批发	1	358404	375858	375605	253	90993
首饰、工艺品及收藏品批发	3	15300	15065	14296	769	4245
医药及医疗器材批发	37	1319375	1396523	1323396	73127	104112
西药批发	29	1148214	1215799	1142672	73127	87061
中药批发	6	165315	173044	173044		15650
医疗用品及器材批发	2	5846	7680	7680		1402
矿产品、建材及化工产品批发	68	4950954	5143030	4919119	223911	142304
煤炭及制品批发	17	179118	195981	171367	24614	19653
石油及制品批发	8	489361	573591	386897	186694	7991
金属及金属矿批发	13	3497721	3583943	3583138	806	45883
建材批发	8	55280	57967	46814	11153	4062
化肥批发	5	579128	569678	569678		59433
其他化工产品批发	17	150348	161870	161225	645	5282
机械设备、五金产品及电子产品批发	33	499206	537486	532336	5151	97092
农业机械批发	4	3437	8722	8292	430	1165
汽车批发	5	166194	163224	163114	110	26587
汽车零配件批发	2	38673	40041	40041		4319
五金产品批发	3	104719	118221	118221		906
电气设备批发	2	22640	23926	23926		498
计算机、软件及辅助设备批发	1	954	9442	9442		586
通讯及广播电视设备批发	1	18208	15330	12724	2606	4043
其他机械设备及电子产品批发	15	144380	158581	156576	2005	58988
其他批发业	1	21583	23080	23080		309
再生物资回收与批发	1	21583	23080	23080		309

全市限额以上零售贸易业商品购销存总额

11—5　　（2015 年）　　计量单位：万元

项　　目	法人企业（个）	购进总额	销售总额			年末库存总　额
				#批发	零售	
总　计	**243**	**9020940**	**9654613**	**1629801**	**8024812**	**892870**
1. 按登记注册类型分组						
内资企业	239	8865839	9483374	1629801	7853573	873453
国有企业	4	20640	21196	7536	13660	350
集体企业	13	89537	101883	507	101376	7033
股份合作企业	1	2561	3083		3083	36
有限责任公司	91	4193629	4654828	979223	3675605	548281
股份有限公司	18	3268013	3258753	543411	2715342	148615
私营企业	111	1284811	1436714	93184	1343530	163044
其他企业	1	6647	6918	5941	977	6093
港、澳、台商投资企业	1	6089	11766		11766	3736
外商投资企业	3	149012	159473		159473	15682
2. 按国民经济行业分组						
综合零售	60	3325678	3665366	422881	3242486	237659
百货零售	34	3121515	3270587	422769	2847819	121109
超级市场零售	21	174994	363398		363398	111858
其他综合零售	5	29168	31381	112	31269	4692
食品、饮料及烟草制品专门零售	4	5857	7426		7426	3254
粮油零售	1	1625	2270		2270	430
糕点、面包零售	1	3149	3934		3934	2734
肉、禽、蛋、奶及水产品零售	1	454	576		576	
酒、饮料及茶叶零售	1	628	646		646	89
纺织、服装及日用品专门零售	11	60266	85977	20675	65301	17214
服装零售	7	22342	23088	1420	21668	7362
鞋帽零售	1	24056	43069	13315	29755	
化妆品及卫生用品零售	2	7221	12902		12902	3759
自行车零售	1	6647	6918	5941	977	6093

11—5 续表　　（2015 年）　　计量单位：万元

项　目	法人企业（个）	购进总额	销售总额	#批发	零售	年末库存总额
文化、体育用品及器材专门零售	9	92221	89979	2255	87725	30462
图书、报刊零售	2	79004	69469		69469	18523
音像制品及电子出版物零售	1	3175	3771		3771	2482
珠宝首饰零售	2	7446	7695	1884	5811	6020
乐器零售	2	1990	6703		6703	3405
其他文化用品零售	2	606	2342	371	1971	33
医药及医疗器材专门零售	16	1636289	1772456	509295	1263160	147447
药品零售	15	1633423	1768827	506755	1262072	146670
医疗用品及器材零售	1	2866	3629	2540	1089	776
汽车、摩托车、燃料及零配件专门零售	100	3523480	3609713	645014	2964699	338573
汽车零售	79	2199644	2314026	20130	2293896	281007
汽车零配件零售	2	14987	15275	1027	14248	612
摩托车及零配件零售	1	1714	1633		1633	234
机动车燃料零售	18	1307136	1278779	623858	654922	56721
家用电器及电子产品专门零售	34	338127	381766	22337	359429	115034
家用视听设备零售	25	206986	227094	2336	224758	7886
日用家电设备零售	4	51028	63072		63072	100400
计算机、软件及辅助设备零售	3	2998	11073	42	11031	5178
通信设备零售	2	77114	80526	19959	60567	1568
五金、家具及室内装饰材料专门零售	5	15695	17652		17652	2927
家具零售	2	2718	3112		3112	992
涂料零售	1	220	330		330	
木质装饰材料零售	2	12756	14209		14209	1935
货摊、无店铺及其他零售业	4	23328	24280	7345	16935	303
生活用燃料零售	4	23328	24280	7345	16935	303

市区限额以上批发贸易业商品购销存总额

11—6　　(2015 年)　　计量单位：万元

项　　目	法人企业（个）	商品购进额	商品销售额	#批发	零售	年末库存总额
总　　计	**154**	**8919299**	**9381107**	**9250651**	**130456**	**664404**
1. 按登记注册类型分						
内资企业	153	8909241	9368896	9243775	125121	664394
国有企业	5	785069	1018827	1018827		56397
集体企业	2	80492	101082	100986	96	40589
有限责任公司	67	6759390	6850155	6750168	99988	437394
国有独资公司	6	3405716	3450757	3450504	253	119522
其他有限责任公司	61	3353674	3399398	3299664	99735	317871
股份有限公司	5	118865	131740	130934	806	11762
私营企业	73	1120004	1217472	1193240	24232	112156
私营有限责任公司	72	1054430	1149695	1125463	24232	108632
私营股份有限公司	1	65574	67777	67777		3524
其他企业	1	45421	49621	49621		6096
港、澳、台商投资企业	1	10058	12211	6876	5335	10
与港澳台商合资经营企业	1	10058	12211	6876	5335	10
2. 按批发行业小类分						
农、林、牧产品批发	4	180783	174911	174911		14454
谷物、豆及薯类批发	1	3512	3517	3517		2
饲料批发	1	1015	1167	1167		
棉、麻批发	2	176256	170227	170227		14452
食品、饮料及烟草制品批发	16	975002	1264281	1257709	6572	145066
米、面制品及食用油批发	6	71662	94304	94304		28675
肉、禽、蛋、奶及水产品批发	1	3851	4675	4675		21
盐及调味品批发	3	111858	144619	144523	96	41136
酒、饮料及茶叶批发	3	95828	98993	92517	6476	21241
烟草制品批发	1	675944	905327	905327		53051
其他食品批发	2	15859	16362	16362		942
纺织、服装及家庭用品批发	18	1077867	1061106	1053321	7785	105118
纺织品、针织品及原料批发	6	141001	142367	142367		8292
服装批发	3	21010	24635	19301	5335	752
鞋帽批发	1	7620	7320	7320		

11—6 续表 （2015 年） 计量单位：万元

项　　目	法人企业（个）	商品购进额	商品销售额	#批发	零售	年末库存总　额
化妆品及卫生用品批发	2	52676	57609	56584	1024	3877
家用电器批发	6	855561	829174	827749	1426	92197
文化、体育用品及器材批发	6	599423	630262	626955	3307	104952
文具用品批发	1	189957	201060	201060		8558
体育用品及器材批发	1	35762	38279	35993	2286	1156
图书批发	1	358404	375858	375605	253	90993
首饰、工艺品及收藏品批发	3	15300	15065	14296	769	4245
医药及医疗器材批发	35	1303511	1381802	1314774	67029	102271
西药批发	27	1132350	1201078	1134050	67029	85220
中药批发	6	165315	173044	173044		15650
医疗用品及器材批发	2	5846	7680	7680		1402
矿产品、建材及化工产品批发	44	4333304	4382963	4341919	41043	111675
煤炭及制品批发	7	34457	49185	40210	8975	3957
石油及制品批发	5	146333	155828	135359	20469	822
金属及金属矿批发	11	3415909	3438069	3437263	806	41452
建材批发	5	36599	37714	26930	10784	2012
化肥批发	2	564575	555206	555206		58534
其他化工产品批发	14	135431	146961	146951	10	4898
机械设备、五金产品及电子产品批发	30	427825	462703	457983	4721	80560
农业机械批发	3	2483	5292	5292		122
汽车批发	3	95767	91871	91761	110	11099
汽车零配件批发	2	38673	40041	40041		4319
五金产品批发	3	104719	118221	118221		906
电气设备批发	2	22640	23926	23926		498
计算机、软件及辅助设备批发	1	954	9442	9442		586
通讯及广播电视设备批发	1	18208	15330	12724	2606	4043
其他机械设备及电子产品批发	15	144380	158581	156576	2005	58988
其他批发业	1	21583	23080	23080		309
再生物资回收与批发	1	21583	23080	23080		309

市区限额以上零售贸易业商品购销存总额

11—7　　　　（2015 年）　　　　计量单位：万元

项　　目	法人企业（个）	商品购进额	商品销售额	#批发	零售	期末商品库存额
总　　计	**167**	**8678905**	**9244119**	**1626758**	**7617361**	**758074**
1. 按登记注册类型分						
内资企业	163	8523804	9072880	1626758	7446122	738657
国有企业	2	19661	20190	7345	12845	264
集体企业	7	22315	26480	136	26344	1251
股份合作企业	1	2561	3083		3083	36
有限责任公司	74	4036184	4448684	978903	3469781	431698
国有独资公司	5	163892	146633		146633	32345
其他有限责任公司	69	3872292	4302051	978903	3323148	399353
股份有限公司	14	3258444	3240058	543411	2696647	147458
私营企业	64	1177993	1327468	91023	1236445	151856
私营独资企业	5	30575	29690	3195	26495	4985
私营合伙企业	1	1020	1462		1462	79
私营有限责任公司	53	996156	1086127	87827	998300	122530
私营股份有限公司	5	150243	210189		210189	24262
其他企业	1	6647	6918	5941	977	6093
港、澳、台商投资企业	1	6089	11766		11766	3736
港澳台商独资企业	1	6089	11766		11766	3736
外商投资企业	3	149012	159473		159473	15682
中外合资经营企业	1	68272	76032		76032	8034
外资企业	1	51527	52770		52770	7629
外商投资股份有限公司	1	29213	30672		30672	20
2. 按批发行业小类分						
综合零售	29	3127774	3413640	422571	2991070	213896
百货零售	14	2940060	3046752	422459	2624293	99017
超级市场零售	11	158812	337557		337557	110562
其他综合零售	4	28902	29332	112	29220	4317
食品、饮料及烟草制品专门零售	2	4774	6204		6204	3164
粮油零售	1	1625	2270		2270	430

11—7 续表　　　　（2015 年）　　　　计量单位：万元

项　　目	法人企业（个）	商品购进额	商品销售额	#批发	零售	期末商品库存额
糕点、面包零售	1	3149	3934		3934	2734
纺织、服装及日用品专门零售	5	40607	66021	20675	45346	16367
服装零售	2	3815	4269	1420	2849	6538
鞋帽零售	1	24056	43069	13315	29755	
化妆品及卫生用品零售	1	6089	11766		11766	3736
自行车零售	1	6647	6918	5941	977	6093
文化、体育用品及器材专门零售	7	87821	86092	1884	84209	29367
图书、报刊零售	1	75209	66235		66235	17461
音像制品及电子出版物零售	1	3175	3771		3771	2482
珠宝首饰零售	2	7446	7695	1884	5811	6020
乐器零售	2	1990	6703		6703	3405
其他文化用品零售	1		1690		1690	
医药及医疗器材专门零售	14	1634670	1770882	509104	1261778	147220
药品零售	13	1631804	1767253	506564	1260689	146444
医疗用品及器材零售	1	2866	3629	2540	1089	776
汽车、摩托车、燃料及零配件专门零售	92	3490205	3577679	643987	2933691	332708
汽车零售	78	2176537	2293250	20130	2273120	276184
汽车零配件零售	1	13978	14248		14248	585
机动车燃料零售	13	1299691	1270181	623858	646323	55940
家用电器及电子产品专门零售	12	258340	286617	21193	265425	12266
家用视听设备零售	8	178225	195301	1233	194067	5559
日用家电设备零售	1	1866	1663		1663	206
计算机、软件及辅助设备零售	1	1135	9127		9127	4934
通信设备零售	2	77114	80526	19959	60567	1568
五金、家具及室内装饰材料专门零售	4	15475	17322		17322	2927
家具零售	2	2718	3112		3112	992
木质装饰材料零售	2	12756	14209		14209	1935
货摊、无店铺及其他零售业	2	19240	19662	7345	12317	159
生活用燃料零售	2	19240	19662	7345	12317	159

分县（市）区限额以上批发零售贸易业商品购销存总额

11—8　　（2015 年）　　计量单位：万元

行政单位	法人企业（个）	购进总额	销售总额			年末库存总额
				#批发	零售	
石家庄市	**432**	**18678235**	**19917300**	**11570456**	**8346843**	**1624552**
市　区						
长安区	77	6017890	6146713	2043180	4103533	452354
桥西区	47	2753572	3208757	2267238	941519	432604
新华区	51	4378281	4606223	3721176	885047	121784
裕华区	49	1682682	1733129	770495	962634	163089
矿　区	8	17400	20461	16771	3690	625
藁城区	6	67913	107019	47191	59828	26441
鹿泉区	17	195659	242814	121192	121622	33498
栾城区	12	55616	56062	25967	30094	3242
高新区	51	2398036	2471839	1831990	639849	188650
循环化工园区	3	31155	32209	32209		192
井陉县	7	321220	398512	232894	165618	4730
正定县	14	276975	351399	248552	102847	43077
行唐县	12	38943	38434	27486	10948	2840
灵寿县	6	11931	13423	2428	10995	1961
高邑县	1	550	551		551	13
深泽县	8	12553	12002	2850	9152	976
赞皇县	5	32315	32559	14743	17816	746
无极县	12	61309	63295	28168	35128	3318
平山县	9	90265	91030	81467	9563	13705
元氏县	4	6950	7831		7831	376
赵　县	2	25120	37164		37164	4141
晋州市	6	91388	113501	7812	105689	106304
新乐市	12	20664	22389	7901	14489	2204
辛集市	13	89847	109984	38748	71236	17683

全市限额以上批发贸易企业财务状况

11—9　　(2015 年)　　计量单位：万元

指标名称	企业数（个）	流动资产合计	#存货	固定资产原价	累计折旧	#本年折旧
总　计	**189**	**3875516**	**730394**	**372414**	**116593**	**18965**
1. 按登记注册类型分						
内资企业	188	3874958	730386	367889	116161	18946
国有企业	6	248684	49076	46465	17370	2654
集体企业	5	98165	41078	23639	4307	675
有限责任公司	79	2613351	473763	209383	57301	9231
国有独资公司	7	1112395	153771	55771	12366	1199
其他有限责任公司	72	1500956	319992	153613	44935	8032
股份有限公司	7	118211	13535	14843	6940	2217
私营企业	90	772648	146839	70623	27842	4004
私营有限责任公司	89	740861	143299	70014	27653	3959
私营股份有限公司	1	31787	3540	609	189	45
其他企业	1	23899	6096	2937	2401	165
港、澳、台商投资企业	1	558	9	4525	432	20
合资经营企业（港或澳、台资）	1	558	9	4525	432	20
2. 按批发行业小类分						
农、林、牧产品批发	7	63150	23612	12305	3384	373
谷物、豆及薯类批发	3	10862	8184	4106	479	103
饲料批发	1	3037		2	2	
棉、麻批发	2	44258	14452	5919	1812	122
林业产品批发	1	4994	976	2277	1091	147
食品、饮料及烟草制品批发	19	480018	130569	83727	24403	5152
米、面制品及食用油批发	7	64445	36906	17257	3851	156
果品、蔬菜批发	1	829	293	1255	23	4
肉、禽、蛋、奶及水产品批发	1	808	20	2	2	1
盐及调味品批发	3	119588	41145	23835	4754	682
酒、饮料及茶叶批发	4	63902	5601	5065	1993	1834
烟草制品批发	1	226339	45615	34235	13061	2448
其他食品批发	2	4106	988	2078	721	27
纺织、服装及家庭用品批发	18	517494	103849	11366	4545	678
纺织品、针织品及原料批发	6	35097	7783	2339	1393	424

11—9 续表 1　　（2015 年）　　计量单位：万元

指标名称	企业数（个）	流动资产合计	# 存货	固定资产原价	累计折旧	# 本年折旧
服装批发	3	5724	683	6051	1499	96
鞋帽批发	1	1121		65	36	8
化妆品及卫生用品批发	2	10094	3547	807	541	54
家用电器批发	6	465459	91836	2104	1076	96
文化、体育用品及器材批发	6	269793	100998	31701	6547	936
文具用品批发	1	46028	8558	227	108	26
体育用品及器材批发	1	2102	2102	100	91	9
图书批发	1	213014	86588	30570	5743	839
首饰、工艺品及收藏品批发	3	8648	3750	804	606	62
医药及医疗器材批发	37	618689	125105	33504	7551	1500
西药批发	29	566728	109992	27031	6693	1385
中药批发	6	49023	13712	6073	700	80
医疗用品及器材批发	2	2938	1402	400	158	35
矿产品、建材及化工产品批发	68	1634720	162605	167911	54145	7700
煤炭及制品批发	17	126971	17343	22242	12609	1806
石油及制品批发	8	105244	24557	79211	19485	3914
金属及金属矿批发	13	1166649	51711	33178	12286	1318
建材批发	8	61631	4697	3240	1970	82
化肥批发	5	135981	59015	20644	3522	261
其他化工产品批发	17	38244	5283	9396	4273	319
机械设备、五金产品及电子产品批发	33	282788	82995	29217	15741	2627
农业机械批发	4	11498	1139	419	248	38
汽车批发	5	80560	27257	4255	1834	312
汽车零配件批发	2	13235	5052	2302	1056	262
五金产品批发	3	25776	906	5146	2729	240
电气设备批发	2	6474	526	2406	1871	58
计算机、软件及辅助设备批发	1	7294	551	488	248	56
通讯及广播电视设备批发	1	7409	3456	100	47	16
其他机械设备及电子产品批发	15	130542	44110	14100	7708	1645
其他批发业	1	8864	662	2684	277	
再生物资回收与批发	1	8864	662	2684	277	

11—9 续表 2 （2015 年） 计量单位：万元

指标名称	资产总计	负债合计	所有者权益合计	
				#实收资本
总 计	**4737908**	**3612053**	**1125856**	**450309**
1. 按登记注册类型分				
内资企业	4732783	3610862	1121921	450209
国有企业	309752	74061	235691	8005
集体企业	166744	117644	49100	1318
有限责任公司	3188876	2524663	664213	292212
国有独资公司	1425900	1149111	276789	76151
其他有限责任公司	1762975	1375552	387424	216061
股份有限公司	146090	117037	29054	12628
私营企业	895812	760362	135450	130787
私营有限责任公司	863602	729059	134543	129887
私营股份有限公司	32210	31303	907	900
其他企业	25510	17096	8414	5260
港、澳、台商投资企业	5125	1191	3934	100
合资经营企业（港或澳、台资）	5125	1191	3934	100
2. 按批发行业小类分				
农、林、牧产品批发	73192	57956	15237	7495
谷物、豆及薯类批发	14501	9990	4511	1730
饲料批发	3041	183	2857	1500
棉、麻批发	49369	42459	6910	3845
林业产品批发	6282	5323	958	420
食品、饮料及烟草制品批发	637770	317316	320454	25770
米、面制品及食用油批发	87413	72810	14603	10929
果品、蔬菜批发	5450	450	5000	5000
肉、禽、蛋、奶及水产品批发	809	522	287	300
盐及调味品批发	190478	130700	59778	2664
酒、饮料及茶叶批发	78320	64543	13777	2828
烟草制品批发	269837	38443	231394	2307
其他食品批发	5464	9849	–4386	1741
纺织、服装及家庭用品批发	536869	449894	86975	19939
纺织品、针织品及原料批发	37590	30438	7151	6779

11—9 续表 3　　（2015 年）　　计量单位：万元

指标名称	资产总计	负债合计	所有者权益合计	# 实收资本
服装批发	14633	4560	10073	3960
鞋帽批发	1153	787	366	200
化妆品及卫生用品批发	13604	8795	4808	1000
家用电器批发	469890	405313	64577	8000
文化、体育用品及器材批发	488201	278786	209415	13561
文具用品批发	46415	38313	8102	4219
体育用品及器材批发	2111	1011	1100	1100
图书批发	430120	231886	198234	6742
首饰、工艺品及收藏品批发	9555	7576	1979	1500
医药及医疗器材批发	697429	591474	105955	68595
西药批发	635711	543355	92356	55345
中药批发	58538	45532	13007	12550
医疗用品及器材批发	3180	2587	593	700
矿产品、建材及化工产品批发	1940589	1646693	293896	268091
煤炭及制品批发	142281	111799	30482	29030
石油及制品批发	187090	98673	88417	60084
金属及金属矿批发	1291903	1213388	78515	102000
建材批发	65393	61322	4072	5720
化肥批发	179792	136471	43322	10454
其他化工产品批发	74129	25040	49089	60803
机械设备、五金产品及电子产品批发	348616	256173	92443	44514
农业机械批发	11900	10470	1430	850
汽车批发	88193	82111	6082	5986
汽车零配件批发	15076	11534	3542	3000
五金产品批发	54782	33107	21675	3500
电气设备批发	7547	3272	4275	1823
计算机、软件及辅助设备批发	8398	7369	1029	1000
通讯及广播电视设备批发	8940	3762	5178	5000
其他机械设备及电子产品批发	153780	104548	49232	23355
其他批发业	15243	13762	1481	2345
再生物资回收与批发	15243	13762	1481	2345

11—9 续表 4 （2015 年） 计量单位：万元

指标名称	主营业务收入	主营业务税金及附加	其他业务利润
总　计	**9083300**	**91451**	**10088**
1. 按登记注册类型分			
内资企业	9072881	91401	10088
国有企业	899392	84411	270
集体企业	103323	2489	1095
有限责任公司	6179781	3034	6020
国有独资公司	2800552	582	779
其他有限责任公司	3379229	2452	5241
股份有限公司	163662	170	1715
私营企业	1677458	1281	995
私营有限责任公司	1609682	1220	995
私营股份有限公司	67777	61	
其他企业	49265	16	–7
港、澳、台商投资企业	10419	50	
合资经营企业（港或澳、台资）	10419	50	
2. 按批发行业小类分			
农、林、牧产品批发	171393	39	383
谷物、豆及薯类批发	7734		85
饲料批发	1167	1	
棉、麻批发	160341	26	299
林业产品批发	2151	12	
食品、饮料及烟草制品批发	1113177	87240	2516
米、面制品及食用油批发	105457	23	205
果品、蔬菜批发	15772		
肉、禽、蛋、奶及水产品批发	3937	13	681
盐及调味品批发	127486	2697	1447
酒、饮料及茶叶批发	55783	132	0
烟草制品批发	790651	84367	161
其他食品批发	14092	9	21
纺织、服装及家庭用品批发	1035973	601	599
纺织品、针织品及原料批发	133213	30	51

11—9 续表 5　　（2015 年）　　计量单位：万元

指标名称	主营业务收入	主营业务税金及附加	其他业务利润
服装批发	21485	51	103
鞋帽批发	7320		
化妆品及卫生用品批发	49238	138	
家用电器批发	824717	382	445
文化、体育用品及器材批发	443495	266	568
文具用品批发	171887	62	
体育用品及器材批发	11838	17	
图书批发	245063	179	568
首饰、工艺品及收藏品批发	14707	9	
医药及医疗器材批发	1310933	1356	801
西药批发	1140663	1221	772
中药批发	163706	118	29
医疗用品及器材批发	6564	17	
矿产品、建材及化工产品批发	4495736	1544	4081
煤炭及制品批发	172418	195	42
石油及制品批发	544521	485	2005
金属及金属矿批发	3008231	586	1837
建材批发	55853	96	192
化肥批发	564245	37	5
其他化工产品批发	150468	145	
机械设备、五金产品及电子产品批发	508103	400	680
农业机械批发	6282	3	
汽车批发	147469	30	346
汽车零配件批发	34223	54	22
五金产品批发	117934	49	5
电气设备批发	26898	24	26
计算机、软件及辅助设备批发	8312	6	
通讯及广播电视设备批发	13102	7	
其他机械设备及电子产品批发	153885	228	280
其他批发业	4491	5	460
再生物资回收与批发	4491	5	460

11—9 续表 6　　（2015 年）　　计量单位：万元

指标名称	销售费用	管理费用	#税金	财务费用	#利息支出
总　计	**141127**	**123672**	**4471**	**31225**	**29252**
1. 按登记注册类型分					
内资企业	139739	122781	4424	31218	29246
国有企业	14735	25897	997	−5834	186
集体企业	3838	6581		3337	3354
有限责任公司	76550	56379	2272	20219	15692
国有独资公司	14752	18141	675	3154	−2996
其他有限责任公司	61798	38238	1597	17065	18688
股份有限公司	4974	4819	382	1876	985
私营企业	37562	27117	710	11728	9031
私营有限责任公司	35857	26772	710	11716	9031
私营股份有限公司	1706	344		12	
其他企业	2080	1989	63	−108	
港、澳、台商投资企业	1389	891	46	7	6
合资经营企业（港或澳、台资）	1389	891	46	7	6
2. 按批发行业小类分					
农、林、牧产品批发	1576	1284	376	1359	1377
谷物、豆及薯类批发	357	174		362	362
饲料批发	53	28		−16	
棉、麻批发	814	934	246	779	781
林业产品批发	352	149	129	234	234
食品、饮料及烟草制品批发	27441	37748	1099	−9	4590
米、面制品及食用油批发	4012	2059	121	2073	663
果品、蔬菜批发	2193	414			
肉、禽、蛋、奶及水产品批发	563	117	1	−22	
盐及调味品批发	7169	9465		3864	3916
酒、饮料及茶叶批发	999	1216	281	−10	9
烟草制品批发	12307	24318	697	−5916	
其他食品批发	199	159		3	2
纺织、服装及家庭用品批发	15784	8695	180	687	1924
纺织品、针织品及原料批发	3614	2752	82	758	535

11—9 续表 7　　（2015 年）　　计量单位：万元

指标名称	销售费用	管理费用	# 税金	财务费用	# 利息支出
服装批发	2430	1297	46	48	6
鞋帽批发	394	307	2	–15	
化妆品及卫生用品批发	1037	2021	16	211	208
家用电器批发	8310	2319	33	–316	1175
文化、体育用品及器材批发	3707	14513	491	966	2025
文具用品批发	365	779	52	767	1098
体育用品及器材批发	703	604	7	–3	1
图书批发	2093	12090	433	–10	829
首饰、工艺品及收藏品批发	546	1040		212	97
医药及医疗器材批发	34265	20912	701	6238	4582
西药批发	31033	18982	564	4731	3208
中药批发	2366	1612	133	1427	1294
医疗用品及器材批发	866	318	5	79	81
矿产品、建材及化工产品批发	38618	25167	1394	21467	13493
煤炭及制品批发	6629	3234	42	2340	978
石油及制品批发	9142	2677	411	2571	2848
金属及金属矿批发	15990	10541	690	11100	3982
建材批发	972	765	13	698	672
化肥批发	1608	2662	105	3672	4860
其他化工产品批发	4277	5289	133	1085	153
机械设备、五金产品及电子产品批发	19556	14910	230	457	1261
农业机械批发	346	316	4	88	
汽车批发	889	1101	100	601	785
汽车零配件批发	1135	1524	19	60	72
五金产品批发	6159	3747	18	–448	
电气设备批发	2224	865	12	–99	17
计算机、软件及辅助设备批发	78	295			
通讯及广播电视设备批发	442	93		161	146
其他机械设备及电子产品批发	8284	6970	78	95	242
其他批发业	180	443		60	
再生物资回收与批发	180	443		60	

11—9 续表 8　　　　（2015 年）　　　　计量单位：万元

指标名称	营业利润	利润总额	应交所得税	应付职工薪酬（本年贷方累计发生额）	应交增值税
总　计	**126078**	**144585**	**45206**	**87317**	**67136**
1. 按登记注册类型分					
内资企业	126335	144852	45206	86701	66825
国有企业	97879	97929	24601	16973	38740
集体企业	2484	4211	917	2731	1252
有限责任公司	32727	44236	16942	48401	16930
国有独资公司	–6279	–1151	491	9535	1031
其他有限责任公司	39005	45387	16452	38866	15899
股份有限公司	837	1165	302	3222	1165
私营企业	–7815	–2908	2389	14278	8502
私营有限责任公司	–7844	–2940	2381	14088	8190
私营股份有限公司	29	33	8	191	312
其他企业	222	218	55	1095	237
港、澳、台商投资企业	–257	–267		617	311
合资经营企业（港或澳、台资）	–257	–267		617	311
2. 按批发行业小类分					
农、林、牧产品批发	–734	204	35	997	229
谷物、豆及薯类批发	–529	198		290	5
饲料批发	88	88		52	
棉、麻批发	–322	–112	28	535	110
林业产品批发	29	29	7	120	114
食品、饮料及烟草制品批发	100800	105970	26953	23946	42311
米、面制品及食用油批发	–3417	–159	23	2135	171
果品、蔬菜批发	2	2		81	
肉、禽、蛋、奶及水产品批发	10	25	4	356	1
盐及调味品批发	7486	9213	2299	5041	2741
酒、饮料及茶叶批发	–1289	–1120	101	539	748
烟草制品批发	98098	98101	24525	15649	38589
其他食品批发	–91	–91	1	145	61
纺织、服装及家庭用品批发	14793	15456	4061	8588	4204
纺织品、针织品及原料批发	117	364	15	2567	73

11—9 续表 9　　（2015 年）　　计量单位：万元

指标名称	营业利润	利润总额	应交所得税	应付职工薪酬（本年贷方累计发生额）	应交增值税
服装批发	-275	-264	1	892	316
鞋帽批发	-9	16	6	221	
化妆品及卫生用品批发	136	141	35	1875	854
家用电器批发	14824	15200	4004	3033	2961
文化、体育用品及器材批发	4357	5956	46	8310	659
文具用品批发	1154	1163		591	456
体育用品及器材批发	109	110	27	437	135
图书批发	2933	4537		6893	41
首饰、工艺品及收藏品批发	161	146	18	388	27
医药及医疗器材批发	23528	22714	7005	18665	9185
西药批发	23118	22399	6794	17365	7877
中药批发	462	397	194	1056	1162
医疗用品及器材批发	-52	-81	16	244	146
矿产品、建材及化工产品批发	-20072	-9594	5743	17351	7953
煤炭及制品批发	1614	1644	505	2592	1604
石油及制品批发	12231	14352	3594	3199	4170
金属及金属矿批发	-22886	-19153	1441	5348	1750
建材批发	-1032	-1003	3	436	236
化肥批发	919	5158	137	1899	6
其他化工产品批发	-10918	-10591	63	3876	188
机械设备、五金产品及电子产品批发	3397	3797	1363	9108	2595
农业机械批发	28	28	4	167	149
汽车批发	65	98	55	579	109
汽车零配件批发	178	170	17	737	446
五金产品批发	3874	3892	735	1293	122
电气设备批发	-180	-137	52	711	7
计算机、软件及辅助设备批发	10	12		90	25
通讯及广播电视设备批发	100	117	14	123	18
其他机械设备及电子产品批发	-677	-383	488	5407	1719
其他批发业	10	81		354	1
再生物资回收与批发	10	81		354	1

全市限额以上零售贸易企业财务状况

11—10　　　　（2015 年）　　　　计量单位：万元

指标名称	企业数（个）	流动资产合计	#存货	固定资产原价	累计折旧	#本年折旧
总　计	**243**	**2985645**	**656103**	**698763**	**282337**	**54242**
1. 按登记注册类型分						
内资企业	239	2946342	638352	661817	266505	51171
国有企业	4	4091	529	12339	7381	334
集体企业	13	20665	6250	14384	8041	1086
股份合作企业	1	896	36	167	93	17
有限责任公司	91	1426485	376198	364397	152217	22431
国有独资公司	5	68731	25823	15232	6201	635
其他有限责任公司	86	1357754	350374	349165	146017	21796
股份有限公司	18	927668	99134	207614	73562	22434
私营企业	111	559461	150112	62309	24718	4761
私营独资企业	9	13871	4731	2564	599	253
私营合伙企业	1	119	79			
私营有限责任公司	94	499638	124385	52457	21772	4085
私营股份有限公司	7	45833	20917	7288	2348	424
其他企业	1	7076	6093	608	491	108
港、澳、台商投资企业	1	7644	3094			
港、澳、台商独资经营企业	1	7644	3094			
外商投资企业	3	31659	14658	36946	15832	3071
中外合资经营企业	1	16290	7882	21818	10694	1559
外资企业	1	9396	6692	8654	3454	1218
外商投资股份有限公司	1	5973	84	6474	1685	294
2. 按零售行业小类分						
综合零售	60	1073226	144459	366578	136949	36154
百货零售	34	727906	103056	295566	103798	27980
超级市场零售	21	302869	36415	58178	27818	7728
其他综合零售	5	42450	4987	12834	5333	446
食品、饮料及烟草制品专门零售	4	12830	3260	1822	513	61
粮油零售	1	2687	430	522	264	61
糕点、面包零售	1	8916	2734	569	237	
肉、禽、蛋、奶及水产品零售	1	38	6	719	9	

11—10 续表 1　　（2015 年）　　计量单位：万元

指标名称	企业数（个）	流动资产合计	#存货	固定资产原价	累计折旧	#本年折旧
酒、饮料及茶叶零售	1	1189	89	12	3	
纺织、服装及日用品专门零售	11	52343	13599	2898	944	152
服装零售	7	17377	4390	1982	225	44
鞋帽零售	1	20224		292	228	
化妆品及卫生用品零售	2	7667	3115	16		
自行车零售	1	7076	6093	608	491	108
文化、体育用品及器材专门零售	9	57231	25646	13472	5495	623
图书、报刊零售	2	34044	13707	11341	4136	409
音像制品及电子出版物零售	1	6307	2482	1273	856	57
珠宝首饰零售	2	11694	6020	253	198	93
乐器零售	2	4935	3405	305	257	40
其他文化用品零售	2	252	33	300	48	24
医药及医疗器材专门零售	16	822590	143378	31495	13449	2418
药品零售	15	809838	142601	30745	12785	2418
医疗用品及器材零售	1	12752	776	750	665	
汽车、摩托车、燃料及零配件专门零售	100	812799	307433	261402	113931	12892
汽车零售	79	680575	261764	109107	39715	5357
汽车零配件零售	2	4389	689	613	445	116
摩托车及零配件零售	1	178	173	215	26	4
机动车燃料零售	18	127657	44808	151468	73746	7416
家用电器及电子产品专门零售	34	137127	14842	6059	2912	1408
家用视听设备零售	25	116158	8322	2915	1711	1150
日用家电设备零售	4	797	285	37	11	1
计算机、软件及辅助设备零售	3	6821	4460	573	245	245
通信设备零售	2	13350	1775	2534	944	12
五金、家具及室内装饰材料专门零售	5	8463	2851	860	632	104
家具零售	2	5776	1096	385	222	14
涂料零售	1	320		1		
木质装饰材料零售	2	2368	1755	474	409	90
货摊、无店铺及其他零售业	4	9037	636	14176	7512	430
生活用燃料零售	4	9037	636	14176	7512	430

11—10 续表 2　　　　（2015 年）　　　　计量单位：万元

指标名称	资产总计	负债合计	所有者权益合计	
				# 实收资本
总　　计	**3743552**	**3038052**	**705500**	**340238**
1. 按登记注册类型分				
内资企业	3665961	2903169	762792	321723
国有企业	9236	12560	–3324	7824
集体企业	29219	14233	14986	12660
股份合作企业	970	377	594	43
有限责任公司	1798029	1377135	420894	117184
国有独资公司	88280	64324	23956	5100
其他有限责任公司	1709749	1312811	396938	112084
股份有限公司	1184848	964734	220115	82565
私营企业	636465	527197	109268	101147
私营独资企业	17096	15717	1378	2210
私营合伙企业	119	19	101	52
私营有限责任公司	566625	470939	95686	88496
私营股份有限公司	52626	40522	12103	10390
其他企业	7193	6933	260	300
港、澳、台商投资企业	18590	11346	7245	2127
港、澳、台商独资经营企业	18590	11346	7245	2127
外商投资企业	59000	123537	–64536	16388
中外合资经营企业	28984	84264	–55280	8000
外资企业	18059	33643	–15583	8288
外商投资股份有限公司	11957	5630	6327	100
2. 按零售行业小类分				
综合零售	1438105	1205542	232563	140142
百货零售	1024432	755879	268553	112820
超级市场零售	353443	399640	–46197	23928
其他综合零售	60230	50023	10206	3393
食品、饮料及烟草制品专门零售	17508	15296	2212	1900
粮油零售	3397	3096	301	300
糕点、面包零售	11831	11676	155	100
肉、禽、蛋、奶及水产品零售	1082	496	587	500

11—10 续表 3　　（2015 年）　　计量单位：万元

指标名称	资产总计	负债合计	所有者权益合计	
				# 实收资本
酒、饮料及茶叶零售	1198	29	1170	1000
纺织、服装及日用品专门零售	66058	40624	25434	10050
服装零售	19499	12183	7315	7384
鞋帽零售	20737	10161	10575	200
化妆品及卫生用品零售	18629	11346	7283	2166
自行车零售	7193	6933	260	300
文化、体育用品及器材专门零售	78992	49637	29355	11818
图书、报刊零售	50148	26596	23552	3000
音像制品及电子出版物零售	11607	6957	4650	4568
珠宝首饰零售	11749	8782	2967	2800
乐器零售	4984	3771	1213	1100
其他文化用品零售	504	3531	–3027	350
医药及医疗器材专门零售	888647	789450	99196	36115
药品零售	875600	777169	98431	35515
医疗用品及器材零售	13047	12282	765	600
汽车、摩托车、燃料及零配件专门零售	1075218	783728	291490	105464
汽车零售	807187	684159	123028	102680
汽车零配件零售	4593	5105	–512	1301
摩托车及零配件零售	376	135	241	160
机动车燃料零售	263061	94329	168732	1323
家用电器及电子产品专门零售	152929	133561	19368	20173
家用视听设备零售	126402	117350	9052	9090
日用家电设备零售	1028	164	864	598
计算机、软件及辅助设备零售	7151	5749	1402	1102
通信设备零售	18347	10298	8049	9383
五金、家具及室内装饰材料专门零售	8703	6803	1900	1770
家具零售	5941	4850	1091	800
涂料零售	330	100	230	210
木质装饰材料零售	2432	1853	579	760
货摊、无店铺及其他零售业	17393	13410	3983	12806
生活用燃料零售	17393	13410	3983	12806

11—10　续表 4　　（2015 年）　　计量单位：万元

指标名称	主营业务收入	主营业务税金及附加	其他业务利润
总　　计	**7632861**	**23704**	**85652**
1. 按登记注册类型分			
内资企业	7475396	23304	82518
国有企业	19341	70	1389
集体企业	93711	250	536
股份合作企业	3083	27	2
有限责任公司	3986548	8833	49309
国有独资公司	135681	198	750
其他有限责任公司	3850867	8635	48559
股份有限公司	2065927	11540	19034
私营企业	1299869	2578	12248
私营独资企业	34736	190	401
私营合伙企业	1249	4	
私营有限责任公司	1079061	2107	11248
私营股份有限公司	184822	276	600
其他企业	6917	8	
港、澳、台商投资企业	17146	20	36
港、澳、台商独资经营企业	17146	20	36
外商投资企业	140320	380	3098
中外合资经营企业	66887	119	3098
外资企业	46290	184	
外商投资股份有限公司	27143	77	
2. 按零售行业小类分			
综合零售	2378550	15429	46651
百货零售	1661088	13028	16602
超级市场零售	689831	2264	28366
其他综合零售	27632	137	1684
食品、饮料及烟草制品专门零售	3846	4	
粮油零售	2270		
糕点、面包零售	449		
肉、禽、蛋、奶及水产品零售	499	3	

11—10　续表 5　　　　（2015 年）　　　　计量单位：万元

指标名称	主营业务收入	主营业务税金及附加	其他业务利润
酒、饮料及茶叶零售	628	2	
纺织、服装及日用品专门零售	73228	472	36
服装零售	9230	47	
鞋帽零售	38799	397	
化妆品及卫生用品零售	18282	21	36
自行车零售	6917	8	
文化、体育用品及器材专门零售	76189	168	780
图书、报刊零售	58150	132	780
音像制品及电子出版物零售	3418	2	
珠宝首饰零售	6564	19	
乐器零售	5729	10	
其他文化用品零售	2329	5	
医药及医疗器材专门零售	1523311	2631	725
药品零售	1520204	2621	725
医疗用品及器材零售	3106	10	
汽车、摩托车、燃料及零配件专门零售	3256163	3954	34485
汽车零售	2116751	2528	34474
汽车零配件零售	16124	37	506
摩托车及零配件零售	1287	1	
机动车燃料零售	1122002	1387	–495
家用电器及电子产品专门零售	284244	822	1516
家用视听设备零售	196982	661	1316
日用家电设备零售	8659	99	200
计算机、软件及辅助设备零售	9778	10	1
通信设备零售	68826	52	
五金、家具及室内装饰材料专门零售	16098	49	
家具零售	3112	10	
涂料零售	420	3	
木质装饰材料零售	12565	36	
货摊、无店铺及其他零售业	21232	176	1459
生活用燃料零售	21232	176	1459

11—10 续表 6 （2015 年） 计量单位：万元

指标名称	销售费用	管理费用	#税金	财务费用	#利息支出
总　计	**357861**	**181127**	**9898**	**59433**	**42109**
1. 按登记注册类型分					
内资企业	333158	173495	9771	56402	39166
国有企业	1201	1100	55	–9	
集体企业	5072	3795	99	13	188
股份合作企业	357	104		2	
有限责任公司	174789	76360	4119	34676	25110
国有独资公司	4385	7272	197	270	433
其他有限责任公司	170404	69088	3923	34406	24677
股份有限公司	95973	67772	4807	9412	6712
私营企业	54654	24298	688	12309	7157
私营独资企业	4375	732	41	273	30
私营合伙企业	179	34			
私营有限责任公司	45175	20739	555	10698	6576
私营股份有限公司	4925	2793	92	1339	552
其他企业	1113	67	2	–1	
港、澳、台商投资企业		133			
港、澳、台商独资经营企业		133			
外商投资企业	24703	7499	128	3032	2942
中外合资经营企业	11803	6372	119	2496	2440
外资企业	12785	657	–10	575	502
外商投资股份有限公司	115	470	18	–39	
2. 按零售行业小类分					
综合零售	169364	97836	6679	15809	7974
百货零售	112208	78537	5629	11283	6794
超级市场零售	54598	15614	1023	3433	–10
其他综合零售	2558	3685	28	1093	1189
食品、饮料及烟草制品专门零售	178	261		52	52
粮油零售	49	175		–1	–1
糕点、面包零售	49	32		53	53
肉、禽、蛋、奶及水产品零售	13	3			

11—10 续表 7　　（2015 年）　　计量单位：万元

指标名称	销售费用	管理费用	# 税金	财务费用	# 利息支出
酒、饮料及茶叶零售	67	51		1	
纺织、服装及日用品专门零售	4367	983	9	390	389
服装零售	196	643	7	340	318
鞋帽零售	3032	124		50	72
化妆品及卫生用品零售	27	150			
自行车零售	1113	67	2	-1	
文化、体育用品及器材专门零售	3255	7463	201	-66	139
图书、报刊零售	1639	6431	180	-209	
音像制品及电子出版物零售	77	237	17	6	7
珠宝首饰零售	376	343	4	93	94
乐器零售	1036	167		38	32
其他文化用品零售	126	285		6	6
医药及医疗器材专门零售	44609	22808	1799	22125	21994
药品零售	44150	22630	1799	22126	21994
医疗用品及器材零售	459	178		-1	
汽车、摩托车、燃料及零配件专门零售	107012	42026	946	18090	11283
汽车零售	60358	35394	859	16906	10931
汽车零配件零售	737	44	8	72	4
摩托车及零配件零售	90	34		49	
机动车燃料零售	45828	6555	79	1063	348
家用电器及电子产品专门零售	25612	8251	186	2824	90
家用视听设备零售	20624	6180	135	2546	16
日用家电设备零售	660	311	34	45	30
计算机、软件及辅助设备零售	941	137	5	1	0
通信设备零售	3388	1623	12	231	43
五金、家具及室内装饰材料专门零售	2158	306	11	241	187
家具零售	804	96		240	187
涂料零售	11	14	8	1	
木质装饰材料零售	1344	196	2	1	
货摊、无店铺及其他零售业	1305	1192	69	-30	1
生活用燃料零售	1305	1192	69	-30	1

11—10　续表 8　　　　（2015 年）　　　　计量单位：万元

指标名称	营业利润	利润总额	应交所得税	应付职工薪酬（本年贷方累计发生额）	应交增值税
总　　计	**153391**	**151168**	**40288**	**208224**	**151480**
1. 按登记注册类型分					
内资企业	160101	166192	40018	199829	149033
国有企业	–1902	–894		4937	341
集体企业	1714	1912	98	3445	1665
股份合作企业	55	53	13	320	95
有限责任公司	63979	66302	14860	101127	102340
国有独资公司	2139	3461	31	6098	482
其他有限责任公司	61840	62842	14829	95029	101859
股份有限公司	97453	99822	23167	56359	33451
私营企业	–1200	–1005	1878	33373	11137
私营独资企业	–899	–1065	19	2538	426
私营合伙企业	13	13	5	123	34
私营有限责任公司	–798	–549	1830	27434	10022
私营股份有限公司	484	595	24	3278	654
其他企业	3	3	2	267	4
港、澳、台商投资企业	8419	246	61	300	
港、澳、台商独资经营企业	8419	246	61	300	
外商投资企业	–15130	–15269	208	8095	2447
中外合资经营企业	–10246	–10402		703	543
外资企业	–5553	–5537		4900	1295
外商投资股份有限公司	669	670	208	2491	609
2. 按零售行业小类分					
综合零售	84943	89145	24755	86549	42444
百货零售	84620	85322	24004	70746	38857
超级市场零售	1458	3755	655	11227	3242
其他综合零售	–1135	68	96	4577	345
食品、饮料及烟草制品专门零售	–27	48	1	1030	–11
粮油零售	4	1		54	
糕点、面包零售	–100	–90		770	–14
肉、禽、蛋、奶及水产品零售	8	8	1	26	3

11—10　续表 9　　（2015 年）　　计量单位：万元

指标名称	营业利润	利润总额	应交所得税	应付职工薪酬（本年贷方累计发生额）	应交增值税
酒、饮料及茶叶零售	61	128		180	
纺织、服装及日用品专门零售	11407	2075	839	2845	2939
服装零售	13	14	36	1021	62
鞋帽零售	2959	1801	740	1247	2873
化妆品及卫生用品零售	8432	258	61	309	
自行车零售	3	3	2	267	4
文化、体育用品及器材专门零售	29	1252	10	5714	417
图书、报刊零售	3397	4650	1	4610	221
音像制品及电子出版物零售	7	15	4	144	12
珠宝首饰零售	42	41	4	331	73
乐器零售	50	50	1	480	85
其他文化用品零售	–3466	–3504	1	149	26
医药及医疗器材专门零售	36223	36738	10179	31660	21385
药品零售	36212	36728	10176	31465	21302
医疗用品及器材零售	11	10	3	195	83
汽车、摩托车、燃料及零配件专门零售	21925	22367	3952	65043	80088
汽车零售	6564	6765	3608	41040	75854
汽车零配件零售	–306	4	1	364	72
摩托车及零配件零售	27	27	10	28	6
机动车燃料零售	15641	15572	333	23611	4156
家用电器及电子产品专门零售	–1419	–1734	175	9627	3695
家用视听设备零售	–594	–888	128	7375	1819
日用家电设备零售	377	378	29	161	85
计算机、软件及辅助设备零售	75	75	19	163	1376
通信设备零售	–1278	–1300		1928	415
五金、家具及室内装饰材料专门零售	454	449	10	772	64
家具零售	23	22	5	342	53
涂料零售	111	110	1	14	
木质装饰材料零售	321	317	4	416	11
货摊、无店铺及其他零售业	–145	829	367	4983	459
生活用燃料零售	–145	829	367	4983	459

市区限额以上批发贸易企业财务状况

11—11 （2015 年） 计量单位：万元

指标名称	企业数（个）	流动资产合计	#存货	固定资产原价	累计折旧	#本年折旧
总计	**154**	**3489527**	**649415**	**329438**	**100254**	**17181**
1. 按登记注册类型分						
内资企业	153	3488969	649406	324913	99823	17161
国有企业	5	246276	49013	46131	17297	2654
集体企业	2	95575	40599	23156	4202	674
有限责任公司	67	2535446	444510	199801	54784	8911
国有独资公司	6	1102753	145872	51850	11946	1134
其他有限责任公司	61	1432693	298637	147951	42839	7777
股份有限公司	5	77854	−1886	12804	6170	2107
私营企业	73	509920	111075	40084	14969	2651
私营有限责任公司	72	478133	107534	39476	14780	2606
私营股份有限公司	1	31787	3540	609	189	45
其他企业	1	23899	6096	2937	2401	165
港、澳、台商投资企业	1	558	9	4525	432	20
合资经营企业（港或澳、台资）	1	558	9	4525	432	20
2. 按批发行业小类分						
农、林、牧产品批发	4	47660	14454	5922	1814	123
谷物、豆及薯类批发	1	365	2			
饲料批发	1	3037		2	2	
棉、麻批发	2	44258	14452	5919	1812	122
食品、饮料及烟草制品批发	16	464744	122615	81913	24154	5132
米、面制品及食用油批发	6	55323	29606	16707	3632	140
肉、禽、蛋、奶及水产品批发	1	808	20	2	2	1
盐及调味品批发	3	119588	41145	23835	4754	682
酒、饮料及茶叶批发	3	58580	5240	5055	1986	1834
烟草制品批发	1	226339	45615	34235	13061	2448
其他食品批发	2	4106	988	2078	721	27
纺织、服装及家庭用品批发	18	517494	103849	11366	4545	678
纺织品、针织品及原料批发	6	35097	7783	2339	1393	424
服装批发	3	5724	683	6051	1499	96
鞋帽批发	1	1121		65	36	8

11—11 续表 1　　（2015 年）　　计量单位：万元

指标名称	企业数（个）	流动资产合计	# 存货	固定资产原价	累计折旧	# 本年折旧
化妆品及卫生用品批发	2	10094	3547	807	541	54
家用电器批发	6	465459	91836	2104	1076	96
文化、体育用品及器材批发	6	269793	100998	31701	6547	936
文具用品批发	1	46028	8558	227	108	26
体育用品及器材批发	1	2102	2102	100	91	9
图书批发	1	213014	86588	30570	5743	839
首饰、工艺品及收藏品批发	3	8648	3750	804	606	62
医药及医疗器材批发	35	613906	123786	32633	7385	1489
西药批发	27	561946	108673	26160	6527	1375
中药批发	6	49023	13712	6073	700	80
医疗用品及器材批发	2	2938	1402	400	158	35
矿产品、建材及化工产品批发	44	1330247	116588	136475	40845	6354
煤炭及制品批发	7	49453	3277	12427	7503	1150
石油及制品批发	5	26983	745	71105	15148	3610
金属及金属矿批发	11	1072140	47280	23346	10385	1004
建材批发	5	14420	1873	184	144	11
化肥批发	2	133391	58536	20162	3417	260
其他化工产品批发	14	33860	4877	9251	4247	319
机械设备、五金产品及电子产品批发	30	236819	66464	26745	14688	2469
农业机械批发	3	9180	95	114	37	15
汽车批发	3	36908	11769	2089	992	177
汽车零配件批发	2	13235	5052	2302	1056	262
五金产品批发	3	25776	906	5146	2729	240
电气设备批发	2	6474	526	2406	1871	58
计算机、软件及辅助设备批发	1	7294	551	488	248	56
通讯及广播电视设备批发	1	7409	3456	100	47	16
其他机械设备及电子产品批发	15	130542	44110	14100	7708	1645
其他批发业	1	8864	662	2684	277	
再生物资回收与批发	1	8864	662	2684	277	

11—11 续表 2 （2015 年） 计量单位：万元

指标名称	资产总计	负债合计	所有者权益合计	#实收资本
总 计	**4291363**	**3220034**	**1071329**	**384883**
1. 按登记注册类型分				
内资企业	4286238	3218843	1067395	384783
国有企业	307083	71681	235402	7820
集体企业	162524	114072	48451	714
有限责任公司	3094938	2448414	646523	277694
国有独资公司	1412747	1139853	272894	74951
其他有限责任公司	1682191	1308562	373630	202743
股份有限公司	103023	76164	26859	10528
私营企业	593161	491415	101746	82767
私营有限责任公司	560951	460112	100839	81867
私营股份有限公司	32210	31303	907	900
其他企业	25510	17096	8414	5260
港、澳、台商投资企业	5125	1191	3934	100
合资经营企业（港或澳、台资）	5125	1191	3934	100
2. 按批发行业小类分				
农、林、牧产品批发	52775	42972	9803	5375
谷物、豆及薯类批发	365	329	36	30
饲料批发	3041	183	2857	1500
棉、麻批发	49369	42459	6910	3845
食品、饮料及烟草制品批发	617481	302365	315116	19674
米、面制品及食用油批发	77949	63734	14215	9883
肉、禽、蛋、奶及水产品批发	809	522	287	300
盐及调味品批发	190478	130700	59778	2664
酒、饮料及茶叶批发	72945	59118	13828	2778
烟草制品批发	269837	38443	231394	2307
其他食品批发	5464	9849	–4386	1741
纺织、服装及家庭用品批发	536869	449894	86975	19939
纺织品、针织品及原料批发	37590	30438	7151	6779
服装批发	14633	4560	10073	3960
鞋帽批发	1153	787	366	200

11—11 续表 3　　（2015 年）　　计量单位：万元

指标名称	资产总计	负债合计	所有者权益合计	# 实收资本
化妆品及卫生用品批发	13604	8795	4808	1000
家用电器批发	469890	405313	64577	8000
文化、体育用品及器材批发	488201	278786	209415	13561
文具用品批发	46415	38313	8102	4219
体育用品及器材批发	2111	1011	1100	1100
图书批发	430120	231886	198234	6742
首饰、工艺品及收藏品批发	9555	7576	1979	1500
医药及医疗器材批发	691103	586278	104826	67310
西药批发	629385	538159	91226	54060
中药批发	58538	45532	13007	12550
医疗用品及器材批发	3180	2587	593	700
矿产品、建材及化工产品批发	1593302	1339008	254294	214665
煤炭及制品批发	55051	43322	11729	13130
石油及制品批发	98612	30827	67785	45942
金属及金属矿批发	1179951	1098240	81712	82500
建材批发	14490	12865	1625	2600
化肥批发	175572	132899	42673	9850
其他化工产品批发	69626	20855	48771	60643
机械设备、五金产品及电子产品批发	296389	206970	89419	42014
农业机械批发	9488	8654	835	350
汽车批发	38377	34724	3653	3986
汽车零配件批发	15076	11534	3542	3000
五金产品批发	54782	33107	21675	3500
电气设备批发	7547	3272	4275	1823
计算机、软件及辅助设备批发	8398	7369	1029	1000
通讯及广播电视设备批发	8940	3762	5178	5000
其他机械设备及电子产品批发	153780	104548	49232	23355
其他批发业	15243	13762	1481	2345
再生物资回收与批发	15243	13762	1481	2345

11—11 续表 4 （2015 年） 计量单位：万元

指标名称	主营业务收入	主营业务税金及附加	其他业务利润
总　计	**8285798**	**90950**	**9542**
1. 按登记注册类型分			
内资企业	8275379	90899	9542
国有企业	893103	84408	270
集体企业	88957	2489	1095
有限责任公司	6022347	2983	5935
国有独资公司	2798697	582	694
其他有限责任公司	3223650	2401	5241
股份有限公司	115212	155	1715
私营企业	1106495	849	534
私营有限责任公司	1038718	788	534
私营股份有限公司	67777	61	
其他企业	49265	16	-7
港、澳、台商投资企业	10419	50	
合资经营企业（港或澳、台资）	10419	50	
2. 按批发行业小类分			
农、林、牧产品批发	165085	27	299
谷物、豆及薯类批发	3577		
饲料批发	1167	1	
棉、麻批发	160341	26	299
食品、饮料及烟草制品批发	1085102	87239	2516
米、面制品及食用油批发	94020	23	205
肉、禽、蛋、奶及水产品批发	3937	13	681
盐及调味品批发	127486	2697	1447
酒、饮料及茶叶批发	54916	131	
烟草制品批发	790651	84367	161
其他食品批发	14092	9	21
纺织、服装及家庭用品批发	1035973	601	599
纺织品、针织品及原料批发	133213	30	51
服装批发	21485	51	103
鞋帽批发	7320		

11—11 续表 5 （2015 年） 计量单位：万元

指标名称	主营业务收入	主营业务税金及附加	其他业务利润
化妆品及卫生用品批发	49238	138	
家用电器批发	824717	382	445
文化、体育用品及器材批发	443495	266	568
文具用品批发	171887	62	
体育用品及器材批发	11838	17	
图书批发	245063	179	568
首饰、工艺品及收藏品批发	14707	9	
医药及医疗器材批发	1297561	1342	801
西药批发	1127292	1207	772
中药批发	163706	118	29
医疗用品及器材批发	6564	17	
矿产品、建材及化工产品批发	3812809	1076	3620
煤炭及制品批发	42192	107	42
石油及制品批发	165068	224	1644
金属及金属矿批发	2881677	572	1736
建材批发	37714	6	192
化肥批发	549879	37	5
其他化工产品批发	136279	132	
机械设备、五金产品及电子产品批发	441281	394	680
农业机械批发	2852	2	
汽车批发	84077	25	346
汽车零配件批发	34223	54	22
五金产品批发	117934	49	5
电气设备批发	26898	24	26
计算机、软件及辅助设备批发	8312	6	
通讯及广播电视设备批发	13102	7	
其他机械设备及电子产品批发	153885	228	280
其他批发业	4491	5	460
再生物资回收与批发	4491	5	460

11—11 续表 6　　　　（2015 年）　　　　计量单位：万元

指标名称	销售费用	管理费用	# 税金	财务费用	# 利息支出
总　计	**127400**	**117800**	**4021**	**22176**	**22629**
1. 按登记注册类型分					
内资企业	126011	116909	3975	22170	22624
国有企业	14732	25892	996	–5832	186
集体企业	3756	6485		3314	3354
有限责任公司	72200	54202	2118	18552	14800
国有独资公司	14542	18018	675	2793	–3357
其他有限责任公司	57658	36184	1444	15760	18158
股份有限公司	4809	4259	365	1338	477
私营企业	28434	24083	432	4905	3808
私营有限责任公司	26729	23738	432	4893	3808
私营股份有限公司	1706	344		12	
其他企业	2080	1989	63	–108	
港、澳、台商投资企业	1389	891	46	7	6
合资经营企业（港或澳、台资）	1389	891	46	7	6
2. 按批发行业小类分					
农、林、牧产品批发	925	962	247	763	781
谷物、豆及薯类批发	58				
饲料批发	53	28		–16	
棉、麻批发	814	934	246	779	781
食品、饮料及烟草制品批发	24855	36907	1099	–363	4586
米、面制品及食用油批发	3676	1632	121	1722	663
肉、禽、蛋、奶及水产品批发	563	117	1	–22	
盐及调味品批发	7169	9465		3864	3916
酒、饮料及茶叶批发	942	1216	281	–14	5
烟草制品批发	12307	24318	697	–5916	
其他食品批发	199	159		3	2
纺织、服装及家庭用品批发	15784	8695	180	687	1924
纺织品、针织品及原料批发	3614	2752	82	758	535
服装批发	2430	1297	46	48	6
鞋帽批发	394	307	2	–15	

11—11 续表 7　　　　（2015 年）　　　　计量单位：万元

指标名称	销售费用	管理费用	#税金	财务费用	#利息支出
化妆品及卫生用品批发	1037	2021	16	211	208
家用电器批发	8310	2319	33	-316	1175
文化、体育用品及器材批发	3707	14513	491	966	2025
文具用品批发	365	779	52	767	1098
体育用品及器材批发	703	604	7	-3	1
图书批发	2093	12090	433	-10	829
首饰、工艺品及收藏品批发	546	1040		212	97
医药及医疗器材批发	34169	20548	701	6226	4582
西药批发	30937	18617	563	4719	3208
中药批发	2366	1612	133	1427	1294
医疗用品及器材批发	866	318	5	79	81
矿产品、建材及化工产品批发	28395	21354	1116	14202	8254
煤炭及制品批发	3373	1597	16	908	821
石油及制品批发	3119	2212	196	-344	45
金属及金属矿批发	15709	9661	656	8676	2129
建材批发	459	316	10	267	248
化肥批发	1526	2566	105	3649	4860
其他化工产品批发	4209	5001	133	1045	153
机械设备、五金产品及电子产品批发	19385	14378	188	-363	477
农业机械批发	280	227	1	65	
汽车批发	783	657	61	-197	1
汽车零配件批发	1135	1524	19	60	72
五金产品批发	6159	3747	18	-448	0
电气设备批发	2224	865	12	-99	17
计算机、软件及辅助设备批发	78	295			
通讯及广播电视设备批发	442	93		161	146
其他机械设备及电子产品批发	8284	6970	78	95	242
其他批发业	180	443		60	
再生物资回收与批发	180	443		60	

11—11 续表 8 （2015 年） 计量单位：万元

指标名称	营业利润	利润总额	应交所得税	应付职工薪酬（本年贷方累计发生额）	应交增值税
总　计	**137894**	**150397**	**44288**	**83646**	**63414**
1. 按登记注册类型分					
内资企业	138150	150664	44288	83029	63103
国有企业	97872	97922	24600	16789	38739
集体企业	2467	4195	917	2567	1252
有限责任公司	33603	44072	16884	46938	16630
国有独资公司	–5668	–1268	491	9317	1031
其他有限责任公司	39271	45340	16394	37622	15599
股份有限公司	811	1108	266	2966	1098
私营企业	3175	3148	1566	12674	5148
私营有限责任公司	3145	3116	1558	12484	4836
私营股份有限公司	29	33	8	191	312
其他企业	222	218	55	1095	237
港、澳、台商投资企业	–257	–267		617	311
合资经营企业（港或澳、台资）	–257	–267		617	311
2. 按批发行业小类分					
农、林、牧产品批发	–233	–22	28	620	114
谷物、豆及薯类批发	2	2		33	4
饲料批发	88	88		52	
棉、麻批发	–322	–112	28	535	110
食品、饮料及烟草制品批发	101611	105986	26953	23636	42311
米、面制品及食用油批发	–2654	–192	23	1946	171
肉、禽、蛋、奶及水产品批发	10	25	4	356	1
盐及调味品批发	7486	9213	2299	5041	2741
酒、饮料及茶叶批发	–1238	–1069	101	499	748
烟草制品批发	98098	98101	24525	15649	38589
其他食品批发	–91	–91	1	145	61
纺织、服装及家庭用品批发	14793	15456	4061	8588	4204
纺织品、针织品及原料批发	117	364	15	2567	73
服装批发	–275	–264	1	892	316
鞋帽批发	–9	16	6	221	

11—11 续表 9　　（2015 年）　　计量单位：万元

指标名称	营业利润	利润总额	应交所得税	应付职工薪酬（本年贷方累计发生额）	应交增值税
化妆品及卫生用品批发	136	141	35	1875	854
家用电器批发	14824	15200	4004	3033	2961
文化、体育用品及器材批发	4357	5956	46	8310	659
文具用品批发	1154	1163		591	456
体育用品及器材批发	109	110	27	437	135
图书批发	2933	4537		6893	41
首饰、工艺品及收藏品批发	161	146	18	388	27
医药及医疗器材批发	23521	22718	7003	18276	9155
西药批发	23111	22403	6793	16976	7847
中药批发	462	397	194	1056	1162
医疗用品及器材批发	-52	-81	16	244	146
矿产品、建材及化工产品批发	-9491	-3465	4882	15087	4433
煤炭及制品批发	1450	1293	428	1763	867
石油及制品批发	10994	11079	2833	2671	1674
金属及金属矿批发	-11382	-9873	1441	5093	1750
建材批发	-422	-403		146	21
化肥批发	902	5142	137	1735	6
其他化工产品批发	-11031	-10704	43	3679	115
机械设备、五金产品及电子产品批发	3325	3686	1316	8776	2538
农业机械批发	17	17		113	147
汽车批发	4	-3	11	301	54
汽车零配件批发	178	170	17	737	446
五金产品批发	3874	3892	735	1293	122
电气设备批发	-180	-137	52	711	7
计算机、软件及辅助设备批发	10	12		90	25
通讯及广播电视设备批发	100	117	14	123	18
其他机械设备及电子产品批发	-677	-383	488	5407	1719
其他批发业	10	81		354	1
再生物资回收与批发	10	81		354	1

市区限额以上零售贸易企业财务状况

11—12 （2015 年） 计量单位：万元

指标名称	法人企业数（个）	流动资产合计	#存货	固定资产原价	累计折旧	#本年折旧
总计	**167**	**2672372**	**622720**	**656807**	**268629**	**50310**
1. 按登记注册类型分						
内资企业	163	2633069	604968	619861	252796	47239
国有企业	2	3762	413	11752	7192	333
集体企业	7	6514	1058	1816	1072	59
股份合作企业	1	896	36	167	93	17
有限责任公司	74	1400579	361194	346718	148669	20035
国有独资公司	5	68731	25823	15232	6201	635
其他有限责任公司	69	1331848	335370	331486	142469	19400
股份有限公司	14	688354	97477	207130	73257	22380
私营企业	64	525888	138698	51670	22022	4308
私营独资企业	5	12593	3997	2102	346	214
私营合伙企业	1	119	79			
私营有限责任公司	53	468011	114301	42359	19378	3677
私营股份有限公司	5	45165	20321	7209	2298	416
其他企业	1	7076	6093	608	491	108
港、澳、台商投资企业	1	7644	3094			
港、澳、台商独资经营企业	1	7644	3094			
外商投资企业	3	31659	14658	36946	15832	3071
中外合资经营企业	1	16290	7882	21818	10694	1559
外资企业	1	9396	6692	8654	3454	1218
外商投资股份有限公司	1	5973	84	6474	1685	294
2. 按零售行业小类分						
综合零售	29	794774	122859	331817	124783	32533
百货零售	14	690484	83517	262193	92414	24498
超级市场零售	11	62504	35007	56811	27056	7590
其他综合零售	4	41785	4335	12814	5314	446
食品、饮料及烟草制品专门零售	2	11602	3164	1091	501	61
粮油零售	1	2687	430	522	264	61
糕点、面包零售	1	8916	2734	569	237	
纺织、服装及日用品专门零售	5	45148	12517	1038	801	124

11—12　续表1　　　　（2015年）　　　　计量单位：万元

指标名称	法人企业数（个）	流动资产合计	#存货	固定资产原价	累计折旧	#本年折旧
服装零售	2	10204	3330	137	82	15
鞋帽零售	1	20224		292	228	
化妆品及卫生用品零售	1	7644	3094			
自行车零售	1	7076	6093	608	491	108
文化、体育用品及器材专门零售	7	54753	24433	12808	5373	588
图书、报刊零售	1	31714	12527	10978	4062	398
音像制品及电子出版物零售	1	6307	2482	1273	856	57
珠宝首饰零售	2	11694	6020	253	198	93
乐器零售	2	4935	3405	305	257	40
其他文化用品零售	1	104				
医药及医疗器材专门零售	14	821499	143152	31284	13408	2417
药品零售	13	808748	142376	30534	12743	2417
医疗用品及器材零售	1	12752	776	750	665	
汽车、摩托车、燃料及零配件专门零售	92	797894	302330	258057	112874	12675
汽车零售	78	669662	257642	107833	39515	5303
汽车零配件零售	1	3364	662	613	445	116
机动车燃料零售	13	124868	44027	149612	72913	7256
家用电器及电子产品专门零售	12	130012	10867	5935	2850	1399
家用视听设备零售	8	109955	4795	2806	1660	1141
日用家电设备零售	1	299	80	21	1	1
计算机、软件及辅助设备零售	1	6408	4217	573	245	245
通信设备零售	2	13350	1775	2534	944	12
五金、家具及室内装饰材料专门零售	4	8143	2851	859	632	104
家具零售	2	5776	1096	385	222	14
木质装饰材料零售	2	2368	1755	474	409	90
货摊、无店铺及其他零售业	2	8547	546	13918	7407	409
生活用燃料零售	2	8547	546	13918	7407	409

11—12　续表 2　（2015 年）　计量单位：万元

指标名称	资产总计	负债合计	所有者权益合计	
				# 实收资本
总　计	**3389334**	**2742059**	**647275**	**301781**
1. 按登记注册类型分				
内资企业	3311743	2607177	704567	283266
国有企业	8376	11376	-3000	7702
集体企业	7933	6474	1459	763
股份合作企业	970	377	594	43
有限责任公司	1753186	1345608	407578	106373
国有独资公司	88280	64324	23956	5100
其他有限责任公司	1664906	1281284	383622	101273
股份有限公司	944637	740847	203791	81951
私营企业	589448	495562	93885	86135
私营独资企业	15305	14384	922	2105
私营合伙企业	119	19	101	52
私营有限责任公司	522162	440984	81178	73818
私营股份有限公司	51861	40176	11685	10160
其他企业	7193	6933	260	300
港、澳、台商投资企业	18590	11346	7245	2127
港、澳、台商独资经营企业	18590	11346	7245	2127
外商投资企业	59000	123537	-64536	16388
中外合资经营企业	28984	84264	-55280	8000
外资企业	18059	33643	-15583	8288
外商投资股份有限公司	11957	5630	6327	100
2. 按零售行业小类分				
综合零售	1128615	939241	189374	116597
百货零售	957513	714116	243397	90833
超级市场零售	111562	175232	-63671	22930
其他综合零售	59540	49893	9647	2834
食品、饮料及烟草制品专门零售	15227	14772	455	400
粮油零售	3397	3096	301	300
糕点、面包零售	11831	11676	155	100
纺织、服装及日用品专门零售	56795	37174	19621	4327

11—12　续表 3　　（2015 年）　　计量单位：万元

指标名称	资产总计	负债合计	所有者权益合计	
				# 实收资本
服装零售	10275	8733	1542	1700
鞋帽零售	20737	10161	10575	200
化妆品及卫生用品零售	18590	11346	7245	2127
自行车零售	7193	6933	260	300
文化、体育用品及器材专门零售	75722	48400	27321	10518
图书、报刊零售	47277	25383	21894	2000
音像制品及电子出版物零售	11607	6957	4650	4568
珠宝首饰零售	11749	8782	2967	2800
乐器零售	4984	3771	1213	1100
其他文化用品零售	104	3507	–3404	50
医药及医疗器材专门零售	887201	788000	99201	35990
药品零售	874154	775719	98436	35390
医疗用品及器材零售	13047	12282	765	600
汽车、摩托车、燃料及零配件专门零售	1057748	765849	291899	103724
汽车零售	795200	671260	123940	101680
汽车零配件零售	3568	4181	–613	1201
机动车燃料零售	258981	90408	168573	843
家用电器及电子产品专门零售	143102	128552	14550	16017
家用视听设备零售	117698	112560	5138	5581
日用家电设备零售	319	53	266	52
计算机、软件及辅助设备零售	6738	5641	1097	1001
通信设备零售	18347	10298	8049	9383
五金、家具及室内装饰材料专门零售	8373	6703	1670	1560
家具零售	5941	4850	1091	800
木质装饰材料零售	2432	1853	579	760
货摊、无店铺及其他零售业	16551	13368	3183	12648
生活用燃料零售	16551	13368	3183	12648

11—12　续表 4　　　　（2015 年）　　　　计量单位：万元

指标名称	主营业务收入	主营业务税金及附加	其他业务利润
总　计	**6978306**	**21481**	**70864**
1. 按登记注册类型分			
内资企业	6820841	21082	67730
国有企业	18365	65	1389
集体企业	26994	116	
股份合作企业	3083	27	2
有限责任公司	3861782	7987	48867
国有独资公司	135681	198	750
其他有限责任公司	3726101	7789	48117
股份有限公司	1686860	10598	5495
私营企业	1216838	2282	11977
私营独资企业	25642	169	185
私营合伙企业	1249	4	
私营有限责任公司	1008001	1889	11193
私营股份有限公司	181946	220	600
其他企业	6917	8	
港、澳、台商投资企业	17146	20	36
港、澳、台商独资经营企业	17146	20	36
外商投资企业	140320	380	3098
中外合资经营企业	66887	119	3098
外资企业	46290	184	
外商投资股份有限公司	27143	77	
2. 按零售行业小类分			
综合零售	1806123	13407	32522
百货零售	1475582	11972	16066
超级市场零售	304958	1298	14772
其他综合零售	25583	137	1684
食品、饮料及烟草制品专门零售	2719		
粮油零售	2270		
糕点、面包零售	449		
纺织、服装及日用品专门零售	66456	429	36

11—12　续表 5　　　　（2015 年）　　　　计量单位：万元

指标名称	主营业务收入	主营业务税金及附加	其他业务利润
服装零售	3594	4	
鞋帽零售	38799	397	
化妆品及卫生用品零售	17146	20	36
自行车零售	6917	8	
文化、体育用品及器材专门零售	72572	164	745
图书、报刊零售	55174	130	745
音像制品及电子出版物零售	3418	2	0
珠宝首饰零售	6564	19	0
乐器零售	5729	10	0
其他文化用品零售	1688	3	0
医药及医疗器材专门零售	1521906	2629	725
药品零售	1518800	2619	725
医疗用品及器材零售	3106	10	
汽车、摩托车、燃料及零配件专门零售	3228496	3937	34269
汽车零售	2098986	2526	34474
汽车零配件零售	15127	37	506
机动车燃料零售	1114383	1374	–711
家用电器及电子产品专门零售	246957	722	1110
家用视听设备零售	168667	589	1110
日用家电设备零售	1663	75	
计算机、软件及辅助设备零售	7801	6	
通信设备零售	68826	52	
五金、家具及室内装饰材料专门零售	15678	46	
家具零售	3112	10	
木质装饰材料零售	12565	36	
货摊、无店铺及其他零售业	17400	148	1459
生活用燃料零售	17400	148	1459

11—12　续表 6　　　　　　　　　　（2015 年）　　　　　　　　　　计量单位：万元

指标名称	销售费用	管理费用	# 税金	财务费用	# 利息支出
总　　计	**332708**	**171672**	**9342**	**57071**	**41271**
1. 按登记注册类型分					
内资企业	308005	164041	9214	54039	38329
国有企业	1191	1029	55	–11	
集体企业	1410	1194	5	–35	
股份合作企业	357	104		2	
有限责任公司	158127	73759	3982	33073	24751
国有独资公司	4385	7272	197	270	433
其他有限责任公司	153742	66486	3786	32803	24318
股份有限公司	95012	66511	4607	9352	6712
私营企业	50797	21379	563	11658	6866
私营独资企业	3888	501	30	218	30
私营合伙企业	179	34			
私营有限责任公司	41884	18104	462	10119	6285
私营股份有限公司	4846	2740	71	1321	552
其他企业	1113	67	2	–1	
港、澳、台商投资企业		133			
港、澳、台商独资经营企业		133			
外商投资企业	24703	7499	128	3032	2942
中外合资经营企业	11803	6372	119	2496	2440
外资企业	12785	657	–10	575	502
外商投资股份有限公司	115	470	18	–39	
2. 按零售行业小类分					
综合零售	147144	91014	6254	13993	7434
百货零售	91915	73518	5420	9545	6254
超级市场零售	53074	13856	811	3355	–10
其他综合零售	2156	3641	22	1093	1189
食品、饮料及烟草制品专门零售	98	207		51	52
粮油零售	49	175		–1	–1
糕点、面包零售	49	32		53	53
纺织、服装及日用品专门零售	4275	784	3	356	375

11—12　续表 7　（2015 年）　计量单位：万元

指标名称	销售费用	管理费用	# 税金	财务费用	# 利息支出
服装零售	130	461	1	307	303
鞋帽零售	3032	124		50	72
化妆品及卫生用品零售		133			
自行车零售	1113	67	2	−1	
文化、体育用品及器材专门零售	3200	6989	190	−70	132
图书、报刊零售	1607	5987	169	−206	
音像制品及电子出版物零售	77	237	17	6	7
珠宝首饰零售	376	343	4	93	94
乐器零售	1036	167		38	32
其他文化用品零售	103	255		−1	−1
医药及医疗器材专门零售	44572	22797	1799	22124	21994
药品零售	44114	22618	1799	22125	21994
医疗用品及器材零售	459	178		−1	
汽车、摩托车、燃料及零配件专门零售	105850	41215	921	17741	11022
汽车零售	59569	35247	850	16798	10795
汽车零配件零售	737	24	5	72	4
机动车燃料零售	45544	5943	67	872	223
家用电器及电子产品专门零售	24179	7241	116	2724	74
家用视听设备零售	19684	5473	69	2461	1
日用家电设备零售	260	35	30	30	30
计算机、软件及辅助设备零售	848	110	4	1	
通信设备零售	3388	1623	12	231	43
五金、家具及室内装饰材料专门零售	2147	292	2	240	187
家具零售	804	96		240	187
木质装饰材料零售	1344	196	2	1	
货摊、无店铺及其他零售业	1242	1135	57	−89	1
生活用燃料零售	1242	1135	57	−89	1

11—12　续表 8　　（2015 年）　　计量单位：万元

指标名称	营业利润	利润总额	应交所得税	应付职工薪酬（本年贷方累计发生额）	应交增值税
总　　计	**131987**	**128127**	**39614**	**187022**	**146073**
1. 按登记注册类型分					
内资企业	138697	143150	39345	178627	143626
国有企业	–1842	–833		4800	340
集体企业	278	132	97	1203	531
股份合作企业	55	53	13	320	95
有限责任公司	60427	62829	14289	88534	99674
国有独资公司	2139	3461	31	6098	482
其他有限责任公司	58288	59368	14258	82436	99192
股份有限公司	81233	81965	23161	55835	32332
私营企业	–1457	–998	1783	27669	10649
私营独资企业	–1156	–1159	11	2159	345
私营合伙企业	13	13	5	123	34
私营有限责任公司	–702	–345	1744	22347	9672
私营股份有限公司	387	492	24	3040	599
其他企业	3	3	2	267	4
港、澳、台商投资企业	8419	246	61	300	
港、澳、台商独资经营企业	8419	246	61	300	
外商投资企业	–15130	–15269	208	8095	2447
中外合资经营企业	–10246	–10402		703	543
外资企业	–5553	–5537		4900	1295
外商投资股份有限公司	669	670	208	2491	609
2. 按零售行业小类分					
综合零售	64365	66721	24225	68570	37501
百货零售	80390	80783	23485	54712	35128
超级市场零售	–14899	–14136	644	10025	2032
其他综合零售	–1125	75	96	3833	340
食品、饮料及烟草制品专门零售	–96	–89		824	–14
粮油零售	4	1		54	
糕点、面包零售	–100	–90		770	–14
纺织、服装及日用品专门零售	11146	1813	803	1995	2915

11—12　续表 9　　（2015 年）　　计量单位：万元

指标名称	营业利润	利润总额	应交所得税	应付职工薪酬（本年贷方累计发生额）	应交增值税
服装零售	-236	-236		180	38
鞋帽零售	2959	1801	740	1247	2873
化妆品及卫生用品零售	8419	246	61	300	
自行车零售	3	3	2	267	4
文化、体育用品及器材专门零售	-383	832	9	5342	412
图书、报刊零售	2995	4241	1	4265	216
音像制品及电子出版物零售	7	15	4	144	12
珠宝首饰零售	42	41	4	331	73
乐器零售	50	50	1	480	85
其他文化用品零售	-3477	-3515		122	26
医药及医疗器材专门零售	36230	36745	10179	31539	21379
药品零售	36219	36735	10176	31345	21296
医疗用品及器材零售	11	10	3	195	83
汽车、摩托车、燃料及零配件专门零售	22886	23329	3933	64429	79985
汽车零售	7375	7572	3608	40716	75853
汽车零配件零售	-307	3	1	341	72
机动车燃料零售	15818	15753	324	23373	4060
家用电器及电子产品专门零售	-2107	-2140	102	8630	3492
家用视听设备零售	-1015	-1026	96	6593	1716
日用家电设备零售	163	163		50	
计算机、软件及辅助设备零售	22	22	6	60	1362
通信设备零售	-1278	-1300		1928	415
五金、家具及室内装饰材料专门零售	344	339	9	758	63
家具零售	23	22	5	342	53
木质装饰材料零售	321	317	4	416	11
货摊、无店铺及其他零售业	-398	576	355	4934	340
生活用燃料零售	-398	576	355	4934	340

分县（市）区限额以上批发零售贸易企业财务状况

11—13 （2015 年） 计量单位：万元

行政单位	资产总计	负债合计	主营业务收入	主营业务成本	其他业务利润
石家庄市	**8481460**	**6650104**	**16716161**	**15592461**	**95740**
市　区					
长安区	2461327	2072802	4334238	4031590	9172
桥西区	1576745	1088115	2843715	2484282	23774
新华区	1576820	1344350	3896841	3773063	10307
裕华区	633362	584375	1658999	1560506	31568
矿　区	11015	9293	18315	17156	
藁城区	83109	67342	100384	87875	1149
鹿泉区	136449	113751	212551	188906	1728
栾城区	26198	12412	52101	49560	253
高新区	1172939	667548	2119251	1980748	2455
循环化工园区	2734	2104	27709	27660	
井陉县	110707	89621	359915	346415	361
正定县	230106	209017	295318	295068	721
行唐县	57825	47465	36639	33967	
灵寿县	10599	6610	10953	9095	
高邑县	30	6	551	310	
深泽县	3771	3042	10734	9822	
赞皇县	6956	2561	31010	30263	
无极县	13773	6679	64544	59547	65
平山县	45217	40289	76319	73008	3
元氏县	4550	1654	8459	7677	157
赵　县	9463	5597	31935	25258	91
晋州市	20172	13947	41527	34765	43
新乐市	7626	5361	19353	17507	51
辛集市	279969	256163	464802	448413	13844

11—13 续表 1　　（2015 年）　　计量单位：万元

行政单位	销售费用	管理费用	财务费用	利润总额	应付职工薪酬（本年贷方累计发生额）	应交增值税
石家庄市	**498988**	**304799**	**90658**	**295753**	**295541**	**218616**
市　区	460107	289472	79247	278524	270668	209487
长安区	125747	112846	43766	105018	94531	51490
桥西区	93046	62667	6464	152551	46159	54722
新华区	85007	36786	9716	–9553	37298	76718
裕华区	72656	30634	8346	–8151	33514	12893
矿　区	361	708	615	–563	350	138
藁城区	7890	1519	1936	3755	5208	1938
鹿泉区	15942	4665	802	3983	10335	2522
栾城区	1099	1623	144	1366	1360	68
高新区	58331	37836	7442	30315	41833	8986
循环化工园区	28	189	16	–198	82	12
井陉县	6652	1078	3297	3010	450	2683
正定县	6268	5239	4148	–7756	3797	1316
行唐县	1074	762	108	633	905	223
灵寿县	655	293	332	366	1256	239
高邑县	215	4	6	11	24	4
深泽县	431	308	26	142	1081	36
赞皇县	301	290	175	–60	573	6
无极县	3585	1075	62	304	1226	85
平山县	1839	983	391	70	602	264
元氏县	255	337	4	118	305	86
赵　县	5188	159	467	1202	4092	900
晋州市	5355	210	635	993	4200	1021
新乐市	440	967	103	162	766	95
辛集市	6622	3624	1660	18034	5595	2173

社会消费品零售总额

11—14　　　　（2015 年）　　　　计量单位：万元

行政单位	社会消费品零售总额	其中：限额以上批发和零售业零售额
石家庄市	**26930343**	**8346843**
市　区	15184713	7747817
长安区	2766081	4103533
桥西区	4262487	941519
新华区	2001747	885047
裕华区	1566976	962634
矿　区	131929	3690
藁城区	1575490	59828
鹿泉区	1208176	121622
栾城区	765745	30094
高新区	766892	639849
循环化工园区	139190	
井陉县	444452	165618
正定县	1170018	102847
行唐县	589387	10948
灵寿县	403702	10995
高邑县	323977	551
深泽县	410255	9152
赞皇县	411422	17816
无极县	1130529	35128
平山县	543182	9563
元氏县	512364	7831
赵　县	1105511	37164
晋州市	1123665	105689
新乐市	1020433	14489
辛集市	2556734	71236

分县（市）区实际利用外资情况

11—15　　（2015 年）　　计量单位：万美元

行政单位	实际利用外资	比上年增长（%）	实际利用外资中：	
			直接利用外资	比上年增长（%）
石家庄市	**114013**	**11.6**	**89672**	**9.8**
市　区	102767		81728	39.5
长安区	31880	214.1	11620	14.5
桥西区	26569	−12.6	26569	163.2
新华区	153	−87.8	153	−87.8
裕华区	3953	24.9	3174	0.3
矿　区				
藁城区	12681	22.7	12681	22.7
鹿泉区	6300	−1.6	6300	−1.6
栾城区	7000	14.8	7000	14.8
高新区	14231	27.7	14231	28.6
循环化工园区				
井陉县	2940	27.9	14	−99.4
正定县				
行唐县	3000		3000	
灵寿县				
高邑县				
深泽县	1	−100.0	1	−100.0
赞皇县	200	−87.6	200	−87.6
无极县	350	400.0	350	400.0
平山县	309		309	
元氏县				
赵　县	550		550	
晋州市	3280	3.7	3280	3.7
新乐市	211	−93.0	211	−93.0
辛集市	29	−3.3	29	−3.3

外国和港澳台地区在石投资情况

11—16　　（2015 年）　　计量单位：万美元

指标名称	新批合同			新注册三资企业	
	项目个数（个）	项目投资总额	合同外资额	注册户数（户）	项目投资总额
合　　计	**33**	**392849**	**68002**	**26**	**372373**
#国有企业与客商兴办合资合作企业					
#投资总额 500 万美元以上项目	10	390328	63654	9	371144
#开发区合计	5	24962	11011	3	3567
1. 国家级开发区	3	20322	7798	2	3492
2. 省级开发区	2	4640	3213	1	75
一、按投资方式分组					
（一）港、澳、台投资经济	15	78577	31426	14	63383
1. 与港澳台合资经营企业	7	55743	15159	7	57147
2. 与港澳台合作经营企业		2931	2931		
3. 港澳台商独资经营企业	8	19903	13336	7	6236
（二）外商投资经济	18	314272	36576	12	308990
1. 中外合资经营企业	9	316120	53687	5	308088
2. 中外合作经营企业					
3. 外资企业	9	–1848	–17111	7	902
二、按产业分组					
第一产业					
第二产业	8	16663	–9016	5	1831
工业	8	16663	–9089	5	1831
第三产业	25	376186	77018	21	370542
房地产业	2	266	144	2	266
三、按国民经济行业分组					
农、林、牧、渔业 (A)	1	94	46		
农业					
谷物种植					
林业					

11—16　续表 1　　（2015 年）　　计量单位：万美元

指标名称	新批合同			新注册三资企业	
	项目个数（个）	项目投资总　额	合　同外资额	注册户数（户）	项　目投资总额
林产品采集					
畜牧业					
牲畜饲养					
家禽饲养					
渔业					
农、林、牧、渔服务业	1	94	46		
采矿业 (B)					
制造业 (C)	8	16663	-9089	5	1831
农副食品加工业	1	224	56	1	224
食品制造业					
酒、饮料和精制茶制造业					
纺织业					
棉纺织及印染精加工					
纺织服装、服饰业	2	542	207	1	11
皮革、毛皮、羽毛及其制品和制鞋业	1	818	196	1	818
木材加工和木、竹、藤、棕、草制品业					
家具制造业					

11—16　续表 2　　　　（2015 年）　　　　计量单位：万美元

指标名称	新注册三资企业（续）		期末实有三资企业（个）		
	注册资本	外方注册资本		# 开工在建	投产企业
合计	**131420**	**64423**	**385**	**16**	**293**
# 国有企业与客商兴办合资合作企业			39		33
# 投资总额 500 万美元以上项目	129681	63120	148	10	108
# 世界 500 强			11		9
# 开发区合计	11549	10742	134	10	107
1. 国家级开发区	8565	7793	85	6	68
2. 省级开发区	2984	2949	49	4	39
一、按投资方式分组					
（一）港、澳、台投资经济	39286	32172	176	7	123
1. 与港澳台合资经营企业	23681	15884	99	3	73
2. 与港澳台合作经营企业	2931	2931	5		4
3. 港澳台商独资经营企业	12674	13357	72	4	46
（二）外商投资经济	92134	32251	209	9	170
1. 中外合资经营企业	110295	50412	115	6	97
2. 中外合作经营企业			14		11
3. 外资企业	−18161	−18161	79	3	61
二、按产业分组					
第一产业			4		4
第二产业	−8505	−9484	221	11	181
工业	−8505	−9557	215	11	176
第三产业	139925	73907	160	5	108
房地产业	266	144	30		27
三、按国民经济行业分组					
农、林、牧、渔业 (A)			5		4
农业			2		2
蔬菜、食用菌及园艺作物种植			2		2
林业					

11—16 续表 3 （2015 年） 计量单位：万美元

指标名称	新注册三资企业（续）		期末实有三资企业（个）		
	注册资本	外方注册资本		# 开工在建	投产企业
渔业			2		2
水产养殖			2		2
农、林、牧、渔服务业			1		
农业服务业			1		
采矿业 (B)			1	1	
有色金属矿采选业			1	1	
制造业 (C)	–8505	–9557	210	9	174
农副食品加工业	224	56	3		2
食品制造业			14	2	11
酒、饮料和精制茶制造业			3	1	3
酒的制造					
饮料制造			3	1	3
精制茶加工					
纺织业			12		12
棉纺织及印染精加工			6		6
毛纺织及染整精加工			2		2
家用纺织制成品制造			3		3
非家用纺织制成品制造			1		1
纺织服装、服饰业	44	8	19	1	15
皮革、毛皮、羽毛及其制品和制鞋业	409	196	12		9
工艺品及其他制造业					
电力、热力、燃气及水的生产和供应业 (P)			6	1	4
建筑业 (E)		73	6		5
批发和零售业 (F)	793	716	55	2	38
交通运输、仓储和邮政业 (G)	107718	48473	11		9
信息传输、软件和信息技术服务业			4		3
电信、广播电视和卫星传输服务					
互联网和相关服务			1		1

11—16　续表 4　　　（2015 年）　　　计量单位：万美元

指标名称	新注册三资企业（续）		期末实有三资企业（个）		
	注册资本	外方注册资本		# 开工在建	投产企业
软件和信息技术服务业			3		2
住宿和餐饮业 (H)	331	329	10		5
金融业 (J)	11068	8878	11		3
货币金融服务	11068	8878	10		2
资本市场服务					
保险业					
其他金融业			1		1
房地产业 (K)	266	144	30		27
房地产开发经营			1		
物业管理	266	144	5		3
房地产中介服务					
自有房地产经营活动			24		24
其他房地产业					
租赁和商务服务业 (L)	1001	1001	20		13
租赁业					
商务服务业	1001	1001	20		13
科学研究和技术服务业 (M)	18748	14366	12	3	5
研究和试验发展		112	3	2	1
专业技术服务业			3		2
科技推广和应用服务业	18636	14254	6	1	2
水利、环境和公共设施管理业 (N)			1		1
水利管理业					
生态保护和环境治理业			1		1
公共设施管理业					
居民服务、修理和其他服务业 (O)			3		2
居民服务业			2		2
机动车、电子产品和日用产品修理业			1		
教育 (P)					

11—16　续表 5　　　　（2015 年）　　　　计量单位：万美元

指标名称	新注册三资企业（续）		期末实有三资企业（个）	# 开工在建	投产企业
	注册资本	外方注册资本			
卫生和社会工作 (Q)					
文化、体育和娱乐业 (R)					
娱乐业					
四、按投资国别、地区分组					
1. 亚洲	40199	32875	240	10	171
其中：香港	35619	30499	149	5	106
澳门					
台湾	3667	1673	27	2	17
印度尼西亚					
日本	574	406	12	1	8
马来西亚	41		6		5
菲律宾					
新加坡	285	284	25	2	21
韩国	13	13	13		10
泰国			2		
东南亚联盟	326	284	33	2	26
2. 非洲					
3. 欧洲			39	2	35
其中：比利时			1		1
丹麦					
英国			9	1	8
德国			5		5
法国			3	1	2
爱尔兰					
意大利			1		1
卢森堡					
荷兰			3		3

11—16　续表 6　　（2015 年）　　计量单位：万美元

指标名称	新注册三资企业（续）		期末实有三资企业（个）		
	注册资本	外方注册资本		# 开工在建	投产企业
希腊			1		
葡萄牙					
西班牙			2		2
芬兰					
瑞士					
欧盟			32	2	28
4.拉丁美洲	88777	29532	35		31
其中：开曼群岛			2		2
英属维尔京群岛	88698	29453	31		28
5.北美洲	2403	2011	59	4	46
其中：加拿大			10	1	7
美国	2403	2011	49	3	39
6.大洋洲	41	5	12		10
其中：澳大利亚	36		4		4
新西兰	5	5	3		1
7.其他					
五、高新技术产业	428	–4683	72	4	57
六、并购	1819	1851	33	1	31
并购涉及国有股权变更					
并购涉及国有资产转移			1		1
被并购公司为上市公司	301	333	19	1	18
被并购公司为非上市公司			3		2
战略投资	1518	1518	10		10
返程并购					
其他			2		1
合同外资 1000 万美元以上项目	123445	60555	70	7	45
省级工业聚集区					

11—16　续表 7　　　　（2015 年）　　　　计量单位：万美元

指标名称	客商直接投资			中方投资
		# 现 金	利 润 再投资	
合　　计	**89643**	**50150**	**7371**	
# 国有企业与客商兴办合资合作企业	1160			
# 投资总额 500 万美元以上项目	86480	46987	7371	
# 世界 500 强				
# 开发区合计	30137	10962	371	
1. 国家级开发区	25506	6331	371	
2. 省级开发区	4631	4631		
一、按投资方式分组				
（一）港、澳、台投资经济	50698	29454	371	
1. 与港澳台合资经营企业	15882	5122	371	
2. 与港澳台合作经营企业	3000	3000		
3. 港澳台商独资经营企业	31816	21332		
（二）外商投资经济	38945	20696	7000	
1. 中外合资经营企业	10884	7436		
2. 中外合作经营企业				
3. 外资企业	28061	13260	7000	
二、按产业分组				
第一产业				
第二产业	45136	15611	7371	
工业	45136	15611	7371	
第三产业	44507	34539		
房地产业	17020	15000		
三、按国民经济行业分组				
农、林、牧、渔业 (A)				
农业				
蔬菜、食用菌及园艺作物种植				
其他农业				

11—16　续表 8　　(2015 年)　　计量单位：万美元

指标名称	客商直接投资	# 现 金	利 润 再投资	中方投资
林业				
林木育种和育苗				
畜牧业				
渔业				
水产养殖				
农、林、牧、渔服务业				
农业服务业				
采矿业 (B)				
有色金属矿采选业				
制造业 (C)	45136	15611	7371	
农副食品加工业	224	224		
食品制造业	550			
酒、饮料和精制茶制造业				
酒的制造				
饮料制造				
精制茶加工				
纺织业				
棉纺织及印染精加工				
毛纺织及染整精加工				
家用纺织制成品制造				
非家用纺织制成品制造				
纺织服装、服饰业	23	23		
皮革、毛皮、羽毛及其制品和制鞋业				
木材加工和木、竹、藤、棕、草制品业				
家具制造业				
造纸和纸制品业				
印刷和记录媒介复制业				
文教、工美、体育和娱乐用品制造业				

11—16　续表 9　　（2015 年）　　计量单位：万美元

指标名称	客商直接投资	# 现 金	利　润 再投资	中方投资
石油加工、炼焦和核燃料加工业				
化学原料和化学制品制造业	3001	3001		
医药制造业	17634	9310	7000	
化学纤维制造业				
橡胶和塑料制品业	200	200		
非金属矿物制品业	323	323		
黑色金属冶炼和压延加工业	9600			
有色金属冶炼和压延加工业				
金属制品业				
通用设备制造业	1406	1406		
专用设备制造业	403	403		
汽车制造业	350	350		
铁路、船舶、航空航天和其他运输设备制造业				
电气机械和器材制造业	371	371	371	
计算机、通信和其他电子设备制造业	11051			
计算机制造				
通信设备制造	11051			
广播电视设备制造				
雷达及配套设备制造				
视听设备制造				
电子器件制造				
电子元件制造				
其他电子设备制造				
仪器仪表制造业				
其他制造业				
废弃资源综合利用业				
金属制品、机械和设备修理业				
电力、热力、燃气及水生产和供应业 (D)				

11—16　续表 10　　　　（2015 年）　　　　计量单位：万美元

指标名称	客商直接投资	# 现 金	利　润 再投资	中方投资
电力、热力生产和供应业				
燃气生产和供应业				
水的生产和供应业				
建筑业 (E)				
房屋建筑业				
土木工程建筑业				
建筑安装业				
建筑装饰和其他建筑业				
批发和零售业 (F)	598	598		
批发业	161	161		
零售业	437	437		
综合零售				
百货零售				
超级市场零售				
交通运输、仓储和邮政业 (G)	6199	2951		
铁路运输业				
道路运输业				
水上运输业				
航空运输业				
管道运输业	6199	2951		
装卸搬运和运输代理业				
仓储业				
邮政业				
住宿和餐饮业 (H)				
住宿业				
餐饮业				
信息传输、软件和信息技术服务业 (I)	2737	2737		
电信、广播电视和卫星传输服务				

11—16　续表 11　　（2015 年）　　计量单位：万美元

指标名称	客商直接投资	# 现 金	利 润 再投资	中方投资
互联网和相关服务				
软件和信息技术服务业	2737	2737		
金融业 (J)	12170	8970		
货币金融服务	12170	8970		
资本市场服务				
保险业				
其他金融业				
房地产业 (K)	17020	15000		
房地产开发经营	15000	15000		
物业管理	860			
房地产中介服务				
自有房地产经营活动	1160			
其他房地产业				
租赁和商务服务业 (L)	1503	3		
租赁业	1500			
商务服务业	3	3		
科学研究和技术服务业 (M)	4280	4280		
研究和试验发展				
专业技术服务业				
科技推广和应用服务业	4280	4280		
水利、环境和公共设施管理业 (N)				
水利管理业				
生态保护和环境治理业				
公共设施管理业				
居民服务、修理和其他服务业 (O)				
居民服务业				
机动车、电子产品和日用产品修理业				

11—16　续表 12　　（2015 年）　　计量单位：万美元

指标名称	客商直接投资	# 现 金	利　润 再投资	中方投资
教育 (P)				
卫生和社会工作 (Q)				
文化、体育和娱乐业 (R)				
娱乐业				
四、按投资国别、地区分组				
1.亚洲	57492	33048	371	
其中：香港	48187	28443	371	
澳门				
台湾	2511	1011		
印度尼西亚				
日本	1980	1980		
马来西亚				
菲律宾				
新加坡				
韩国				
泰国	4800	1600		
东南亚联盟	4800	1600		
2.非洲				
3.欧洲				
其中：比利时				
丹麦				
英国				
德国				
法国				
爱尔兰				
意大利				

11—16 续表 13 （2015 年） 计量单位：万美元

指标名称	客商直接投资	# 现 金	利 润 再投资	中方投资
卢森堡				
荷兰				
希腊				
葡萄牙				
西班牙				
芬兰				
瑞士				
欧盟				
4.拉丁美洲	29537	14688	7000	
其中：开曼群岛	11601			
英属维尔京群岛	17936	14688	7000	
5.北美洲	304	104		
其中：加拿大	3	3		
美国	301	101		
6.大洋洲	2310	2310		
其中：澳大利亚				
新西兰				
7.其他				
五、高新技术产业	29407	10032	7371	
六：并购	27064	2965		
并购涉及国有股权变更				
并购涉及国有资产转移				
被并购公司为上市公司	11051			
被并购公司为非上市公司	15799	2951		
战略投资	214	14		
返程并购				
其他				
合同外资 1000 万美元以上项目	86039	48566	7000	
省级工业聚集区				

11—16　续表14　（2015年）　计量单位：万美元

指标名称	中方投资（续）		企业境外借款		外商其它投资
	# 现 金	实 物		# 外方股东借款	
合　计				**39493**	**23965**
# 国有企业与客商兴办合资合作企业				1160	2926
# 投资总额 500 万美元以上项目				39493	23575
# 世界 500 强					2926
# 开发区合计				19175	
1. 国家级开发区				19175	
2. 省级开发区					
一、按投资方式分组					
（一）港、澳、台投资经济				21244	390
1. 与港澳台合资经营企业				10760	
2. 与港澳台合作经营企业					
3. 港澳台商独资经营企业				10484	390
（二）外商投资经济				18249	23575
1. 中外合资经营企业				3448	2926
2. 中外合作经营企业					
3. 外资企业				14801	20649
二、按产业分组					
第一产业					
第二产业				29525	3705
工业				29525	3705
第三产业				9968	20260
房地产业				2020	
三、按国民经济行业分组					
农、林、牧、渔业 (A)					
农业					
蔬菜、食用菌及园艺作物种植					
其他农业					

11—16　续表 15　　　　（2015 年）　　　　计量单位：万美元

指标名称	中方投资（续）		企业境外借款		外商其它投资
	# 现 金	实 物		# 外方股东借款	
林业					
林木育种和育苗					
畜牧业					
渔业					
水产养殖					
农、林、牧、渔服务业					
农业服务业					
采矿业 (B)					
有色金属矿采选业					
制造业 (C)				29525	779
农副食品加工业					
食品制造业				550	
酒、饮料和精制茶制造业					
酒的制造					
饮料制造					
精制茶加工					
纺织业					
棉纺织及印染精加工					
毛纺织及染整精加工					
家用纺织制成品制造					
非家用纺织制成品制造					
纺织服装、服饰业					
皮革、毛皮、羽毛及其制品和制鞋业					
木材加工和木、竹、藤、棕、草制品业					
家具制造业					
造纸和纸制品业					
印刷和记录媒介复制业					

11—16　续表 16　　　　　　　　　（2015 年）　　　　　　　　　　计量单位：万美元

指标名称	中方投资（续）		企业境外借款		外商其它投资
	# 现 金	实 物		# 外方股东借款	
文教、工美、体育和娱乐用品制造业					
石油加工、炼焦和核燃料加工业					
化学原料和化学制品制造业					
医药制造业				8324	
化学纤维制造业					
橡胶和塑料制品业					
非金属矿物制品业					
黑色金属冶炼和压延加工业				9600	
有色金属冶炼和压延加工业					
金属制品业					
通用设备制造业					
专用设备制造业					
汽车制造业					
铁路、船舶、航空航天和其他运输设备制造业					
电气机械和器材制造业					
计算机、通信和其他电子设备制造业				11051	779
计算机制造					779
通信设备制造				11051	
广播电视设备制造					
雷达及配套设备制造					
视听设备制造					
电子器件制造					
电子元件制造					
其他电子设备制造					
仪器仪表制造业					
其他制造业					
废弃资源综合利用业					
金属制品、机械和设备修理业					

11—16　续表 17　　　（2015 年）　　　计量单位：万美元

指标名称	中方投资（续）		企业境外借款	# 外方股东借款	外商其它投资
	# 现 金	实 物			
电力、热力、燃气及水生产和供应业 (D)					2926
电力、热力生产和供应业					2926
燃气生产和供应业					
水的生产和供应业					
建筑业 (E)					
房屋建筑业					
土木工程建筑业					
建筑安装业					
建筑装饰和其他建筑业					
批发和零售业 (F)					
批发业					
零售业					
综合零售					
百货零售					
超级市场零售					
交通运输、仓储和邮政业 (G)				3248	
铁路运输业					
道路运输业					
水上运输业					
航空运输业					
管道运输业				3248	
装卸搬运和运输代理业					
仓储业					
邮政业					
住宿和餐饮业 (H)					
住宿业					
餐饮业					
信息传输、软件和信息技术服务业 (I)					19870

11—16　续表 18　　　　　　　　（2015 年）　　　　　　　　计量单位：万美元

指标名称	中方投资（续）		企业境外借款		外商其它投资
	# 现 金	实 物		# 外方股东借款	
电信、广播电视和卫星传输服务					
互联网和相关服务					
软件和信息技术服务业					19870
金融业 (J)				3200	
货币金融服务				3200	
资本市场服务					
保险业					
其他金融业					
房地产业 (K)				2020	
房地产开发经营					
物业管理				860	
房地产中介服务					
自有房地产经营活动				1160	
其他房地产业					
租赁和商务服务业 (L)				1500	390
租赁业				1500	
商务服务业					390
科学研究和技术服务业 (M)					
研究和试验发展					
专业技术服务业					
科技推广和应用服务业					
水利、环境和公共设施管理业 (N)					
水利管理业					
生态保护和环境治理业					
公共设施管理业					
居民服务、修理和其他服务业 (O)					
居民服务业					
机动车、电子产品和日用产品修理业					

11—16　续表 19　　　　（2015 年）　　　　计量单位：万美元

指标名称	中方投资（续）		企业境外借款	# 外方股东借款	外商其它投资
	# 现 金	实 物			
教育 (P)					
卫生和社会工作 (Q)					
文化、体育和娱乐业 (R)					
娱乐业					
四、按投资国别、地区分组					
1.亚洲				24444	390
其中：香港				19744	390
澳门					
台湾				1500	
印度尼西亚					
日本					
马来西亚					
菲律宾					
新加坡					
韩国					
泰国				3200	
东南亚联盟				3200	
2.非洲					
3.欧洲					
其中：比利时					
丹麦					
英国					
德国					
法国					
爱尔兰					
意大利					
卢森堡					
荷兰					

11—16　续表 20　　　　（2015 年）　　　　计量单位：万美元

指标名称	中方投资（续）		企业境外借款	# 外方股东借款	外商其它投资
	# 现 金	实 物			
希腊					
葡萄牙					
西班牙					
芬兰					
瑞士					
欧盟					
4.拉丁美洲				14849	20649
其中：开曼群岛				11601	
英属维尔京群岛				3248	20649
5.北美洲				200	2926
其中：加拿大					
美国				200	2926
6.大洋洲					
其中：澳大利亚					
新西兰					
7.其他					
五、高新技术产业				19375	779
六:并购				24099	779
并购涉及国有股权变更					
并购涉及国有资产转移					
被并购公司为上市公司				11051	
被并购公司为非上市公司				12848	
战略投资				200	779
返程并购					
其他					
合同外资 1000 万美元以上项目				37473	22796
省级工业聚集区					

外国和港澳台地区在石投资企业主要经济指标

11—17　　（2015 年）　　计量单位：个、千元、人

指标名称	期末投产企业个数（个）	#亏损企业	总产值（当年价格）（千元）	全部从业人员平均人数（人）
合　计	**227**	**114**	**35114643**	**54116**
#国有企业与客商兴办合资合作企业	26	10	7949459	9033
#以原有企业为依托的合资合作企业	72	35	14381117	21922
一、按投资方式分组				
（一）港、澳、台投资经济	98	48	17915300	29504
1. 与港澳台合资经营企业	55	25	13838678	23339
2. 与港澳台合作经营企业	3	1	290182	302
3. 港澳台商独资经营企业	40	22	3786440	5863
（二）外商投资经济	129	66	17199343	24612
1. 中外合资经营企业	78	47	9337832	8725
2. 中外合作经营企业	7	2	715888	2103
3. 外资企业	43	17	6516064	12535
4. 外商投资股份公司	1		629559	1249
二、按产业分组				
第一产业	1	1		8
第二产业	148	70	34752813	46556
工业	143	67	34752813	46102
第三产业	78	43	361830	7552
房地产业	19	11		1195
三、按国民经济行业分组				
农、林、牧、渔业 (A)	1	1		8
农业	1	1		8
蔬菜、食用菌及园艺作物种植	1	1		8

11—17 续表 1 （2015 年） 计量单位：个、千元、人

指标名称	期末投产企业个数（个）	# 亏损企业	总产值（当年价格）（千元）	全部从业人员平均人数（人）
林业				
畜牧业				
渔业				
水产养殖				
农、林、牧、渔服务业				
采矿业 (B)				
制造业 (C)	142	68	30745356	45626
农副食品加工业	3	1	2177751	895
食品制造业	10	5	596024	869
酒、饮料和精制茶制造业	3	1	1153366	1684
饮料制造				
精制茶加工	3	1	1153366	1684
纺织业	10	5	330642	1337
棉纺织及印染精加工	5	3	233523	692
毛纺织及染整精加工	1		80455	194
家用纺织制成品制造	3	1	16664	451
非家用纺织制成品制造	1	1		
纺织服装、服饰业	11	6	182169	1396
皮革、毛皮、羽毛及其制品和制鞋业	6	4	115678	186
印刷和记录媒介复制业	1	1	1466	11
文教、工美、体育和娱乐用品制造业	2		11959	113
石油加工、炼焦和核燃料加工业				
化学原料和化学制品制造业	14	9	3404160	5128
医药制造业	28	16	10791952	16392

11—17 续表 2　　（2015 年）　　计量单位：个、千元、人

指标名称	期末投产企业个数（个）	#亏损企业	总产值（当年价格）（千元）	全部从业人员平均人数（人）
化学纤维制造业				
橡胶和塑料制品业	8	1	124534	2403
非金属矿物制品业	8	4	363481	688
黑色金属冶炼和压延加工业	4	2	4458172	4423
有色金属冶炼和压延加工业	1		629559	1249
金属制品业	8	2	1470668	2061
通用设备制造业	5	3	68213	728
专用设备制造业	2	2	9980	111
汽车制造业	4	2	411196	1120
铁路、船舶、航空航天和其他运输设备制造业	3		2120563	1651
电气机械和器材制造业	4		1657071	1459
计算机、通信和其他电子设备制造业	5	3	516937	785
仪器仪表制造业	1		87959	608
通用仪器仪表制造				
专用仪器仪表制造				
钟表与计时仪器制造	1		87959	608
其他制造业				
金属制品、机械和设备修理业	1	1	61856	329
电力、热力、燃气及水生产和供应业 (D)	2		4069313	805
电力、热力生产和供应业	1		4031677	756
燃气生产和供应业	1		37636	49
水的生产和供应业				
建筑业 (E)	5	3		454
房屋建筑业	2	2		9
土木工程建筑业	1			90

11—17 续表 3　　　（2015 年）　　　计量单位：个、千元、人

指标名称	期末投产企业个数（个）	# 亏损企业	总产值（当年价格）（千元）	全部从业人员平均人数（人）
建筑安装业	1	1		2
建筑装饰和其他建筑业	1			353
批发和零售业 (F)	30	17		3129
批发业	25	15		1255
零售业	5	2		1874
综合零售	3	2		1806
百货零售	1			611
超级市场零售	2	2		1195
交通运输、仓储和邮政业 (G)	6	2		1451
铁路运输业				
道路运输业	5	2		892
水上运输业				
航空运输业				
管道运输业	1			559
住宿和餐饮业 (H)	2	1		458
住宿业				
餐饮业	2	1		458
信息传输、软件和信息技术服务业 (I)	2			224
电信、广播电视和卫星传输服务				
互联网和相关服务				
软件和信息技术服务业	2			224
金融业 (J)	3	1		25
货币金融服务	2			24
其他金融业	1	1		1

11—17 续表 4　　（2015 年）　　计量单位：个、千元、人

指标名称	期末投产企业个数（个）	# 亏损企业	总产值（当年价格）（千元）	全部从业人员平均人数（人）
房地产业 (K)	19	11		1195
房地产开发经营				
物业管理	3			166
房地产中介服务				
自有房地产经营活动	16	11		1029
其他房地产业				
租赁和商务服务业 (L)	9	5	2347	135
租赁业				
商务服务业	9	5	2347	135
科学研究和技术服务业 (M)	4	4	297627	574
研究和试验发展				
专业技术服务业	2	2		422
科技推广和应用服务业	2	2	297627	152
水利、环境和公共设施管理业 (N)	1	1		30
水利管理业				
生态保护和环境治理业	1	1		30
公共设施管理业				
居民服务、修理和其他服务业 (O)	1			2
居民服务业	1			2
教育 (P)				
卫生和社会工作 (Q)				
文化、体育和娱乐业 (R)				
五、高新技术产业	44	22	13168544	20197

11—17 续表 5 （2015 年）

指标名称	期末从业人员 # 外方及港澳台人员	期末从业人员劳动报酬（千元）	# 外方及港澳台人员	所有者权益（千元）	# 实收资本（千美元）
合　计	**43**	**2504827**	**3188**	**43780120**	**3676848**
# 国有企业与客商兴办合资合作企业	2	445927	56	11371621	1194555
# 以原有企业为依托的合资合作企业	15	1047217	1072	10674064	1141000
一、按投资方式分组					
（一）港、澳、台投资经济	6	1405845	78	16007924	1567715
1. 与港澳台合资经营企业	6	1119167	78	10810857	953611
2. 与港澳台合作经营企业		17058		-82358	11255
3. 港澳台商独资经营企业		269620		5279425	602849
（二）外商投资经济	37	1098982	3110	27772196	2109133
1. 中外合资经营企业	23	484270	2564	12252507	1416929
2. 中外合作经营企业		134240		2337233	127714
3. 外资企业	14	396580	546	12176285	518420
4. 外商投资股份公司		83892		1006171	46070
二、按产业分组					
第一产业		412		31445	2313
第二产业	29	2130895	2681	33847542	2633003
工业	29	2108053	2681	33680103	2593920
第三产业	14	373520	507	9901133	1041532
房地产业	4	47637	138	3705850	191370
三、按国民经济行业分组					
农、林、牧、渔业 (A)		412		31445	2313
农业		412		31445	2313
蔬菜、食用菌及园艺作物种植		412		31445	2313
林业					
畜牧业					
渔业					
水产养殖					
农、林、牧、渔服务业					
采矿业 (B)					

11—17 续表 6 （2015 年）

指标名称	期末从业人员 # 外方及港澳台人员	期末从业人员劳动报酬（千元）	# 外方及港澳台人员	所有者权益（千元）	# 实收资本（千美元）
制造业 (C)	29	2008167	2681	27008847	1708627
农副食品加工业		43527		589935	62695
食品制造业	1	21300	20	619785	42051
酒、饮料和精制茶制造业		102702		356884	14031
饮料制造					
精制茶加工		102702		356884	14031
纺织业	2	31173	6	34940	11073
棉纺织及印染精加工		17627	6	–4932	8157
毛纺织及染整精加工		8017		14918	600
家用纺织制成品制造	2	5529		23140	1581
非家用纺织制成品制造				1814	735
纺织服装、服饰业	1	43453	12	74361	5208
皮革、毛皮、羽毛及其制品和制鞋业		4418		25292	8073
印刷和记录媒介复制业		164		567	71
文教、工美、体育和娱乐用品制造业		3125		20910	3242
石油加工、炼焦和核燃料加工业					
化学原料和化学制品制造业	7	183982	250	2686542	144758
医药制造业	4	551842	225	11545127	601929
化学纤维制造业					
橡胶和塑料制品业	4	53931	20	948778	64179
非金属矿物制品业	5	8575	229	133912	22508
黑色金属冶炼和压延加工业		361953		3982998	325612
有色金属冶炼和压延加工业		83892		1006171	46070
金属制品业	1	73226	19	1465036	53268
通用设备制造业	2	32072	1900	141479	20580
专用设备制造业		4732		54068	46132
汽车制造业		86161		284515	13903
铁路、船舶、航空航天和其他运输设备制造业	2	151330		1338163	81238
电气机械和器材制造业		103662		673201	56674

11—17 续表 7　　　　（2015 年）

指标名称	期末从业人员 # 外方及港澳台人员	期末从业人员劳动报酬（千元）	# 外方及港澳台人员	所有者权益（千元）	# 实收资本（千美元）
计算机、通信和其他电子设备制造业		27478		996690	84648
仪器仪表制造业		20520		7517	450
通用仪器仪表制造					
专用仪器仪表制造					
钟表与计时仪器制造		20520		7517	450
其他制造业					
金属制品、机械和设备修理业		14949		21976	234
电力、热力、燃气及水生产和供应业 (D)		114835		6693232	885527
电力、热力生产和供应业		111052		6633272	883917
燃气生产和供应业		3783		59960	1610
水的生产和供应业					
建筑业 (E)		22842		167439	39083
房屋建筑业		68		15644	23083
土木工程建		5833		71853	9557
建筑安装业		7		13716	623
建筑装饰和其他建筑业		16934		66226	5820
批发和零售业 (F)	5	132542	89	633230	188160
批发业	3	14161	82	495181	83303
零售业	2	118381	7	138049	104857
综合零售		115799		133380	104214
百货零售		38992		355956	7322
超级市场零售		76807		-222576	96892
交通运输、仓储和邮政业 (G)		120254		3326515	254426
铁路运输业					
道路运输业		58126		1981375	117057
水上运输业					
航空运输业					
管道运输业		62128		1345140	137369
住宿和餐饮业 (H)		15752		-65897	7370
住宿业					

11—17 续表 8　　　　（2015 年）

指标名称	期末从业人员 # 外方及港澳台人员	期末从业人员劳动报酬（千元）	# 外方及港澳台人员	所有者权益（千元）	# 实收资本（千美元）
餐饮业		15752		-65897	7370
信息传输、软件和信息技术服务业 (I)	1	14062	278	1111191	22514
电信、广播电视和卫星传输服务					
互联网和相关服务					
软件和信息技术服务业	1	14062	278	1111191	22514
金融业 (J)		2007		724018	232904
货币金融服务		1947		723495	232816
其他金融业		60		523	88
房地产业 (K)	4	47637	138	3705850	191370
房地产开发经营					
物业管理		6128		54677	12017
房地产中介服务					
自有房地产经营活动	4	41509	138	3651173	179353
其他房地产业					
租赁和商务服务业 (L)	2	14010	1	246333	108788
租赁业					
商务服务业	2	14010	1	246333	108788
科学研究和技术服务业 (M)	1	8703	1	201296	35422
研究和试验发展					
专业技术服务业		328		-5589	361
科技推广和应用服务业	1	8375	1	206885	35061
水利、环境和公共设施管理业 (N)		3604		-3410	314
水利管理业					
生态保护和环境治理业		3604		-3410	314
公共设施管理业					
居民服务、修理和其他服务业 (O)	1			31	30
居民服务业	1			31	30
教育 (P)					
卫生和社会工作 (Q)					
文化、体育和娱乐业 (R)					
五、高新技术产业	12	752218	753	15427367	809109

11—17 续表 9　　　　（2015 年）　　　　计量单位：千美元、千元

指标名称	所有者权益（续）		资产总额（千元）		
	实收资本（续）			# 流动资产	# 固定资产原　值
	中方	外方			
合　计	**1794382**	**1882466**	**95163247**	**54521530**	**40690757**
# 国有企业与客商兴办合资合作企业	956691	237864	16790760	8197647	19133719
# 以原有企业为依托的合资合作企业	567325	573675	26247730	15463505	8640295
一、按投资方式分组					
（一）港、澳、台投资经济	596931	970784	42591938	23828460	13066815
1. 与港澳台合资经营企业	576028	377583	27397858	16607435	9508895
2. 与港澳台合作经营企业	4535	6720	141059	45834	84190
3. 港澳台商独资经营企业	16368	586481	15053021	7175191	3473730
（二）外商投资经济	1197451	911682	52571309	30693070	27623942
1. 中外合资经营企业	1113635	303294	21626975	9952822	14996501
2. 中外合作经营企业	53805	73909	3386014	2093823	5308226
3. 外资企业	36	518384	26013015	17942075	6286805
4. 外商投资股份公司	29975	16095	1545305	704350	1032410
二、按产业分组					
第一产业		2313	37202	34746	4074
第二产业	1450349	1182654	64963980	33261492	31503331
工业	1429431	1164489	64419070	32830825	31326751
第三产业	344033	697499	30162065	21225292	9183352
房地产业	40568	150802	15173436	12616665	1106651
三、按国民经济行业分组					
农、林、牧、渔业 (A)		2313	37202	34746	4074
农业		2313	37202	34746	4074
蔬菜、食用菌及园艺作物种植		2313	37202	34746	4074
林业					
畜牧业					
渔业					
水产养殖					
农、林、牧、渔服务业					
采矿业 (B)					

11—17 续表 10　　（2015 年）　　计量单位：千美元、千元

指标名称	所有者权益（续） 实收资本（续） 中方	外方	资产总额（千元）	#流动资产	#固定资产原值
制造业 (C)	545676	1162951	56484616	30427033	20623072
农副食品加工业		62695	1660328	1139222	639228
食品制造业	8685	33366	786839	444796	277184
酒、饮料和精制茶制造业	686	13345	1001028	216549	730698
饮料制造					
精制茶加工	686	13345	1001028	216549	730698
纺织业	7071	4002	390176	241125	177477
棉纺织及印染精加工	5427	2730	249261	120880	144614
毛纺织及染整精加工	210	390	77169	74999	6288
家用纺织制成品制造	1140	441	60698	42968	25806
非家用纺织制成品制造	294	441	3048	2278	769
纺织服装、服饰业	1497	3711	174950	110941	71007
皮革、毛皮、羽毛及其制品和制鞋业	690	7383	133135	123501	20750
印刷和记录媒介复制业		71	2119	1992	924
文教、工美、体育和娱乐用品制造业	1645	1597	37000	16231	2212
石油加工、炼焦和核燃料加工业					
化学原料和化学制品制造业	84273	60485	6923016	2609048	4001973
医药制造业	14354	587575	22202033	10028054	9300208
化学纤维制造业					
橡胶和塑料制品业	41590	22589	2446698	1519995	471037
非金属矿物制品业	13345	9163	790842	678458	273399
黑色金属冶炼和压延加工业	244125	81487	8803362	5991545	431737
有色金属冶炼和压延加工业	29975	16095	1545305	704350	1032410
金属制品业	6385	46883	2404738	1583775	1002426
通用设备制造业	9657	10923	235104	132342	115304
专用设备制造业		46132	74703	56528	27630
汽车制造业	3587	10316	490441	328582	279582
铁路、船舶、航空航天和其他运输设备制造业	46806	34432	2243917	2063079	210452
电气机械和器材制造业	30566	26108	1734947	518560	897197
计算机、通信和其他电子设备制造业	237	84411	2172450	1759110	563512

11—17 续表 11　　　　（2015 年）　　　　计量单位：千美元、千元

指标名称	所有者权益（续）实收资本（续）中方	外方	资产总额（千元）	# 流动资产	# 固定资产原　值
仪器仪表制造业	340	110	30844	28895	5838
通用仪器仪表制造					
专用仪器仪表制造					
钟表与计时仪器制造	340	110	30844	28895	5838
其他制造业					
金属制品、机械和设备修理业	162	72	200641	130355	90887
电力、热力、燃气及水生产和供应业 (D)	883917	1610	8135095	2534147	10794566
电力、热力生产和供应业	883917		8042552	2497364	10756688
燃气生产和供应业		1610	92543	36783	37878
水的生产和供应业					
建筑业 (E)	20918	18165	544910	430667	176580
房屋建筑业	15047	8036	243580	238588	14828
土木工程建筑业	4683	4874	96632	13308	125645
建筑安装业	373	250	15608	14653	3240
建筑装饰和其他建筑业	815	5005	189090	164118	32867
批发和零售业 (F)	7412	180748	3824291	2540568	807882
批发业	3426	79877	2783862	2078341	51790
零售业	3986	100871	1040429	462227	756092
综合零售	3808	100406	1032725	454858	755195
百货零售	3808	3514	838553	348586	655194
超级市场零售		96892	194172	106272	100001
交通运输、仓储和邮政业 (G)	126270	128156	6457099	3034375	6086402
铁路运输业					
道路运输业	50722	66335	2730140	1742888	5026026
水上运输业					
航空运输业					
管道运输业	75548	61821	3726959	1291487	1060376
住宿和餐饮业 (H)	4735	2635	334890	78654	326569
住宿业					
餐饮业	4735	2635	334890	78654	326569

11—17 续表 12　　（2015 年）　　计量单位：千美元、千元

指标名称	所有者权益（续）		资产总额（千元）	# 流动资产	# 固定资产原　值
	实收资本（续）				
	中方	外方			
信息传输、软件和信息技术服务业 (I)		22514	1811289	1463430	247981
电信、广播电视和卫星传输服务					
互联网和相关服务					
软件和信息技术服务业		22514	1811289	1463430	247981
金融业 (J)	145075	87829	1163847	866472	4547
货币金融服务	145040	87776	1163284	865996	4161
其他金融业	35	53	563	476	386
房地产业 (K)	40568	150802	15173436	12616665	1106651
房地产开发经营					
物业管理		12017	86557	21212	68057
房地产中介服务					
自有房地产经营活动	40568	138785	15086879	12595453	1038594
其他房地产业					
租赁和商务服务业 (L)	648	108140	515353	310544	4755
租赁业					
商务服务业	648	108140	515353	310544	4755
科学研究和技术服务业 (M)	18979	16443	669935	173116	507449
研究和试验发展					
专业技术服务业	183	178	150984	130302	6088
科技推广和应用服务业	18796	16265	518951	42814	501361
水利、环境和公共设施管理业 (N)	157	157	11250	11081	229
水利管理业					
生态保护和环境治理业	157	157	11250	11081	229
公共设施管理业					
居民服务、修理和其他服务业 (O)	27	3	34	32	
居民服务业	27	3	34	32	
教育 (P)					
卫生和社会工作 (Q)					
文化、体育和娱乐业 (R)					
五、高新技术产业	73823	735286	28899214	14829407	11461406

11—17 续表 13　　　　（2015 年）　　　　计量单位：千元

指标名称	资产总额（续）	负债总额（千元）			主营业务收入（千元）
	无形资产		# 流动负债	# 长期负债	
合　计	**2193821**	**51383127**	**41493925**	**9155558**	**57733278**
# 国有企业与客商兴办合资合作企业	336352	5419139	3958449	1224895	8367877
# 以原有企业为依托的合资合作企业	936805	15573665	13689360	1692902	15500218
一、按投资方式分组					
（一）港、澳、台投资经济	1172264	26584014	22640448	3745172	20865911
1. 与港澳台合资经营企业	1002845	16587001	14541243	1849643	16265170
2. 与港澳台合作经营企业	495	223417	221138		287551
3. 港澳台商独资经营企业	168924	9773596	7878067	1895529	4313190
（二）外商投资经济	1021557	24799113	18853477	5410386	36867367
1. 中外合资经营企业	478043	9374468	7567076	1555466	13807060
2. 中外合作经营企业	39048	1048781	346282	702499	1392367
3. 外资企业	440398	13836730	10405809	3147597	20979409
4. 外商投资股份公司	64068	539134	534310	4824	688531
二、按产业分组					
第一产业		5757	5757		619
第二产业	1919566	31116438	25827260	4555916	48288440
工业	1888960	30738967	25487739	4517966	47966429
第三产业	274255	20260932	15660908	4599642	9444219
房地产业	60654	11467586	9040148	2427438	2645309
三、按国民经济行业分组					
农、林、牧、渔业 (A)		5757	5757		619
农业		5757	5757		619
蔬菜、食用菌及园艺作物种植		5757	5757		619
林业					
畜牧业					
渔业					
水产养殖					
农、林、牧、渔服务业					
采矿业 (B)					

11—17 续表 14　　（2015 年）　　计量单位：千元

指标名称	资产总额（续）	负债总额（千元）			主营业务收入（千元）
	无形资产		# 流动负债	# 长期负债	
制造业 (C)	1674553	29475769	24510335	4467966	43971429
农副食品加工业	56892	1070393	1053062	17301	3167294
食品制造业	60290	167054	149754	17300	576983
酒、饮料和精制茶制造业	63520	644144	597491		1751123
饮料制造					
精制茶加工	63520	644144	597491		1751123
纺织业	11191	355236	344731	10505	352862
棉纺织及印染精加工	7363	254193	247612	6581	209130
毛纺织及染整精加工		62251	58327	3924	80536
家用纺织制成品制造	3828	37558	37558		63196
非家用纺织制成品制造		1234	1234		
纺织服装、服饰业	4607	100589	99089	1500	586048
皮革、毛皮、羽毛及其制品和制鞋业		107843	107843		116753
印刷和记录媒介复制业		1552	1552		1466
文教、工美、体育和娱乐用品制造业		16090	16090		13369
石油加工、炼焦和核燃料加工业					
化学原料和化学制品制造业	188216	4236474	4087394		3478008
医药制造业	507570	10656906	7777751	2593553	20744693
化学纤维制造业					
橡胶和塑料制品业	78366	1497921	1497921		1148701
非金属矿物制品业	9017	656930	606549	50380	373379
黑色金属冶炼和压延加工业	496471	4820364	3642777	1177587	4418105
有色金属冶炼和压延加工业	64068	539134	534310	4824	688531
金属制品业	6629	939702	856847	82855	1292691
通用设备制造业	14697	93625	93191	434	153976
专用设备制造业	106	20635	20635		4626
汽车制造业	8248	205926	205926		402022
铁路、船舶、航空航天和其他运输设备制造业	25479	905753	889651		2078233
电气机械和器材制造业	44646	1061746	1061410	336	1657259
计算机、通信和其他电子设备制造业	26213	1175760	664369	511391	796074

11—17 续表 15　　　　（2015 年）　　　　计量单位：千元

指标名称	资产总额（续）	负债总额（千元）			主营业务收入（千元）
	无形资产		#流动负债	#长期负债	
仪器仪表制造业		23327	23327		94920
通用仪器仪表制造					
专用仪器仪表制造					
钟表与计时仪器制造		23327	23327		94920
其他制造业					
金属制品、机械和设备修理业	8327	178665	178665		74313
电力、热力、燃气及水生产和供应业 (D)	222734	1441863	1156069	50000	4069313
电力、热力生产和供应业	222734	1409280	1123486	50000	4031677
燃气生产和供应业		32583	32583		37636
水的生产和供应业					
建筑业 (E)	30606	377471	339521	37950	322011
房屋建筑业		227936	189986	37950	499
土木工程建筑业	28193	24779	24779		46297
建筑安装业		1892	1892		4492
建筑装饰和其他建筑业	2413	122864	122864		270723
批发和零售业 (F)	1442	3191061	3141336	49724	2639285
批发业	1308	2288681	2263680	25000	768874
零售业	134	902380	877656	24724	1870411
综合零售		899345	874621	24724	1865555
百货零售		482597	482597		1350541
超级市场零售		416748	392024	24724	515014
交通运输、仓储和邮政业 (G)	49398	3130584	1248772	1881812	3184826
铁路运输业					
道路运输业	6046	748765	46266	702499	652020
水上运输业					
航空运输业					
管道运输业	43352	2381819	1202506	1179313	2532806
住宿和餐饮业 (H)	26171	400787	213783	187004	39904
住宿业					
餐饮业	26171	400787	213783	187004	39904

11—17 续表 16　　（2015 年）　　计量单位：千元

指标名称	资产总额（续）	负债总额（千元）			主营业务收入（千元）
	无形资产		# 流动负债	# 长期负债	
信息传输、软件和信息技术服务业 (I)	82256	700098	646434	53664	408097
电信、广播电视和卫星传输服务					
互联网和相关服务					
软件和信息技术服务业	82256	700098	646434	53664	408097
金融业 (J)	160	439829	439829		31248
货币金融服务	160	439789	439789		30739
其他金融业		40	40		509
房地产业 (K)	60654	11467586	9040148	2427438	2645309
房地产开发经营					
物业管理	3960	31880	31880		14778
房地产中介服务					
自有房地产经营活动	56694	11435706	9008268	2427438	2630531
其他房地产业					
租赁和商务服务业 (L)		269020	269020		23525
租赁业					
商务服务业		269020	269020		23525
科学研究和技术服务业 (M)	45842	468639	468258		387753
研究和试验发展					
专业技术服务业	3621	156573	156573		229906
科技推广和应用服务业	42221	312066	311685		157847
水利、环境和公共设施管理业 (N)	5	14660	14660		9959
水利管理业					
生态保护和环境治理业	5	14660	14660		9959
公共设施管理业					
居民服务、修理和其他服务业 (O)		3	3		
居民服务业		3	3		
教育 (P)					
卫生和社会工作 (Q)					
文化、体育和娱乐业 (R)					
五、高新技术产业	728119	13471846	10022476	3163768	23932336

11—17 续表 17　　　　（2015 年）

指标名称	主营业务收入（续） ＃出口销售收入（千美元）	主营业务成本（千元）	主营业务税金（千元）	三项费用（千元）
合　计	**971365**	**35680059**	**505084**	**6097135**
＃国有企业与客商兴办合资合作企业	148300	5383741	89830	893490
＃以原有企业为依托的合资合作企业	421918	12700202	71132	1908232
一、按投资方式分组				
（一）港、澳、台投资经济	463367	16333587	164471	3269428
1. 与港澳台合资经营企业	331080	13441637	114234	2077844
2. 与港澳台合作经营企业		231626	3	58787
3. 港澳台商独资经营企业	132287	2660324	50234	1132797
（二）外商投资经济	507998	19346472	340613	2827707
1. 中外合资经营企业	243449	10521013	80106	1091120
2. 中外合作经营企业	45326	889327	28253	55060
3. 外资企业	192423	7327818	229069	1605610
4. 外商投资股份公司	26800	608314	3185	75917
二、按产业分组				
第一产业		122		718
第二产业	962356	28646262	260493	4974458
工业	962356	28363121	251821	4953075
第三产业	9009	7033675	244591	1121959
房地产业		1619624	189751	428469
三、按国民经济行业分组				
农、林、牧、渔业 (A)		122		718
农业		122		718
蔬菜、食用菌及园艺作物种植		122		718
林业				
畜牧业				
渔业				
水产养殖				
农、林、牧、渔服务业				
采矿业 (B)				

11—17 续表 18　　　　（2015 年）

指标名称	主营业务收入（续）# 出口销售收入（千美元）	主营业务成本（千元）	主营业务税金（千元）	三项费用（千元）
制造业 (C)	962356	26030770	216300	4749687
农副食品加工业		2903582	1008	166085
食品制造业	9690	400563	1441	63980
酒、饮料和精制茶制造业		1336812		386636
饮料制造				
精制茶加工		1336812		386636
纺织业	12552	341942	1179	32260
棉纺织及印染精加工	7225	212040	872	21325
毛纺织及染整精加工		71271	204	6262
家用纺织制成品制造	5327	58631	103	4553
非家用纺织制成品制造				120
纺织服装、服饰业	51173	314058	1341	42020
皮革、毛皮、羽毛及其制品和制鞋业	7359	111507	401	4754
印刷和记录媒介复制业		1339	7	138
文教、工美、体育和娱乐用品制造业		10310	21	2898
石油加工、炼焦和核燃料加工业				
化学原料和化学制品制造业	53177	3003079	33423	357469
医药制造业	297246	6688715	101963	2409209
化学纤维制造业				
橡胶和塑料制品业	177163	1025015	2926	93636
非金属矿物制品业	2537	333367	1466	43623
黑色金属冶炼和压延加工业	154033	3801281	11174	306049
有色金属冶炼和压延加工业	26800	608314	3185	75917
金属制品业	105433	1022128	9752	182127
通用设备制造业	11133	117412	86	35371
专用设备制造业		3156	9	8377
汽车制造业	24951	327494	2977	65964
铁路、船舶、航空航天和其他运输设备制造业		1519878	13863	209137
电气机械和器材制造业	1979	1208439	21195	154038
计算机、通信和其他电子设备制造业	27130	800159	7346	86305

11—17 续表 19　　（2015 年）

指标名称	主营业务收入（续） #出口销售收入（千美元）	主营业务成本（千元）	主营业务税金（千元）	三项费用（千元）
仪器仪表制造业		82516	1087	10427
通用仪器仪表制造				
专用仪器仪表制造				
钟表与计时仪器制造		82516	1087	10427
其他制造业				
金属制品、机械和设备修理业		69704	450	13267
电力、热力、燃气及水生产和供应业 (D)		2402055	35971	216655
电力、热力生产和供应业		2380279	35438	211273
燃气生产和供应业		21776	533	5382
水的生产和供应业				
建筑业 (E)		283141	8672	21383
房屋建筑业		450	17	1354
土木工程建筑业		36338	2498	3729
建筑安装业		4347	149	121
建筑装饰和其他建筑业		242006	6008	16179
批发和零售业 (F)	8613	2232108	18847	398788
批发业	7901	641689	1644	124347
零售业	712	1590419	17203	274441
综合零售		1587385	17203	273439
百货零售		1172771	15174	112505
超级市场零售		414614	2029	160934
交通运输、仓储和邮政业 (G)		2509464	28466	126590
铁路运输业				
道路运输业		262978	22865	-1288
水上运输业				
航空运输业				
管道运输业		2246486	5601	127878
住宿和餐饮业 (H)		6403	2234	59165
住宿业				
餐饮业		6403	2234	59165

11—17 续表 20　　（2015 年）

指标名称	主营业务收入（续） # 出口销售收入（千美元）	主营业务成本（千元）	主营业务税金（千元）	三项费用（千元）
信息传输、软件和信息技术服务业 (I)		231621	1885	859
电信、广播电视和卫星传输服务				
互联网和相关服务				
软件和信息技术服务业		231621	1885	859
金融业 (J)			1639	6166
货币金融服务			1638	5644
其他金融业			1	522
房地产业 (K)		1619624	189751	428469
房地产开发经营				
物业管理		11685	828	2180
房地产中介服务				
自有房地产经营活动		1607939	188923	426289
其他房地产业				
租赁和商务服务业 (L)	396	4909	546	22593
租赁业				
商务服务业	396	4909	546	22593
科学研究和技术服务业 (M)		352515	730	59267
研究和试验发展				
专业技术服务业		198690	728	35647
科技推广和应用服务业		153825	2	23620
水利、环境和公共设施管理业 (N)		7327	43	6795
水利管理业				
生态保护和环境治理业		7327	43	6795
公共设施管理业				
居民服务、修理和其他服务业 (O)				
居民服务业				
教育 (P)				
卫生和社会工作 (Q)				
文化、体育和娱乐业 (R)				
五、高新技术产业	385637	9444432	118766	2760028

11—17 续表 21　　（2015 年）

指标名称	三项费用（续）			利润总额（千元）
	#管理费用	#财务费用	#利息支出	
合　计	**2673112**	**602494**	**348186**	**5829857**
#国有企业与客商兴办合资合作企业	427905	83730	-5383	2063227
#以原有企业为依托的合资合作企业	815844	110983	73836	1003058
一、按投资方式分组				
（一）港、澳、台投资经济	1199486	301687	208485	1648295
1. 与港澳台合资经营企业	868915	151051	81161	1035667
2. 与港澳台合作经营企业	28335	3355	3323	75796
3. 港澳台商独资经营企业	302236	147281	124001	536832
（二）外商投资经济	1473626	300807	139701	4181562
1. 中外合资经营企业	565627	270958	146649	2031715
2. 中外合作经营企业	67094	-21397	-18293	441091
3. 外资企业	791507	38184	-4357	1701337
4. 外商投资股份公司	49398	13062	15702	7419
二、按产业分组				
第一产业	606	1		-149
第二产业	2160266	486722	312416	4833182
工业	2140259	485377	311072	4822910
第三产业	512240	115771	35770	996824
房地产业	194406	47978	-211	413145
三、按国民经济行业分组				
农、林、牧、渔业 (A)	606	1		-149
农业	606	1		-149
蔬菜、食用菌及园艺作物种植	606	1		-149
林业				
畜牧业				
渔业				
水产养殖				
农、林、牧、渔服务业				
采矿业 (B)				

11—17 续表 22　（2015 年）

指标名称	三项费用（续）			利润总额（千元）
	# 管理费用	# 财务费用	# 利息支出	
制造业 (C)	2032841	387499	315952	3382274
农副食品加工业	51740	23680	18042	107579
食品制造业	37495	1031	491	128384
酒、饮料和精制茶制造业	18249	8112	5162	139768
饮料制造				
精制茶加工	18249	8112	5162	139768
纺织业	13046	11814	8294	–19966
棉纺织及印染精加工	6686	10419	6772	–24028
毛纺织及染整精加工	4674	–108		4008
家用纺织制成品制造	1610	1459	1522	174
非家用纺织制成品制造	76	44		–120
纺织服装、服饰业	21335	1126	623	–3347
皮革、毛皮、羽毛及其制品和制鞋业	2625	1227		354
印刷和记录媒介复制业	138			–18
文教、工美、体育和娱乐用品制造业	2030	1		144
石油加工、炼焦和核燃料加工业				
化学原料和化学制品制造业	212830	54724	47840	126295
医药制造业	891614	174043	175171	1844663
化学纤维制造业				
橡胶和塑料制品业	44680	9756	13966	32934
非金属矿物制品业	14360	25680	1458	–296
黑色金属冶炼和压延加工业	147352	46405	820	282391
有色金属冶炼和压延加工业	49398	13062	15702	7419
金属制品业	122892	–12127	–2035	46136
通用设备制造业	31566	–919	–64	3723
专用设备制造业	7489	–30	–13	–5420
汽车制造业	54885	–1054	2718	4440
铁路、船舶、航空航天和其他运输设备制造业	133416	9824	5665	371665
电气机械和器材制造业	87265	10843	12041	276671
计算机、通信和其他电子设备制造业	72193	4969	4721	45751

11—17 续表 23　　　　（2015 年）

指标名称	三项费用（续）			利润总额（千元）
	#管理费用	#财务费用	#利息支出	
仪器仪表制造业	9877	550	550	887
通用仪器仪表制造				
专用仪器仪表制造				
钟表与计时仪器制造	9877	550	550	887
其他制造业				
金属制品、机械和设备修理业	6366	4782	4800	-7883
电力、热力、燃气及水生产和供应业 (D)	113784	102660	-80	1432753
电力、热力生产和供应业	108533	102740		1422124
燃气生产和供应业	5251	-80	-80	10629
水的生产和供应业				
建筑业 (E)	20007	1345	1344	10272
房屋建筑业	1329	-6	-7	-1300
土木工程建筑业	3734	-5	-5	3714
建筑安装业	121			-177
建筑装饰和其他建筑业	14823	1356	1356	8035
批发和零售业 (F)	112525	32038	7445	66036
批发业	40361	14023	3954	1957
零售业	72164	18015	3491	64079
综合零售	71131	18046	3491	62585
百货零售	63988	10523	10194	135760
超级市场零售	7143	7523	-6703	-73175
交通运输、仓储和邮政业 (G)	81689	44718	46769	390313
铁路运输业				
道路运输业	19960	-21248	-21297	382211
水上运输业				
航空运输业				
管道运输业	61729	65966	68066	8102
住宿和餐饮业 (H)	29012	12943		-27678
住宿业				
餐饮业	29012	12943		-27678

11—17 续表 24　　（2015 年）

指标名称	三项费用（续）			利润总额（千元）
	# 管理费用	# 财务费用	# 利息支出	
信息传输、软件和信息技术服务业 (I)	27490	–31628	–31628	172699
电信、广播电视和卫星传输服务				
互联网和相关服务				
软件和信息技术服务业	27490	–31628	–31628	172699
金融业 (J)	5800	366	349	22589
货币金融服务	5278	366	349	22603
其他金融业	522			–14
房地产业 (K)	194406	47978	–211	413145
房地产开发经营				
物业管理	2147	33		102
房地产中介服务				
自有房地产经营活动	192259	47945	–211	413043
其他房地产业				
租赁和商务服务业 (L)	21807	–199	–206	–3392
租赁业				
商务服务业	21807	–199	–206	–3392
科学研究和技术服务业 (M)	29093	4531	8278	–24817
研究和试验发展				
专业技术服务业	20248	1513	1451	–5642
科技推广和应用服务业	8845	3018	6827	–19175
水利、环境和公共设施管理业 (N)	4052	242	174	–4188
水利管理业				
生态保护和环境治理业	4052	242	174	–4188
公共设施管理业				
居民服务、修理和其他服务业 (O)				
居民服务业				
教育 (P)				
卫生和社会工作 (Q)				
文化、体育和娱乐业 (R)				
五、高新技术产业	1156599	161179	167523	2084221

11—17 续表 25　　（2015 年）

指标名称	应交税金（千元）	净利润（千元）
合　计	**2374767**	**4619075**
# 国有企业与客商兴办合资合作企业	725970	1559768
# 以原有企业为依托的合资合作企业	464683	860771
一、按投资方式分组		
（一）港、澳、台投资经济	902964	1384759
1. 与港澳台合资经营企业	533433	894885
2. 与港澳台合作经营企业	31	72709
3. 港澳台商独资经营企业	369500	417165
（二）外商投资经济	1471803	3234316
1. 中外合资经营企业	828940	1527862
2. 中外合作经营企业	119417	333785
3. 外资企业	504827	1368056
4. 外商投资股份公司	18619	4613
二、按产业分组		
第一产业	1	-149
第二产业	2009438	3894432
工业	2006610	3886986
第三产业	365328	724792
房地产业	-1394	293453
三、按国民经济行业分组		
农、林、牧、渔业 (A)	1	-149
农业	1	-149
蔬菜、食用菌及园艺作物种植	1	-149
林业		
畜牧业		
渔业		
水产养殖		
农、林、牧、渔服务业		
采矿业 (B)		

11—17 续表 26　　（2015 年）

指标名称	应交税金（千元）	净利润（千元）
制造业 (C)	1521738	2806882
农副食品加工业	9331	83893
食品制造业	73428	94386
酒、饮料和精制茶制造业	–12145	129147
饮料制造		
精制茶加工	–12145	129147
纺织业	1310	–20273
棉纺织及印染精加工	313	–24295
毛纺织及染整精加工		4008
家用纺织制成品制造	997	134
非家用纺织制成品制造		–120
纺织服装、服饰业	4686	–4543
皮革、毛皮、羽毛及其制品和制鞋业	2319	–170
印刷和记录媒介复制业	69	–18
文教、工美、体育和娱乐用品制造业	13	124
石油加工、炼焦和核燃料加工业		
化学原料和化学制品制造业	74017	62025
医药制造业	838374	1553735
化学纤维制造业		
橡胶和塑料制品业	5278	27093
非金属矿物制品业	1839	–2213
黑色金属冶炼和压延加工业	95843	282542
有色金属冶炼和压延加工业	18619	4613
金属制品业	56192	38135
通用设备制造业	–104	3723
专用设备制造业	–33	–5420
汽车制造业	2	1923
铁路、船舶、航空航天和其他运输设备制造业	171470	316648
电气机械和器材制造业	132299	211367
计算机、通信和其他电子设备制造业	34719	37030

11—17 续表 27　　（2015 年）

指标名称	应交税金（千元）	净利润（千元）
仪器仪表制造业	9062	663
通用仪器仪表制造		
专用仪器仪表制造		
钟表与计时仪器制造	9062	663
其他制造业		
金属制品、机械和设备修理业	5150	-7528
电力、热力、燃气及水生产和供应业 (D)	490022	1072576
电力、热力生产和供应业	486494	1064595
燃气生产和供应业	3528	7981
水的生产和供应业		
建筑业 (E)	2828	7446
房屋建筑业	1	-1300
土木工程建筑业	931	2784
建筑安装业		-177
建筑装饰和其他建筑业	1896	6139
批发和零售业 (F)	94129	28171
批发业	1537	-1840
零售业	92592	30011
综合零售	92463	28646
百货零售	79667	101821
超级市场零售	12796	-73175
交通运输、仓储和邮政业 (G)	205313	300675
铁路运输业		
道路运输业	101517	284176
水上运输业		
航空运输业		
管道运输业	103796	16499
住宿和餐饮业 (H)	-15	-27909
住宿业		
餐饮业	-15	-27909

11—17 续表 28 （2015 年）

指标名称	应交税金（千元）	净利润（千元）
信息传输、软件和信息技术服务业 (I)	25902	146795
电信、广播电视和卫星传输服务		
互联网和相关服务		
软件和信息技术服务业	25902	146795
金融业 (J)	2566	17022
货币金融服务	2549	17036
其他金融业	17	–14
房地产业 (K)	–1394	293453
房地产开发经营		
物业管理	1432	79
房地产中介服务		
自有房地产经营活动	–2826	293374
其他房地产业		
租赁和商务服务业 (L)	388	–3454
租赁业		
商务服务业	388	–3454
科学研究和技术服务业 (M)	33289	–18245
研究和试验发展		
专业技术服务业	29766	–3780
科技推广和应用服务业	3523	–14465
水利、环境和公共设施管理业 (N)		–4188
水利管理业		
生态保护和环境治理业		–4188
公共设施管理业		
居民服务、修理和其他服务业 (O)		
居民服务业		
教育 (P)		
卫生和社会工作 (Q)		
文化、体育和娱乐业 (R)		
五、高新技术产业	936395	1743224

按贸易方式及企业性质分进出口总值

11—18

（2015 年）

计量单位：千美元、%

贸易方式	进出口	比上年增长	其中：			
			出口	比上年增长	进口	比上年增长
一、按进出口贸易方式分组						
合计	12139116.0	−15.4	7324518.3	−6.0	4814597.7	−26.5
一般贸易	11408722.0	−14.4	6710888.2	−4.5	4697833.7	−25.4
国家间、国际组织无偿援助和赠送的物资	9725.9	114.3	9725.9	114.3		
来料加工装配贸易	38779.3	−64.5	23281.1	−60.4	15498.2	−69.2
进料加工贸易	634639.6	−21.5	543167.2	−18.1	91472.4	−36.9
加工贸易进口设备	8.2	243.2			8.2	243.2
对外承包工程出口货物	35456.2	1.6	35456.2	1.6		
租赁贸易						
外商投资企业作为投资进口的设备、物品						
易货贸易						
保税监管场所进出境货物	6857.8	30.5	101.0		6756.8	28.6
其他贸易	4927.0	217.6	1898.7	699.8	3028.4	130.5
二、按进出口企业性质分组						
合计	12139116.0	−15.4	7324518.3	−6.0	4814597.7	−26.5
国有企业	3937947.7	−26.1	878223.8	−11.3	3059723.9	−29.4
中外合作企业	141109.4	−3.9	106041.7	−2.3	35067.8	−8.6
中外合资企业	959420.1	−11.6	789249.1	−13.5	170171.0	−1.5
外商独资企业	317900.1	−16.1	290638.6	−5.9	27261.5	−61.1
集体企业	689216.8	4.3	269245.9	70.9	419970.9	−16.5
私营企业	5866054.6	−10.5	4764110.8	−7.0	1101943.8	−22.9
个体工商户	227296.7	19.8	226994.2	20.0	302.4	−46.3
其他企业	170.6	2829.0	14.2	143.3	156.5	

按国别（地区）分进出口总值

11—19　　（2015 年）　　计量单位：千美元、%

国别（地区）	进出口	比上年增长	其中：			
			出口	比上年增长	进口	比上年增长
合　计	**12139116.0**	**–15.4**	**7324518.3**	**–6.0**	**4814597.7**	**–26.5**
阿富汗	822.2	–35.4	822.2	–35.4		
巴林	3093.4	–10.4	3093.4	–10.4		
孟加拉国	76698.0	–17.5	74806.3	–15.4	1891.7	–57.6
文莱	1755.7	–11.2	1755.7	–11.2		
缅甸	63777.0	296.8	63429.9	299.2	347.1	89.7
柬埔寨	12499.2	13.0	12116.4	18.6	382.7	–54.5
塞浦路斯	2852.0	–19.1	2852.0	–18.3		
朝鲜	901.3	0.5	901.3	0.5		
香港	102698.4	–9.8	101705.3	–5.9	993.2	–82.8
印度	370182.7	–10.4	348549.2	–6.2	21633.5	–47.7
印度尼西亚	177744.1	–23.3	166551.4	–21.9	11192.6	–39.9
伊朗	90902.0	32.4	76089.1	38.8	14812.9	6.9
伊拉克	20280.2	–0.2	20280.2	–0.2		
以色列	52594.0	–4.6	47924.7	–7.3	4669.4	36.2
日本	308230.9	–16.8	248001.0	–6.9	60229.9	–42.2
约旦	17646.8	7.5	17646.8	7.5		
科威特	6514.7	–53.3	6514.7	–25.3		
老挝	514.6	29.9	514.6	29.9		
黎巴嫩	9020.5	–14.0	9012.0	–14.0	8.4	9.6
澳门	4568.6	266.8	4568.6	266.8		
马来西亚	114132.8	–21.0	88038.7	–26.6	26094.2	6.4
马尔代夫	704.1	–2.4	704.1	–2.4		
蒙古	24997.0	200.1	8587.8	124.0	16409.2	264.9
尼泊尔联邦民主共和国	1270.3	29.0	1219.7	24.3	50.7	1495.3
阿曼	17108.1	–6.2	11460.6	12.6	5647.6	–29.9

11—19 续表1　（2015年）　计量单位：千美元、%

国别（地区）	进出口	比上年增长	其中：			
			出口	比上年增长	进口	比上年增长
巴基斯坦	93821.4	–10.8	87887.6	–10.5	5933.8	–14.2
巴勒斯坦	309.1	182.9	309.1	182.9		
菲律宾	103719.2	–23.2	103298.5	–23.3	420.7	2.4
卡塔尔	5031.3	–46.0	3721.5	–39.6	1309.8	–58.5
沙特阿拉伯	89278.4	9.8	88687.4	37.0	591.0	–96.4
新加坡	58300.5	–16.5	39425.4	–6.5	18875.1	–31.7
韩国	382325.0	11.6	305391.0	18.3	76934.0	–8.7
斯里兰卡	16073.0	2.9	15455.8	–0.6	617.2	933.4
叙利亚	4426.6	56.4	4426.6	56.4		
泰国	177405.7	–20.1	105584.5	–24.0	71821.3	–13.7
土耳其	124999.1	16.1	116151.8	18.9	8847.3	–11.6
阿联酋	87005.3	–20.3	85947.5	–20.2	1057.9	–21.8
也门	11202.2	–50.8	11202.2	–50.8		
越南	130164.2	–12.2	123426.4	–14.9	6737.9	111.3
中华人民共和国	3611.5	12.5			3611.5	12.5
台湾省	130560.3	–17.1	82459.4	–8.3	48100.9	–28.7
东帝汶	955.2	–6.9	955.2	–6.9		
哈萨克斯坦	11394.4	–59.0	11394.4	–51.0		
吉尔吉斯斯坦	64694.5	32.7	64272.3	32.4	422.3	98.1
塔吉克斯坦	9735.2	–52.9	9735.2	–52.9		
土库曼斯坦	1148.7	–44.9	1148.7	–44.9		
乌兹别克斯坦	11554.6	–39.1	8901.7	–44.1	2652.9	–13.1
阿尔及利亚	12539.3	–41.6	12226.9	–43.1	312.4	
安哥拉	18879.4	–54.7	18879.4	–54.7		
贝宁	8660.2	–43.2	8660.2	–40.0		

11—19 续表 2　　（2015 年）　　计量单位：千美元、%

国别（地区）	进出口	比上年增长	其中：			
			出口	比上年增长	进口	比上年增长
博茨瓦纳	262.4	-60.2	262.4	-60.2		
布隆迪	1727.3	468.8	1727.3	468.8		
喀麦隆	15511.1	-8.7	15511.1	-4.0		
佛得角	162.5	-39.1	162.5	-39.1		
中非	521.0		521.0			
乍得	6357.8	45.8	6357.8	45.8		
科摩罗	999.5	120.6	999.5	120.6		
刚果（布）	4283.9	55.3	4283.9	55.3		
吉布提	5829.9	57.9	5778.9	56.5	51.0	
埃及	39379.1	16.9	39378.0	24.8	1.1	-99.9
赤道几内亚	1550.7	-20.5	1550.7	-20.5		
埃塞俄比亚	23135.2	-9.8	22435.6	-8.9	699.6	-30.9
加蓬	1540.3	-59.4	1540.3	-59.4		
冈比亚	4042.8	-38.7	4020.7	-39.0	22.1	
加纳	32683.6	5.1	32683.6	5.1		
几内亚	3952.5	45.5	3952.5	45.5		
几内亚比绍	82.9	-91.3	82.9	-91.3		
科特迪瓦	20692.7	23.5	20692.7	23.5		
肯尼亚	34623.4	3.9	34551.8	3.7	71.7	
利比里亚	4655.0	-6.8	4614.2	-7.6	40.8	
利比亚	3403.7	-42.0	3403.7	-42.0		
马达加斯加	21128.9	8.0	21128.9	8.0		
马拉维	1962.3	389.2	1962.3	389.2		
马里	2463.2	-57.3	2353.1	-53.7	110.1	-83.9
毛里塔尼亚	41292.2	-23.1	8747.0	107.6	32545.2	-34.3
毛里求斯	7367.7	7.3	7313.4	6.7	54.3	365.9
摩洛哥	13775.1	-5.4	13774.7	-5.4	0.4	-90.8

11—19 续表 3　　　　（2015 年）　　　　计量单位：千美元、%

国别（地区）	进出口	比上年增长	其中：			
			出口	比上年增长	进口	比上年增长
莫桑比克	7726.1	–30.9	7726.1	–22.8		
纳米比亚	1124.5	–44.3	1124.5	–44.3		
尼日尔	1205.0	–48.8	1205.0	–28.8		
尼日利亚	52518.3	–38.8	52472.3	–38.8	46.0	–25.6
留尼汪	532.0	–44.3	532.0	–44.3		
卢旺达	469.0	83.5	357.0	39.7	112.0	
圣多美和普林西比	90.6	–47.7	90.6	–47.7		
塞内加尔	7122.5	–13.8	7122.5	–1.0		
塞舌尔	115.9	–41.4	115.9	–41.4		
塞拉利昂	13572.3	–71.6	4021.1	2.3	9551.3	–78.2
索马里	2767.8	–15.4	2767.8	–15.4		
南非	388250.4	–24.1	122240.1	1.6	266010.3	–32.0
苏丹	11021.2	–40.5	9561.6	–17.8	1459.6	–78.8
坦桑尼亚	30332.0	–2.4	30125.8	1.4	206.2	–84.9
多哥	6347.9	–20.5	6325.8	40.9	22.1	–99.4
突尼斯	3897.3	–48.5	3758.9	–50.4	138.5	
乌干达	6652.1	23.3	6213.2	96.0	438.9	–80.3
布基纳法索	3837.2	62.8	3837.2	81.5		
刚果（金）	14404.7	–25.0	14404.7	–25.0		
赞比亚	4565.3	124.2	4249.1	109.0	316.2	10063.6
津巴布韦	5243.6	–18.9	5243.6	–18.9		
莱索托	2874.5	417.0	2874.5	417.0		
斯威士兰	1009.6	–80.5	1009.6	–43.2		
厄立特里亚	727.8	–2.8	727.8	–2.8		
马约特	171.3	206.3	171.3	206.3		
南苏丹共和国	330.5	481.5	330.5	481.5		
比利时	88613.8	–16.5	63534.9	–17.7	25078.9	–13.3

11—19 续表4 （2015年） 计量单位：千美元、%

国别（地区）	进出口	比上年增长	其中：			
			出口	比上年增长	进口	比上年增长
丹麦	30630.8	–32.7	26769.8	–10.9	3861.0	–75.0
英国	243138.6	–15.5	210248.2	–8.7	32890.4	–42.8
德国	316064.5	–24.6	267032.3	–22.0	49032.2	–36.0
法国	123014.5	–13.5	99859.5	–6.1	23155.0	–35.3
爱尔兰	25169.8	–10.4	17489.6	17.8	7680.2	–42.0
意大利	206863.4	–10.2	170005.8	–10.6	36857.6	–8.1
卢森堡	779.7	286.9	20.9	14.3	758.8	314.1
荷兰	200014.2	–5.1	159871.2	5.0	40143.0	–31.5
希腊	8758.3	2.7	8075.6	21.8	682.7	–64.1
葡萄牙	7803.4	–45.4	7153.8	–44.5	649.6	–53.5
西班牙	121441.5	–1.5	113807.4	2.4	7634.1	–37.3
阿尔巴尼亚	3026.0	–0.3	612.8	–52.8	2413.1	39.1
安道尔	7.9		7.9			
奥地利	16524.1	–21.7	8404.0	–19.3	8120.1	–24.1
保加利亚	3923.8	–33.3	3900.1	–33.7	23.8	5842.0
芬兰	32294.1	–2.9	17377.8	–24.7	14916.3	46.9
匈牙利	5805.4	–47.4	5749.5	–42.2	55.9	–94.9
冰岛	849.2	65.8	849.2	65.9		
列支敦士登	105.6		105.6			
马耳他	836.6	–10.7	835.5	–10.7	1.1	44.0
挪威	14028.2	–9.9	13525.9	–12.9	502.2	892.1
波兰	45437.5	–14.2	44739.6	–14.4	697.9	3.8
罗马尼亚	8129.0	–54.4	8071.1	–54.7	57.9	
圣马力诺	1.6		1.6			
瑞典	42619.5	–22.2	39796.4	–21.9	2823.2	–26.1
瑞士	10573.0	–32.5	6440.2	–12.4	4132.9	–50.3

11—19 续表5　　　　　　　（2015年）　　　　　　　计量单位：千美元、%

国别（地区）	进出口	比上年增长	其中：			
			出口	比上年增长	进口	比上年增长
爱沙尼亚	2846.2	–19.7	2826.1	–20.2	20.1	
拉脱维亚	7434.8	3.9	7434.8	3.9		
立陶宛	11360.0	–33.8	11360.0	–33.7		
格鲁吉亚	5418.4	2.7	5418.4	2.7		
亚美尼亚	793.4	12.6	793.4	12.6		
阿塞拜疆	2817.2	–57.8	2817.2	–57.8		
白俄罗斯	3779.1	–30.1	3759.2	133.1	19.9	–99.5
摩尔多瓦	508.5	191.1	508.5	191.1		
俄罗斯联邦	875957.2	–3.0	867861.3	–0.2	8095.9	–75.7
乌克兰	106859.5	22.7	31395.6	–50.3	75463.9	214.8
斯洛文尼亚	8463.3	–3.7	8338.9	–1.6	124.4	–60.3
克罗地亚	4682.6	–24.5	4636.0	–25.2	46.6	2636.0
捷克	21936.9	27.0	13019.5	11.6	8917.4	59.0
斯洛伐克	2342.5	–21.2	2342.5	–11.7		
前南马其顿	219.9	50.5	202.3	38.5	17.6	
波黑	82.2	–53.0	73.7	–57.8	8.5	
塞尔维亚	856.5	–64.0	856.5	–64.0		
黑山	547.5	–32.9	547.5	–32.9		
安提瓜和巴布达	17.4		17.4			
阿根廷	34668.7	36.1	32880.3	38.1	1788.5	7.2
阿鲁巴						
巴哈马	173.1	90.4	173.1	90.4		
巴巴多斯	517.1	–22.8	517.1	–22.8		
伯利兹	211.0	28.1	211.0	28.1		
多民族玻利维亚国	1814.0	–23.2	1280.8	–39.8	533.2	128.4
巴西	901513.2	–29.8	149966.4	–15.4	751546.8	–32.2
开曼群岛	4.5		4.5			
智利	102592.2	–10.6	65965.5	–3.9	36626.7	–20.5

11—19 续表6　　（2015年）　　计量单位：千美元、%

国别（地区）	进出口	比上年增长	其中：			
			出口	比上年增长	进口	比上年增长
哥伦比亚	25566.7	7.5	25502.2	7.3	64.5	
多米尼克	473.5	200.7	473.5	200.7		
哥斯达黎加	7891.3	7.3	7433.0	37.9	458.3	-76.7
古巴	2601.9	6.6	2601.9	6.6		
库腊索岛						
多米尼加共和国	9250.2	6.6	9250.2	6.6		
厄瓜多尔	10395.6	4.7	10231.8	3.1	163.7	
法属圭亚那	0.4	-7.8	0.4	-7.8		
格林纳达	19.9	-43.9	19.9	-43.9		
瓜德罗普	234.1	-7.4	234.1	-7.4		
危地马拉	12413.9	12.9	12413.9	12.9		
圭亚那	2771.0	-27.4	2771.0	-27.4		
海地	5855.3	-22.7	5855.3	-22.7		
洪都拉斯	2817.4	17.6	2816.0	19.1	1.4	-95.8
牙买加	1752.6	8.0	1752.6	8.0		
马提尼克	17.1					
墨西哥	79048.9	17.5	77839.0	17.2	1209.8	36.5
尼加拉瓜	9312.8	-31.8	9312.8	-31.8		
巴拿马	7614.6	-35.6	7614.6	-35.6		
巴拉圭	7392.1	3.7	7392.1	5.2		
秘鲁	32906.2	-32.1	32633.9	-32.7	272.3	
波多黎各	6820.1	-42.3	6820.1	-42.3		
圣卢西亚	8.7	6.2	8.7	6.2		
圣马丁岛	13.0		13.0			
圣文森特和格林纳丁斯	2.4		2.4			
萨尔瓦多	2533.4	-4.9	2532.9	-4.9	0.5	-11.1

11—19 续表 7　　（2015 年）　　计量单位：千美元、%

国别（地区）	进出口	比上年增长	其中：			
			出口	比上年增长	进口	比上年增长
苏里南	729.3	-47.1	729.3	-47.1		
特立尼达和多巴哥	4157.2	5.8	4157.2	5.8		
乌拉圭	15453.3	-27.0	14710.7	-3.8	742.6	-87.4
委内瑞拉	9744.4	-0.1	5234.9	-46.3	4509.5	
荷属安的列斯群岛	39.3		39.3			
拉丁美洲其他国家（地区）	65.1	-43.3			65.1	
加拿大	170574.5	-17.7	129855.6	0.2	40718.8	-47.5
美国	1347841.1	-10.6	1100103.5	-0.9	247737.6	-37.6
百慕大	0.6		0.6			
澳大利亚	2753499.0	-21.0	129844.7	-2.9	2623654.3	-21.7
库克群岛	544.7	-55.8	544.7	-55.8		
斐济	3284.5	6.2	3283.7	6.2	0.8	
新喀里多尼亚	330.4	78.1	330.4	78.1		
瓦努阿图	398.3	178.2	398.3	178.2		
新西兰	42937.9	-41.3	17822.9	-8.0	25115.0	-53.3
巴布亚新几内亚	6250.2	35.0	6250.2	35.0		
社会群岛	281.1	-38.6	281.1	-38.6		
所罗门群岛	199.0	18.1	199.0	18.1		
汤加	221.5	-7.6	221.5	-7.6		
萨摩亚	59.5	-34.0	59.5	-34.0		
基里巴斯	22.6	-63.3	22.6	-63.3		
密克罗尼西亚联邦	51.3	2260.5	51.3	2260.5		
马绍尔群岛						
帕劳						
法属波利尼西亚	150.0	-58.6	150.0	-58.6		
大洋洲其他国家（地区）	97.9	-21.4	97.9	-21.4		

按商品构成分出口总值

11—20　　　　（2015 年）　　　　计量单位：千美元、%

商品构成	出口	比上年增长
合　计	**6564380.6**	**–5.2**
机电产品（包括本目录已具体列名的机电产品）	1408254.9	–8.4
金属制品	708212.6	–8.2
机械设备	399902.3	–15.9
电器及电子产品	150591.7	4.7
运输工具	80028.7	1.7
仪器仪表	44992.3	5.3
其他机电产品	24527.3	0.4
高新技术产品	505327.9	0.1
生物技术	325.6	56.0
生命科学技术	407709.0	–3.5
光电技术	11786.2	0.2
计算机与通信技术	5243.3	–41.0
电子技术	22835.3	12.4
计算机集成制造技术	20464.0	39.5
材料技术	35273.0	34.5
航空航天技术	1691.4	396.8
其他高新技术产品		
农产品	333462.9	–8.9
肉及杂碎	4258.1	–56.9
牛肉	550.0	10.0
水海产品	884.8	–35.5
冻鱼、冻鱼片	474.5	53.7
粮食	73292.6	14.1
谷物及谷物粉	1611.3	–44.4
稻谷和大米		

11—20 续表 1　　（2015 年）　　计量单位：千美元、%

商品构成	出口	比上年增长
玉米 ##	17.1	42.5
薯类及含有淀粉的块茎		
豆类	71681.3	16.9
蔬菜	30917.2	–44.0
鲜或冷藏蔬菜	1103.1	–95.9
干的食用菌类	715.0	199.8
鲜、干水果及坚果	56464.5	4.6
苹果	153.9	–15.6
梨	55370.4	4.9
果蔬汁	10984.2	–26.5
食用油籽	4206.0	25.2
大豆	3691.1	189.6
花生、花生仁	74.8	–91.0
食用植物油（包括棕榈油）	1209.3	
烘焙花生	1370.1	63.8
天然蜂蜜	186.5	4.8
辣椒干	2576.7	–44.7
猪肉罐头	17.8	358.4
番茄酱	5970.7	–50.3
蘑菇罐头	31.8	30.6
啤酒	15.0	17.8
肠衣	2518.0	–52.1
填充用羽毛；羽绒	12.8	15.2
中药材及中式成药	9718.7	–4.0
植物性药材	8360.1	7.0

11—20　续表 2　　（2015 年）　　计量单位：千美元、%

商品构成	出口	比上年增长
矿物性药材		
肥料	56214.7	5.0
矿物肥料及化肥	56166.6	5.0
尿素	819.2	–56.5
氮、磷、钾复合肥	113.1	1396.4
磷酸氢二铵	19.8	–50.8
硫酸钾	3662.5	324.8
锯材		
胶合板及类似多层板	9736.2	32.1
印刷品	6984.0	109.2
山羊绒	19393.1	–26.5
硫磺	10.6	38.6
黏土及其他耐火矿物	2806.2	–24.9
天然石墨	145.7	–16.7
天然碳酸镁；氧化镁	55.7	–24.3
萤石（氟石）	41.6	–31.1
天然硫酸钡（重晶石）	1.6	–99.3
焦炭及半焦炭	5.0	
成品油 ##	5.4	
石蜡 #		
稀土及其制品	564.1	3428.1
稀土	564.1	
氧化铝	308.1	11.8
钨品	672.9	–31.9
仲钨酸铵	0.5	
氧化锌及过氧化锌	898.9	1000.5

11—20 续表3 （2015年） 计量单位：千美元、%

商品构成	出口	比上年增长
碳酸钠（纯碱）	24.8	17.2
柠檬酸	13.5	-37.2
合成有机染料	15782.3	-26.9
锌钡白（立德粉）	270.5	-32.3
医药品	710588.2	-10.0
维生素C	130829.0	-15.7
抗菌素（制剂除外）	253188.3	-15.9
中式成药	1358.5	-41.2
医用敷料	1574.3	-55.2
洗衣粉	698.0	4.2
烟花、爆竹	925.5	-2.0
松香及树脂酸		
杀虫剂、除草剂及类似品	81829.6	-5.8
初级形状的聚氯乙烯	1068.6	74.7
新的充气橡胶轮胎	116.6	-10.2
家用或装饰用木制品	408.9	-36.2
纸及纸板（未切成形的）	6461.3	-46.5
牛皮纸	17.5	199.3
纺织纱线、织物及制品	690314.9	-9.2
棉纱线	5318.2	32.8
丝织物	377.3	-57.8
毛纺机织物	5287.7	-71.5
棉机织物	165679.1	10.1
亚麻及苎麻机织物	810.9	9.4
合成短纤与棉混纺机织物	104445.4	0.3
地毯	40428.0	-13.3

11—20 续表 4　　（2015 年）　　计量单位：千美元、%

商品构成	出口	比上年增长
塑料编织袋（周转袋除外）	19505.9	
水泥及水泥熟料	846.6	2419.7
花岗岩石材及制品	7376.4	17.9
平板玻璃	114.0	–17.8
玻璃制品	31954.0	–7.7
玻璃器皿	19098.9	–13.4
陶瓷产品	45424.0	–6.1
家用陶瓷	28365.6	–1.9
建筑用陶瓷	9190.7	2.4
装饰用陶瓷	148.6	12.7
铁合金	4190.5	265.1
钢坯及粗锻件	10.5	
钢材	833333.5	4.5
钢铁棒材	441909.0	46.7
角钢及型钢	8482.1	–69.7
钢铁板材	119085.6	–12.0
钢铁线材	102568.2	–18.4
钢铁管配件	97917.8	–17.4
未锻轧铜及铜材	669.7	43.2
铜材	669.7	43.2
未锻轧铝及铝材	15860.6	25.3
铝材	15860.6	25.3
未锻轧锌及锌合金	14.3	–82.5
未锻轧锡及锡合金	0.1	
镁及其制品（包括废碎料）	136.6	–92.0

11—20 续表 5 （2015 年） 计量单位：千美元、%

商品构成	出口	比上年增长
钢铁或铜制标准紧固件	11267.6	4.6
不锈钢厨具、餐具等家用器具	150.0	–58.2
餐桌、厨房及其他家用搪瓷器	10321.6	–6.3
手用或机用工具	73413.8	–6.6
电扇	271.3	–90.3
空气调节器	13003.1	–18.0
冰箱	116.5	–40.1
洗衣机	0.9	165.5
微波炉	1.3	8.8
纺织机械及零件	6981.3	–74.9
工业用缝纫机	113.5	–62.3
金属加工机床	10692.4	11.5
车床	56.4	75.7
铣床	17.2	390.6
自动数据处理设备及其部件	1816.2	11.3
自动数据处理设备	202.7	–73.9
平板电脑		
便携式电脑（平板电脑除外）	110.2	264.7
微型电脑	68.3	–87.0
中央处理部件	8.1	–56.8
显示器	389.4	
液晶显示器	389.4	
存储部件	0.5	
自动数据处理设备的零件	22.9	–39.4
打印机（包括多功能一体机）	1173.3	44.1
液晶显示板	10241.9	–2.9

11—20 续表 6　　（2015 年）　　计量单位：千美元、%

商品构成	出口	比上年增长
轴承	2548.5	−56.1
电动机及发电机	29499.2	−10.5
变压器	488.7	−46.2
静止式变流器	3724.3	79.2
原电池	6.6	566.1
蓄电池	23.4	−5.7
铅酸蓄电池	17.9	−28.0
太阳能电池	1803.0	447.0
电话机	0.2	−99.5
扬声器	307.2	221.5
录、放像机	480.1	
声音录制或重放设备	0.3	−70.2
收音设备（包括收录音组合机及整套散件）	0.2	
彩色电视机	2.6	−98.7
液晶电视机	0.4	−99.8
电视、收音机及无线电讯设备的零附件	2002.8	78.7
电容器	87.0	3226.1
印刷电路	759.0	−38.3
通断保护电路装置及零件	13258.5	31.4
二极管及类似半导体器件	2374.6	−47.3
集成电路	708.4	−43.4
处理器及控制器	224.7	2748.6
存储器	27.8	
放大器	2.0	
电线和电缆	4860.0	145.0
汽车	2080.8	−25.7

11—20 续表 7　　　　（2015 年）　　　　计量单位：千美元、%

商品构成	出口	比上年增长
小轿车	959.0	
四轮驱动轻型越野车		
货车	12.9	-90.7
汽车零配件	79714.0	-1.3
摩托车	540.9	107.6
自行车 ##	1359.0	335.5
摩托车及自行车的零配件	1362.0	-47.0
船舶	590.3	1296.7
眼镜及其零件	6353.0	-24.8
眼镜片	5923.4	-25.2
眼镜架及其零件	96.2	-14.4
眼镜成品	333.4	-19.1
医疗仪器及器械	14938.0	31.2
手表	0.8	157.0
电动手表	0.8	157.0
日用钟	22.7	575.6
家具及其零件	23496.0	10.1
床垫、寝具及类似品	8895.6	-20.9
灯具、照明装置及零件	10620.2	31.2
箱包及类似容器	36000.9	22.1
体育用品及设备	3591.2	-19.6
服装及衣着附件	1781953.3	-5.0
织物制服装	1229377.7	-0.4
非针织钩编织物服装	1137960.1	2.7
针织或钩编的服装	91417.5	-27.8
皮革服装	18688.5	-73.1
裘皮服装	23327.1	-54.9
皮革手套	10528.6	5.1

11—20 续表 8　　（2015 年）　　计量单位：千美元、%

商品构成	出口	比上年增长
织物制手套	11059.1	–31.6
织物制袜子	2363.4	–16.5
帽类	50817.9	0.2
鞋类	118490.2	
鞋	117733.9	
外底及鞋面均以橡胶或塑料制的鞋	5373.7	152.1
皮面鞋	58526.6	24.7
橡胶或塑料底纺织材料为面的鞋	2709.7	–1.0
鞋靴零件；护腿及类似品	756.3	1.7
塑料制品	91021.2	11.8
玩具	28.8	–92.1
圣诞用品	1380.2	24.0
足球、篮球、排球	14.3	
艺术珍藏品及古董	6.0	–24.0
伞	373.5	29.5
竹编结品	6.2	37.3
藤编结品	27.5	–74.6
草编结品	197.9	–21.7
柳编结品	256.9	–9.1
文化产品	26055.4	–5.6
印刷品（文化产品项下）	68.8	6.0
图书	12.5	–3.0
其他印刷品	56.3	8.2
视觉艺术品	25894.6	–5.8
绘画	4.1	–10.0
其他视觉艺术品	25890.5	–5.8
其他	92.0	255.8
宣纸	0.8	166.7
乐器	91.2	256.9

按商品构成分进口总值

11—21　　　　（2015 年）　　　　计量单位：千美元、%

商品构成	进口	比上年增长
合　计	**4569414.1**	**–26.9**
机电产品（包括本目录已具体列名的机电产品）	330768.5	–28.8
金属制品	4262.8	50.4
机械设备	95650.9	–53.9
电器及电子产品	29104.9	–35.9
运输工具	115728.8	12.6
仪器仪表	84731.3	–18.4
其他机电产品	1289.8	–34.6
高新技术产品	200130.6	–6.1
生命科学技术	51368.1	–17.5
光电技术	14613.1	–0.8
计算机与通信技术	3271.0	–57.5
电子技术	3050.1	–23.6
计算机集成制造技术	16874.1	–40.3
材料技术	5781.9	–16.1
航空航天技术	105172.3	18.6
其他高新技术产品		
农产品	319092.9	–34.4
鲜、干水果及坚果	268.2	–49.9
乳品	13076.8	–68.7
奶粉	12863.0	–68.8
粮食	15663.0	59.6
谷物及谷物粉	4015.5	–53.0
小麦	3673.8	48.8
稻谷和大米	341.7	–93.0
食用植物油	285.9	7.7
橄榄油	168.7	–26.0

11—21　续表 1　　（2015 年）　　计量单位：千美元、%

商品构成	进口	比上年增长
食糖	377.5	56.2
酒类	1116.0	3.0
啤酒	84.9	–34.3
葡萄酒	1031.1	8.9
饲料用鱼粉	157.9	–58.1
天然橡胶（包括胶乳）	88.0	–98.3
合成橡胶（包括胶乳）	8353.5	–37.4
原木	979.7	3790.1
锯材	235.6	–60.2
纸浆	178.7	–66.7
羊毛	105.1	
棉花	8974.6	–76.1
纺织用合成纤维	1508.1	36.1
聚酯纤维	1475.7	39.7
人造纤维短纤	3.4	–99.6
铁矿砂及其精矿	3608445.9	–26.6
锰矿砂及其精矿	12832.7	–65.9
铜矿砂及其精矿	38.3	–36.4
铬矿砂及其精矿	81026.0	132.7
煤及褐煤		
炼焦煤		
成品油	1446.7	–74.1
苯乙烯		
乙二醇		
异氰酸酯		
医药品	33338.3	19.5

11—21 续表 2 （2015 年） 计量单位：千美元、%

商品构成	进口	比上年增长
抗菌素（制剂除外）	165.8	–95.4
抗菌素制剂	8756.7	62.3
美容化妆品及护肤品	152.1	103.2
合成有机染料	641.5	289.2
钛白粉	6.5	
聚合物油漆及清漆	49.9	
初级形状的塑料	61434.1	–50.6
初级形状的聚乙烯	6692.3	–78.8
初级形状的线型低密度聚乙烯	748.0	–84.0
初级形状的聚丙烯	8921.3	–15.2
初级形状的苯乙烯聚合物	152.5	–10.4
初级形状的聚氯乙烯	22247.2	–32.4
初级形状的聚酯	48.6	–97.6
非泡沫塑料的板、片、膜、箔	2237.3	33.9
废塑料	6625.9	84.8
杀虫剂、除草剂及类似品	366.5	–11.6
牛皮革及马皮革	7831.1	66.8
废纸	39169.4	11.8
纸及纸板（未切成形的）	1235.5	–7.8
牛皮纸	159.2	520.9
涂布纸	713.0	–34.6
纺织纱线、织物及制品	24158.8	5.5
毛纱线	3059.6	4.8
棉纱线	10234.6	48.3
合成纤维纱线		
聚酰胺纤维长丝（缝纫线除外）		
丝织物		

11—21　续表 3　　（2015 年）　　计量单位：千美元、%

商品构成	进口	比上年增长
棉机织物	4937.3	3.1
合成纤维长丝机织物	537.9	–59.4
合成短纤与棉混纺机织物	0.7	–99.4
涂覆浸渍塑料的织物	344.3	–50.0
针织或钩编织物	956.9	51.0
服装及衣着附件	3608.6	182.4
玻璃纤维及其制品	669.2	–46.1
废金属	9263.0	–11.6
废钢	9263.0	–11.6
钢坯及粗锻件	18.6	
钢材	2125.9	–30.6
钢铁棒材	264.9	–55.7
钢铁板材	124.1	86.4
钢铁管材及空心异形材	1651.8	–26.1
钢铁制标准紧固件	155.3	–39.2
未锻轧铜及铜材	364.7	–16.4
铜材	364.7	–16.4
未锻轧铝及铝材	467.0	39.2
未锻轧铝（包括铝合金）		
铝材	467.0	82.9
钢铁或铝制结构体及其部件	48.0	78.6
活塞式内燃机的零件	253.2	–61.4
液泵及液体提升机	1202.9	–86.2
制冷设备用压缩机	21322.2	–46.1
空气调节器	49.3	
冷冻机和制冷设备及零件	11.5	–99.1
非家用型水的过滤、净化机器	93.0	–71.3

11—21　续表 4　　（2015 年）　　计量单位：千美元、%

商品构成	进口	比上年增长
饮料及液体食品灌装设备	860.0	–94.9
机械提升搬运装卸设备及零件	1946.8	–4.1
建筑及采矿用机械及零件	515.3	–93.7
食品、饮料工业用加工机械及零件	85.8	–89.4
制造纸及纸制品用机械及零件		
印刷、装订机械及零件	1.3	–100.0
纺织机械及零件	13244.3	–20.2
纺织纱线生产及预处理机	2740.8	–75.4
织机	5051.7	40.2
针织机及缝编机	181.9	
纱线织物等后整理机器	3118.6	4037.1
工业用缝纫机	214.6	
金属加工机床	1241.5	–95.5
加工中心	396.5	–94.9
数控机床	785.3	–80.2
金属轧机及零件	22.0	–75.9
橡胶或塑料加工机械及零件	1260.0	–73.6
型模及金属铸造用型箱	1349.1	112.8
阀门	4776.6	–45.4
自动数据处理设备及其部件	435.3	–68.2
数字式自动数据处理设备	1.5	–99.9
数字式中央处理部件	414.8	1243.2
存储部件		
自动数据处理设备的零件	0.2	
制造单晶柱或晶圆用的机器及装置	1085.8	–69.0
制造半导体器件或集成电路用的机器及装置	3649.6	249017.2
电动机及发电机	239.1	–97.0

11—21　续表 5　　（2015 年）　　计量单位：千美元、%

商品构成	进口	比上年增长
变压、整流、电感器及零件	12367.6	–43.2
蓄电池	5.1	40.6
铅酸蓄电池	4.4	291.6
无线电导航雷达及遥控设备	35.8	–95.9
电视摄像机、数字照相机及视频摄录一体机	374.5	458.6
声音录制或重放设备		
电视、收音机及无线电讯设备的零附件	364.9	734.9
电容器	1713.0	–44.5
电阻器	193.7	–39.8
印刷电路	22.1	101.5
通断保护电路装置及零件	1531.2	–8.8
二极管及类似半导体器件	181.8	–48.1
集成电路	999.6	–13.3
电线和电缆	326.4	266.0
汽车	13547.7	–13.4
小轿车	185.8	–88.1
四轮驱动轻型越野车	9897.2	–28.1
小客车（九座及以下的）	59.8	–40.0
货车	23.8	–87.7
专用汽车	3338.5	15208.1
10 座至 29 座的客车	42.6	
汽车零配件	3986.1	95.5
飞机	89232.6	14.8
航空器零件	9509.2	171.2
液晶显示板	2.9	–94.4
医疗仪器及器械	18389.1	–47.5
计量检测分析自控仪器及器具	55866.2	–3.3
印刷品	26.4	–18.0
塑料制品	1080.4	79.6

旅游业发展情况

11—22

指标名称	2015 年	2014 年	2013 年	2012 年	2011 年
国内游客（万人次）	6763.4	5778.6	4874.3	4185.2	3247.0
旅游业总收入（亿元）	590.5	436.4	332.9	268.6	200.6
国内旅游收入（亿元）	584.7	432.2	328.3	264.7	197.4
创汇收入（万美元）	9362.9	6911.0	7489.9	6163.8	4942.6
A 景区数量（家）	34	33	31	29	27
5A	1	1	1	1	1
4A	27	26	26	25	21
3A	4	4	2	1	3
2A	2	2	2	2	2
旅游星级饭店（家）	63	67	69	65	65
5 星级	4	4	4	3	3
4 星级	27	27	28	23	22
3 星级	25	29	30	29	28
2 星级	7	7	7	10	12
旅行社（家）	259	248	236	223	217
出境组团社	30	26	19	17	17
一般组团社	229	222	217	206	200

涉外旅游情况

11—23

指标名称	2015 年	2014 年	2013 年	2012 年	2011 年
一、入境游客人数合计（人次）	185855	174682	167356	157863	136019
1、外国人	156624	159558	138919	130184	106794
2、香港同胞	13537	8871	13597	14068	14157
3、澳门同胞	792	905	3549	3422	1596
4、台湾同胞	14902	5348	11291	10189	13472
二、入境游客人天数合计（人天）	321231	363880	422720	376412	293590
1、外国人	263275	327828	354276	312897	230234
2、香港同胞	31885	21188	33448	33273	30325
3、澳门同胞	1563	2110	8207	8323	3593
4、台湾同胞	24508	12754	26789	21919	29438
三、创汇收入（万美元）	9362.9	6910.99	7489.9	6163.8	4942.6

十二、教育　科技　文化

普通高等学校基本情况

12—1 （2015 年） 计量单位：人

单位名称	招生人数	在校学生数	毕业生数	教职工数	#专任教师
合　计	**125718**	**407372**	**109051**	**34330**	**23797**
石家庄经济学院	5228	17073	4055	1415	900
河北科技大学	5055	19406	5019	2024	1319
河北医科大学	2186	7706	1454	1701	1119
河北师范大学	5911	22430	5224	2683	1650
石家庄学院	5187	17031	4912	1116	844
石家庄铁道大学	4010	14848	3562	1330	924
河北体育学院	1436	5244	1328	478	350
河北经贸大学	4881	17888	4579	1743	1062
河北传媒学院	4023	13942	4159	1426	1078
河北美术学院	2982	9092	2055	810	641
河北外国语学院	3770	11876	1992	1045	737
河北科技大学理工学院	3317	14427	3587	977	845
河北师范大学汇华学院	2851	12871	3401	993	737
河北经贸大学经济管理学院	2689	12168	3208	831	678
河北医科大学临床学院	1950	11109	2460	892	617
石家庄铁道大学四方学院	2235	10162	2675	593	420
石家庄经济学院华信学院	2631	9768	1935	871	504
河北工业职业技术学院	4771	13405	3803	740	514
石家庄职业技术学院	4046	11652	3810	692	591
河北政法职业学院	4000	12236	4039	651	476
石家庄铁路职业技术学院	3120	9096	2370	447	317
河北省艺术职业学院	790	1682	593	324	205
河北交通职业技术学院	3560	10165	3183	509	432
河北化工医药职业技术学院	3750	10965	2889	448	356
石家庄信息工程职业学院	4197	11584	3758	1130	584

12—1 续表　　（2015 年）　　计量单位：人

单位名称	招生人数	在校学生数	毕业生数	教职工数	# 专任教师
石家庄邮电职业技术学院	2719	8166	2522	586	428
河北公安警察职业学院	991	991		190	65
河北司法警官职业学院	925	3269	902	380	214
河北女子职业技术学院	1361	3667	1514	326	245
石家庄科技工程职业学院	1584	3501	1149	219	184
河北劳动关系职业学院	1368	3498	1177	349	194
石家庄幼儿师范高等专科学校	1983	5196	749	395	300
河北轨道运输职业技术学院	1967	4814	805	321	271
石家庄工程职业学院	2096	6220	2021	453	345
石家庄城市经济职业学院	982	1934	396	183	100
石家庄财经职业学院	2826	7840	3259	472	356
石家庄工商职业学院	1426	4000	1045	311	225
石家庄理工职业学院	2125	7042	2418	548	385
石家庄科技信息职业学院	2268	5306	1231	368	249
石家庄医学高等专科学校	4697	12982	3922	1165	881
石家庄经济职业学院	2291	6328	1389	537	385
石家庄人民医学高等专科学校	2622	6623	1256	566	469
石家庄科技职业学院	1194	2160	497	175	120
河北地质职工大学	910	2434	891	191	126
河北省广播电视大学		1046	464	201	54
石家庄职工大学	59	373	285	128	82
河北管理干部学院				206	86
河北青年管理干部学院	748	2156	1109	191	133

技工学校基本情况

12—2　　（2015 年）　　计量单位：人

单位名称	毕业生数	招生人数	在校学生数	教职工数
全市合计	**6595**	**3927**	**14095**	**2118**
石家庄铁路高级技工学校	1591		1591	254
石家庄市高级技工学校	998	1282	2458	221
行唐县劳动技工学校	20			12
西柏坡劳动技工学校	7		7	22
正定县劳动技工学校	138	211	353	45
藁城市劳动技工学校	32		32	30
鹿泉市劳动技工学校	100		76	44
元氏县劳动技工学校	61	37	88	25
赞皇县劳动技工学校		24	24	15
赵县劳动技工学校				33
栾城县劳动技工学校				12
矿区劳动技工学校	359	175	396	36
无极县劳动技工学校	43		65	25
辛集市劳动技工学校	203	152	401	
河北省地勘局技工学校	118	422	615	173
河北省交通职业技术学校	130	149	221	89
河北省机电技工学校		11	267	34
河北旅游饭店管理中等专业学校技工班				
石家庄市机械技工学校	243	562	1017	104
石家庄市轻工技工学校	50	38	88	42
石家庄市交通技工学校	97		176	60
石家庄市粮食技工学校	12		17	38

12—2 续表 （2015 年） 计量单位：人

单位名称	毕业生数	招生人数	在校学生数	教职工数
石家庄市电子技工学校	91		104	86
石家庄市第一职业中专技工班				159
石家庄市饮食集团公司技工学校	52	53	95	35
石家庄市国大集团技工学校	17	28	50	10
华北制药集团有限责任公司技工学校	98	93	151	49
石家庄钢铁有限责任公司技工学校		19	19	16
石家庄工业工程技工学校	4		2	11
石家庄金刚内燃机零部件集团有限公司技工学校				9
石家庄泵业集团有限责任公司技工学校				7
石家庄市三环冶金装备集团技工学校				1
中国人民解放军通用装备职业技术学校	164	350	644	56
河北省新力技工学校		55	189	23
河北省新华冶金技工学校	7	51	51	12
河北省工业数控技工学校	98	160	376	17
河北省工贸技工学校	392		591	44
石家庄市长安机电技工学校	445	395	769	26
石家庄市铁路职业技工学校	1140	143	3436	232
石家庄市燕春技工学校	82	54	127	11

普通中学基本情况

12—3　　　　（2015 年）　　　　计量单位：人

行政单位	学校数（所）	毕业生数			招生人数		
			普通初中	普通高中		普通初中	普通高中
石家庄市	**373**	**141575**	**89148**	**52427**	**148876**	**94259**	**54617**
市　区	155	68557	39220	29337	71135	40361	30774
长安区	22	7832	5340	2492	7458	5099	2359
桥西区	20	9438	6236	3202	9269	6164	3105
新华区	19	8110	6108	2002	7916	5340	2576
裕华区	9	7371	6063	1308	6493	5273	1220
矿　区	3	876	533	343	854	526	328
藁城区	28	9007	5809	3198	10101	6731	3370
鹿泉区	18	5828	3908	1920	5967	4131	1836
栾城区	13	3919	2214	1705	4443	2907	1536
高新区	5	2039	1126	913	1874	1178	696
循环化工园区	2	286	286		377	377	
井陉县	11	5027	3219	1808	4539	3051	1488
正定县	21	7747	5605	2142	8142	5716	2426
行唐县	17	7150	4261	2889	8537	5813	2724
灵寿县	15	3991	2899	1092	5633	4050	1583
高邑县	9	2413	1484	929	2838	2022	816
深泽县	8	2192	1586	606	2403	1743	660
赞皇县	9	2466	2071	395	3684	3016	668
无极县	17	5342	3602	1740	5797	4121	1676
平山县	26	6915	4633	2282	7288	4939	2349
元氏县	15	7210	5358	1852	6824	4584	2240
赵　县	22	8336	5693	2643	7617	5195	2422
晋州市	20	6464	4336	2128	6127	4185	1942
新乐市	26	7479	4895	2584	7935	5086	2849

12—3 续表　　（2015 年）　　计量单位：人

行政单位	在校学生数	普通初中	普通高中	教职工数	# 专任教师
石家庄市	**447096**	**289957**	**157139**	**41896**	**33819**
市　区	215760	126614	89146	20440	16887
长安区	23641	16927	6714	2730	2210
桥西区	27678	19298	8380	2777	2279
新华区	24319	17828	6491	2187	1863
裕华区	21383	17966	3417	1670	1498
矿　区	2784	1784	1000	298	257
藁城区	30491	20341	10150	2886	2304
鹿泉区	18167	12541	5626	1844	1589
栾城区	13354	7930	5424	1607	1368
高新区	6485	3973	2512	607	489
循环化工园区	1074	1074		122	107
井陉县	14036	9658	4378	1206	969
正定县	23960	17411	6549	2282	1779
行唐县	23764	16101	7663	1785	1426
灵寿县	15538	11474	4064	1380	1010
高邑县	8153	5534	2619	686	596
深泽县	7379	5615	1764	643	568
赞皇县	10559	8680	1879	873	777
无极县	17326	12250	5076	1666	1314
平山县	22063	15203	6860	2304	1759
元氏县	20880	14829	6051	2025	1551
赵　县	24092	16788	7304	2696	1942
晋州市	19006	13113	5893	1761	1585
新乐市	23506	15613	7893	2027	1549

职业中学基本情况

12—4　　　　（2015 年）　　　　计量单位：人

行政单位	学校数（所）	毕业生数	招生人数	在校学生数	教职工数	
						#专任教师
石家庄市	**134**	**51767**	**55907**	**140635**	**10740**	**7805**
市　区	89	38792	47620	118137	7210	4979
长安区	14	3400	4924	12322	851	678
桥西区	18	3756	5697	15356	930	610
新华区	12	7088	6944	19448	1158	770
裕华区	9	5278	7147	16950	778	497
矿　区	2	370	254	940	79	63
藁城区	4	2175	1533	4371	514	420
鹿泉区	9	1663	2810	6515	449	351
栾城区	3	1043	701	1917	401	358
高新区	4	954	1095	3934	256	103
循环化工园区	2	27	45	85	43	21
井陉县	2	443	358	1240	199	177
正定县	7	1297	893	2572	426	343
行唐县	2	302	169	424	157	108
灵寿县	4	860	512	1022	354	281
高邑县	2	525	137	552	124	105
深泽县	2	705	109	372	99	77
赞皇县	2	629	454	1009	136	115
无极县	3	672	606	1473	254	202
平山县	4	1736	891	2598	470	292
元氏县	6	788	824	2028	284	248
赵　县	3	2636	1569	4772	395	375
晋州市	4	1278	968	2676	393	305
新乐市	2	1077	752	1675	196	177

小学基本情况

12—5　　（2015 年）　　计量单位：人

行政单位	学校数（所）	毕业生数	招生人数	在校学生数	教职工数	
						#专任教师
石家庄市	**1310**	**93872**	**143156**	**729606**	**39921**	**40741**
市　区	474	39955	61660	312067	16369	16162
长安区	57	6052	9585	48193	2324	2350
桥西区	52	6776	10253	55122	2527	2407
新华区	47	5696	8619	45925	1738	1703
裕华区	39	5105	7611	38603	2077	2095
矿　区	14	626	698	4318	441	384
藁城区	107	6661	10862	50788	3133	3003
鹿泉区	84	4178	6020	29859	1830	1767
栾城区	52	2994	4808	24172	1655	1632
高新区	22	1453	2661	12094	644	689
循环化工园区	7	419	536	2760	225	206
井陉县	50	3172	3139	19423	1441	1322
正定县	85	5088	7579	36886	2458	2545
行唐县	59	5768	7964	39652	2335	2082
灵寿县	82	4223	5278	26971	1925	1899
高邑县	39	1999	3523	17354	1071	1074
深泽县	32	1743	3135	15708	1099	1031
赞皇县	47	3154	5283	27455	1563	1526
无极县	80	4509	7355	38427	1946	2083
平山县	58	4878	7159	36255	2047	2330
元氏县	66	4594	6083	32196	1812	2013
赵　县	57	5209	8008	42376	1632	2211
晋州市	81	4065	7159	36542	2104	2118
新乐市	93	5096	9295	45534	1894	2139

规模以上工业企业 R&D 活动基本情况

12—6　　　　（2015 年）

指标名称	企业数（个）	# 有 R&D 活动单位数	# 有科技机构单位数
总　　计	**2757**	**357**	**261**
一、按企业规模分组			
大型	70	43	40
中型	437	99	85
小型	2162	215	136
微型	88		
二、按登记注册类型分组			
内资企业	2660	331	240
国有企业	17	9	5
集体企业	19		
股份合作企业	2		
联营企业	1		
国有联营企业			
集体联营企业	1		
国有与集体联营企业			
其他联营企业			
有限责任公司	427	106	87
国有独资公司	25	15	12
其他有限责任公司	402	91	75
股份有限公司	97	33	27
私营企业	2094	182	120
私营独资企业	102	2	1
私营合伙企业	43		
私营有限责任公司	1816	157	98
私营股份有限公司	133	23	21
其他企业	3	1	1
港、澳、台商投资企业	39	9	6
合资经营企业（港或澳、台资）	28	6	4
合作经营企业（港或澳、台资）			
港、澳、台商独资经营企业	10	2	2
港、澳、台商投资股份有限公司	1	1	
其他港澳台投资企业			
外商投资企业	58	17	15
中外合资经营企业	37	10	8
中外合作经营企业	3	1	1
外资企业	17	5	5
外商投资股份有限公司	1	1	1
其他外商投资企业			

12—6 续表 1　　（2015 年）

指标名称	企业数（个）	# 有 R&D 活动单位数	# 有科技机构单位数
三、按国民经济行业大类分组			
采矿业	70	2	1
煤炭开采和洗选业	46	1	1
石油和天然气开采业			
黑色金属矿采选业	14		
有色金属矿采选业			
非金属矿采选业	10	1	
开采辅助活动			
其他采矿业			
制造业	2656	350	259
农副食品加工业	183	12	11
食品制造业	63	13	6
酒、饮料和精制茶制造业	34	4	3
烟草制品业	1		
纺织业	277	4	4
纺织服装、服饰业	70	1	1
皮革、毛皮、羽毛及其制品和制鞋业	232	1	1
木材加工和木、竹、藤、棕、草制品业	39	1	
家具制造业	31		
造纸和纸制品业	47	1	
印刷和记录媒介复制业	48	4	4
文教、工美、体育和娱乐用品制造业	26	1	1
石油加工、炼焦和核燃料加工业	27	4	4
化学原料和化学制品制造业	351	66	48
医药制造业	101	38	34
化学纤维制造业	27	2	2
橡胶和塑料制品业	122	9	8
非金属矿物制品业	240	17	9
黑色金属冶炼和压延加工业	71	9	4
有色金属冶炼和压延加工业	21		
金属制品业	138	17	12
通用设备制造业	130	31	21
专用设备制造业	114	39	31
汽车制造业	44	10	5
铁路、船舶、航空航天和其他运输设备制造业	16	8	5
电气机械和器材制造业	133	20	20
计算机、通信和其他电子设备制造业	44	26	18
仪器仪表制造业	11	6	5
其他制造业	5		
废弃资源综合利用业	8	4	
金属制品、机械和设备修理业	2	2	2
电力、热力、燃气及水生产和供应业	31	5	1
电力、热力生产和供应业	24	4	1
燃气生产和供应业	2	1	
水的生产和供应业	5		

规模以上工业企业 R&D 活动人员情况

12—7　　　　　　　　　　（2015 年）

指标名称	R&D 人员合计（人）	#1. 参加项目人员	2. 管理和服务人员	# 女性	# 研究人员	#1. 全时人员	2. 非全时人员
总　　计	**29155**	**26545**	**2610**	**8766**	**9463**	**18842**	**10313**
一、按企业规模分组							
大型	14863	13515	1348	5047	4931	9295	5568
中型	8917	8017	900	2194	2744	5865	3052
小型	5375	5013	362	1525	1788	3682	1693
微型							
二、按登记注册类型分组							
内资企业	24341	22191	2150	7023	7642	15182	9159
国有企业	1010	811	199	254	310	454	556
集体企业							
股份合作企业							
联营企业							
国有联营企业							
集体联营企业							
国有与集体联营企业							
其他联营企业							
有限责任公司	10952	10136	816	3709	3269	6692	4260
国有独资公司	3538	3240	298	1277	1356	2267	1271
其他有限责任公司	7414	6896	518	2432	1913	4425	2989
股份有限公司	2592	2185	407	673	832	1591	1001
私营企业	9781	9053	728	2384	3230	6440	3341
私营独资企业	15	15		6	7	11	4
私营合伙企业							
私营有限责任公司	7579	7099	480	1820	2411	4877	2702
私营股份有限公司	2187	1939	248	558	812	1552	635
其他企业	6	6		3	1	5	1
港、澳、台商投资企业	2700	2379	321	819	920	2395	305
合资经营企业（港或澳、台资）	1457	1400	57	249	327	1287	170
合作经营企业（港或澳、台资）							
港、澳、台商独资经营企业	1144	880	264	538	569	1019	125
港、澳、台商投资股份有限公司	99	99		32	24	89	10
其他港澳台投资企业							
外商投资企业	2114	1975	139	924	901	1265	849
中外合资经营企业	392	336	56	69	112	298	94
中外合作经营企业	53	52	1	29	5	48	5
外资企业	1664	1582	82	823	782	914	750
外商投资股份有限公司	5	5		3	2	5	
其他外商投资企业							

12—7 续表

（2015 年）

行业名称	R&D 人员合计（人）	#1. 参加项目人员	2. 管理和服务人员	# 女性	# 研究人员	#1. 全时人员	2. 非全时人员
三、按国民经济行业大类分组							
采矿业	209	200	9	12	43	40	169
煤炭开采和洗选业	135	135		10	42	16	119
石油和天然气开采业							
黑色金属矿采选业							
有色金属矿采选业							
非金属矿采选业	74	65	9	2	1	24	50
开采辅助活动							
其他采矿业							
制造业	28809	26225	2584	8733	9393	18721	10088
农副食品加工业	231	215	16	98	86	125	106
食品制造业	941	917	24	557	262	555	386
酒、饮料和精制茶制造业	34	26	8	10	12	18	16
烟草制品业							
纺织业	511	495	16	117	75	299	212
纺织服装、服饰业	774	701	73	417	146	569	205
皮革、毛皮、羽毛及其制品和制鞋业	298	298		43	11	104	194
木材加工和木、竹、藤、棕、草制品业	17	17		6	3	5	12
家具制造业							
造纸和纸制品业	8	8		4	3	7	1
印刷和记录媒介复制业	296	264	32	101	83	224	72
文教、工美、体育和娱乐用品制造业	10	10		6	3	5	5
石油加工、炼焦和核燃料加工业	92	89	3	28	21	56	36
化学原料和化学制品制造业	3471	3291	180	947	834	1985	1486
医药制造业	6117	5502	615	2888	2763	4069	2048
化学纤维制造业	261	252	9	67	28	133	128
橡胶和塑料制品业	514	278	236	158	237	352	162
非金属矿物制品业	565	548	17	130	144	394	171
黑色金属冶炼和压延加工业	1818	1551	267	228	559	1473	345
有色金属冶炼和压延加工业							
金属制品业	945	678	267	149	285	424	521
通用设备制造业	1799	1638	161	469	635	1254	545
专用设备制造业	3726	3592	134	618	1032	2335	1391
汽车制造业	753	752	1	186	312	635	118
铁路、船舶、航空航天和其他运输设备制造业	1078	1029	49	277	300	746	332
电气机械和器材制造业	1675	1609	66	317	494	1302	373
计算机、通信和其他电子设备制造业	1690	1500	190	619	723	1116	574
仪器仪表制造业	347	321	26	94	91	217	130
其他制造业							
废弃资源综合利用业	35	35		23	12	22	13
金属制品、机械和设备修理业	803	609	194	176	239	297	506
电力热力燃气及水生产和供应业	137	120	17	21	27	81	56
电力、热力生产和供应业	58	58		12	26	10	48
燃气生产和供应业	79	62	17	9	1	71	8
水的生产和供应业							

规模以上工业企业 R&D 人员折合全时当量

12—8　　　　（2015 年）

指标名称	R&D 人员折合全时当量合计（人年）	按活动类型分			
		# 研究人员	#1. 基础研究人员	2. 应用研究人员	3. 试验发展人员
总　　计	**22506**	**7388**	**118**	**252**	**22137**
一、按企业规模分组					
大型	11228	3802	118	162	10948
中型	7132	2199			7132
小型	4147	1386		90	4057
微型					
二、按登记注册类型分组					
内资企业	19137	6124	58	170	18910
国有企业	975	292			975
集体企业					
股份合作企业					
联营企业					
国有联营企业					
集体联营企业					
国有与集体联营企业					
其他联营企业					
有限责任公司	7841	2468	28	103	7709
国有独资公司	2781	1105	28	42	2711
其他有限责任公司	5060	1363		61	4999
股份有限公司	2169	643			2169
私营企业	8146	2720	29	66	8051
私营独资企业	2	1			2
私营合伙企业					
私营有限责任公司	6281	1999		62	6219
私营股份有限公司	1863	720	29	5	1829
其他企业	6	1			6
港、澳、台商投资企业	1885	640			1885
合资经营企业（港或澳、台资）	1027	237			1027
合作经营企业（港或澳、台资）					
港、澳、台商独资经营企业	767	381			767
港、澳、台商投资股份有限公司	91	22			91
其他港澳台投资企业					
外商投资企业	1484	624	60	82	1342
中外合资经营企业	330	90		30	301
中外合作经营企业	53	5			53
外资企业	1100	528	60	53	988
外商投资股份有限公司					
其他外商投资企业					

12—8 续表

（2015 年）

行业名称	R&D 人员折合全时当量合计（人年）	# 研究人员	#1. 基础研究人员	2. 应用研究人员	3. 试验发展人员
三、按国民经济行业大类分组					
采矿业	176	37		33	143
煤炭开采和洗选业	115	36		33	81
石油和天然气开采业					
黑色金属矿采选业					
有色金属矿采选业					
非金属矿采选业	61	1			61
开采辅助活动					
其他采矿业					
制造业	22225	7338	118	219	21888
农副食品加工业	190	74			190
食品制造业	484	142		5	479
酒、饮料和精制茶制造业	24	9			24
烟草制品业					
纺织业	414	57			414
纺织服装、服饰业	565	107			565
皮革、毛皮、羽毛及其制品和制鞋业	171	6		20	151
木材加工和木、竹、藤、棕、草制品业	3	1			3
家具制造业					
造纸和纸制品业	1				1
印刷和记录媒介复制业	229	70		19	210
文教、工美、体育和娱乐用品制造业	10	3			10
石油加工、炼焦和核燃料加工业	57	10			57
化学原料和化学制品制造业	2556	639		3	2553
医药制造业	4547	2085	118	90	4339
化学纤维制造业	138	15			138
橡胶和塑料制品业	228	96			228
非金属矿物制品业	463	104		3	460
黑色金属冶炼和压延加工业	1383	463		30	1354
有色金属冶炼和压延加工业					
金属制品业	829	236			829
通用设备制造业	1358	487		9	1349
专用设备制造业	3236	903		14	3222
汽车制造业	632	263			632
铁路、船舶、航空航天和其他运输设备制造业	749	203		6	744
电气机械和器材制造业	1456	439		11	1444
计算机、通信和其他电子设备制造业	1418	615		9	1409
仪器仪表制造业	284	76			284
其他制造业					
废弃资源综合利用业	18	7			18
金属制品、机械和设备修理业	781	228			781
电力、热力、燃气及水生产和供应业	106	14			106
电力、热力生产和供应业	33	13			33
燃气生产和供应业	73	1			73
水的生产和供应业					

规模以上工业企业 R&D 经费内部支出来源情况

12—9　　　　（2015 年）　　　　计量单位：万元

指标名称	R&D 经费内部支出合计	# 政府资金	# 企业资金	# 境外资金	# 其他资金
总　计	**669401.4**	**37554.0**	**620955.1**	**483.4**	**10408.9**
一、按企业规模分组					
大型	413181.6	25997.3	384161.3	363.8	2659.2
中型	154930.1	6492.0	143826.0		4612.1
小型	101289.7	5064.7	92967.8	119.6	3137.6
微型					
二、按登记注册类型分组					
内资企业	530153.9	24623.5	494638.1	483.4	10408.9
国有企业	27192.6	8124.0	19068.6		
集体企业					
股份合作企业					
联营企业					
国有联营企业					
集体联营企业					
国有与集体联营企业					
其他联营企业					
有限责任公司	224070.1	8204.9	211058.0	363.8	4443.4
国有独资公司	83607.5	3339.3	77595.6	363.8	2308.8
其他有限责任公司	140462.6	4865.6	133462.4		2134.6
股份有限公司	42546.3	2926.9	39304.7		314.7
私营企业	236322.5	5362.7	225189.4	119.6	5650.8
私营独资企业	108.1		108.1		
私营合伙企业					
私营有限责任公司	132647.7	4485.0	124552.4	119.6	3490.7
私营股份有限公司	103566.7	877.7	100528.9		2160.1
其他企业	22.4	5.0	17.4		
港、澳、台商投资企业	96031.0	6679.8	89351.2		
合资经营企业（港或澳、台资）	31893.0	125.0	31768.0		
合作经营企业（港或澳、台资）					
港、澳、台商独资经营企业	63194.5	6554.8	56639.7		
港、澳、台商投资股份有限公司	943.5		943.5		
其他港澳台投资企业					
外商投资企业	43216.5	6250.7	36965.8		
中外合资经营企业	8956.7	487.0	8469.7		
中外合作经营企业	1392.9		1392.9		
外资企业	32843.9	5763.7	27080.2		
外商投资股份有限公司	23.0		23.0		
其他外商投资企业					

12—9 续表　　（2015年）　　计量单位：万元

行业名称	R&D经费内部支出合计	#政府资金	#企业资金	#境外资金	#其他资金
三、按国民经济行业大类分组					
采矿业	6287.0		6287.0		
煤炭开采和洗选业	6037.0		6037.0		
石油和天然气开采业					
黑色金属矿采选业					
有色金属矿采选业					
非金属矿采选业	250.0		250.0		
开采辅助活动					
其他采矿业					
制造业	658712.2	37554.0	610281.2	483.4	10393.6
农副食品加工业	9457.9	85.1	8796.3		576.5
食品制造业	18639.4	149.5	18454.4		35.5
酒、饮料和精制茶制造业	922.1	70.0	852.1		
烟草制品业					
纺织业	4969.3	50.0	4815.2		104.1
纺织服装、服饰业	8937.9	20.0	8917.9		
皮革、毛皮、羽毛及其制品和制鞋业	3217.3		3111.8	105.5	
木材加工和木、竹、藤、棕、草制品业	19.0		19.0		
家具制造业					
造纸和纸制品业	205.0		205.0		
印刷和记录媒介复制业	7794.0	2.3	7472.5		319.2
文教、工美、体育和娱乐用品制造业	335.0	75.0	260.0		
石油加工、炼焦和核燃料加工业	3988.0	50.0	2408.0		1530.0
化学原料和化学制品制造业	79616.0	2798.6	75424.1		1393.3
医药制造业	175004.8	16390.9	158181.9	258.3	173.7
化学纤维制造业	2264.7	112.5	2152.2		
橡胶和塑料制品业	9072.6	106.0	8966.6		
非金属矿物制品业	10917.9	50.0	10512.4		355.5
黑色金属冶炼和压延加工业	97397.9	920.6	96477.3		
有色金属冶炼和压延加工业					
金属制品业	11552.7	564.5	9818.0		1170.2
通用设备制造业	30140.6	1820.4	28200.6	119.6	
专用设备制造业	54704.5	1823.1	50256.3		2625.1
汽车制造业	13848.7	99.0	13749.7		
铁路、船舶、航空航天和其他运输设备制造业	12507.9	167.4	11126.2		1214.3
电气机械和器材制造业	33401.3	928.5	32472.8		
计算机、通信和其他电子设备制造业	38367.8	2177.1	35294.5		896.2
仪器仪表制造业	4970.1	899.5	4070.6		
其他制造业					
废弃资源综合利用业	429.5	70.0	359.5		
金属制品、机械和设备修理业	26030.3	8124.0	17906.3		
电力、热力、燃气及水生产和供应业	4402.2		4386.9		15.3
电力、热力生产和供应业	1426.4		1411.1		15.3
燃气生产和供应业	2975.8		2975.8		
水的生产和供应业					

规模以上工业企业 R&D 经费支出情况

12—10　　　　　　　　（2015 年）　　　　　　　　计量单位：万元

指标名称	R&D 经费内部支出合计	一、按活动类型分组			二、按支出用途分组		R&D 经费外部支出
		1. 基础研究	2. 应用研究	3. 试验发展	1. 经常费支出	2. 资产性支出	
总　　计	**669401.4**	**2154.9**	**6411.0**	**660835.5**	**581824.9**	**87576.5**	**46751.3**
一、按企业规模分组							
大型	413181.6	2154.9	4954.9	406071.8	365084.2	48097.4	39242.8
中型	154930.1			154930.1	131180.5	23749.6	3585.6
小型	101289.7		1456.1	99833.6	85560.2	15729.5	3922.9
微型							
二、按登记注册类型分组							
内资企业	530153.9	1254	2869.3	526030.6	452821.1	77332.8	18405.8
国有企业	27192.6			27192.6	24838.3	2354.3	151.3
集体企业							
股份合作企业							
联营企业							
国有联营企业							
集体联营企业							
国有与集体联营企业							
其他联营企业							
有限责任公司	224070.1	854	1537.7	221678.4	180563.9	43506.2	6743.9
国有独资公司	83607.5	854	992.5	81761.0	60255.4	23352.1	3017.3
其他有限责任公司	140462.6		545.2	139917.4	120308.5	20154.1	3726.6
股份有限公司	42546.3			42546.3	37882.9	4663.4	778.2
私营企业	236322.5	400	1331.6	234590.9	209515.4	26807.1	10732.4
私营独资企业	108.1			108.1	97.4	10.7	
私营合伙企业							
私营有限责任公司	132647.7		1210.9	131436.8	110235.4	22412.3	3382.4
私营股份有限公司	103566.7	400.0	120.7	103046.0	99182.6	4384.1	7350.0
其他企业	22.4			22.4	20.6	1.8	
港、澳、台商投资企业	96031.0			96031.0	91466.0	4565.0	22765.2
合资经营企业（港或澳、台资）	31893			31893	31764.4	128.6	135
合作经营企业（港或澳、台资）							
港、澳、台商独资经营企业	63194.5			63194.5	58893.7	4300.8	22630.2
港､澳､台商投资股份有限公司	943.5			943.5	807.9	135.6	
其他港澳台投资企业							
外商投资企业	43216.5	900.9	3541.7	38773.9	37537.8	5678.7	5580.3
中外合资经营企业	8956.7		829.1	8127.6	8618	338.7	15.6
中外合作经营企业	1392.9			1392.9	1359.8	33.1	
外资企业	32843.9	900.9	2712.6	29230.4	27538.2	5305.7	5564.7
外商投资股份有限公司	23			23	21.8	1.2	
其他外商投资企业							

12—10 续表　　（2015 年）　　计量单位：万元

行业名称	R&D 经费内部支出合计	一、按活动类型分组			二、按支出用途分组		R&D 经费外部支出
		1. 基础研究	2. 应用研究	3. 试验发展	1. 经常费支出	2. 资产性支出	
三、按国民经济行业大类分组							
采矿业	6287.0		300.0	5987.0	1950.0	4337.0	
煤炭开采和洗选业	6037.0		300.0	5737.0	1700.0	4337.0	
石油和天然气开采业							
黑色金属矿采选业							
有色金属矿采选业							
非金属矿采选业	250.0			250.0	250.0		
开采辅助活动							
其他采矿业							
制造业	658712.2	2154.9	6111.0	650446.3	576958.6	81753.6	46548.0
农副食品加工业	9457.9			9457.9	6725.4	2732.5	911.2
食品制造业	18639.4		67.6	18571.8	16681.6	1957.8	335.4
酒、饮料和精制茶制造业	922.1			922.1	688.6	233.5	40.0
烟草制品业							
纺织业	4969.3			4969.3	4969.2	0.1	10.4
纺织服装、服饰业	8937.9			8937.9	8612.3	325.6	
皮革、毛皮、羽毛及其制品和制鞋业	3217.3		184.3	3033.0	3206.6	10.7	4.0
木材加工和木、竹、藤、棕、草制品业	19.0			19.0	19.0		
家具制造业							
造纸和纸制品业	205.0			205.0	192.0	13.0	
印刷和记录媒介复制业	7794.0		195.5	7598.5	4555.1	3238.9	584.2
文教、工美、体育和娱乐用品制造业	335.0			335.0	275.0	60.0	10.0
石油加工、炼焦和核燃料加工业	3988.0			3988.0	2752.9	1235.1	921.4
化学原料和化学制品制造业	79616.0		57.3	79558.7	72406.7	7209.3	2046.8
医药制造业	175004.8	2154.9	3436.4	169413.5	143098.8	31906.0	36215.3
化学纤维制造业	2264.7			2264.7	2217.0	47.7	5.0
橡胶和塑料制品业	9072.6			9072.6	8147.5	925.1	62.3
非金属矿物制品业	10917.9		42.1	10875.8	7968.6	2949.3	268.2
黑色金属冶炼和压延加工业	97397.9		829.1	96568.8	96622.7	775.2	2221.0
有色金属冶炼和压延加工业							
金属制品业	11552.7			11552.7	10291.9	1260.8	10.2
通用设备制造业	30140.6		170.0	29970.6	26581.9	3558.7	802.6
专用设备制造业	54704.5		508.9	54195.6	43946.2	10758.3	283.3
汽车制造业	13848.7			13848.7	12848.7	1000.0	409.0
铁路、船舶、航空航天和其他运输设备制造业	12507.9		291.1	12216.8	11849.8	658.1	387.1
电气机械和器材制造业	33401.3		100.0	33301.3	31031.2	2370.1	262.6
计算机、通信和其他电子设备制造业	38367.8		228.7	38139.1	32385.4	5982.4	541.8
仪器仪表制造业	4970.1			4970.1	4886.6	83.5	191.2
其他制造业							
废弃资源综合利用业	429.5			429.5	306.0	123.5	25.0
金属制品、机械和设备修理业	26030.3			26030.3	23691.9	2338.4	
电力、热力、燃气及水生产和供应业	4402.2			4402.2	2916.3	1485.9	203.3
电力、热力生产和供应业	1426.4			1426.4	99.4	1327.0	203.3
燃气生产和供应业	2975.8			2975.8	2816.9	158.9	
水的生产和供应业							

规模以上工业企业办科技机构情况

12—11　　　　（2015 年）

指标名称	机构数（个）	机构人员合计（人）	机构经费支出（万元）	机构内仪器和设备原价（万元）
总　　计	**296**	**18711**	**397063.9**	**273273.9**
一、按企业规模分组				
大型	49	8976	255146.7	149093.1
中型	97	6237	90552.8	70101.6
小型	150	3498	51364.4	54079.2
微型				
二、按登记注册类型分组				
内资企业	271	15644	313903.8	224683.5
国有企业	5	422	3382.4	6557.3
集体企业				
股份合作企业				
联营企业				
国有联营企业				
集体联营企业				
国有与集体联营企业				
其他联营企业				
有限责任公司	100	6159	131388.9	107166.7
国有独资公司	12	1598	43229.7	30233.3
其他有限责任公司	88	4561	88159.2	76933.4
股份有限公司	30	1904	28243.6	42341.1
私营企业	135	7153	150866.5	68616.6
私营独资企业	1	36	250.2	45.2
私营合伙企业				
私营有限责任公司	113	5135	73107.9	51409.9
私营股份有限公司	21	1982	77508.4	17161.5
其他企业	1	6	22.4	1.8
港、澳、台商投资企业	6	2014	53851.2	14011.0
合资经营企业（港或澳、台资）	4	649	10613.8	7590.3
合作经营企业（港或澳、台资）				
港、澳、台商独资经营企业	2	1365	43237.4	6420.7
港、澳、台商投资股份有限公司				
其他港澳台投资企业				
外商投资企业	19	1053	29308.9	34579.4
中外合资经营企业	8	192	3530.8	9537.9
中外合作经营企业	2	54	94.5	33.1
外资企业	8	802	25682.5	24981.4
外商投资股份有限公司	1	5	1.1	27.0
其他外商投资企业				

12—11 续表　　（2015 年）

指标名称	机构数（个）	机构人员合计（人）	机构经费支出（万元）	机构内仪器和设备原价（万元）
三、按国民经济行业大类分组				
采矿业	1	84	6037.0	4337.0
煤炭开采和洗选业	1	84	6037.0	4337.0
石油和天然气开采业				
黑色金属矿采选业				
有色金属矿采选业				
非金属矿采选业				
开采辅助活动				
其他采矿业				
制造业	294	18623	391012.9	268910.9
农副食品加工业	11	166	2894.3	3079.9
食品制造业	10	269	4356.1	6972.1
酒、饮料和精制茶制造业	3	19	342.4	114.6
烟草制品业				
纺织业	4	373	4562.3	13149.3
纺织服装、服饰业	1	450	7264.0	10582.1
皮革、毛皮、羽毛及其制品和制鞋业	1	115	3217.3	1073.0
木材加工和木、竹、藤、棕、草制品业				
家具制造业				
造纸和纸制品业				
印刷和记录媒介复制业	4	312	5614.2	2952.0
文教、工美、体育和娱乐用品制造业	1	10	40.0	125.6
石油加工、炼焦和核燃料加工业	4	77	937.4	1822.9
化学原料和化学制品制造业	57	2367	55799.9	44439.4
医药制造业	41	3734	112961.5	60355.1
化学纤维制造业	2	61	330.5	74.5
橡胶和塑料制品业	9	278	3204.7	1097.2
非金属矿物制品业	10	201	4064.3	4194.1
黑色金属冶炼和压延加工业	4	1269	60962.7	11181.6
有色金属冶炼和压延加工业				
金属制品业	17	744	7202.7	10292.9
通用设备制造业	27	1463	18721.4	14292.7
专用设备制造业	33	2062	26351.8	11712.1
汽车制造业	5	389	5748.0	18104.5
铁路、船舶、航空航天和其他运输设备制造业	5	662	5403.4	4472.9
电气机械和器材制造业	20	1495	30188.8	15869.2
计算机、通信和其他电子设备制造业	18	1382	22617.2	24382.7
仪器仪表制造业	5	388	5735.0	3438.2
其他制造业				
废弃资源综合利用业				
金属制品、机械和设备修理业	2	337	2493.0	5132.3
电力、热力、燃气及水生产和供应业	1	4	14.0	26.0
电力、热力生产和供应业	1	4	14.0	26.0
燃气生产和供应业				
水的生产和供应业				

规模以上工业企业 R&D 项目和新产品项目情况

12—12

（2015 年）

指标名称	R&D 项目数（项）	全部 R&D 项目经费内部支出（万元）	新产品开发项目数（项）	新产品开发经费支出（万元）
总　　计	**2360**	**589914.7**	**2045**	**577867.8**
一、按企业规模分组				
大型	1120	372533.4	918	363787.7
中型	539	131032.7	509	133780.5
小型	701	86348.6	618	80299.6
微型				
二、按登记注册类型分组				
内资企业	1897	475861.2	1678	450563.3
国有企业	40	24361.9	22	3419.4
集体企业				
股份合作企业				
联营企业				
国有联营企业				
集体联营企业				
国有与集体联营企业				
其他联营企业				
有限责任公司	916	203612.7	774	155644.3
国有独资公司	244	79110.9	210	69657.4
其他有限责任公司	672	124501.8	564	85986.9
股份有限公司	239	37205.8	238	42487.7
私营企业	701	210658.4	643	248989.5
私营独资企业	3	107.7	8	256.2
私营合伙企业				
私营有限责任公司	539	114532.1	464	119560.7
私营股份有限公司	159	96018.6	171	129172.6
其他企业	1	22.4	1	22.4
港、澳、台商投资企业	233	73471.4	218	94395.2
合资经营企业（港或澳、台资）	48	28654.3	42	31334.1
合作经营企业（港或澳、台资）				
港、澳、台商独资经营企业	177	43942.2	176	63061.1
港、澳、台商投资股份有限公司	8	874.9		
其他港澳台投资企业				
外商投资企业	230	40582.1	149	32909.3
中外合资经营企业	61	8628.9	42	5027.6
中外合作经营企业	9	1252.1	4	920.8
外资企业	159	30681.1	102	26937.9
外商投资股份有限公司	1	20.0	1	23.0
其他外商投资企业				

12—12 续表

（2015 年）

行业名称	R&D 项目数（项）	全部 R&D 经费项目内部支出（万元）	新产品开发项目数（项）	新产品开发经费支出（万元）
三、按国民经济行业大类分组				
采矿业	10	6237.0	1	250.0
煤炭开采和洗选业	9	6037.0		
石油和天然气开采业				
黑色金属矿采选业				
有色金属矿采选业				
非金属矿采选业	1	200.0	1	250.0
开采辅助活动				
其他采矿业				
制造业	2335	579447.5	2042	577577.2
农副食品加工业	22	6756.7	19	7728.1
食品制造业	116	15745.5	117	18508.1
酒、饮料和精制茶制造业	6	767.4	6	922.1
烟草制品业				
纺织业	69	4917.1	60	4286.3
纺织服装、服饰业	90	8881.4	89	8826.7
皮革、毛皮、羽毛及其制品和制鞋业	16	3210.8	12	2521.5
木材加工和木、竹、藤、棕、草制品业	1	18.0	1	19.0
家具制造业				
造纸和纸制品业	1	188.0		
印刷和记录媒介复制业	72	5596.6	53	6154.8
文教、工美、体育和娱乐用品制造业	2	260.0		
石油加工、炼焦和核燃料加工业	14	2868.9	6	856.5
化学原料和化学制品制造业	263	68276.9	197	43576.1
医药制造业	609	147770.3	524	154967.1
化学纤维制造业	10	2222.9	9	1249.0
橡胶和塑料制品业	26	7132.7	22	7041.1
非金属矿物制品业	64	9971.6	25	3535.5
黑色金属冶炼和压延加工业	110	94861.3	98	125763.2
有色金属冶炼和压延加工业				
金属制品业	62	9338.1	60	8687.1
通用设备制造业	140	26864.6	135	27382.8
专用设备制造业	194	45438.2	174	48068.5
汽车制造业	64	12004.6	59	13442.5
铁路、船舶、航空航天和其他运输设备制造业	63	10382.7	57	9237.2
电气机械和器材制造业	116	32062.7	112	32509.6
计算机、通信和其他电子设备制造业	135	36212.9	147	44055.5
仪器仪表制造业	41	4217.6	52	5746.4
其他制造业				
废弃资源综合利用业	4	263.0	2	411.5
金属制品、机械和设备修理业	25	23217.0	6	2081.0
电力、热力、燃气及水生产和供应业	15	4230.2	2	40.6
电力、热力生产和供应业	5	1394.4	2	40.6
燃气生产和供应业	10	2835.8		
水的生产和供应业				

规模以上工业企业科技活动产出情况

12—13

（2015 年）

行业名称	自主知识产权情况			新产品生产和销售情况	
	专利申请数（项）	发明专利申请数（项）	有效发明专利数（件）	新产品产值（万元）	新产品销售收入（万元）
总　计	**1805**	**844**	**2114**	**7611509.3**	**7294004.0**
一、按企业规模分组					
大型	563	314	1128	5220244.3	4980374.0
中型	590	266	527	1670257.9	1630889.1
小型	652	264	459	721007.1	682740.9
微型					
二、按登记注册类型分组					
内资企业	1565	700	1666	6042680.9	5709350.3
国有企业	51	16	11	85324.2	63561.2
集体企业				11.0	11.0
股份合作企业					
联营企业					
国有联营企业					
集体联营企业					
国有与集体联营企业					
其他联营企业					
有限责任公司	646	345	637	2142576.7	2133291.0
国有独资公司	176	96	228	733380.3	748956.3
其他有限责任公司	470	249	409	1409196.4	1384334.7
股份有限公司	237	67	242	426644.4	387192.8
私营企业	631	272	776	3387768.6	3125134.3
私营独资企业	12	1		3935.2	3482.5
私营合伙企业					
私营有限责任公司	501	216	531	1254114.5	1168687.9
私营股份有限公司	118	55	245	2129718.9	1952963.9
其他企业				356.0	160.0
港、澳、台商投资企业	95	50	317	982375.2	989996.3
合资经营企业（港或澳、台资）	51	13	17	326914.3	326395.3
合作经营企业（港或澳、台资）					
港、澳、台商独资经营企业	36	36	298	646298.4	655354.8
港、澳、台商投资股份有限公司	8	1	2	9162.5	8246.2
其他港澳台投资企业					
外商投资企业	145	94	131	586453.2	594657.4
中外合资经营企业	29	21	28	85116.3	85282.7
中外合作经营企业	4	2	3	50680.5	50680.5
外资企业	112	71	82	450626.2	458692.3
外商投资股份有限公司			18	30.2	1.9
其他外商投资企业					

12—13 续表　　（2015 年）

行业名称	自主知识产权情况			新产品生产和销售情况	
	专利申请数（项）	发明专利申请数（项）	有效发明专利数（件）	新产品产值（万元）	新产品销售收入（万元）
三、按国民经济行业大类分组					
采矿业				660.0	630.0
煤炭开采和洗选业					
石油和天然气开采业					
黑色金属矿采选业					
有色金属矿采选业					
非金属矿采选业				660.0	630.0
开采辅助活动					
其他采矿业					
制造业	1788	839	2109	7580358.4	7262883.1
农副食品加工业	14	6	9	65145.4	60888.7
食品制造业	13	9	34	123475.6	117553.4
酒、饮料和精制茶制造业	10	10	9	8260.6	9468.0
烟草制品业					
纺织业	12	2	9	101191.4	94526.9
纺织服装、服饰业	40	13	44	120486.1	120447.7
皮革、毛皮、羽毛及其制品和制鞋业	34	6	16	4413.7	4413.7
木材加工和木、竹、藤、棕、草制品业				45.0	58.0
家具制造业					
造纸和纸制品业					
印刷和记录媒介复制业	10	3	23	169054.8	181570.8
文教、工美、体育和娱乐用品制造业	2				
石油加工、炼焦和核燃料加工业	7	4	52	3550.9	3550.9
化学原料和化学制品制造业	200	147	261	1039419.0	984003.1
医药制造业	273	219	819	1633047.0	1727312.3
化学纤维制造业	5	5	5	30704.3	36518.5
橡胶和塑料制品业	21	1	33	65035.4	64524.8
非金属矿物制品业	12	3	13	83276.3	79090.3
黑色金属冶炼和压延加工业	80	51	46	1933314.7	1710588.9
有色金属冶炼和压延加工业					
金属制品业	65	28	108	88459.5	82755.6
通用设备制造业	234	101	149	262911.5	262725.2
专用设备制造业	336	79	184	352125.6	335129.8
汽车制造业	112	52	26	259517.9	247738.5
铁路、船舶、航空航天和其他运输设备制造业	82	32	29	90153.2	89651.2
电气机械和器材制造业	88	6	112	727471.4	666645.6
计算机、通信和其他电子设备制造业	77	44	106	314007.1	307489.4
仪器仪表制造业	15	4	16	27222.0	19431.8
其他制造业					
废弃资源综合利用业					
金属制品、机械和设备修理业	46	14	6	78070.0	56800.0
电力、热力、燃气及水生产和供应业	17	5	5	30490.9	30490.9
电力、热力生产和供应业	16	4	2		
燃气生产和供应业	1	1	3	30490.9	30490.9
水的生产和供应业					

规模以上工业企业技术改造和技术获取情况

12—14 （2015 年） 计量单位：万元

指标名称	技术改造经费支出	技术引进经费支出	消化吸收经费支出	购买国内技术经费支出
总　计	**293571.3**	**4154.4**	**8954.9**	**12640.6**
一、按企业规模分组				
大型	148706.5	3743.4	8268.2	11046.6
中型	130379.0	158	294.6	1292.0
小型	14485.8	253	392.1	302.0
微型				
二、按登记注册类型分组				
内资企业	280179.2	1181.0	5667.7	6415.5
国有企业	739.5			
集体企业				
股份合作企业				
联营企业				
国有联营企业				
集体联营企业				
国有与集体联营企业				
其他联营企业				
有限责任公司	116082.9	1131	4587.0	2685.1
国有独资公司	34669.2	770	1200.0	1700.1
其他有限责任公司	81413.7	361.0	3387.0	985.0
股份有限公司	18949.3			
私营企业	144407.5	50.0	1080.7	3730.4
私营独资企业				
私营合伙企业				
私营有限责任公司	132443.9	50	1080.7	3670.4
私营股份有限公司	11963.6			60.0
其他企业				
港、澳、台商投资企业	4020.5	2973	3287.2	3328.5
合资经营企业（港或澳、台资）	2047.0			
合作经营企业（港或澳、台资）				
港、澳、台商独资经营企业	1973.5	2973	3287.2	3328.5
港、澳、台商投资股份有限公司				
其他港澳台投资企业				
外商投资企业	9371.6			2896.6
中外合资经营企业	217.4			
中外合作经营企业				
外资企业	9154.2			2896.6
外商投资股份有限公司				
其他外商投资企业				

12—14 续表　　　　（2015 年）　　　　计量单位：万元

行业名称	技术改造经费支出	技术引进经费支出	消化吸收经费支出	购买国内技术经费支出
三、按国民经济行业大类分组				
采矿业	2003.0			
煤炭开采和洗选业	2003.0			
石油和天然气开采业				
黑色金属矿采选业				
有色金属矿采选业				
非金属矿采选业				
开采辅助活动				
其他采矿业				
制造业	227925.4	4154.4	8954.9	12640.6
农副食品加工业	86575.8			1200.0
食品制造业	3654.2			
酒、饮料和精制茶制造业	23.0			
烟草制品业				
纺织业	3132.8			
纺织服装、服饰业			2946.0	
皮革、毛皮、羽毛及其制品和制鞋业				
木材加工和木、竹、藤、棕、草制品业	32.0			
家具制造业				
造纸和纸制品业				
印刷和记录媒介复制业	9598.2			
文教、工美、体育和娱乐用品制造业				
石油加工、炼焦和核燃料加工业	15579.5			
化学原料和化学制品制造业	22859.5		835.0	371.4
医药制造业	23634.5	3743.4	4487.2	7775.1
化学纤维制造业	40.0	5.0	30.0	
橡胶和塑料制品业	86.0			98.0
非金属矿物制品业	5283.1			
黑色金属冶炼和压延加工业	13702.2			
有色金属冶炼和压延加工业				
金属制品业	2908.5		3.6	551.0
通用设备制造业	2213.7	406.0	461.0	125.0
专用设备制造业	23797.2		192.1	
汽车制造业	2000.0			
铁路、船舶、航空航天和其他运输设备制造业	158.0			260.1
电气机械和器材制造业	1548.4			2260.0
计算机、通信和其他电子设备制造业	10387.3			
仪器仪表制造业				
其他制造业				
废弃资源综合利用业				
金属制品、机械和设备修理业	711.5			
电力、热力、燃气及水生产和供应业	63642.9			
电力、热力生产和供应业	63442.7			
燃气生产和供应业	200.2			
水的生产和供应业				

分县（市）区规模以上工业企业 R&D 活动基本情况

12—15　　（2015 年）　　计量单位：个

行政单位	企业数	# 有 R&D 活动单位数	# 有科技机构单位数
石家庄市	**2757**	**357**	**261**
市　区	1052	214	167
长安区	24	9	7
桥西区	12	6	5
新华区	19	8	8
裕华区	17	10	7
矿　区	46	10	7
藁城区	427	33	26
鹿泉区	202	36	30
栾城区	164	27	21
高新区	112	65	49
循环化工园区	26	8	6
井陉县	68	9	5
正定县	146	32	21
行唐县	89	3	2
灵寿县	69	12	6
高邑县	72	13	3
深泽县	86	5	5
赞皇县	75	10	6
无极县	123	5	5
平山县	25	3	2
元氏县	78	7	7
赵　县	122	14	11
晋州市	262	7	6
新乐市	172	17	8
辛集市	318	6	7

分县（市）区规模以上工业企业 R&D 活动人员情况

12—16 （2015 年） 计量单位：人

行政单位	R&D 人员合计	#1. 参加项目人员	2. 管理和服务人员	# 女性	# 研究人员	#1. 全时人员	2. 非全时人员
石家庄市	**29155**	**26545**	**2610**	**8766**	**9463**	**18842**	**10313**
市 区	22065	20443	1622	6935	7423	14544	7521
长安区	1697	1532	165	319	412	1309	388
桥西区	461	448	13	130	158	308	153
新华区	888	804	84	417	266	504	384
裕华区	412	385	27	107	137	290	122
矿 区	491	491		89	96	213	278
藁城区	1450	1322	128	413	488	1021	429
鹿泉区	3237	3040	197	943	908	1901	1336
栾城区	1781	1747	34	601	648	1278	503
高新区	9035	8331	704	2715	3245	6148	2887
循环化工园区	898	835	63	391	207	548	350
井陉县	1013	798	215	466	245	679	334
正定县	1341	1231	110	358	498	1027	314
行唐县	103	88	15	40	19	91	12
灵寿县	366	342	24	126	63	176	190
高邑县	167	155	12	105	69	126	41
深泽县	346	284	62	81	87	203	143
赞皇县	288	252	36	34	86	165	123
无极县	53	53		27	17	36	17
平山县	574	372	202	32	286	358	216
元氏县	1146	1102	44	125	237	466	680
赵 县	485	419	66	107	112	251	234
晋州市	226	213	13	57	65	163	63
新乐市	449	284	165	104	180	327	122
辛集市	533	509	24	169	76	230	303

分县（市）区规模以上工业企业 R&D 人员折合全时当量

12—17　（2015 年）　计量单位：人年

行政单位	R&D 人员折合全时当量合计	按活动类型分			
		# 研究人员	#1. 基础研究人员	2. 应用研究人员	3. 试验发展人员
石家庄市	**29155**	**7388**	**118**	**252**	**22137**
市　区	22065	5878	118	208	17001
长安区	1697	326			1331
桥西区	461	136			405
新华区	888	189			591
裕华区	412	114		19	330
矿　区	491	67		33	324
藁城区	1450	360		30	1000
鹿泉区	3237	719		30	2529
栾城区	1781	522	60	57	1228
高新区	9035	2595	29	29	7352
循环化工园区	898	114			473
井陉县	1013	190			767
正定县	1341	393		14	1026
行唐县	103	16			98
灵寿县	366	31			169
高邑县	167	48			109
深泽县	346	59			248
赞皇县	288	57			199
无极县	53	13			41
平山县	574	286			573
元氏县	1146	185			897
赵　县	485	85		6	348
晋州市	226	44			149
新乐市	449	55		24	136
辛集市	533	48			376

分县（市）区规模以上工业企业R&D经费内部支出来源情况

12—18 （2015年） 计量单位：万元

行政单位	R&D经费内部支出合计	#政府资金	#企业资金	#境外资金	#其他资金
石家庄市	**669401.4**	**37554.0**	**620955.1**	**483.4**	**10408.9**
市　区	480269.3	33082.1	440896	483.4	5807.8
长安区	32196.6	595.0	31586.3		15.3
桥西区	7241.2	154.2	7051.5		35.5
新华区	7538.3	438.7	5765.7	119.6	1214.3
裕华区	9914.1	274.0	9244.2		395.9
矿　区	14825.9	197.0	13098.9		1530.0
藁城区	29887.5	1079.8	27714.2		1093.5
鹿泉区	87070.4	12024.1	73579.6	105.5	1361.2
栾城区	44566.1	4790.3	39775.8		
高新区	184753.2	10686.3	173904.8		162.1
循环化工园区	12862.2		12862.2		
井陉县	12157.4	187.2	11970.2		
正定县	31323.7	1316.0	29996.7		11.0
行唐县	1237.4		1237.4		
灵寿县	2335.0		2335.0		
高邑县	2428.0	125.0	2198.9		104.1
深泽县	7471.5	365.0	7106.5		
赞皇县	6659.5	126.0	5601.5		932.0
无极县	1944.6	75.0	1869.6		
平山县	72184.7	100.0	72084.7		
元氏县	24408.5	1130.0	23278.5		
赵　县	12179.4	659.5	8128.6		3391.3
晋州市	4580.1	187.7	4392.4		
新乐市	5391.3	30.0	5198.6		162.7
辛集市	4831.0	170.5	4660.5		

分县（市）区规模以上工业企业R&D经费支出情况

12—19 （2015年） 计量单位：万元

行政单位	R&D经费内部支出合计	一、按活动类型分组			二、按支出用途分组		R&D经费外部支出
		1. 基础研究	2. 应用研究	3. 试验发展	1. 经常费支出	2. 资产性支出	
石家庄市	**669401.4**	**2154.9**	**6411.0**	**660835.5**	**581824.9**	**87576.5**	**46751.3**
市　区	480269.3	2154.9	5486.7	472627.7	409993	70276.3	41923.9
长安区	32196.6			32196.6	31756.6	440.0	514.1
桥西区	7241.2			7241.2	6734.4	506.8	9.0
新华区	7538.3			7538.3	6911.3	627.0	85.1
裕华区	9914.1		195.5	9718.6	7313.4	2600.7	584.2
矿　区	14825.9		300.0	14525.9	8423.2	6402.7	1080.0
藁城区	29887.5		829.1	29058.4	27957.6	1929.9	646.2
鹿泉区	87070.4		413.0	86657.4	76728.9	10341.5	1630.9
栾城区	44566.1	900.9	2889.1	40776.1	39319.3	5246.8	5461.9
高新区	184753.2	400.0	494.2	183859.0	163246.3	21506.9	29775.3
循环化工园区	12862.2			12862.2	10375.3	2486.9	696.7
井陉县	12157.4			12157.4	11444.7	712.7	75.5
正定县	31323.7		237.6	31086.1	25239.6	6084.1	196.3
行唐县	1237.4			1237.4	1172.4	65.0	
灵寿县	2335.0			2335.0	2216.9	118.1	116.3
高邑县	2428.0			2428.0	2012.2	415.8	
深泽县	7471.5			7471.5	6514.0	957.5	65.0
赞皇县	6659.5			6659.5	3985.1	2674.4	380.6
无极县	1944.6			1944.6	1500.2	444.4	18.0
平山县	72184.7			72184.7	71666.7	518.0	2091.4
元氏县	24408.5			24408.5	23422.4	986.1	1125.2
赵　县	12179.4		407.3	11772.1	10196.5	1982.9	253.0
晋州市	4580.1			4580.1	3529.9	1050.2	56.9
新乐市	5391.3		279.4	5111.9	4561.2	830.1	349.3
辛集市	4831.0			4831.0	4370.1	460.9	99.9

分县（市）区规模以上工业企业办科技机构情况

12—20　　（2015 年）

行政单位	机构数（个）	机构人员合计（人）	机构经费支出（万元）	机构内仪器和设备原价（万元）
石家庄市	**296**	**18711**	**397063.9**	**273273.9**
市　区	188	14004	267760.3	212327.4
长安区	7	812	9023.0	19937.6
桥西区	5	260	4205.1	8148.8
新华区	8	308	3912.8	8925.6
裕华区	7	264	6523.2	8492.6
矿　区	8	272	8207.5	7849.1
藁城区	26	913	18762.9	14471.6
鹿泉区	39	1939	29801.1	28445.0
栾城区	22	1545	38417.1	29940.5
高新区	55	6652	123046.7	58200.9
循环化工园区	10	629	5210.9	11815.7
井陉县	5	490	7547.0	10711.1
正定县	27	813	16037.0	13593.8
行唐县	2	55	321.0	722.4
灵寿县	6	194	2018.9	2817.7
高邑县	3	30	118.0	142.0
深泽县	6	104	2621.3	1384.2
赞皇县	6	155	3733.8	2461.5
无极县	5	40	861.6	827.4
平山县	2	831	56370.0	5001.0
元氏县	9	671	22934.5	8104.8
赵　县	12	240	6409.8	4906.6
晋州市	7	230	4588.6	2449.4
新乐市	11	270	2058.5	5671.1
辛集市	7	584	3683.6	2153.5

分县（市）区规模以上工业企业 R&D 项目和新产品项目情况

12—21　　　　（2015 年）

行政单位	R&D 项目数（项）	全部 R&D 项目经费内部支出（万元）	新产品开发项目数（项）	新产品开发经费支出（万元）
石家庄市	**2360**	**589914.7**	**2045**	**577867.8**
市　区	1795	416664.5	1547	407643.4
长安区	124	30201.4	108	30525.9
桥西区	38	6179.6	37	7176.9
新华区	61	6098.0	55	4283.8
裕华区	79	8342.7	64	8318.3
矿　区	34	13152.6	19	5140.1
藁城区	135	25664.2	122	24881.2
鹿泉区	266	75377.9	218	57848.1
栾城区	247	41265.0	172	32074.5
高新区	633	151964.7	604	186145.2
循环化工园区	80	10183.9	56	7666.9
井陉县	100	11543.1	100	12356.9
正定县	122	27558.5	109	27102.9
行唐县	5	596.4	6	1370.7
灵寿县	43	2177.5	39	1895.7
高邑县	23	1567.1	12	1703.1
深泽县	15	6394.6	7	1068.0
赞皇县	24	6141.2	8	3260.4
无极县	9	1360.1	6	1235.6
平山县	25	71520.0	28	101488.6
元氏县	39	22649.7	20	1739.7
赵　县	51	9083.5	31	4493.5
晋州市	18	4352.3	25	3842.0
新乐市	53	4330.5	58	2966.8
辛集市	38	3975.7	49	5700.5

分县（市）区规模以上工业企业科技活动产出情况

12—22

（2015 年）

行政单位	自主知识产权情况			新产品生产和销售情况	
	专利申请数（项）	发明专利申请数（项）	有效发明专利数（件）	新产品产值（万元）	新产品销售收入（万元）
石家庄市	**1805**	**844**	**2114**	**7611509.3**	**7294004.0**
市　区	1355	639	1766	4474995.1	4479489.4
长安区	45	17	55	275831.9	271298.2
桥西区	18	2	11	47640.2	41756.9
新华区	47	19	20	52922.7	50400.1
裕华区	20	15	35	194600.2	206937.0
矿　区	10	4	4	81956.1	78376.4
藁城区	114	71	132	353823.6	358624.2
鹿泉区	226	76	134	568306.8	532397.1
栾城区	242	136	159	463341.2	477126.1
高新区	519	211	970	1973170.7	1996139.0
循环化工园区	66	56	103	114401.7	114834.4
井陉县	46	13	48	130408.1	128093.9
正定县	73	20	53	435486.9	416517.5
行唐县	8	4	10	35919.7	36032.5
灵寿县	19	11	18	21445.6	22254.2
高邑县	29	7	16	26860.7	14553.5
深泽县	16	7	4	46880.5	59216.0
赞皇县	15	6	16	52756.5	37317.1
无极县	11	0	0	1635.8	1567.7
平山县	7	4	5	1710000.0	1490000.0
元氏县	75	58	27	432154.2	371160.5
赵　县	46	29	31	96241.4	94593.3
晋州市	27	16	21	45379.9	44297.4
新乐市	56	16	62	39759.8	37774.4
辛集市	22	14	37	61585.1	61136.6

分县（市）区规模以上工业企业技术改造和技术获取情况

12—23 （2015 年） 计量单位：万元

行政单位	技术改造经费支出	技术引进经费支出	消化吸收经费支出	购买国内技术经费支出
石家庄市	**293571.3**	**4154.4**	**8954.9**	**12640.6**
市 区	97705.2	4154.4	5167.8	11250.2
长安区	16314.5			12.0
桥西区	722.5			
新华区	518.9	50.0	50.0	50.0
裕华区	9083.0			
矿 区	2608.4			
藁城区	3598.6			601.0
鹿泉区	3254.9		189.6	
栾城区	5803.3			817.1
高新区	23539.7	2973.4	3437.2	8001.1
循环化工园区	20161.4	361.0	291.0	79.0
井陉县	800.3		2946.0	
正定县	112023.7			98.0
行唐县	1692.9			
灵寿县	301.0			
高邑县	58.4			
深泽县	1541.7			
赞皇县	348.9			1200.0
无极县				
平山县	59581.9			
元氏县	17058.6			80.0
赵 县	1409.4		841.1	12.4
晋州市	372.1			
新乐市	497.2			
辛集市	180.0			

分县（市）区财政科技经费支出情况

12—24 （2015 年） 计量单位：万元、%

行政单位	科学技术支出	科学技术支出占财政支出比重
石家庄市	**90482**	**1.33**
市 区	65954	1.61
长安区	1666	0.82
桥西区	3428	1.25
新华区	1373	0.85
裕华区	951	0.73
矿 区	892	1.33
藁城区	1724	0.45
鹿泉区	5495	1.77
栾城区	3225	1.66
高新区	12374	7.74
循环化工园区		
井陉县	818	0.56
正定县	1482	0.53
行唐县	3810	1.82
灵寿县	1369	0.81
高邑县	1065	0.96
深泽县	1301	1.10
赞皇县	658	0.45
无极县	906	0.51
平山县	3412	1.28
元氏县	1480	0.87
赵 县	1083	0.51
晋州市	2521	1.18
新乐市	3794	2.08
辛集市	829	0.27

文化、广播、电视事业基本情况

12—25

（2015年）

指标名称	计量单位	全市	指 标 名 称	计量单位	全市
一、艺术表演团体	个	20	总流通人次	人次	1868382
艺术表演团体人数	人	714	#书刊文献外借人次	人次	708466
本团原创首演剧目	台	7	书刊文献外借册次	册	1307721
演出场次	场	4171	为读者举办各种活动	次	543
#农村演出场次	场	3527	参加人数	人次	79609
演出观众人次	千人次	5498.3	本年新购藏量	册、件、套	167841
#农村观众人次	千人次	4456.3	公用房屋建筑面积	平方米	51397
二、艺术表演场馆	个	14	#书库	平方米	11817
艺术表演场馆人数	人	141	阅览室	平方米	14048
座席数	个	8583	#书刊阅览室	平方米	9898
演（映）出场次合计	场	2693	电子阅览室	平方米	3015
#艺术演出场次	场	81	阅览室座席数	个	4232
观众人次合计	千人次	239.6	#少儿阅览室座席数	个	1150
#艺术演出观众人次	千人次	44.6	四、群众艺术馆、文化馆	个	23
三、公共图书馆	个	24	群众艺术馆、文化馆人数	人	294
公共图书馆人数	人	210	举办展览个数	个	186
#高级职称	人	25	组织文艺活动次数	次	1406
中级职称	人	57	藏书	册	34600
藏书量	册、件、套	3407080	举办训练班班次	次	877
#图书	册、件、套	2748634	组织各类理论研讨活动次数	次	96
#古籍	册、件、套	175826	五、文化站	个	263
善本	册、件、套	1688	从业人员	人	504
报刊	册、件、套	329506	举办展览个数	个	541
视听文献、缩微制品	册、件、套	19750	组织文艺活动次数	次	3831
当年购买的报刊种类	种	3251	藏书量	册	849691
书架单层总长度	米	62039	计算机	台	929
累计发放有效借书证数	个	105663	举办训练班班次	次	1267

12—25 续表

（2015 年）

指标名称	计量单位	全　市	指标名称	计量单位	全　市
六、广播节目套数	套	11	（二）按节目来源分		
全年公共广播节目播出时间	小时	62,103:35	1. 转中央台	小时	4,067:32
（一）按节目类型分			2. 转省级台	小时	2,636:00
1. 新闻咨询	小时	10,652:20	3. 自制作	小时	21,702:21
2. 专题服务	小时	13,963:13	4. 购买交换	小时	46,186:40
3. 综艺益智	小时	12,015:25	八、有线广播电视用户数	万户	113.16
4. 广播剧	小时	2,328:40	# 数字电视用户数	万户	108.88
5. 广告	小时	6,615:30	九、广播综合覆盖率	%	99.4
6. 其他	小时	16,528:27	# 中央广播节目覆盖率	%	99.01
（二）按节目来源分			省级广播节目覆盖率	%	99.16
1. 转中央台	小时	2,209:30	地市级台覆盖率	%	96.41
2. 转省级台	小时	1,104:57	县级台覆盖率	%	22.87
3. 转市级	小时	182:30	无线广播综合覆盖率	%	99.2
4. 自制节目	小时	39,277:31	# 中央广播覆盖率	%	98.81
5. 购买交换节目	小时	19,329:07	电视综合覆盖率	%	99.38
七、电视播出节目套数	套	21	# 中央台电视节目覆盖率	%	99.37
全年公共电视节目播出时间	小时	74,792:33	省级电视节目覆盖率	%	97.87
（一）按节目类型分			地市级台覆盖率	%	93.17
1. 新闻资讯	小时	10,688:34	县级台覆盖率	%	64.01
2. 专题服务	小时	8,682:10	无线电视综合覆盖率	%	98.87
3. 综艺益智	小时	4,555:15	# 中央电视覆盖率	%	98.35
4. 影视剧	小时	37,252:40	省级电视覆盖率	%	97.36
5. 广告	小时	9,571:24	地市级台覆盖率	%	92.09
6. 其他	小时	4,042:30	县级台覆盖率	%	61.19

十三、体育　卫生　民政

全市体育事业基本情况

13—1

指标名称	计量单位	2015 年	指标名称	计量单位	2015 年
等级裁判员	人	5			
#男	人	4	健美操	人	3000
女	人	1	武术	人	20000
等级运动员	人	380	国际象棋	人	10000
#男	人	232	中国象棋	人	5000
女	人	148	社会指导员	人	1100
#田径	人	200	#二级	人	2400
游泳	人	20	地市级群众现代体育项目活动		
举重	人	12	活动次数	次	24
拳击	人	4	活动人数	万人	80
柔道	人	2	#现代体育项目活动		
跆拳道	人	6	活动次数	次	16
射击	人	8	活动人数	万人	80
足球	人	8	民间传统体育活动		
篮球	人	37	活动次数	次	8
排球	人	9	活动人数	万人	50
乒乓球	人	14	本年度体质受监测人数	人	500
羽毛球	人	3	#体质监测达标人数	人	460

全市卫生机构、床位和人员情况

13—2　　　　（2015 年）　　　　计量单位：个、张、人

行业名称	机构数	床位数	机构人员	# 卫生技术人员
总　　计	**6656**	**50422**	**86198**	**65056**
一 . 医院	173	39378	50457	42377
综合医院	108	28436	36168	30498
中医医院	26	4665	5838	4885
中西医结合医院	6	1434	1761	1506
专科医院	33	4843	6690	5488
二 . 基层医疗卫生机构	6302	9068	28996	17977
社区卫生服务中心（站）	198	1550	3864	3463
社区卫生服务中心	49	974	2049	1819
社区卫生服务站	149	576	1815	1644
卫生院	220	7366	6537	5612
乡镇卫生院	220	7366	6537	5612
中心卫生院	67	3123	2556	2108
乡卫生院	153	4243	3981	3504
村卫生室	3974		12375	2887
门诊部	41	152	974	803
诊所 . 卫生所 . 医务室	1869		5246	5212
三 . 专业公共卫生机构	149	1946	6279	4553
疾病预防控制中心	24		1401	912
专科疾病防治院（所、站）	2	640	949	750
健康教育所（站、中心）	1		10	
妇幼保健院（所、站）	25	1306	2435	1943
急救中心（站）	2		117	81
采供血机构	1		169	105
卫生监督所（中心）	25		658	518
计划生育技术服务机构	69		540	244
四 . 其他卫生机构	32	30	466	149

注：自 2011 年起，村卫生室纳入医疗机构范围。

13—2 续表　　（2015 年）　　计量单位：个、张、人

行业名称	卫生技术人员中：			
	执业医师	注册护士	药师（士）	技师（士）
总　　计	**29579**	**25278**	**2614**	**3245**
一 . 医院	16585	19774	1847	2226
综合医院	11748	14607	1218	1540
中医医院	2223	1876	334	244
中西医结合医院	637	597	91	126
专科医院	1977	2694	204	316
二 . 基层医疗卫生机构	11194	4241	643	615
社区卫生服务中心（站）	1729	1260	191	151
社区卫生服务中心	875	633	128	112
社区卫生服务站	854	627	63	39
卫生院	3002	1008	261	365
乡镇卫生院	3002	1008	261	365
中心卫生院	1130	384	103	144
乡卫生院	1872	624	158	221
村卫生室	2696	191		
门诊部	382	270	49	57
诊所 . 卫生所 . 医务室	3385	1512	142	42
三 . 专业公共卫生机构	1747	1239	116	379
疾病预防控制中心	452	16	15	135
专科疾病防治院（所、站）	276	399	20	36
健康教育所（站、中心）				
妇幼保健院（所、站）	858	718	72	137
急救中心（站）	32	48		
采供血机构	20	32	4	45
卫生监督所（中心）				
计划生育技术服务机构	109	26	5	26
四 . 其他卫生机构	53	24	8	25

分县（市）区卫生机构、床位和人员情况

13—3　　　　（2015 年）　　　　计量单位：个、张、人

行政单位	机构数	床位数	机构人员	# 卫生技术人员
石家庄市	**6656**	**50422**	**86198**	**65056**
市　区	2414	31273	54145	44230
长安区	368	8328	15530	12828
桥西区	380	5342	8685	7376
新华区	395	6962	12007	10264
矿　区	63	688	761	634
裕华区	355	4869	9203	7776
藁城区	275	1876	3466	2110
鹿泉区	292	1479	2633	1946
栾城区	286	1729	1860	1296
井陉县	354	1162	2039	1200
正定县	436	1910	2982	2380
行唐县	328	1390	2376	1452
灵寿县	277	1155	1913	1315
高邑县	144	580	725	486
深泽县	152	750	1364	900
赞皇县	223	1033	1060	721
无极县	245	1458	1879	1207
平山县	547	1515	2887	1899
元氏县	276	1740	2923	1791
赵　县	287	1602	2538	1491
晋州市	275	1123	2440	1371
新乐市	212	1732	2693	1879
辛集市	486	1999	4234	2734

13—3 续表　　（2015 年）　　计量单位：个、张、人

行政单位	卫生技术人员中：			
	执业医师	注册护士	药师（士）	技师（士）
石家庄市	**29579**	**25278**	**2614**	**3245**
市　区	19163	19054	1776	2097
长安区	5356	5751	536	701
桥西区	3251	3202	320	301
新华区	4171	4734	416	449
裕华区	274	259	42	43
矿　区	3327	3411	274	303
藁城区	1005	767	57	141
鹿泉区	1046	524	89	101
栾城区	733	406	42	58
井陉县	615	351	46	50
正定县	1472	560	61	97
行唐县	706	526	89	64
灵寿县	588	421	62	79
高邑县	261	123	15	33
深泽县	437	259	51	60
赞皇县	335	205	25	39
无极县	575	342	44	67
平山县	864	640	59	130
元氏县	815	556	57	98
赵　县	762	369	55	86
晋州市	747	379	55	90
新乐市	785	660	90	113
辛集市	1454	833	129	142

优抚对象情况

13—4　（2015 年）　计量单位：人

行政单位	抚恤、补助优抚对象总人数	# 在院集中供养人数	定期抚恤人数	# 烈属	定期补助人数	伤残人员
石家庄市	**80385**	**108**	**1892**	**987**	**71759**	**6734**
市　区	20414	19	447	182	16842	3125
长安区	1740	0	41	19	1056	643
桥西区	1459	0	59	28	495	905
新华区	1378	0	47	13	731	600
裕华区	730	0	27	1	478	225
矿　区	183	0	9	5	148	26
藁城区	7059	0	109	39	6582	368
鹿泉区	3555	0	79	47	3311	165
栾城区	2999	19	47	17	2825	127
高新区	857	0	18	10	793	46
循环化工园区	454	0	11	3	423	20
井陉县	3476	24	114	82	3158	204
正定县	4067	5	62	25	3790	215
行唐县	5004	0	170	114	4515	319
灵寿县	3204	0	98	43	2861	245
高邑县	2287	0	283	199	1888	116
深泽县	2919	0	66	30	2700	153
赞皇县	2172	28	67	54	1977	128
无极县	4985	0	90	45	4586	309
平山县	4869	0	98	57	4532	239
元氏县	3949	0	66	30	3705	178
赵　县	5190	0	64	31	4872	254
晋州市	5619	30	67	19	5271	281
新乐市	5143	0	87	33	4473	583
辛集市	7087	2	113	43	6589	385

婚姻登记情况

13—5　　　　（2015 年）　　　　计量单位：对、人

行政单位	登记结婚件数	登记结婚人数	初婚人数	再婚人数	#女性	离婚登记
石家庄市	**92606**	**185212**	**156616**	**28596**	**14567**	**21213**
市　区	41234	82468	67008	15460	7111	11133
长安区	6504	13008	9983	3025	1434	2117
桥西区	7954	15908	12780	3128	1457	2103
新华区	4779	9558	8317	1241		1726
裕华区	4033	8066	5963	2103	1000	1395
矿　区	658	1316	1042	274	152	156
藁城区	8084	16168	13280	2888	1582	1780
鹿泉区	3771	7542	6223	1319	708	868
栾城区	3840	7680	6778	902	501	578
高新区	1611	3222	2642	580	277	410
循环化工园区						
井陉县	2477	4954	4084	870	481	573
正定县	4520	9040	7398	1642	881	1063
行唐县	3174	6348	5419	929	552	603
灵寿县	2594	5188	5142	46	23	376
高邑县	1725	3450	3056	394	249	179
深泽县	1632	3264	2647	617	358	348
赞皇县	2374	4748	4746	2		343
无极县	4916	9832	8307	1525	877	961
平山县	3601	7202	5798	1404	788	1012
元氏县	4265	8530	7970	560	280	618
赵　县	5481	10962	9528	1434	847	882
晋州市	4892	9784	8014	1770	1032	1012
新乐市	5226	10452	10452			915
辛集市	4495	8990	7047	1943	1088	1195

城镇低保情况

13—6　　（2015 年）　　计量单位：人、户

行政单位	城市居民最低生活保障人数	城市居民最低生活保障人中：					城市居民最低生活保障家庭数
		女性	残疾人	“三无”人员	老年人	登记失业人员	
石家庄市	**30030**	**12233**	**6540**	**406**	**3829**	**3567**	**17961**
市　区	13988	5763	5061	280	2258	894	9445
# 长安区	3853	1715	2103	129	850	158	2962
桥西区	3314	1408	1244	39	305	156	2261
新华区	2386	650	666	28	301	178	1666
裕华区	1169	530	511	18	169	84	839
矿　区	1377	609	246	9	310	51	698
藁城区	849	428	110	15	86	17	391
鹿泉区	223	95	37	20	80	20	128
栾城区	399	185	31	3	28	227	205
高新区	407	141	113	19	126	1	286
循环化工园区	11	2			3	2	9
井陉县	317	135	46		12	3	188
正定县	413	132	59	14	35	49	243
行唐县	1408	616	26	32	187	120	612
灵寿县	712	163	71	1	7	136	302
高邑县	1886	825	91	6	48	477	1124
深泽县	689	301	38	1	58	9	403
赞皇县	521	160	44	5	16	55	257
无极县	1691	673	132	2	147	52	901
平山县	1315	409	38	1	50	905	672
元氏县	665	327	40	26	105	26	391
赵　县	3874	1866	469	2	161	414	1774
晋州市	219	72	77	2	41		150
新乐市	751	403	188	31	133	92	347
辛集市	1581	388	160	3	571	335	1152

农村低保、救济情况

13—7　　　　（2015 年）　　　　计量单位：个、人、张

行政单位	农村居民最低生活保障人数	# 女性	老年人	未成年人	残疾人	农村居民最低生活保障家庭数
石家庄市	**154557**	**45726**	**58428**	**14407**	**24259**	**101945**
市　区	21512	8772	6200	3557	5131	10148
长安区						
桥西区						
新华区						
裕华区						
矿　区						
藁城区	12057	5597	2812	2167	3543	5286
鹿泉区	2781	376	1286	214	233	1413
栾城区	5828	2379	1884	1067	1050	3041
高新区						
循环化工园区	846	420	218	109	305	408
井陉县	6847	2245	2185	638	2314	4518
正定县	7787	3411	2200	1258	2588	4264
行唐县	10769	3930	3616	1820	1506	6014
灵寿县	5413	1530	709	608	913	3201
高邑县	6132	934	5722	150	170	4200
深泽县	3968	1831	2350	198	209	3127
赞皇县	6517	2040	3408	431	881	5616
无极县	11646	1862	4676	1045	910	8344
平山县	17637	4698	1708	2142	521	8833
元氏县	7718	859	124	21	405	6322
赵　县	15245	6068	8281	564	2737	13323
晋州市	9456	2923	5907	217	3045	8016
新乐市	13180	2132	5594	1572	471	6159
辛集市	10730	2491	5748	186	2458	9860

农村五保、医疗救助情况

13—8　　（2015 年）　　计量单位：人

行政单位	农村分散五保供养人数	#女性	老年人	未成年人	残疾人	城乡民政部门医疗救助人数
石家庄市	**13471**	**1472**	**11526**	**419**	**2505**	**31013**
市　区	1918	158	1527	45	477	8943
长安区						592
桥西区						3377
新华区						
裕华区						389
矿　区						147
藁城区	1050	101	861	33	258	808
鹿泉区	438	21	283	9	168	253
栾城区	407	36	361	2	48	3102
高新区						147
循环化工园区	23		22	1	3	128
井陉县	438	27	420	5	26	2376
正定县	776	56	630	7	148	3845
行唐县	593	35	416	15	194	2483
灵寿县	1848	99	1845	3	73	946
高邑县	380	50	341	19	67	150
深泽县	381	20	375		10	466
赞皇县	752	43	737	15	39	337
无极县	1128	78	855	14	331	2113
平山县	873	81	871	2	74	1193
元氏县	602	287	360	242	305	1942
赵　县	1071	91	850	25	255	2075
晋州市	517	69	499	14	58	1409
新乐市	685	110	683	2	39	330
辛集市	1509	268	1117	11	409	2405

附录 1996-2015 年
分县（市）区主要经济经指标

1996—2015 年分县（市）区生产总值（一）

14—1

计量单位：万元、%

行政单位	1996 年	增长速度	1997 年	增长速度	1998 年	增长速度
全　市	**6429851**	**14.8**	**7600562**	**14.9**	**8174848**	**12.8**
市　区	2521454	12.8	2997157	13.9	3275923	13.1
# 长安区	44408		53988		60038	
桥东区	50940		59731		51329	
桥西区	44033		52451		59673	
新华区	68273		78289		85956	
裕华区	589138		727786		807986	
矿　区	35302		42615		47282	
井陉县	144462	17.8	201451	23.8	227504	16.4
正定县	437989	24.9	557005	19.6	612692	14.5
栾城县	265496	29.7	338556	20.9	378361	15.2
行唐县	138384	28.4	168599	21.5	183101	15.2
灵寿县	106942	27.8	142761	19.6	159174	16.4
高邑县	95770	22.0	119380	17.4	133212	16.4
深泽县	87023	18.1	105199	15.1	117933	15.5
赞皇县	79647	10.9	88140	3.5	100071	12.6
无极县	243655	15.9	282096	13.1	309906	14.1
平山县	164802	5.0	228560	34.7	259975	15.9
元氏县	201086	19.5	228753	12.8	254499	17.5
赵　县	281773	23.8	331254	15.1	366343	14.5
藁城市	583911	23.5	716142	17.2	785520	14.5
晋州市	369743	19.9	426993	17.1	465353	14.1
新乐市	354891	14.9	415478	16.7	454835	14.4
鹿泉市	391089	16.6	474686	16.0	517619	12.6
辛集市	551901	15.0	578233	12.3	614570	12.4
17 县（市）合计	4498564		5403286		5940668	
23 县（市）区合计	5340819		6418146		7052932	

注：1. 根据 2006 年第二次全国农业普查数据和 2008 年第二次全国经济普查数据，各县（市）对 1996—2007 年数据进行了修订，市内 5 区对 2001—2007 年数据进行了修订。2.2001 年市内 5 区及正定、栾城区划变动，撤销郊区，成立裕华区。2000 年及以前年度裕华区、正定、栾城为原区划数据。3.1996—2004 年市内各区地区生产总值核算范围为区属及以下单位。

1996—2015 年分县（市）区生产总值（二）

14—1 续 1 计量单位：万元、%

行政单位	1999 年	增长速度	2000 年	增长速度	2001 年	增长速度
全　市	**8720547**	**9.8**	**9625186**	**9.8**	**10555803**	**8.5**
市　区	3600017	11.5	4177309	11.2	4628203	11.1
# 长安区	66666		75288		202601	8.9
桥东区	56728		61582		144551	8.1
桥西区	63914		69968		138756	8.1
新华区	94743		105603		235597	9.0
裕华区	872857		1000268		267596	8.8
矿　区	51669		56949		61334	8.3
井陉县	244042	10.5	270086	10.6	281278	5.2
正定县	654957	10.6	705866	6.9	485191	1.8
栾城县	417762	13.2	469331	12.3	384892	9.4
行唐县	199672	11.8	228367	12.6	239334	9.3
灵寿县	168444	7.0	179403	7.5	187687	5.7
高邑县	145694	12.4	159668	12.9	165086	5.5
深泽县	129073	12.8	142214	10.2	154854	8.4
赞皇县	105056	7.3	116432	7.9	125753	8.9
无极县	325730	7.9	320512	2.8	343973	9.1
平山县	285302	11.1	299063	5.1	324227	7.9
元氏县	279439	14.2	303214	10.0	324941	7.7
赵　县	377243	5.1	375514	5.7	374750	0.5
藁城市	851286	10.8	803411	–8.1	853030	7.9
晋州市	501191	10.5	518297	4.5	529080	2.7
新乐市	489673	10.8	506341	1.7	461039	–8.5
鹿泉市	547002	9.6	602377	7.5	639883	7.0
辛集市	645090	9.8	671180	–6.8	713038	6.6
17 县（市）合计	6366656		6671276		6588036	
23 县（市）区合计	7573233		8040934		7638471	

1996—2015 年分县（市）区生产总值（三）

14—1 续 2 计量单位：万元、%

行政单位	2002 年	增长速度	2003 年	增长速度	2004 年	增长速度
全　市	**11646487**	**9.2**	**13245121**	**11.1**	**15111521**	**13.3**
市　区	5101126	11.6	5917839	14.3	6920174	16.2
#长安区	223879	10.8	268048	15.6	333431	16.4
桥东区	159799	10.8	178134	8.8	219691	16.2
桥西区	152926	10.5	178476	13.8	218356	16.1
新华区	256906	9.2	301402	14.8	373722	16.1
裕华区	295780	11.0	351974	15.3	434444	14.0
矿　区	69709	10.8	83612	16.1	102317	19.1
井陉县	299026	6.6	338246	11.2	410286	14.1
正定县	524301	8.5	582029	10.1	685094	13.7
栾城县	420007	9.1	494660	13.3	586254	13.1
行唐县	256612	8.7	302924	9.3	350751	9.9
灵寿县	196369	6.0	221014	9.3	261846	10.5
高邑县	176377	6.2	189325	9.1	217629	1.2
深泽县	169244	9.2	185923	11.7	223408	11.7
赞皇县	130838	8.4	156024	13.7	196231	15.2
无极县	372618	8.4	429484	11.1	527100	14.8
平山县	353048	8.4	406292	12.3	485335	14.5
元氏县	354808	9.1	408336	11.4	494458	11.1
赵　县	390697	4.6	430271	6.3	507045	7.9
藁城市	909407	6.9	1044840	9.5	1211513	15.8
晋州市	549387	4.3	561690	4.4	637937	9.4
新乐市	485539	5.3	528631	10.2	606477	9.8
鹿泉市	684868	7.2	771802	10.1	917697	11.2
辛集市	767745	8.0	832771	11.8	997346	14.5
17 县（市）合计	7040891		7884262		9316417	
23 县（市）区合计	8199890		9245908		11172733	

1996—2015 年分县（市）区生产总值（四）

14—1 续 3　　计量单位：万元、%

行政单位	2005 年	增长速度	2006 年	增长速度	2007 年	增长速度
全　市	**16715015**	**13.8**	**19025186**	**13.4**	**22688440**	**13.2**
市　区	7282180	15.5	8046943	10.1	9473325	12.8
# 长安区	918930	8.3	1192640	7.9	1422595	10.1
桥东区	524238	16.6	653268	12.5	738846	13.1
桥西区	1074581	16.6	1223966	12.7	1394466	12.3
新华区	713854	16.3	758529	11.6	894220	12.1
裕华区	666033	16.9	754310	12.4	830007	7.8
矿　区	140798	17.6	163757	14.6	200595	16.0
井陉县	431546	16.4	528062	16.2	641417	16.3
正定县	776787	13.8	883830	14.5	1070209	12.0
栾城县	660918	13.1	757107	14.1	912290	12.3
行唐县	397789	12.0	463370	13.4	577646	14.9
灵寿县	294631	14.0	345372	14.3	430363	13.6
高邑县	220077	11.3	264897	11.6	297856	5.7
深泽县	250704	12.1	287636	15.0	352666	14.0
赞皇县	231485	15.5	266869	15.2	332250	13.0
无极县	558893	13.0	645031	14.3	798095	14.3
平山县	720519	16.3	804544	13.2	1067155	18.2
元氏县	485720	13.4	615420	13.3	741386	12.4
赵　县	564118	13.5	662771	15.6	820509	14.7
藁城市	1335889	13.6	1615344	14.2	2011255	15.0
晋州市	683154	12.5	803486	14.8	993360	14.9
新乐市	688462	14.0	773552	10.4	915728	12.5
鹿泉市	1018116	14.1	1223898	14.2	1479374	14.7
辛集市	1151241	12.1	1365551	14.3	1663591	13.4
17 县（市）合计	10470049		12306740		15105150	
23 县（市）区合计	14508483		17053210		20585879	

1996—2015 年分县（市）区生产总值（五）

14—1 续 4

计量单位：万元、%

行政单位	2008 年	增长速度	2009 年	增长速度	2010 年	增长速度
全　市	**27235531**	**11.0**	**30012797**	**11.1**	**34010186**	**12.2**
市　区	10022951	8.7	10821265	8.1	12397815	12.9
# 长安区	1468445	3.5	1500089	8.1	1741372	11.9
桥东区	821597	11.2	903681	11.2	1040954	13.6
桥西区	1664362	11.6	1799882	12.2	2115286	15.0
新华区	975993	-2.0	1066907	10.2	1231631	12.0
裕华区	1017755	11.2	1085661	11.0	1141929	12.1
矿　区	240146	12.5	273288	11.3	357661	14.9
井陉县	806323	11.4	1001942	12.7	1050009	11.8
正定县	1264670	13.2	1405160	12.9	1696041	12.0
栾城县	1020385	11.5	1150322	11.5	1194625	12.5
行唐县	736713	13.5	850273	12.1	879739	13.6
灵寿县	529796	14.5	593343	11.3	664665	14.0
高邑县	332031	8.3	364445	11.8	408798	14.4
深泽县	444365	13.5	477173	11.3	542272	11.7
赞皇县	412012	12.4	448948	12.5	547670	13.8
无极县	914041	6.9	1005152	9.7	1147490	11.6
平山县	1350971	9.3	1410593	12.6	1560146	13.0
元氏县	811388	10.3	883002	11.4	1021089	13.4
赵　县	1000231	13.0	1114420	11.0	1360688	12.3
藁城市	2256309	12.0	2614310	10.3	3140236	12.0
晋州市	1196769	10.8	1290925	11.2	1421442	13.0
新乐市	1056039	10.7	1117822	11.1	1242114	11.7
鹿泉市	1759162	12.4	1908215	11.8	2085460	12.4
辛集市	1840135	11.2	2067005	11.0	2541378	13.2
17 县（市）合计	17731340		19703050		22503862	
23 县（市）区合计	23919638		26332558		30132695	

1996—2015 年分县（市）区生产总值（六）

14—1 续 5　　计量单位：万元、%

行政单位	2011 年	增长速度	2012 年	增长速度	2013 年	增长速度
全　市	**40826833**	**12.0**	**45002098**	**10.4**	**49136576**	**9.4**
市　区	14699610	12.5	15735386	10.6	17044127	9.8
# 长安区	1943439	11.0	2114912	8.4	2359864	9.0
桥东区	1241067	13.8	1408792	10.6	1583538	10.0
桥西区	2494148	14.0	2436226	10.5	2743921	10.1
新华区	1468232	13.9	1643986	10.4	1929610	10.3
裕华区	1341768	13.7	1468770	10.5	1720015	9.3
矿　区	509164	12.4	712579	8.5	723103	4.3
高新区			1292270	14.6	1579158	12.2
循环化工园区					428476	
井陉县	1201654	12.7	1300798	9.1	1361673	8.1
正定县	1980979	8.7	2194772	9.1	2326020	8.1
栾城县	1446088	12.3	1553495	9.6	1773819	9.1
行唐县	921466	12.6	1050820	10.3	1122732	10.4
灵寿县	727978	11.5	787652	9.0	867700	10.1
高邑县	545686	12.7	630161	12.0	721630	9.7
深泽县	677857	12.6	760826	11.6	869737	10.5
赞皇县	701028	12.8	773585	11.8	916437	10.3
无极县	1321149	11.8	1400964	12.2	1526788	9.3
平山县	1927428	10.6	2052263	4.1	2070216	10.1
元氏县	1278985	12.2	1483105	10.5	1619742	10.0
赵　县	1627153	11.6	1756820	10.2	1892062	8.1
藁城市	3905029	11.9	4753244	11.0	4788239	10.0
晋州市	1779161	12.6	2009307	12.0	2291967	10.3
新乐市	1431748	11.5	1560814	10.4	1722538	8.6
鹿泉市	2614124	12.4	2900051	5.8	3200581	9.3
辛集市	3181873	11.9	3415778	8.9	3635419	8.5
17 县（市）合计	27269386		30384455		33135776	
23 县（市）区合计	36267204		41461990		45774985	

1996—2015 年分县（市）区生产总值（七）

14—1 续 6　　计量单位：万元、%

行政单位	2014 年	增长速度	2015 年	增长速度
全　市	**51702653**	**7.9**	**54405988**	**7.5**
市　区	27347365	8.2	29098110	8.2
# 长安区	3610583	7.0	3908594	8.1
桥西区	4004116	7.4	4330840	8.0
新华区	2088439	7.1	2235778	8.2
裕华区	1794213	7.5	1950189	8.2
矿　区	638187	–9.5	604926	7.1
藁城区	5304001	9.1	5778086	7.1
鹿泉区	3414431	8.6	3559996	7.1
栾城区	1939363	9.0	2078493	7.6
高新区	1810327	12.0	1964053	7.5
循环化工园区	394483	–7.0	511864	52.2
井陉县	1436280	4.8	1445280	6.1
正定县	2526705	8.9	2763915	7.6
行唐县	1219104	9.5	1300805	7.2
灵寿县	884699	4.5	932429	6.7
高邑县	773031	9.1	830105	7.2
深泽县	944413	9.5	1015715	7.4
赞皇县	962588	5.1	955885	5.3
无极县	1684163	9.7	1823977	7.5
平山县	2122834	4.9	1877815	6.0
元氏县	1711000	7.4	1801611	7.4
赵　县	1963067	7.3	2029402	7.3
晋州市	2546152	9.6	2767978	7.7
新乐市	1821923	7.9	1901622	7.6
辛集市	3759329	6.6	3861339	6.2
14 县（市）合计	24355288		25307878	
24 县（市）区合计	49353431		52230697	

注：2013 年和 2014 年为三经普修订后数据，其中，2013 年长安区、桥东区和桥西区为原区划年报数据，市区为原市区口径，2014 年长安区、桥西区为新区划口径，市区为新口径，藁城区、栾城区和鹿泉区并入市区。

1995—2015 年分县（市）区全社会固定资产投资（一）

14—2　　计量单位：万元、%

行政单位	1995 年	1996 年	增长速度	1997 年	增长速度	1998 年	增长速度
全　市	**1951005**	**2404345**	**23.24**	**2981487**	**24.00**	**3388169**	**13.64**
市　区	1032539	1196987	15.93	1496487	25.02	1685405	12.62
#长安区	20223	25200	24.61	33569	33.21	32706	-2.57
桥东区	6689	17968	168.62	23161	28.90	19085	-17.60
桥西区	4343	5333	22.80	8726	63.62	16010	83.47
新华区	39430	32529	-17.50	29309	-9.90	34529	17.81
裕华区	24958	131512	426.93	183720	39.70	201246	9.54
矿　区	10754	10768	0.13	13091	21.57	13132	0.31
高新区						151535	
井陉县	28456	48551	70.62	62196	28.10	64139	3.12
正定县	117448	136197	15.96	157076	15.33	163363	4.00
栾城县	41310	57566	39.35	75491	31.14	92172	22.10
行唐县	27989	33648	20.22	50342	49.61	60301	19.78
灵寿县	23857	31386	31.56	46096	46.87	53195	15.40
高邑县	30924	37977	22.81	44708	17.72	47911	7.16
深泽县	19005	20627	8.53	27396	32.82	41290	50.72
赞皇县	17831	24398	36.83	44855	83.85	51013	13.73
无极县	28645	34954	22.02	48697	39.32	50118	2.92
平山县	45025	51959	15.40	69583	33.92	80296	15.40
元氏县	35986	48771	35.53	64216	31.67	70585	9.92
赵　县	37759	53613	41.99	55142	2.85	71501	29.67
藁城市	106922	173559	62.32	200919	15.76	243720	21.30
晋州市	63817	91103	42.76	111021	21.86	123412	11.16
新乐市	75614	88100	16.51	107030	21.49	125006	16.80
鹿泉市	97441	130472	33.90	160038	22.66	191920	19.92
辛集市	120437	144477	19.96	160194	10.88	172822	7.88

注：2000 年以前年度市内各区全社会固定资产投资统计范围为区属及以下单位，2000 年及以后年度为各区行政区划内所有单位。自 2011 年起投资统计起点由 50 万元提高到 500 万元。

1995—2015 年分县（市）区全社会固定资产投资（二）

14—2 续 1

计量单位：万元、%

行政单位	1999 年	增长速度	2000 年	增长速度	2001 年	增长速度
全　　市	**3654000**	**7.85**	**3619406**	**-0.95**	**3808763**	**5.23**
市　　区	1693000	0.45	1617379	-4.47	1709161	5.67
#长安区	36280	10.93	436525	1103.2	483590	10.78
桥东区	24548	28.62	341679	1291.9	339622	-0.60
桥西区	21099	31.79	191453	807.40	241500	26.14
新华区	32668	-5.39	178725	447.10	243422	36.20
裕华区	220871	9.75	279839	26.70	221038	-21.01
矿　区	14594	11.13	15698	7.56	20623	31.37
高新区			98757		128005	29.62
井陉县	70000	9.14	81064	15.81	75037	-7.43
正定县	214000	31.00	15994	-92.53	153648	860.66
栾城县	116000	25.85	142712	23.03	133376	-6.54
行唐县	67000	11.11	74149	10.67	76246	2.83
灵寿县	65000	22.19	64461	-0.83	64515	0.08
高邑县	56000	16.88	60477	7.99	64482	6.62
深泽县	49000	18.67	44771	-8.63	46381	3.60
赞皇县	49000	-3.95	66195	35.09	65582	-0.93
无极县	57000	13.73	60683	6.46	77306	27.39
平山县	100000	24.54	103192	3.19	119617	15.92
元氏县	81000	14.76	80049	-1.17	95188	18.91
赵　县	83000	16.08	91777	10.57	97459	6.19
藁城市	249000	2.17	255984	2.80	269692	5.36
晋州市	139000	12.63	136663	-1.68	167882	22.84
新乐市	152000	21.59	149835	-1.42	139683	-6.78
鹿泉市	217000	13.07	209158	-3.61	251699	20.34
辛集市	197000	13.99	196000	-0.51	201809	2.96

1995—2015 年分县（市）区全社会固定资产投资（三）

14—2 续 2　　计量单位：万元、%

行政单位	2002 年	增长速度	2003 年	增长速度	2004 年	增长速度
全　市	**4093686**	**7.48**	**5349800**	**30.68**	**7058091**	**31.93**
市　区	1849521	8.21	2336448	26.33	3236648	38.53
#长安区	486618	0.63	581495	19.50	735097	26.42
桥东区	361390	6.41	290339	−19.66	461410	58.92
桥西区	255743	5.90	379839	48.52	525002	38.22
新华区	309961	27.33	427800	38.02	553389	29.36
裕华区	266972	20.78	473571	77.39	707898	49.48
矿　区	13938	−32.42	27970	100.67	51624	84.57
高新区	148011	15.63	155434	5.02	202228	30.11
井陉县	84176	12.18	139364	65.56	188475	35.24
正定县	169132	10.08	227051	34.24	312636	37.69
栾城县	144280	8.18	192304	33.29	264912	37.76
行唐县	82198	7.81	122164	48.62	168167	37.66
灵寿县	67699	4.94	104077	53.73	143219	37.61
高邑县	68146	5.68	84006	23.27	117333	39.67
深泽县	47571	2.57	76529	60.87	79140	3.41
赞皇县	55544	−15.31	84064	51.35	115653	37.58
无极县	81773	5.78	114778	40.36	139862	21.85
平山县	144180	20.53	206524	43.24	249174	20.65
元氏县	107795	13.24	149703	38.88	226839	51.53
赵　县	106011	8.77	182796	72.43	216376	18.37
藁城市	286414	6.20	316842	10.62	382984	20.88
晋州市	175319	4.43	230668	31.57	272680	18.21
新乐市	160033	14.57	233495	45.90	309874	32.71
鹿泉市	272620	8.31	308151	13.03	332957	8.05
辛集市	191274	−5.22	240836	25.91	301162	25.05

1995—2015 年分县（市）区全社会固定资产投资（四）

14—2 续 3　　　　计量单位：万元、%

行政单位	2005 年	增长速度	2006 年	增长速度	2007 年	增长速度
全　市	**9290289**	**31.63**	**10968268**	**18.06**	**13901235**	**26.82**
市　区	4284088	32.36	5026539	17.33	5878796	17.11
#长安区	928269	26.28	769447	–17.11	1035143	34.53
桥东区	675332	46.36	867367	28.44	1077663	24.25
桥西区	696763	32.72	875884	25.71	870603	–0.60
新华区	710154	28.33	922258	29.87	1136336	23.21
裕华区	958989	35.47	1192987	24.40	1231584	4.11
矿　区	72889	41.19	94141	29.16	142937	46.96
高新区	241946	19.64	305212	26.15	384530	25.99
井陉县	303147	60.84	404996	33.60	561582	38.66
正定县	325003	3.96	366086	12.64	510373	39.41
栾城县	357366	34.90	402653	12.67	498822	23.88
行唐县	240548	43.04	285386	18.64	400589	40.37
灵寿县	221988	55.00	303107	36.54	474348	56.50
高邑县	144094	22.81	157326	9.18	178150	13.24
深泽县	96534	21.98	117664	21.89	165369	40.54
赞皇县	165859	43.41	194153	17.06	353080	81.86
无极县	175310	25.34	229676	31.01	338651	47.45
平山县	339890	36.41	394227	15.99	335194	–14.97
元氏县	281452	24.08	325503	15.65	541842	66.46
赵　县	292035	34.97	329417	12.80	416364	26.39
藁城市	497644	29.94	609568	22.49	804138	31.92
晋州市	348829	27.93	407311	16.77	534150	31.14
新乐市	386200	24.63	436727	13.08	536084	22.75
鹿泉市	431322	29.54	525378	21.81	675329	28.54
辛集市	398724	32.40	451794	13.31	698374	54.58

1995—2015 年分县（市）区全社会固定资产投资（五）

14—2 续 4 计量单位：万元、%

行政单位	2008 年	增长速度	2009 年	增长速度	2010 年	增长速度
全　市	**17242334**	**24.03**	**24363602**	**41.30**	**29579966**	**21.40**
市　区	6893777	17.27	9642048	39.87	11926594	23.69
# 长安区	1269342	22.62	1752619	38.07	2141700	22.20
桥东区	1192978	10.70	1688780	41.56	2077199	23.00
桥西区	1047342	20.30	1596309	52.42	1965056	23.10
新华区	1299784	14.38	1714311	31.89	2094888	22.20
裕华区	1435136	16.53	1966002	36.99	2215612	21.50
矿　区	186578	30.53	265681	42.40	334188	25.79
高新区	462617	20.31	658346	42.31	1097951	26.15
井陉县	820668	46.14	1203437	46.64	1478696	22.87
正定县	694877	36.15	975116	40.33	1238041	26.96
栾城县	592204	18.72	854531	44.30	954894	21.65
行唐县	533417	33.16	764998	43.41	950213	24.21
灵寿县	700542	47.69	985592	40.69	632039	-35.87
高邑县	202538	13.69	282454	39.46	351994	24.62
深泽县	215427	30.27	294716	36.81	365150	23.90
赞皇县	449608	27.34	643462	43.12	815226	26.69
无极县	421306	24.41	616967	46.44	773069	25.30
平山县	585943	74.81	768064	31.08	977739	27.30
元氏县	669532	23.57	890503	33.00	1020913	14.64
赵　县	475415	14.18	701713	47.60	872221	24.30
藁城市	938381	16.69	1351537	44.03	1727410	27.81
晋州市	682029	27.68	994825	45.86	1243694	25.02
新乐市	735714	37.24	1028408	39.78	1254122	21.95
鹿泉市	826589	22.40	1229101	48.70	1566241	27.43
辛集市	804367	15.18	1136130	41.25	1431710	26.02

1995—2015 年分县（市）区全社会固定资产投资（六）

14—2 续 5　　计量单位：万元、%

行政单位	2011 年	增长速度	2012 年	增长速度	2013 年	增长速度
全　市	**31011626**	**26.5**	**37286458**	**20.0**	**44002079**	**18.0**
市　区	13472206	29.9	16155584	20.1	19648835	21.6
#长安区	2345558	26.4	2756678	19.6	3297429	20.0
桥东区	2386581	31.6	2863006	19.0	3287946	20.0
桥西区	2401015	38.9	2909056	21.2	3472343	20.1
新华区	2202962	19.5	2630745	19.4	3166029	20.3
裕华区	2617635	34.3	3121798	19.3	3475663	11.3
矿　区	343203	27.3	426655	24.3	520500	22.0
高新区	1175252	29.0	1447646	23.2	1779927	23.0
循环化工园区					648998	7.4
井陉县	1368000	26.5	1616739	18.2	1958055	21.1
正定县	1294000	25.7	1565662	21.0	1857856	18.7
栾城县	1034420	28.9	1242447	20.2	1481874	19.3
行唐县	852000	29.5	1001322	17.5	1190838	18.9
灵寿县	564000	28.2	680579	20.7	820483	20.6
高邑县	352000	34.2	435908	23.8	535255	22.8
深泽县	377000	31.1	461678	22.5	556501	20.5
赞皇县	716000	26.8	863155	20.6	1047879	21.4
无极县	677000	28.9	818212	20.9	966385	18.1
平山县	1076000	36.7	1294993	20.4	1543867	19.2
元氏县	1057000	27.7	1282056	21.3	1467280	14.4
赵　县	792000	25.3	918833	16.0	1109431	20.7
藁城市	1786000	27.8	2232545	19.8	1944977	19.4
晋州市	1279000	33.2	1540043	20.4	1865142	21.1
新乐市	1125000	15.3	1341807	19.3	1627214	21.3
鹿泉市	1727000	26.3	2108060	22.1	2540700	20.5
辛集市	1463000	25.9	1726835	18.0	1839507	6.5

1995—2015 年分县（市）区全社会固定资产投资（七）

14—2 续 6　　计量单位：万元、%

行政单位	2014 年	增长速度	2015 年	增长速度
全　市	**51095232**	**16.1**	**57274936**	**12.1**
市　区	29468312		32754787	11.2
#长安区	5503548	11.0	5835542	6.0
桥西区	5700609	12.0	6082994	6.7
新华区	3698049	16.8	3959663	7.1
裕华区	4013056	15.5	4367252	8.8
矿　区	635178	22.0	783571	23.4
藁城区	2294375	18.0	2716357	18.4
鹿泉区	2987226	17.6	3499805	17.2
栾城区	1744077	17.7	2104642	20.7
高新区	2123321	19.3	2500806	17.8
循环化工园区	768873	18.5	904155	17.6
井陉县	2319397	18.5	1472179	–36.5
正定县	2183105	17.5	2639158	20.9
行唐县	1425431	19.7	1688624	18.5
灵寿县	973754	18.7	1158277	18.9
高邑县	651534	21.7	804247	23.4
深泽县	675774	21.4	832499	23.2
赞皇县	1239051	18.2	1456005	17.5
无极县	1142749	18.2	1351714	18.3
平山县	1827955	18.4	2167735	18.6
元氏县	1727209	17.7	2132480	23.5
赵　县	1307830	17.9	1591817	21.7
晋州市	2262548	21.3	2729388	20.6
新乐市	1925789	18.3	2357875	22.4
辛集市	1934796	5.2	2129620	10.1

1996—2015 年分县（市）区固定资产投资（一）

14—3　　计量单位：万元、%

行政单位	1996 年	增长速度	1997 年	增长速度	1998 年	增长速度
全　市	**1561921**	**16.49**	**1892936**	**21.19**	**2143072**	**13.21**
市　区	1066962	6.84	1306535	22.45	1449117	10.91
# 长安区	25200	53.00	33569	33.21	32706	-2.57
桥东区	17968	416.92	23161	28.90	19085	-17.60
桥西区	5333	22.80	8726	63.62	16010	83.47
新华区	32529	-16.87	29309	-9.90	34529	17.81
裕华区	131512	2183.19	183720	39.70	26625	-85.51
矿　区	10768	239.47	13091	21.57	3608	-72.44
高新区					151535	
井陉县	32213	106.97	26342	-18.23	34905	32.51
正定县	35234	-6.69	43586	23.70	58566	34.37
栾城县	34878	100.79	29868	-14.36	42271	41.53
行唐县	13171	42.73	26562	101.67	27325	2.87
灵寿县	24091	53.95	37441	55.41	44876	19.86
高邑县	7583	-18.66	12572	65.79	14308	13.81
深泽县	5672	-23.90	15604	175.11	16258	4.19
赞皇县	11798	-20.45	19725	67.19	20270	2.76
无极县	17003	4.30	19048	12.03	21394	12.32
平山县	19063	6.96	27583	44.69	29732	7.79
元氏县	23721	37.92	24591	3.67	22730	-7.57
赵　县	18687	4.56	24548	31.36	24501	-0.19
藁城市	123911	184.13	98410	-20.58	99324	0.93
晋州市	19202	5.66	26495	37.98	31100	17.38
新乐市	40161	36.90	37015	-7.83	42705	15.37
鹿泉市	13655	-20.71	52533	284.72	47646	-9.30
辛集市	54916	46.78	64478	17.41	116044	79.97

注：2000 年以前年度市内各区城镇固定资产投资统计范围为区属及以下单位，2000 年及以后年度为各区行政区划内所有单位。自 2011 年起投资统计起点由 50 万元提高到 500 万元，城镇固定资产投资改为固定资产投资

1996—2015 年分县（市）区固定资产投资（二）

14—3 续 1　　计量单位：万元、%

行政单位	1999 年	增长速度	2000 年	增长速度	2001 年	增长速度
全　市	**2460089**	**14.79**	**2408926**	**-2.08**	**2681187**	**11.30**
市　区	1498045	3.38	1457313	-2.72	1651933	13.35
#长安区	36280	10.93	436525	1103.21	483590	10.78
桥东区	24548	28.62	341679	1291.88	339622	-0.60
桥西区	21099	31.79	191453	807.40	241500	26.14
新华区	32668	-5.39	178725	447.10	243422	36.20
裕华区	96400	262.07	128204	32.99	192260	49.96
矿　区	5540	53.55	7267	31.17	14534	100.00
高新区			98757		128005	29.62
井陉县	42770	22.53	49814	16.47	49981	0.34
正定县	95016	62.24	72045	-24.18	96457	33.88
栾城县	72583	71.71	92090	26.88	79287	-13.90
行唐县	35601	30.29	36143	1.52	37850	4.72
灵寿县	52743	17.53	54285	2.92	54820	0.99
高邑县	22025	53.93	22883	3.90	25621	11.97
深泽县	18877	16.11	19136	1.37	19435	1.56
赞皇县	20926	3.24	21291	1.74	28898	35.73
无极县	31579	47.61	28346	-10.24	30800	8.66
平山县	46136	55.17	49091	6.40	54300	10.61
元氏县	39667	74.51	33383	-15.84	38595	15.61
赵　县	53245	117.32	40030	-24.82	44623	11.47
藁城市	120461	21.28	104394	-13.34	123769	18.56
晋州市	54008	73.66	53726	-0.52	74579	38.81
新乐市	66199	55.01	54957	-16.98	40921	-25.54
鹿泉市	86837	82.25	89170	2.69	101988	14.37
辛集市	130156	12.16	107343	-17.53	127330	18.62

1996—2015 年分县（市）区固定资产投资（三）

14—3 续 2

计量单位：万元、%

行政单位	2002 年	增长速度	2003 年	增长速度	2004 年	增长速度
全　市	**2952370**	**10.11**	**4155500**	**40.75**	**5771074**	**38.88**
市　区	1820166	10.18	2335548	28.32	3227794	38.20
#长安区	486618	0.63	581495	19.50	735097	26.42
桥东区	361390	6.41	290339	-19.66	461410	58.92
桥西区	255743	5.90	379839	48.52	525002	38.22
新华区	309961	27.33	427800	38.02	553389	29.36
裕华区	266972	38.86	473571	77.39	707898	49.48
矿　区	12786	-12.03	27070	111.72	42770	58.00
高新区	148011	15.63	155434	5.02	202228	30.11
井陉县	53288	6.62	90564	69.95	136390	50.60
正定县	97352	0.93	128751	32.25	181686	41.11
栾城县	79222	-0.08	131504	65.99	178350	35.62
行唐县	40912	8.09	66264	61.97	100890	52.25
灵寿县	57459	4.81	86077	49.81	124741	44.92
高邑县	26958	5.22	41406	53.59	63334	52.96
深泽县	21110	8.62	37429	77.30	47117	25.88
赞皇县	31864	10.26	51364	61.20	72418	40.99
无极县	33076	7.39	46578	40.82	69134	48.43
平山县	73294	34.98	111724	52.43	166075	48.65
元氏县	41375	7.20	66003	59.52	102120	54.72
赵　县	46480	4.16	89100	91.70	133374	49.69
藁城市	128771	4.04	219642	70.57	288596	31.39
晋州市	80164	7.49	125068	56.02	187782	50.14
新乐市	53522	30.79	97195	81.60	156816	61.34
鹿泉市	141746	38.98	249251	75.84	308832	23.90
辛集市	128196	0.68	182236	42.15	225623	23.81

1996—2015 年分县（市）区固定资产投资（四）

14—3 续 3 计量单位：万元、%

行政单位	2005 年	增长速度	2006 年	增长速度	2007 年	增长速度
全　市	**7947681**	**37.72**	**9981142**	**25.59**	**12641826**	**26.66**
市　区	4282358	32.67	5025104	17.34	5877037	16.95
#长安区	927469	26.17	769447	-17.04	1035143	34.53
桥东区	675332	46.36	867367	28.44	1077663	24.25
桥西区	696763	32.72	875884	25.71	870603	-0.60
新华区	710154	28.33	922258	29.87	1136336	23.21
裕华区	958989	35.47	1192987	24.40	1231584	3.24
矿　区	71705	67.65	91949	28.23	141178	53.54
高新区	241946	19.64	305212	26.15	384530	25.99
井陉县	241872	77.34	359738	48.73	511177	42.10
正定县	223574	23.06	299703	34.05	465645	55.37
栾城县	262308	47.07	320344	22.13	391578	22.24
行唐县	161505	60.08	231453	43.31	326349	41.00
灵寿县	197768	58.54	283029	43.11	429516	51.76
高邑县	85669	35.27	115400	34.70	134700	16.72
深泽县	68357	45.08	96917	41.78	136014	40.34
赞皇县	102949	42.16	157339	52.83	255390	62.32
无极县	102701	48.55	146074	42.23	239373	63.87
平山县	268501	61.67	342339	27.50	280118	-18.18
元氏县	164340	60.93	236416	43.86	345522	46.15
赵　县	209271	56.91	298478	42.63	401399	34.48
藁城市	407731	41.28	513790	26.01	700458	36.33
晋州市	220049	17.18	321025	45.89	466385	45.28
新乐市	218848	39.56	293722	34.21	421760	43.59
鹿泉市	416437	34.84	519038	24.64	652829	25.78
辛集市	313443	38.92	421233	34.39	606576	44.00

1996—2015 年分县（市）区固定资产投资（五）

14—3 续 4　　计量单位：万元、%

行政单位	2008 年	增长速度	2009 年	增长速度	2010 年	增长速度
全　市	**15778496**	**24.81**	**22287346**	**41.25**	**26968136**	**21.00**
市　区	6890730	17.25	9636908	39.85	11919374	23.68
#长安区	1269342	22.62	1752619	38.07	2141700	22.20
桥东区	1192978	10.70	1688780	41.56	2077199	23.00
桥西区	1047342	20.30	1596309	52.42	1965056	23.10
新华区	1299784	14.38	1714311	31.89	2094888	22.20
裕华区	1435136	16.53	1966002	36.99	2215612	21.50
矿　区	183531	30.00	260541	41.96	326968	25.50
高新区	462617	20.31	658346	42.31	1097951	27.93
井陉县	728193	42.45	1054642	44.83	1292980	22.60
正定县	651851	39.99	933450	43.20	1173481	25.71
栾城县	503725	28.64	712872	41.52	809434	23.50
行唐县	446251	36.74	631534	41.52	768576	21.70
灵寿县	615816	43.37	863127	40.16	534790	-38.04
高邑县	159765	18.61	226099	41.52	282172	24.80
深泽县	178997	31.60	251598	40.56	306446	21.80
赞皇县	336242	31.66	432909	28.75	588485	22.88
无极县	290447	21.34	408252	40.56	496387	21.59
平山县	393470	40.47	649804	65.15	715914	26.69
元氏县	494203	43.03	770439	55.90	847834	22.40
赵　县	468564	16.73	656511	40.11	829392	25.15
藁城市	889328	26.96	1224149	37.65	1578653	23.40
晋州市	609243	30.63	855061	40.35	1063859	22.30
新乐市	553034	31.13	774530	40.05	945701	22.10
鹿泉市	813405	24.60	1136070	39.67	1475667	25.44
辛集市	755232	24.51	1069391	41.60	1338991	25.21

1996—2015 年分县（市）区固定资产投资（六）

14—3 续 5 计量单位：万元、%

行政单位	2011 年	增长速度	2012 年	增长速度	2013 年	增长速度
全 市	**30214978**	**26.00**	**36733348**	**21.35**	**43691969**	**19.40**
市 区	13472206	29.80	16155584	20.12	19646919	21.60
# 长安区	2345558	26.40	2756678	19.62	3297429	20.00
桥东区	2386581	31.60	2863006	19.04	3287946	20.00
桥西区	2401015	38.90	2909056	21.16	3472343	20.10
新华区	2202962	19.50	2630745	19.42	3166029	20.30
裕华区	2617635	34.30	3121798	19.26	3475663	11.30
矿 区	343203	24.60	426655	24.32	520500	22.00
高新区	1175252	29.00	1447646	23.18	1779927	23.00
循环化工园区					647082	21.00
井陉县	1338726	24.00	1607518	20.08	1952700	21.50
正定县	1226186	23.50	1504949	22.73	1822597	21.10
栾城县	1000182	26.90	1221569	22.13	1469749	21.00
行唐县	782482	27.20	956414	22.23	1164757	22.40
灵寿县	535437	26.20	661124	23.47	809184	22.40
高邑县	342098	28.00	428990	25.40	531237	23.80
深泽县	361068	27.50	447820	24.03	548453	22.50
赞皇县	693265	25.70	852522	22.97	1041704	22.20
无极县	619890	26.00	758628	22.38	931781	22.80
平山县	1016898	28.30	1253611	23.28	1519834	21.20
元氏县	990515	24.40	1219273	23.09	1430818	21.00
赵 县	733568	23.20	896820	22.25	1096647	22.30
藁城市	1711643	25.50	2182417	21.99	1917781	21.30
晋州市	1218304	27.60	1501439	23.24	1842723	22.70
新乐市	1071887	12.40	1307589	21.99	1607342	22.90
鹿泉市	1697889	23.90	2086598	22.89	2528236	21.20
辛集市	1402734	23.80	1690483	20.51	1829507	8.20

1996—2015年分县（市）区固定资产投资（七）

14—3 续6 计量单位：万元、%

行政单位	2014年	增长速度	2015年	增长速度
全　市	**50764384**	**16.20**	**56898536**	**12.10**
市　区	29410903		32689206	11.15
#长安区	5503548	11.00	5835542	7.66
桥西区	5700609	12.05	6082994	7.66
新华区	3698049	16.80	3959663	7.80
裕华区	4013056	15.46	4367252	8.80
矿　区	635178	22.03	783571	23.36
藁城区	2265302	18.12	2683145	18.45
鹿泉区	2973901	17.60	3484583	17.17
栾城区	1731115	17.78	2089835	22.00
高新区	2123321	19.29	2500806	18.50
循环化工园区	766824	18.50	901815	17.60
井陉县	2313672	18.49	1465639	0.10
正定县	2145411	17.71	2596099	21.01
行唐县	1397550	19.99	1656774	18.55
灵寿县	961675	18.85	1144479	19.01
高邑县	647239	21.84	799340	23.80
深泽县	667170	21.65	822671	23.70
赞皇县	1232450	18.31	1448464	17.53
无极县	1105756	18.67	1309455	18.42
平山县	1802263	18.58	2138386	18.65
元氏县	1688230	17.99	2087952	23.68
赵　县	1294163	18.01	1576205	21.79
晋州市	2238581	21.48	2702009	23.90
新乐市	1904545	18.49	2333607	23.80
辛集市	1924776	5.20	2119720	10.13

1995—2015 年分县（市）区全部财政收入（一）

14—4　　计量单位：万元、%

行政单位	1995 年	1996 年	增长速度	1997 年	增长速度
全　市	**328113**	**384211**	**17.10**	**454738**	**18.36**
市　区	201323	212181	5.39	259900	22.49
#长安区	10168	12288	20.85	14852	19.06
桥东区	10036	11858	18.15	12583	11.96
桥西区	8668	10043	15.86	11672	14.91
新华区	9613	11413	18.72	14151	19.04
裕华区	12878	18190	41.25	22189	29.64
矿　区	3425	4055	18.39	4840	17.31
高新区	5189	5832	12.39	8015	19.81
井陉县	12388	13188	6.46	16188	22.75
正定县	10089	13399	32.81	17994	34.29
栾城县	5601	7604	35.76	10293	35.36
行唐县	3564	5018	40.80	6226	24.07
灵寿县	3326	4854	45.94	6037	24.37
高邑县	3113	3908	25.54	5019	28.43
深泽县	3017	4009	32.88	5020	25.22
赞皇县	3540	4005	13.14	4352	8.66
无极县	5051	6967	37.93	8175	17.34
平山县	6039	7035	16.49	8569	21.81
元氏县	5269	6011	14.08	7098	18.08
赵　县	6152	8510	38.33	10033	17.90
藁城市	15821	20179	27.55	24000	18.94
晋州市	8305	10622	27.90	12224	15.08
新乐市	7549	10213	35.29	12347	20.89
鹿泉市	13643	16184	18.62	20200	24.81
辛集市	14323	18036	25.92	21063	16.78

1995—2015年分县（市）区全部财政收入（二）

14—4续1　　计量单位：万元、%

行政单位	1998年	增长速度	1999年	增长速度	2000年	增长速度
全　市	**550236**	**21.00**	**581154**	**5.62**	**617026**	**6.17**
市　区	323636	24.52	345064	6.62	376882	9.22
#长安区	17416	17.26	20118	15.51	22328	10.99
桥东区	13307	5.76	14727	10.67	15237	3.46
桥西区	13300	13.95	14702	10.54	14865	1.11
新华区	16888	19.35	19168	13.50	21569	12.53
裕华区	26188	18.02	31025	18.47	36699	18.29
矿　区	5625	16.22	6180	9.87	6467	4.64
高新区	10198	27.24	13050	27.97	16528	26.65
井陉县	15768	–2.59	12725	–19.30	13685	7.54
正定县	20538	14.14	22001	7.12	23667	7.57
栾城县	13005	26.35	15345	17.99	16159	5.30
行唐县	7421	19.19	7689	3.61	8294	7.87
灵寿县	7090	17.44	6707	–5.40	7019	4.65
高邑县	6007	19.69	6558	9.17	6962	6.16
深泽县	6179	23.09	6699	8.42	6916	3.24
赞皇县	4363	0.25	3080	–29.41	3916	27.14
无极县	10017	22.53	10016	–0.01	10501	4.84
平山县	10430	21.72	11713	12.30	11315	–3.40
元氏县	8289	16.78	9010	8.70	10011	11.11
赵　县	11352	13.15	10613	–6.51	10786	1.63
藁城市	27937	16.40	30287	8.41	27386	–9.58
晋州市	15187	24.24	16131	6.22	16755	3.87
新乐市	15001	21.50	15287	1.91	15781	3.23
鹿泉市	23750	17.57	25557	7.61	26136	2.27
辛集市	24266	15.21	25944	6.92	24855	–4.20

1995—2015年分县（市）区全部财政收入（三）

14—4 续2　　计量单位：万元、%

行政单位	2001年	增长速度	2002年	增长速度	2003年	增长速度
全　市	**718953**	**16.52**	**1105294**	**7.15**	**1249873**	**13.08**
市　区	473752	25.70	783433	5.83	889785	13.58
#长安区	32018	43.40	38515	19.95	47386	23.03
桥东区	18637	22.31	20825	11.43	22583	8.44
桥西区	24738	66.42	28390	14.73	31555	11.15
新华区	32618	51.23	39082	19.60	46274	18.40
裕华区	23812	–35.12	30068	25.85	37197	23.71
矿　区	6555	1.36	7645	11.83	10884	42.37
高新区	35639	115.63	37897	6.23	48359	27.61
井陉县	14901	8.89	18563	8.62	20970	12.97
正定县	17740	–25.04	23859	15.78	25300	6.04
栾城县	10724	–33.63	18875	24.17	22424	18.80
行唐县	8645	4.23	10083	5.05	10773	6.84
灵寿县	7700	9.70	8751	1.25	9674	10.55
高邑县	6491	–6.77	8000	10.91	8603	7.54
深泽县	7421	7.30	8014	–9.00	8628	7.66
赞皇县	4148	5.92	5184	6.12	6181	19.23
无极县	10701	1.90	13703	11.29	15301	11.66
平山县	12367	9.30	15272	8.01	17997	17.84
元氏县	10525	5.13	14502	26.19	16033	10.56
赵　县	10058	–6.75	13011	15.51	15009	15.36
藁城市	30011	9.59	51753	7.40	56314	8.81
晋州市	18021	7.56	21955	7.51	24115	9.84
新乐市	15070	–4.51	18037	10.12	20738	14.97
鹿泉市	31199	19.37	39121	10.99	43866	12.13
辛集市	26479	6.53	33178	11.51	38162	15.02

1995—2015 年分县（市）区全部财政收入（四）

14—4 续 3

计量单位：万元、%

行政单位	2004 年	增长速度	2005 年	增长速度	2006 年	增长速度
全　市	**1452944**	**16.25**	**1656402**	**13.68**	**1900632**	**14.70**
市　区	1026814	15.40	1123086	9.38	1267496	12.86
# 长安区	235391	12.50	240038	1.97	226796	-5.52
桥东区	88507	11.47	101338	14.5	120046	18.46
桥西区	207558	17.27	256119	23.4	318071	24.19
新华区	118088	18.51	140018	18.61	151299	8.06
裕华区	120160	8.85	112956	-6.00	130055	15.14
矿　区	16348	48.18	25216	54.00	30287	20.11
高新区	76641	29.13	100128	30.65	115728	15.58
井陉县	26864	28.11	34195	28.49	41766	22.14
正定县	30021	18.66	34914	18.04	40330	15.51
栾城县	25169	12.24	30208	22.43	36010	19.21
行唐县	11542	7.14	13168	19.19	15383	16.82
灵寿县	10973	13.43	13201	22.82	15756	19.35
高邑县	10002	16.26	11500	17.55	11618	1.03
深泽县	9535	10.51	10808	16.87	13494	24.85
赞皇县	8022	29.78	10529	32.69	13036	23.81
无极县	18504	20.93	21306	19.58	24882	16.78
平山县	31348	74.18	65002	12.76	83299	28.15
元氏县	18012	12.34	21033	19.55	24166	14.90
赵　县	16169	7.73	19136	27.68	24025	25.55
藁城市	60894	8.13	70530	18.60	80118	13.59
晋州市	26333	9.20	30248	18.62	37050	22.49
新乐市	23251	12.12	27068	19.71	31031	14.64
鹿泉市	52415	19.49	64469	23.10	75111	16.51
辛集市	47076	23.36	56001	22.43	66061	17.96

1995—2015 年分县（市）区全部财政收入（五）

14—4 续 4　　计量单位：万元、%

行政单位	2007 年	增长速度	2008 年	增长速度	2009 年	增长速度
全　市	**2303474**	**21.20**	**2717217**	**17.96**	**3102454**	**14.18**
市　区	1474413	16.32	1691853	14.75	1815532	7.31
#长安区	263089	16.00	295125	12.18	318828	8.03
桥东区	147124	22.56	242220	64.64	281984	16.42
桥西区	403271	26.79	475805	17.99	479465	0.77
新华区	164370	8.64	176785	7.55	180104	1.88
裕华区	172426	32.58	198680	15.23	198771	0.05
矿　区	40019	32.13	54294	35.67	55055	1.40
高新区	131645	13.75	152769	16.05	173105	13.31
井陉县	50580	21.10	93838	85.52	100189	6.77
正定县	48893	21.23	59333	21.35	65525	10.44
栾城县	46366	28.76	56239	21.29	66000	17.36
行唐县	18664	21.33	21839	17.01	24025	10.01
灵寿县	20009	26.99	24112	20.51	24127	0.06
高邑县	13148	13.17	15600	18.65	16558	6.14
深泽县	16715	23.87	20406	22.08	21515	5.43
赞皇县	16165	24.00	20225	25.12	23026	13.85
无极县	30800	23.78	34000	10.39	28061	–17.47
平山县	140658	68.86	137803	–2.03	122816	–10.88
元氏县	30209	25.01	43083	42.62	48714	13.07
赵　县	30037	25.02	35174	17.10	33018	–6.13
藁城市	100296	25.19	161764	61.29	410813	153.96
晋州市	50022	35.01	57506	14.96	56055	–2.52
新乐市	36200	16.66	41542	14.76	35371	–14.85
鹿泉市	100239	33.45	110830	10.57	118102	6.56
辛集市	80060	21.19	92070	15.00	93007	1.02

1995—2015 年分县（市）区全部财政收入（六）

14—4 续 5　　计量单位：万元、%

行政单位	2010 年	增长速度	2011 年	增长速度
全　　市	**3879254**	**25.04**	**4889697**	**26.05**
市　　区	2117388	16.63	2765631	30.62
# 长安区	383751	20.36	445185	16.01
桥东区	326630	15.83	416050	27.38
桥西区	464768	29.39	600034	29.1
新华区	226798	25.93	287559	26.79
裕华区	238951	20.21	358649	50.09
矿　区	45387	−17.56	50229	10.67
高新区	204555	18.17	251159	22.78
井陉县	106648	6.45	102298	−4.08
正定县	80656	23.09	101216	25.49
栾城县	73518	16.24	92612	25.97
行唐县	24808	3.26	32087	29.34
灵寿县	25265	4.72	33276	31.71
高邑县	20438	23.43	30600	49.72
深泽县	24309	12.99	30401	25.06
赞皇县	25060	8.83	33202	32.49
无极县	32573	16.08	43030	32.1
平山县	144176	17.39	183092	26.99
元氏县	55871	14.69	70026	25.34
赵　县	38039	15.21	45666	20.05
藁城市	760892	43.28	882959	16.04
晋州市	63819	13.85	80021	25.39
新乐市	40475	14.43	51223	26.55
鹿泉市	135280	14.55	171557	26.82
辛集市	110039	18.31	140800	27.95

1995—2015 年分县（市）区全部财政收入（七）

14—4 续 6　　计量单位：万元、%

行政单位	2012 年	增长速度	2013 年	增长速度
全　市	**5733903**	**17.26**	**6482919**	**13.06**
市　区	3280745	18.63	3977332	21.23
# 长安区	467903	5.10	589446	25.98
桥东区	508257	22.16	555395	9.27
桥西区	685345	14.22	777301	13.42
新华区	336521	17.03	375185	11.49
裕华区	428346	19.43	483101	12.78
矿　区	52088	3.70	55005	5.60
高新区	295294	17.57	331105	12.13
井陉县	117798	15.15	132002	12.06
正定县	130936	29.36	163758	25.07
栾城县	112516	21.49	147168	30.80
行唐县	35596	10.94	45608	28.13
灵寿县	35310	6.11	40039	13.39
高邑县	38075	24.43	43802	15.04
深泽县	36611	20.43	42927	17.25
赞皇县	41285	24.34	43329	4.95
无极县	55511	29.01	65701	18.36
平山县	183647	0.30	160263	-12.73
元氏县	86021	22.84	100752	17.12
赵　县	55151	20.77	63425	15.00
藁城市	1004675	13.79	851378	-15.26
晋州市	90958	13.67	104310	14.68
新乐市	59028	15.24	68549	16.13
鹿泉市	208036	21.26	244486	17.52
辛集市	162004	15.06	188090	16.10

1995—2015 年分县（市）区全部财政收入（八）

14—4 续 7　　计量单位：万元、%

行政单位	2014 年	增长速度	2015 年	增长速度
全　　市	**6808005**	**5.01**	**7764323**	**14.05**
市　　区	5473871	37.63	6311203	15.30
#长安区	904913	10.22	1000029	10.51
桥西区	1202713	9.23	1299352	8.04
新华区	428346	14.17	448614	4.73
裕华区	454699	-5.88	463243	1.88
矿　区	43056	-21.72	48290	12.16
藁城区	897071	5.37	1505028	67.77
鹿泉区	300099	22.75	321445	7.11
栾城区	166567	13.18	176577	6.01
高新区	408098	23.25	465001	13.94
井陉县	135277	2.48	135821	0.40
正定县	190342	16.23	212001	11.38
行唐县	51720	13.40	53352	3.16
灵寿县	38758	-3.20	46779	20.70
高邑县	48691	11.16	46227	-5.06
深泽县	48046	11.92	51050	6.25
赞皇县	43393	0.15	41590	-4.16
无极县	75001	14.16	84287	12.38
平山县	174764	9.05	200940	14.98
元氏县	98031	-2.70	109083	11.27
赵　县	68006	7.22	73682	8.35
晋州市	88182	-15.46	101624	15.24
新乐市	73492	7.21	82592	12.38
辛集市	200431	6.56	214092	6.82

2000—2015年分县（市）区公共财政预算收入（一）

14—5　　计量单位：万元、%

行政单位	2000年	增长速度	2001年	增长速度	2002年	增长速度
全　市	**377137**	**7.04**	**443554**	**17.61**	**444947**	**18.31**
市　区	200653	11.12	267217	33.17	280699	17.98
# 长安区	15155	11.16	19394	27.97	16534	22.40
桥东区	9985	8.00	12316	23.35	10527	24.34
桥西区	10432	3.49	16683	59.92	13135	13.02
新华区	13272	12.82	20302	52.97	14385	14.36
裕华区	21035	8.33	15577	-25.95	15675	30.97
矿　区	3428	6.39	3558	3.79	3031	16.58
高新区	9650	24.16	18490	91.61	13223	21.26
井陉县	9107	6.79	9795	7.55	9740	16.01
正定县	17175	10.21	13090	-23.78	13785	26.61
栾城县	11059	3.80	8264	-25.27	7975	34.30
行唐县	6566	10.26	6782	3.29	6097	10.65
灵寿县	5255	4.29	5768	9.76	4447	2.47
高邑县	5486	9.22	5045	-8.04	4646	17.12
深泽县	5226	2.77	5593	7.02	4406	0.09
赞皇县	2686	2.17	3098	15.34	2932	13.25
无极县	8472	3.38	8463	-0.11	6832	21.52
平山县	8912	-5.79	9667	8.47	9614	13.20
元氏县	7482	11.49	7819	4.50	7606	54.12
赵　县	8531	4.34	7625	-10.62	7795	30.61
藁城市	21456	-3.88	22186	3.40	24656	19.58
晋州市	12596	1.98	13670	8.53	12368	16.75
新乐市	12934	2.70	11753	-9.13	10282	11.79
鹿泉市	16305	3.46	20121	23.40	16035	15.64
辛集市	17236	-2.71	17598	2.10	15032	16.95

2000—2015 年分县（市）区公共财政预算收入（二）

14—5 续 1　　　　计量单位：万元、%

行政单位	2003 年	增长速度	2004 年	增长速度	2005 年	增长速度
全　市	**493429**	**10.90**	**561644**	**13.82**	**658796**	**17.30**
市　区	316341	12.70	366737	15.93	421211	14.85
#长安区	21334	29.03	80633	18.15	86493	7.27
桥东区	11203	6.42	36213	15.54	45145	24.67
桥西区	14709	11.98	64216	17.38	78847	22.78
新华区	18337	27.47	42858	29.29	56187	31.10
裕华区	18542	18.29	49075	11.27	51162	4.25
矿　区	4169	37.55	5703	45.38	8738	53.22
高新区	17536	32.62	24115	41.98	36497	51.35
井陉县	10794	10.82	14502	34.35	17493	20.62
正定县	13458	–2.37	14682	9.09	17460	18.92
栾城县	9219	15.60	10128	9.86	12910	27.47
行唐县	6370	4.48	6662	4.58	7746	16.27
灵寿县	4753	6.88	5377	13.13	6439	19.75
高邑县	5152	10.89	6218	20.69	6528	4.99
深泽县	4723	7.19	5606	18.70	6295	12.29
赞皇县	3248	10.78	4111	26.57	4582	11.46
无极县	7430	8.75	9404	26.57	10436	10.97
平山县	9812	2.06	11962	21.91	20693	72.99
元氏县	8016	5.39	9344	16.57	9390	0.49
赵　县	9125	17.06	9634	5.58	10405	8.00
藁城市	26795	8.68	28794	7.46	32295	12.16
晋州市	12537	1.37	11289	–9.95	13977	23.81
新乐市	11628	13.09	12569	8.09	13285	5.70
鹿泉市	17437	8.74	21205	21.61	25269	19.17
辛集市	16591	10.37	13420	–19.11	22382	66.78

2000—2015 年分县（市）区公共财政预算收入（三）

14—5 续 2　　计量单位：万元、%

行政单位	2006 年	增长速度	2007 年	增长速度	2008 年	增长速度
全　市	**773736**	**17.45**	**958720**	**23.91**	**1100366**	**14.77**
市　区	506104	20.15	608045	20.14	670759	10.31
# 长安区	89595	3.59	108884	21.53	118413	8.75
桥东区	56023	24.10	70091	25.11	97169	38.63
桥西区	97876	24.13	123524	26.20	143895	16.49
新华区	61557	9.56	76339	24.01	83766	9.73
裕华区	61812	20.82	83669	35.36	87103	4.10
矿　区	10710	22.57	14467	35.08	18041	24.70
高新区	46483	27.36	56359	21.25	54692	–2.96
井陉县	19853	13.49	24186	21.83	34955	44.53
正定县	20730	18.73	25210	21.61	32165	27.59
栾城县	15188	17.65	17931	18.06	24532	36.81
行唐县	8886	14.72	10039	12.98	12372	23.24
灵寿县	7151	11.06	9133	27.72	10489	14.85
高邑县	5287	–19.01	6061	14.64	6899	13.83
深泽县	7448	18.32	8761	17.63	11420	30.35
赞皇县	5684	24.05	6791	19.48	8884	30.82
无极县	11681	11.93	13914	19.12	14804	6.40
平山县	24297	17.42	44107	81.53	54456	23.46
元氏县	9883	5.25	12522	26.70	15983	27.64
赵　县	10058	–3.33	12504	24.32	15374	22.95
藁城市	35342	9.43	45410	28.49	53821	18.52
晋州市	15681	12.19	21689	38.31	24207	11.61
新乐市	14882	12.02	16853	13.24	21583	28.07
鹿泉市	29151	15.36	42441	45.59	50786	19.66
辛集市	26430	18.09	33123	25.32	36877	11.33

2000—2015 年分县（市）区公共财政预算收入（四）

14—5 续 3　　　　计量单位：万元、%

行政单位	2009 年	增长速度	2010 年	增长速度
全　市	**1259614**	**14.47**	**1636303**	**29.91**
市　区	772553	15.18	1047751	35.62
# 长安区	135049	14.05	177229	31.23
桥东区	116752	20.15	143757	23.13
桥西区	163919	13.92	196341	33.08
新华区	93861	12.05	125305	33.50
裕华区	103872	19.25	134342	29.33
矿　区	18184	0.79	17614	–3.13
高新区	58847	7.60	71053	20.74
井陉县	35294	0.97	40167	13.81
正定县	38077	18.38	49990	31.29
栾城县	31096	26.76	36684	26.95
行唐县	15961	29.01	13478	–15.56
灵寿县	11231	7.07	12033	7.14
高邑县	9027	30.85	12285	36.09
深泽县	14467	26.68	15365	6.21
赞皇县	9888	11.30	12134	22.71
无极县	14453	–2.37	16938	17.19
平山县	52697	–3.23	59138	12.22
元氏县	18688	16.92	25034	33.96
赵　县	16687	8.54	18780	12.54
藁城市	63598	18.17	96220	33.63
晋州市	28199	16.49	33565	19.03
新乐市	20946	–2.95	23621	12.77
鹿泉市	57270	12.77	70307	22.76
辛集市	49482	34.18	52813	6.73

2000—2015 年分县（市）区公共财政预算收入（五）

14—5 续 4　　计量单位：万元、%

行政单位	2011 年	增长速度	2012 年	增长速度	2013 年	增长速度
全　市	**2212284**	**35.20**	**2722764**	**23.07**	**3151233**	**15.74**
市　区	1449754	38.37	1803141	24.38	2108968	16.96
#长安区	220384	24.35	251352	14.05	270665	7.68
桥东区	178668	24.28	192762	7.89	238809	23.89
桥西区	260853	32.86	332358	27.41	350023	5.32
新华区	155395	24.01	187462	20.64	215083	14.73
裕华区	225399	67.78	261565	16.05	282658	8.06
矿　区	19782	12.31	21253	7.44	24047	13.15
高新区	89867	26.48	120441	34.02	156288	29.76
井陉县	44620	11.09	48889	9.57	48171	-1.47
正定县	61735	23.49	81036	31.26	104072	28.43
栾城县	50425	37.46	57985	14.99	68217	17.65
行唐县	18367	36.27	19789	7.74	24922	25.94
灵寿县	15805	31.35	20025	26.70	22153	10.63
高邑县	16065	30.77	20456	27.33	30476	48.98
深泽县	19645	27.86	24421	24.31	30325	24.18
赞皇县	15132	24.71	19257	27.26	21998	14.23
无极县	22307	31.70	29429	31.93	35300	19.95
平山县	82985	40.32	95602	15.20	78388	-18.01
元氏县	32759	30.86	37811	15.42	45541	20.44
赵　县	24264	29.20	30009	23.68	36033	20.07
藁城市	120317	25.04	145523	20.95	154700	6.31
晋州市	42933	27.91	55344	28.91	61658	11.41
新乐市	31140	31.83	40088	28.73	48161	20.14
鹿泉市	93480	32.96	109058	16.66	134078	22.94
辛集市	70551	33.59	84901	20.34	98072	15.51

2000—2015年分县（市）区公共财政预算收入（六）

14—5续5 计量单位:万元、%

行政单位	2014年	增长速度	2015年	增长速度
全　市	**3434745**	**9.00**	**3750529**	**9.19**
市　区	2639516	25.16	2862385	8.44
#长安区	434567	16.78	481355	10.77
桥西区	567350	16.41	599990	5.75
新华区	246718	14.71	262846	6.54
裕华区	269352	-4.71	251292	-6.70
矿　区	19036	-20.84	22230	16.78
藁城区	183353	18.52	249793	36.24
鹿泉区	171661	28.03	186928	8.89
栾城区	80097	17.42	90728	13.27
高新区	205738	31.64	236715	15.06
井陉县	55045	14.27	60767	10.40
正定县	122388	17.60	140839	15.08
行唐县	32662	31.06	36582	12.00
灵寿县	25126	13.42	30726	22.29
高邑县	35312	15.87	38202	8.18
深泽县	34883	15.03	38937	11.62
赞皇县	25173	14.43	27525	9.34
无极县	42921	21.59	47475	10.61
平山县	85070	8.52	93630	10.06
元氏县	53226	16.87	65519	23.10
赵　县	42469	17.86	46779	10.15
晋州市	70321	14.05	77459	10.15
新乐市	54975	14.15	61811	12.43
辛集市	115658	17.93	121893	5.39

1995—2015 年分县（市）区农林牧渔业总产值（一）

14—6 计量单位：万元、%

行政单位	1995 年	1996 年	增长速度	1997 年	增长速度	1998 年	增长速度
全 市	**2094240**	**2460775**	**9.43**	**2751988**	**10.62**	**2874039**	**6.76**
市 区				82576			
#长安区							
桥东区							
桥西区							
新华区							
裕华区	51998	63166	20.71		6.88	70153	3.62
矿 区	7586	8016	4.43		4.17	8693	4.27
高新区		5404				5378	
井陉县	41718	53387	12.28	60802	12.81	67721	12.38
正定县	212194	225684	4.68	255122	13.71	263630	4.66
栾城县	131828	138841	12.98	166280	17.68	187079	19.31
行唐县	87430	103204	9.43	112032	8.78	118472	4.98
灵寿县	44836	62344	7.40	74061	11.05	78323	5.89
高邑县	63058	71095	11.28	74640	16.00	77664	7.43
深泽县	58304	62476	7.46	70511	16.28	73929	5.66
赞皇县	53938	55020	0.21	53152	-5.17	54116	20.26
无极县	123478	136868	10.35	151115	8.82	154844	6.27
平山县	101375	81939	-23.27	118712	55.74	128027	7.28
元氏县	74293	91597	8.52	108089	3.62	117005	13.77
赵 县	150068	195627	21.18	198029	10.77	209192	9.29
藁城市	292564	357743	10.67	391248	11.32	412864	7.81
晋州市	169708	184622	4.60	179006	3.81	188590	3.30
新乐市	176189	176770	3.69	184509	6.99	195373	6.76
鹿泉市	133678	128701	-4.25	142142	12.45	146211	4.36
辛集市	306071	331446	7.45	346546	11.64	384913	8.24

1995—2015 年分县（市）区农林牧渔业总产值（二）

14—6 续 1

计量单位：万元、%

行政单位	1999 年	增长速度	2000 年	增长速度	2001 年	增长速度
全　市	**2918680**	**5.48**	**2934472**	**4.96**	**3070012**	**4.24**
市　区						
#长安区					32494	
桥东区					9210	
桥西区					16565	
新华区					31269	
裕华区	72500	5.78	73926	4.67	34893	-56.45
矿　区	8931	5.80	9000	3.69	9356	3.99
高新区	5177		5311		5752	
井陉县	67868	0.55	70698	7.99	68812	-2.90
正定县	271820	5.95	274880	3.91	244053	-11.05
栾城县	206178	11.03	227496	12.59	229880	-1.65
行唐县	116743	0.86	118200	7.55	122225	4.00
灵寿县	84381	11.69	85361	3.98	88971	2.89
高邑县	81241	10.38	87594	10.77	89177	4.50
深泽县	74695	5.03	76655	8.99	85300	9.51
赞皇县	58108	5.33	62316	5.08	65028	5.32
无极县	158854	4.97	159714	6.63	165798	4.02
平山县	135706	6.21	132100	-3.52	139195	6.86
元氏县	123348	8.21	124245	7.32	132728	6.43
赵　县	215345	8.18	215758	6.05	208906	-4.71
藁城市	423133	4.12	396434	-2.73	416404	5.03
晋州市	192334	3.95	192629	4.54	197083	2.10
新乐市	202124	5.14	212100	5.02	211015	-0.60
鹿泉市	146756	4.94	149594	3.29	153852	6.76
辛集市	387792	5.35	374760	0.28	391303	2.99

1995—2015 年分县（市）区农林牧渔业总产值（三）

14—6 续 2　　计量单位：万元、%

行政单位	2002 年	增长速度	2003 年	增长速度	2004 年	增长速度
全　市	**3119674**	**4.35**	**3529558**	**5.65**	**4260467**	**6.36**
市　区						
# 长安区	31657	-1.52	33169	-0.31	37982	-2.37
桥东区	9305	0.78	8276	-4.31	10088	3.35
桥西区	16651	-0.10	15014	0.36	18487	11.83
新华区	31597	3.38	25829	-4.99	31395	0.37
裕华区	35083	0.52	36536	0.60	40222	-4.76
矿　区	9728	3.97	9230	4.04	10171	1.92
高新区	5588		2125			
井陉县	69449	1.56	69984	8.95	86721	9.19
正定县	253376	5.10	258522	2.24	296679	4.58
栾城县	243141	5.73	256011	7.27	293005	4.29
行唐县	126340	4.00	143582	3.71	171943	5.91
灵寿县	88117	-0.82	96565	30.36	119804	15.82
高邑县	93377	4.91	89498	-0.26	110317	3.40
深泽县	90927	6.91	82562	10.97	100366	6.06
赞皇县	65927	-2.51	74492	14.71	95470	10.08
无极县	169611	3.00	215779	3.33	246375	3.36
平山县	142678	2.52	186346	1.48	212069	4.48
元氏县	138860	4.72	150195	3.18	187608	4.19
赵　县	221714	7.45	214916	5.11	264314	5.26
藁城市	431434	4.33	507429	3.55	574451	2.88
晋州市	200456	2.97	196509	4.81	239640	8.07
新乐市	220360	4.86	233952	5.90	289669	6.20
鹿泉市	159194	3.48	160228	5.17	206716	11.93
辛集市	407063	3.97	358971	6.87	435801	6.63

1995—2015 年分县（市）区农林牧渔业总产值（四）

14—6 续 3

计量单位：万元、%

行政单位	2005 年	增长速度	2006 年	增长速度	2007 年	增长速度
全　市	**4569477**	**5.37**	**4731008**	**4.2**	**4931161**	**2.1**
市　区						
#长安区	38467	-0.78	39910	3.4	30522	-3.4
桥东区	10191	-0.32	10593	3.0	7994	-6.3
桥西区	18641	0.27	18542	-3.5	10522	-35.0
新华区	32504	-2.37	31526	-6.4	28021	9.9
裕华区	39484	-2.14	38516	-5.2	21548	-13.5
矿　区	10814	3.29	10828	0.0	8778	-8.5
高新区						
井陉县	95974	6.41	105237	7.2	112528	6.7
正定县	319891	3.44	344635	4.7	410945	2.3
栾城县	320011	5.50	336486	5.0	359137	-1.7
行唐县	186386	5.65	198067	4.7	237181	9.5
灵寿县	129835	6.40	136304	4.3	145305	2.9
高邑县	115473	1.31	118158	2.2	106953	-10.4
深泽县	112814	7.19	118394	5.0	131702	3.2
赞皇县	108186	9.83	111901	6.4	136477	5.3
无极县	253662	2.46	261197	2.3	295862	1.1
平山县	222149	3.65	231570	2.9	215969	4.6
元氏县	204239	3.90	216679	4.0	238669	3.4
赵　县	284806	4.52	302501	4.1	338277	3.9
藁城市	610803	1.33	633505	1.1	668148	1.1
晋州市	255292	3.98	278872	5.8	299852	-0.5
新乐市	322104	7.44	332768	2.1	323832	1.9
鹿泉市	229711	8.17	240714	4.8	234224	1.4
辛集市	482007	5.38	527299	7.0	562856	1.5

1995—2015 年分县（市）区农林牧渔业总产值（五）

14—6 续 4　　计量单位：万元、%

行政单位	2008 年	增长速度	2009 年	增长速度	2010 年	增长速度
全　市	**5429731**	**3.3**	**5477617**	**0.7**	**6515543**	**3.1**
# 长安区	30813	-3.5	34323	3.6	37447	2.6
桥东区	8094	-3.3	8381	0.9	7223	-17.5
桥西区	14725	29.9	15273	6.0	15876	-6.9
新华区	25795	-12.2	24982	-1.7	24372	-11.5
裕华区	22672	-0.3	22942	0.6	10293	0.0
矿　区	10889	-4.2	10970	3.0	11981	2.0
高新区					22093	
井陉县	129881	5.9	123572	4.3	147616	3.0
正定县	459959	2.4	460943	2.5	492033	0.0
栾城县	409025	4.6	428245	0.6	442135	2.5
行唐县	291985	6.5	282354	0.4	343944	3.1
灵寿县	174758	11.7	169852	3.4	205884	7.6
高邑县	118393	3.1	124557	1.3	141130	3.1
深泽县	152377	4.1	153769	4.3	188044	5.4
赞皇县	157171	2.6	162231	3.1	177562	2.7
无极县	332195	1.3	334468	2.7	376988	1.7
平山县	245096	3.1	249745	2.1	296195	4.9
元氏县	270922	1.6	275684	3.0	317249	3.3
赵　县	369953	6.6	387892	2.1	451498	1.6
藁城市	707021	1.0	766857	3.0	896390	1.8
晋州市	324787	-0.7	328272	2.8	390163	3.9
新乐市	343451	0.0	345383	0.9	379573	1.7
鹿泉市	249860	-1.0	260613	2.3	298363	0.6
辛集市	612567	1.6	617385	0.7	719857	3.9

1995—2015 年分县（市）区农林牧渔业总产值（六）

14—6 续 5　　　　计量单位：万元、%

行政单位	2011 年	增长速度	2012 年	增长速度	2013 年	增长速度
全　市	**7272965**	**3.1**	**7874961**	**3.3**	**8519016**	**2.4**
# 长安区	32448	-7.6	34448	-2.5	38120	1.7
桥东区	7188	-5.7	6827	-10.7	7479	0.2
桥西区	15974	1.8	19396	5.8	21741	-3.0
新华区	25790	0.8	25427	-7.6	30089	1.2
裕华区	10303	-0.1	10587	-1.1	11743	-0.2
矿　区	12701	1.0	14921	0.8	16644	2.3
高新区	22805	1.5	28652	15.9	31414	-9.7
井陉县	162262	3.5	191839	3.6	228383	3.1
正定县	564592	1.7	588190	1.8	644078	1.7
栾城县	507418	1.7	536706	0.7	563556	-3.7
行唐县	386495	5.4	404711	3.8	474617	2.2
灵寿县	238326	3.3	259319	4.4	278846	3.4
高邑县	156893	3.0	183881	4.8	215022	6.6
深泽县	225147	4.8	251978	7.6	278330	4.1
赞皇县	209595	8.6	225501	3.8	266305	3.6
无极县	417627	1.2	447749	3.0	485604	0.2
平山县	333215	5.0	295808	3.2	330009	3.6
元氏县	371169	2.9	394633	2.1	433759	1.1
赵　县	502332	2.6	549410	2.6	572208	-5.0
藁城市	1084171	2.5	1130035	2.4	1283004	4.5
晋州市	442060	-0.8	494779	8.2	565966	8.4
新乐市	407850	1.3	467896	2.0	533169	0.7
鹿泉市	339730	1.7	353857	2.2	394166	1.8
辛集市	809687	0.3	835775	0.6	891897	0.5

1995—2015 年分县（市）区农林牧渔业总产值（七）

14—6 续 6　　计量单位：万元、%

行政单位	2014 年	增长速度	2015 年	增长速度
全　市	**8851619**	**2.7**	**8955030**	**2.1**
# 长安区	40427	–1.0	41963	3.5
桥东区	19396	–0.4	24283	1.0
桥西区	29108	10.2	31183	3.4
新华区	10747	0.1	11092	0.3
裕华区	16517	–0.1	14915	–4.9
矿　区	1256272	4.3	1261099	6.2
高新区	393099	3.4	397490	1.6
井陉县	550579	–3.2	515929	–3.6
正定县	29622	–0.4	30788	0.9
栾城县			244892	1.0
行唐县	244537	4.8	54258	–2.4
灵寿县	676134	2.7	666057	0.3
高邑县	503546	6.2	510607	3.3
深泽县	314082	8.1	327383	3.3
赞皇县	210556	7.3	217632	5.4
无极县	286717	4.9	293597	1.9
平山县	282493	4.2	288829	5.8
元氏县	508388	3.7	527947	2.5
赵　县	350559	4.4	366673	3.4
藁城市	450765	7.5	445942	1.7
晋州市	600615	1.5	608905	3.0
新乐市	603806	4.3	606777	1.3
鹿泉市	535801	4.8	545141	2.4
辛集市	906096	0.6	911649	1.6

1996—2015 年分县（市）区规模以上工业增加值（一）

14—7 计量单位：万元、%

行政单位	1996 年	增长速度	1997 年	增长速度	1998 年	增长速度
全 市	**1667573**	**20.57**	**1978658**	**16.71**	**1995840**	**2.39**
市 区	843632	8.82	940378	11.32	1011855	9.60
# 长安区					11947	-9.26
桥东区					5521	-50.49
桥西区					8829	-18.06
新华区					15967	6.42
裕华区					100687	21.63
矿 区					12901	8.57
高新区					29539	
井陉县	17240	8.67	22570	30.92	16044	-37.16
正定县	76097	36.51	104952	37.92	103070	0.29
栾城县	34568	7.81	38532	11.47	31202	-3.71
行唐县	21738	42.30	30590	40.72	28617	-7.19
灵寿县	30311	62.09	40970	35.17	30142	-8.26
高邑县	31164	22.73	27003	-13.36	28041	15.46
深泽县	15564	29.75	22183	42.53	18070	-27.49
赞皇县	12437	2.04	13872	11.54	12029	-23.30
无极县	45985	35.42	62314	35.51	48500	-10.43
平山县	36498	1.70	47543	30.26	46442	-4.01
元氏县	46964	73.04	60091	27.95	27164	-32.94
赵 县	47596	41.43	60738	27.61	72428	11.19
藁城市	122630	28.61	153123	24.87	155317	13.94
晋州市	67585	75.46	83449	23.47	87550	0.41
新乐市	55606	21.71	63973	15.05	59234	-15.79
鹿泉市	48429	13.94	61796	27.6	53687	-17.35
辛集市	112441	39.44	144582	28.58	166449	13.94

注：1997 年及以前年度规模以上工业增加值统计范围为乡及乡以上工业企业；1998—2006 年为全部国有及主营业务收入 500 万元以上非国有工业法人企业；2007—2010 年为年主营业务收入 500 万元及以上工业法人企业；2011 年及以后为年主营业务收入 2000 万元及以上工业法人企业。2008 年及以后规模以上工业增加值为年快报数据。

1996—2015 年分县（市）区规模以上工业增加值（二）

14—7 续 1　　　　计量单位：万元、%

行政单位	1999 年	增长速度	2000 年	增长速度	2001 年	增长速度
全　市	**2225697**	**15.23**	**2458470**	**11.22**	**2722676**	**12.94**
市　区	1171218	16.59	1393725	15.94	1470475	5.49
# 长安区	13403	14.02	15055	11.20	67347	
桥东区	6350	16.79	7217	11.88	45907	
桥西区	8030	20.31	8142	–0.22	23242	
新华区	20096	21.42	26057	22.68	64913	
裕华区	120691	18.25	130553	15.52	43597	
矿　区	17953	8.66	17175	14.69	19455	
高新区	33142	72.53	39135	41.80	74449	
井陉县	23003	36.46	26676	20.35	30058	12.68
正定县	115939	20.43	128939	19.03	106317	
栾城县	36154	14.16	46392	28.53	42734	
行唐县	33236	19.99	44770	19.33	51956	16.05
灵寿县	29299	–3.73	24228	–3.99	30321	25.15
高邑县	29049	20.04	38544	29.36	44194	14.66
深泽县	19879	27.50	21231	13.14	27733	30.62
赞皇县	14921	23.00	16295	5.80	18338	12.53
无极县	63608	27.84	69125	19.92	96808	40.05
平山县	55219	18.48	63533	11.97	75456	18.77
元氏县	29990	19.55	38452	15.90	44396	15.46
赵　县	65941	10.89	58246	7.52	67799	16.4
藁城市	165298	3.80	99199	–9.11	175123	76.54
晋州市	62427	9.91	70189	–12.96	83474	18.93
新乐市	65213	9.49	78072	17.16	78605	0.68
鹿泉市	74401	45.14	76551	8.01	87092	13.77
辛集市	170904	6.71	162748	–1.07	191589	17.72

1996—2015 年分县（市）区规模以上工业增加值（三）

14—7 续 2　　计量单位：万元、%

行政单位	2002 年	增长速度	2003 年	增长速度	2004 年	增长速度
全　市	**3129643**	**14.80**	**3690543**	**21.20**	**4497107**	**25.04**
市　区	1667623	13.40	1860034		2036054	
#长安区	80287	19.21	102227	47.71	149859	60.25
桥东区	49327	7.45	42492	13.20	48135	30.01
桥西区	23713	2.03	23416	22.41	22455	43.93
新华区	77686	19.68	111911	47.71	147514	21.35
裕华区	45985	5.48	71457	37.53	167346	47.99
矿　区	24207	24.43	31896	23.24	58237	64.44
高新区	119085	59.96	134152	22.14		
井陉县	38815	29.13	47377	31.91	72804	40.34
正定县	138752	30.51	185661	33.85	229183	37.26
栾城县	49635	16.15	62602	33.95	100399	35.42
行唐县	62366	20.04	90464	35.78	128412	35.01
灵寿县	35501	17.08	46416	25.13	60514	35.23
高邑县	45759	3.54	57265	23.50	64367	27.94
深泽县	36826	32.79	41478	35.00	56134	26.25
赞皇县	20689	12.82	28106	35.20	45013	52.81
无极县	80629		111669	25.38	142366	36.32
平山县	83431	10.57	118511	34.68	222305	32.13
元氏县	53468	20.43	66420	25.60	96772	40.20
赵　县	79847	17.77	91072	18.61	155938	37.56
藁城市	215525	23.07	259141	26.95	277964	27.03
晋州市	90578	8.87	100952	24.55	122311	50.69
新乐市	90004	14.50	123787	41.97	151329	41.88
鹿泉市	109209	25.40	138887	18.17	226499	39.19
辛集市	230988	20.56	228807	16.77	308744	26.10

1996—2015 年分县（市）区规模以上工业增加值（四）

14—7 续 3　　计量单位：万元、%

行政单位	2005 年	增长速度	2006 年	增长速度	2007 年	增长速度
全　市	**5715862**	**22.85**	**6793372**	**19.80**	**9093131**	**20.40**
市　区	2362135		2134535		2619414	
#长安区	205893	35.82	563108	10.67	662917	6.71
桥东区	50443	15.47	105659	12.25	106795	7.76
桥西区	27904	26.03	325565	7.59	487695	16.01
新华区	178732	16.51	221281	1.72	208474	7.62
裕华区	108061	27.48	242662	10.69	265034	4.10
矿　区	82887	39.06	96568	19.84	137637	20.64
高新区	104225	15.10	138692	17.79	167207	16.58
井陉县	113305	49.67	166036	30.43	249230	26.08
正定县	310336	40.49	436137	29.55	618060	29.50
栾城县	129541	44.94	168720	26.11	246312	29.09
行唐县	165628	38.21	241073	29.64	330805	27.32
灵寿县	81441	45.19	114352	33.19	157806	28.29
高邑县	89910	22.15	109832	18.53	110045	5.13
深泽县	77464	36.72	102891	32.48	143494	26.92
赞皇县	57949	34.68	112666	38.14	154777	28.60
无极县	199330	31.00	297406	37.39	390796	26.32
平山县	280619	50.40	447857	25.68	678107	25.71
元氏县	138781	40.13	197996	28.95	275833	20.17
赵　县	214134	31.18	276549	25.60	378235	22.42
藁城市	381845	37.53	533966	29.38	715901	29.38
晋州市	182542	37.49	234055	28.82	377238	29.18
新乐市	219447	41.14	283385	25.83	413496	28.53
鹿泉市	294043	24.22	430204	28.82	587491	29.59
辛集市	417413	47.45	505713	24.11	646091	26.96

1996—2015 年分县（市）区规模以上工业增加值（五）

14—7 续 4

计量单位：万元、%

行政单位	2008 年	增长速度	2009 年	增长速度	2010 年	增长速度
全　市	**10958092**	**13.20**	**12032000**	**13.0**	**13401037**	**16.5**
市　区	763531					
#长安区	624344	-4.38	385815	-8.9	346360	1.3
桥东区	97371	-4.25	89618	-9.1	59122	1.0
桥西区	568732	9.36	550904	-0.5	355217	24.1
新华区	199813	-17.64	78768	-12.2	79993	3.4
裕华区	260786	0.11	207139	-7.5	75103	1.1
矿　区	191300	11.92	210135	11.0	226375	17.0
高新区	191159	16.06	241746	19.0	289047	17.2
井陉县	319163	18.29	370351	18.2	353035	0.8
正定县	745574	19.75	884236	16.2	677580	16.8
栾城县	341042	26.56	412335	20.9	448563	18.4
行唐县	405371	25.42	484277	16.3	445091	18.0
灵寿县	211070	25.78	254000	19.6	264654	19.2
高邑县	114064	8.04	136102	19.4	139986	19.6
深泽县	171949	20.02	199244	19.4	221541	18.1
赞皇县	203325	26.69	243464	19.5	281219	19.7
无极县	420720	12.62	468826	14.7	535070	15.5
平山县	841816	8.80	861673	19.0	943466	17.1
元氏县	278461	9.04	310358	17.7	309249	19.2
赵　县	511917	22.67	618212	17.7	674939	17.6
藁城市	994130	27.02	1172372	19.3	1491275	18.5
晋州市	481900	26.74	570696	20.0	574209	19.0
新乐市	461809	16.53	565520	19.0	504195	17.1
鹿泉市	760254	24.47	965075	20.0	973494	15.7
辛集市	798490	20.83	941652	19.1	1242138	19.1

1996—2015 年分县（市）区规模以上工业增加值（六）

14—7 续 5　　计量单位：万元、%

行政单位	2011 年	增长速度	2012 年	增长速度	2013 年	增长速度
全　市	**17462733**	**16.2**	**18001836**	**13.5**	**19553917**	**10.8**
# 长安区	345236	2.2	233901	-6.7	214722	-5.7
桥东区	52056	1.0	57866	0.7	55763	-5.5
桥西区	334512	6.5	24098	12.6	26858	9.6
新华区	96651	18.3	106877	0.8	80718	5.1
裕华区	192989	13.7	160313	15.2	172799	7.8
矿　区	437952	18.7	569430	7.1	542047	5.2
高新区	421619	18.3	723808	17.2	900528	13.6
井陉县	536386	18.6	476659	11.5	477292	7.7
正定县	838009	5.4	886406	7.7	835711	5.1
栾城县	594908	19.6	630240	15.3	765845	12.0
行唐县	625399	20.1	510925	16.8	540883	13.4
灵寿县	414954	18.4	427844	12.1	430370	12.8
高邑县	250765	20.4	260957	17.6	300413	13.6
深泽县	355720	20.1	360550	17.3	421638	13.4
赞皇县	405177	19.8	428882	15.8	496344	13.3
无极县	630671	19.9	648055	17.3	776540	13.8
平山县	1206220	11.5	1286685	2.5	1236685	13.1
元氏县	608278	19.4	618582	17.4	705466	13.2
赵　县	987580	19.0	1010141	15.7	1046974	12.4
藁城市	2012215	18.5	3076228	17.1	3342551	10.8
晋州市	861285	20.3	1018414	17.5	1205102	15.3
新乐市	689922	20.0	697719	17.1	792230	12.5
鹿泉市	1409265	18.2	1402527	0.2	1549669	10.7
辛集市	1713623	19.4	1849461	12.8	2075827	10.2

1996—2015 年分县（市）区规模以上工业增加值（七）

14—7 续 6 计量单位：万元、%

行政单位	2014 年	增长速度	2015 年	增长速度
石家庄市	**20716674**	**8.0**	**21172567**	**6.0**
长安区	217354	−7.0	197239	−0.7
桥西区	63692	5.5	56780	
新华区	77174	−1.9	46837	5.9
裕华区	123375	−1.3	129847	−5.7
矿　区	453601	−13.8	406773	6.5
藁城区	3484851	11.2	3756352	6.4
鹿泉区	1686971	8.2	1653782	6.2
栾城区	899057	11.5	984074	6.3
高新区	1099343	12.4	1167473	6.1
循环化工区	288171	−11.4	384666	73.2
井陉县	476509	−1.6	341132	3.5
正定县	896797	9.4	997074	6.3
行唐县	580582	12.3	634806	7.4
灵寿县	364158	−9.0	360216	5.6
高邑县	329628	12.5	360770	7.4
深泽县	483964	12.4	525406	7.8
赞皇县	513666	5.3	473640	4.4
无极县	856093	11.2	897463	7.2
平山县	1220466	3.3	926050	4.0
元氏县	820015	8.3	863256	7.7
赵　县	1046993	8.6	1067907	7.6
晋州市	1368353	12.6	1472440	7.9
新乐市	854609	10.0	923936	7.5
辛集市	2204262	7.6	2202197	5.8

1995—2015 年分县（市）区社会消费品零售额（一）

14—8　　计量单位：万元、%

行政单位	1995 年	1996 年	增长速度	1997 年	增长速度	1998 年	增长速度
全　市	**1652151**	**2011506**	**21.75**	**2380487**	**18.34**	**2680216**	**12.59**
市　区	882872	943119	6.82	1059334	12.32	1109504	4.74
#长安区						14513	
桥东区						8444	
桥西区						9784	
新华区						49338	
裕华区						47443	
矿　区						7818	
井陉县	26329	32266	22.55	33033	2.38	34124	3.30
正定县	80745	98870	22.45	137229	38.80	158230	15.30
栾城县	47502	71665	50.87	84901	18.47	101140	19.13
行唐县	20847	40401	93.80	43724	8.23	52711	20.55
灵寿县	13680	20110	47.00	31113	54.71	36864	18.48
高邑县	13975	17961	28.52	23368	30.10	29258	25.21
深泽县	14363	18963	32.03	31328	65.21	40105	28.02
赞皇县	15382	19921	29.51	26895	35.01	34790	29.35
无极县	45879	63723	38.89	83307	30.73	104090	24.95
平山县	25713	32984	28.28	36160	9.63	42703	18.09
元氏县	24680	34726	40.71	38411	10.61	48404	26.02
赵　县	50627	72499	43.20	90212	24.43	108937	20.76
藁城市	83081	115102	38.54	152009	32.06	180191	18.54
晋州市	62415	72498	16.15	93708	29.26	107458	14.67
新乐市	82238	98425	19.68	110105	11.87	127203	15.53
鹿泉市	60682	69289	14.18	86889	25.40	101076	16.33
辛集市	101141	188984	86.85	218763	15.76	263429	20.42

1995—2015年分县（市）区社会消费品零售额（二）

14—8续1

计量单位：万元、%

行政单位	1999年	增长速度	2000年	增长速度	2001年	增长速度
全　市	**2967588**	**10.72**	**3308804**	**11.50**	**3690981**	**11.55**
市　区	1171916	5.63	1269933	8.36	1560183	22.86
#长安区	16955	16.83	19769	16.60	25378	28.37
桥东区	8905	5.46	9800	10.05	16473	68.09
桥西区	10035	2.57	11216	11.77	38132	239.98
新华区	55270	12.02	63180	14.31	85771	35.76
裕华区	55100	16.14	63841	15.86	30192	−52.71
矿　区	7834	0.20	9533	21.69	10479	9.92
井陉县	39113	14.62	46068	17.78	51179	11.09
正定县	179321	13.33	202677	13.02	150638	−25.68
栾城县	120292	18.94	135651	12.77	96173	−29.10
行唐县	60230	14.26	68405	13.57	78553	14.84
灵寿县	42457	15.17	48092	13.27	54298	12.90
高邑县	34721	18.67	40391	16.33	44835	11.00
深泽县	44933	12.04	50800	13.06	56384	10.99
赞皇县	40643	16.82	45928	13.00	51256	11.60
无极县	121821	17.03	138956	14.07	156793	12.84
平山县	49963	17.00	56992	14.07	64400	13.00
元氏县	56177	16.06	63854	13.67	73606	15.27
赵　县	128299	17.77	145226	13.19	161202	11.00
藁城市	195539	8.52	219087	12.04	244117	11.42
晋州市	119726	11.42	134242	12.12	150169	11.86
新乐市	131973	3.75	148011	12.15	144061	−2.67
鹿泉市	120110	18.83	138143	15.01	159366	15.36
辛集市	310354	17.81	352000	13.42	390742	11.01

1995—2015 年分县（市）区社会消费品零售额（三）

14—8 续 2　　计量单位：万元、%

行政单位	2002 年	增长速度	2003 年	增长速度	2004 年	增长速度
全　市	**4115390**	**11.50**	**4566056**	**10.95**	**5270997**	**15.4**
市　区	1725318	10.58	1843573	6.85	2225366	20.7
# 长安区	28271	11.40	33783	19.50	312870	826.1
桥东区	18860	14.49	21142	12.10	199902	845.5
桥西区	42311	10.96	32605	–22.94	141704	334.6
新华区	91787	7.01	94586	3.05	459481	385.8
裕华区	33634	11.40	40192	19.50	231620	476.3
矿　区	11689	11.55	13227	13.16	25143	90.1
井陉县	57238	11.84	66058	15.41	83215	26.0
正定县	170222	13.00	196622	15.51	219497	11.6
栾城县	110557	14.96	128248	16.00	146273	14.1
行唐县	88675	12.89	103294	16.49	116515	12.8
灵寿县	60756	11.89	69411	14.25	77012	11.0
高邑县	51443	14.74	59285	15.24	66319	11.9
深泽县	62755	11.30	72482	15.50	82746	14.2
赞皇县	58037	13.23	67099	15.61	77943	16.2
无极县	176392	12.50	201087	14.00	226535	12.7
平山县	73582	14.26	85207	15.80	100317	17.7
元氏县	83379	13.28	96103	15.26	101860	6.0
赵　县	178934	11.00	198324	10.84	219568	10.7
藁城市	271334	11.15	305063	12.43	342946	12.4
晋州市	167911	11.81	191218	13.88	216201	13.1
新乐市	159937	11.02	181075	13.22	200951	11.0
鹿泉市	184025	15.47	214389	16.50	236493	10.3
辛集市	434897	11.30	487519	12.10	531241	9.0

注：2004 年各区增速过高是由于实行在地统计，数据不可比。

1995—2015 年分县（市）区社会消费品零售额（四）

14—8 续 3 计量单位：万元、%

行政单位	2005 年	增长速度	2006 年	增长速度	2007 年	增长速度
全　市	**6096501**	**15.7**	**7066493**	**15.9**	**8352212**	**18.2**
市　区	2535350	13.9	2969429	17.1	3562081	20.0
#长安区	363471	16.2	423702	16.6	499901	18.0
桥东区	231428	15.8	269600	16.5	322162	19.5
桥西区	164194	15.9	191237	16.5	228713	19.6
新华区	532869	16.0	621678	16.7	716647	15.3
裕华区	269547	16.4	320600	18.9	377910	17.9
矿　区	29108	15.8	33710	15.8	39501	17.2
井陉县	98517	18.4	114147	15.9	134043	17.4
正定县	259858	18.4	300982	15.8	357542	18.8
栾城县	172728	18.1	199777	15.7	234502	17.4
行唐县	136884	17.5	158138	15.5	184883	16.9
灵寿县	90630	17.7	104743	15.6	122272	16.7
高邑县	77846	17.4	89539	15.0	103051	15.1
深泽县	97212	17.5	112260	15.5	130670	16.4
赞皇县	91961	18.0	106399	15.7	124429	16.9
无极县	266594	17.7	307648	15.4	358943	16.7
平山县	118966	18.6	137851	15.9	161426	17.1
元氏县	119666	17.5	138374	15.6	161150	16.5
赵　县	253311	15.4	292482	15.5	343089	17.3
藁城市	399446	16.5	462204	15.7	539287	16.7
晋州市	254215	17.6	294273	15.8	343638	16.8
新乐市	234260	16.6	270763	15.6	316196	16.8
鹿泉市	278551	17.8	321960	15.6	375850	16.7
辛集市	610207	14.9	685524	12.3	799163	16.6

1995—2015 年分县（市）区社会消费品零售额（五）

14—8 续 4 计量单位：万元、%

行政单位	2008 年	增长速度	2009 年	增长速度	2010 年	增长速度
全 市	**10279944**	**23.1**	**11905536**	**15.8**	**14098923**	**18.4**
市 区	4377790	22.9	4952250	13.1	5844284	19.3
# 长安区	640240	28.1	769778	20.2	920660	19.6
桥东区	408375	26.8	491076	20.3	587925	19.7
桥西区	292336	27.8	351389	20.2	419910	19.5
新华区	857156	19.6	998907	16.5	1173716	17.5
裕华区	472401	25.0	567520	20.1	678158	19.5
矿 区	48760	23.4	57818	18.6	68341	18.2
高新区						
井陉县	165864	23.7	197815	19.3	234213	18.4
正定县	440987	23.3	525715	19.2	623172	18.5
栾城县	289157	23.3	344925	19.3	408047	18.3
行唐县	227842	23.2	269896	18.5	318207	17.9
灵寿县	150930	23.4	179922	19.2	212308	18
高邑县	125679	22.0	148043	17.8	173507	17.2
深泽县	160508	22.8	190783	18.9	223789	17.3
赞皇县	153468	23.3	183648	19.7	216888	18.1
无极县	437426	21.9	519968	18.9	610483	17.4
平山县	202585	25.5	243032	20.0	289028	18.9
元氏县	198829	23.4	234095	17.7	274359	17.2
赵 县	422311	23.1	499957	18.4	585450	17.1
藁城市	660884	22.5	783099	18.5	920660	17.6
晋州市	423902	23.4	503417	18.8	593565	17.9
新乐市	391421	23.8	466431	19.2	550389	18
鹿泉市	463763	23.4	550642	18.7	648106	17.7
辛集市	986599	23.5	1165083	18.1	1372468	17.8

1995—2015 年分县（市）区社会消费品零售额（六）

14—8 续 5 计量单位：万元、%

行政单位	2011 年	增长速度	2012 年	增长速度	2013 年	增长速度
全 市	**16629864**	**18.0**	**19157615**	**15.2**	**21797294**	**13.8**
市 区	7050835	20.6	8117742	15.1	9254965	14.0
# 长安区	1360731	21.0	1621992	19.2	1866100	15.0
桥东区	1983646	21.0	2261356	14.0	2585859	14.3
桥西区	900713	28.4	1041224	15.6	1189597	14.2
新华区	1233327	20.8	1407226	14.1	1613383	14.6
裕华区	973152	20.8	1110366	14.1	1263040	13.7
矿 区	81960	20.2	94991	15.9	107768	13.4
高新区	517308	18.1	580587	12.2	629219	8.4
井陉县	275297	17.5	315765	14.7	360446	14.1
正定县	722245	15.9	833470	15.4	946405	13.5
栾城县	472578	15.8	543937	15.1	617640	13.5
行唐县	368003	15.6	424308	15.3	480953	13.3
灵寿县	248811	17.2	288869	16.1	329166	13.9
高邑县	202474	16.7	233453	15.3	263918	13.0
深泽县	257999	15.3	295666	14.6	335729	13.5
赞皇县	254233	17.2	294656	15.9	335760	13.9
无极县	712232	16.7	815506	14.5	923560	13.2
平山县	335696	16.1	391085	16.5	443686	13.4
元氏县	319778	16.6	369343	15.5	417542	13.0
赵 县	684852	17.0	787580	15.0	898234	14.0
藁城市	1065379	15.7	1225186	15.0	1393648	13.7
晋州市	686448	15.6	799025	16.4	912885	14.2
新乐市	636572	15.7	732695	15.1	832707	13.6
鹿泉市	747626	15.4	859022	14.9	976277	13.6
辛集市	1588807	15.8	1830306	15.2	2073774	13.3

1995—2015年分县（市）区社会消费品零售额（七）

14—8 续6 计量单位：万元、%

行政单位	2014年	增长速度	2015年	增长速度
全 市	**24518107**	**12.5**	**26930343**	**9.8**
市 区	13812942		15184713	9.9
长安区	2511356	13.3	2766081	10.1
桥西区	3870251	13.0	4262487	10.1
新华区	1824736	13.1	2001747	9.7
裕华区	1428499	13.1	1566976	9.7
矿 区	120053	11.4	131929	9.9
藁城区	1440176		1575490	9.4
鹿泉区	1097336	12.4	1208176	10.1
栾城区	694845	12.5	765745	10.2
高新区	698433	11.0	766892	9.8
循环化工园区	127257		139190	9.4
井陉县	404781	12.3	444452	9.8
正定县	1064705	12.5	1170018	9.9
行唐县	536743	11.6	589387	9.8
灵寿县	367020	11.5	403702	10.0
高邑县	294796	11.7	323977	9.9
深泽县	374673	11.6	410255	9.5
赞皇县	375044	11.7	411422	9.7
无极县	1033463	11.9	1130529	9.4
平山县	495154	11.6	543182	9.7
元氏县	467647	12.0	512364	9.6
赵 县	1008717	12.3	1105511	9.6
晋州市	1023345	12.1	1123665	9.8
新乐市	929301	11.6	1020433	9.8
辛集市	2329777	12.3	2556734	9.7

1997—2015 年分县（市）区金融机构人民币存款（一）

14—9　　计量单位：万元、%

行政单位	1997 年	1998 年	增长速度	1999 年	增长速度
全　市	**8197859**	**9914433**	**20.94**	**12110368**	**22.15**
市　区	5025209	6148400	22.35	7691094	25.09
井陉县	191379	215788	12.75	231939	7.48
正定县	313710	389673	24.21	462817	18.77
栾城县	177334	205229	15.73	219680	7.04
行唐县	121009	147173	21.62	160685	9.18
灵寿县	99072	118041	19.15	135030	14.39
高邑县	57225	65828	15.03	79496	20.76
深泽县	147121	173069	17.64	202049	16.74
赞皇县	79814	92932	16.44	99592	7.17
无极县	187613	235926	25.75	265044	12.34
平山县	159305	195618	22.79	214134	9.47
元氏县	133462	149195	11.79	168143	12.70
赵　县	151351	176390	16.54	192836	9.32
藁城市	299102	347306	16.12	433007	24.68
晋州市	273354	311559	13.98	402973	29.34
新乐市	134890	160716	19.15	198527	23.53
鹿泉市	275280	324944	18.04	363730	11.94
辛集市	371629	456646	22.88	589592	29.11

1997—2015 年分县（市）区金融机构人民币存款（二）

14—9 续 1 计量单位：万元、%

行政单位	2000 年	增长速度	2001 年	增长速度	2002 年	增长速度
全　市	**13131544**	**8.43**	**14551507**	**10.81**	**16710618**	**14.84**
市　区	8493818	10.44	9562632	12.58	11311755	18.29
井陉县	247259	6.61	260281	5.27	280407	7.73
正定县	498586	7.73	532530	6.81	572815	7.56
栾城县	234016	6.53	249706	6.70	264920	6.09
行唐县	166336	3.52	174296	4.79	181559	4.17
灵寿县	142748	5.72	156942	9.94	175513	11.83
高邑县	86579	8.91	92339	6.65	101114	9.50
深泽县	213251	5.54	222231	4.21	231762	4.29
赞皇县	105755	6.19	110260	4.26	119888	8.73
无极县	288630	8.90	311539	7.94	339969	9.13
平山县	227082	6.05	243371	7.17	257059	5.62
元氏县	176546	5.00	195650	10.82	215149	9.97
赵　县	195676	1.47	204950	4.74	221827	8.23
藁城市	441138	1.88	489755	11.02	549320	12.16
晋州市	414103	2.76	440922	6.48	471035	6.83
新乐市	200580	1.03	220957	10.16	241391	9.25
鹿泉市	394449	8.45	425288	7.82	453453	6.62
辛集市	604992	2.61	657860	8.74	721676	9.70

1997—2015 年分县（市）区金融机构人民币存款（三）

14—9 续 2　　计量单位：万元、%

行政单位	2003 年	增长速度	2004 年	增长速度	2005 年	增长速度	2006 年	增长速度
全　市	**19322801**	**15.63**	**22088668**	**14.31**	**25741536**	**16.54**	**29684213**	**15.32**
市　区	13310798	17.67	15331653	15.18	18216740	18.82	21112978	15.90
井陉县	302764	7.97	341850	12.91	378824	10.82	436511	15.23
正定县	623868	8.91	702302	12.57	783093	11.50	890514	13.72
栾城县	299586	13.09	351679	17.39	421827	19.95	456182	8.14
行唐县	185398	2.11	215436	16.20	232852	8.08	281331	20.82
灵寿县	193084	10.01	218317	13.07	244801	12.13	278099	13.60
高邑县	115898	14.62	130076	12.23	143045	9.97	168780	17.99
深泽县	250770	8.20	273089	8.90	274105	0.37	312537	14.02
赞皇县	137210	14.45	155865	13.60	151546	-2.77	172826	14.04
无极县	382617	12.54	403541	5.47	434532	7.68	477904	9.98
平山县	295394	14.91	358449	21.35	422679	17.92	474505	12.26
元氏县	247578	15.07	279073	12.72	297686	6.67	360227	21.01
赵　县	249063	12.28	275234	10.51	311499	13.18	359549	15.43
藁城市	602771	9.73	711798	18.09	747432	5.01	838214	12.15
晋州市	519084	10.20	573267	10.44	641986	11.99	733340	14.23
新乐市	268222	11.12	294824	9.92	321220	8.95	386121	20.20
鹿泉市	515257	13.63	584191	13.38	649511	11.18	755617	16.34
辛集市	823439	14.10	888022	7.84	1008502	13.57	1158499	14.87

1997—2015 年分县（市）区金融机构人民币存款（四）

14—9 续 3　　计量单位：万元、%

行政单位	2007 年	增长速度	2008 年	增长速度	2009 年	增长速度	2010 年	增长速度
全　市	**33313230**	**12.23**	**41115628**	**23.42**	**51630561**	**25.57**	**61155028**	**18.45**
市　区	23677068	12.14	29354583	23.98	37950523	29.28	42992706	13.29
井陉县	505895	15.90	633495	25.22	722930	14.12	786016	8.73
正定县	954551	7.19	1166436	22.20	1474407	26.40	1800211	22.10
栾城县	498696	9.32	570405	14.38	716579	25.63	849075	18.49
行唐县	343051	21.94	447880	30.56	499390	11.50	591024	18.35
灵寿县	334197	20.17	437876	31.02	497998	13.73	582058	16.88
高邑县	186227	10.34	248267	33.31	301969	21.63	353955	17.22
深泽县	344208	10.13	426028	23.77	493897	15.93	566576	14.72
赞皇县	224108	29.67	268114	19.64	314729	17.39	387313	23.06
无极县	529512	10.80	655358	23.77	731779	11.66	841076	14.94
平山县	565302	19.14	682337	20.70	819265	20.07	964011	17.67
元氏县	406201	12.76	536028	31.96	595994	11.19	686310	15.15
赵　县	408068	13.49	482435	18.22	569681	18.08	658086	15.52
藁城市	930715	11.04	1124310	20.80	1278988	13.76	1464389	14.50
晋州市	826082	12.65	993135	20.22	1100914	10.85	1248525	13.41
新乐市	438083	13.46	535167	22.16	612333	14.42	701097	14.50
鹿泉市	856353	13.33	1001544	16.95	1266154	26.42	1489307	17.62
辛集市	1284911	10.91	1552231	20.80	1683032	8.43	1868340	11.01

1997—2015 年分县（市）区金融机构人民币存款（五）

14—9 续 4　　计量单位：万元、%

行政单位	2011 年	增长速度	2012 年	增长速度	2013 年	增长速度
全　市	**67153408**	**9.81**	**76407468**	**13.78**	**85933883**	**12.66**
市　区	48787267	13.48	55355537	13.46	61930954	12.02
井陉县	960502	22.20	1073757	11.79	1190867	10.91
正定县	2206751	22.58	2501722	13.37	2970746	18.75
栾城县	986233	16.15	1125133	14.08	1243735	10.54
行唐县	690583	16.85	806722	16.82	940978	16.64
灵寿县	681355	17.06	782289	14.81	857459	9.61
高邑县	422097	19.25	488820	15.81	561271	14.82
深泽县	661251	16.71	748395	13.18	835547	11.65
赞皇县	454469	17.34	503862	10.87	584458	16.00
无极县	972318	15.60	1117475	14.93	1247000	11.59
平山县	1126485	16.85	1284761	14.05	1436544	11.81
元氏县	757197	10.33	904145	19.41	982430	8.66
赵　县	775544	17.85	910225	17.37	1040582	14.32
藁城市	1670952	14.11	1965857	17.65	2323886	18.21
晋州市	1399499	12.09	1607327	14.85	1735599	7.98
新乐市	805741	14.93	947355	17.58	1088235	14.87
鹿泉市	1711680	14.93	1894316	10.67	2196260	15.94
辛集市	2083484	11.52	2389770	14.70	2767332	15.80

1997—2015 年分县（市）区金融机构人民币存款（六）

14—9 续 5 计量单位：万元、%

行政单位	2014 年	增长速度	2015 年	增长速度
全　市	**91246125**	**6.00**	**98001484**	**7.40**
市　区	70907525		74957487	
井陉县	1282311	7.68	1351801	5.42
正定县	3185485	7.23	3742747	17.49
行唐县	1146979	21.89	1349933	17.69
灵寿县	955591	11.44	1056083	10.52
高邑县	584413	4.12	650014	11.23
深泽县	939940	12.49	1034662	10.08
赞皇县	704061	20.46	764244	8.55
无极县	1353243	8.52	1579787	16.74
平山县	1608029	11.94	1781347	10.78
元氏县	1188834	21.01	1447346	21.74
赵　县	1203414	15.65	1349501	12.14
晋州市	1879990	8.32	2045300	8.79
新乐市	1222596	12.35	1403781	14.82
辛集市	3083713	11.43	3282352	6.44

注：市区包括市辖区、藁城区、鹿泉区、栾城区

1997—2015 年分县（市）区金融机构人民币贷款（一）

14—10 计量单位：万元、%

行政单位	1997 年	1998 年	增长速度	1999 年	增长速度
全　市	**5656900**	**6637592**	**17.34**	**9107667**	**37.21**
市　区	3292109	4053042	23.11	6237687	53.90
井陉县	101119	98918	-2.18	104284	5.42
正定县	206600	234528	13.52	276178	17.76
栾城县	159604	171165	7.24	182019	6.34
行唐县	80853	88229	9.12	91776	4.02
灵寿县	93162	98933	6.19	95962	-3.00
高邑县	64856	76786	18.39	86454	12.59
深泽县	78191	86178	10.21	102750	19.23
赞皇县	83167	88121	5.96	88532	0.47
无极县	144588	152741	5.64	162667	6.50
平山县	126540	142997	13.01	151675	6.07
元氏县	134209	145234	8.21	155686	7.20
赵　县	163922	181592	10.78	193445	6.53
藁城市	244997	266150	8.63	330137	24.04
晋州市	151278	158429	4.73	202921	28.08
新乐市	118745	123732	4.20	153769	24.28
鹿泉市	165986	186975	12.65	196499	5.09
辛集市	246974	283842	14.93	295226	4.01

1997—2015 年分县（市）区金融机构人民币贷款（二）

14—10 续 1　　计量单位：万元、%

行政单位	2000 年	增长速度	2001 年	增长速度	2002 年	增长速度
全　市	**9738267**	**6.92**	**10350991**	**6.29**	**13059556**	**26.17**
市　区	6939550	11.25	7450288	7.36	9981918	33.98
井陉县	97820	–6.20	103070	5.37	120950	17.35
正定县	271938	–1.54	279662	2.84	295437	5.64
栾城县	149602	–17.81	159284	6.47	173688	9.04
行唐县	91345	–0.47	102512	12.23	111165	8.44
灵寿县	89625	–6.60	92791	3.53	101323	9.19
高邑县	89803	3.87	91504	1.89	94887	3.70
深泽县	99741	–2.93	102128	2.39	109357	7.08
赞皇县	79156	–10.59	79181	0.03	87387	10.36
无极县	163742	0.66	175680	7.29	191869	9.22
平山县	144646	–4.63	149875	3.62	163959	9.40
元氏县	161580	3.79	159813	–1.09	172984	8.24
赵　县	200388	3.59	206674	3.14	211211	2.20
藁城市	307626	–6.82	317394	3.18	301448	–5.02
晋州市	206264	1.65	212452	3.00	225886	6.32
新乐市	148917	–3.16	148668	–0.17	155049	4.29
鹿泉市	214628	9.23	236676	10.27	256130	8.22
辛集市	281896	–4.52	283339	0.51	306937	8.33

1997—2015 年分县（市）区金融机构人民币贷款（三）

14—10 续 2

计量单位：万元、%

行政单位	2003 年	增长速度	2004 年	增长速度	2005 年	增长速度
全　　市	**13774386**	**5.47**	**14748123**	**7.07**	**15610128**	**5.84**
市　　区	10547366	5.66	11352218	7.63	12446474	9.64
井 陉 县	126161	4.31	155372	23.15	151840	−2.27
正 定 县	311211	5.34	320787	3.08	279590	−12.84
栾 城 县	178549	2.80	200213	12.13	217991	8.88
行 唐 县	109102	−1.86	112476	3.09	96020	−14.63
灵 寿 县	100578	−0.74	109515	8.89	95452	−12.84
高 邑 县	94670	−0.23	101655	7.38	90442	−11.03
深 泽 县	107209	−1.96	105555	−1.54	101941	−3.42
赞 皇 县	91839	5.09	100934	9.90	79871	−20.87
无 极 县	192568	0.36	193203	0.33	174697	−9.58
平 山 县	188322	14.86	202902	7.74	193996	−4.39
元 氏 县	186632	7.89	188193	0.84	175843	−6.56
赵　　县	197051	−6.70	198044	0.50	186565	−5.80
藁 城 市	319196	5.89	332015	4.02	287035	−13.55
晋 州 市	226804	0.41	229126	1.02	214745	−6.28
新 乐 市	172388	11.18	184310	6.92	222816	20.89
鹿 泉 市	311751	21.72	343173	10.08	318169	−7.29
辛 集 市	312989	1.97	318432	1.74	276641	−13.12

1997—2015 年分县（市）区金融机构人民币贷款（四）

14—10 续 3　　计量单位：万元、%

行政单位	2006 年	增长速度	2007 年	增长速度	2008 年	增长速度
全　市	**17315169**	**10.92**	**18393687**	**6.23**	**20799327**	**13.08**
市　区	13784691	10.75	14501558	5.20	17299183	19.29
井陉县	175806	15.78	189990	8.07	161771	−14.85
正定县	288082	3.04	346620	20.32	361448	4.28
栾城县	225670	3.52	230339	2.07	211095	−8.35
行唐县	105693	10.07	113085	6.99	101310	−10.41
灵寿县	107739	12.87	121263	12.55	117595	−3.03
高邑县	102023	12.80	101131	−0.87	81409	−19.50
深泽县	108902	6.83	113081	3.84	102782	−9.11
赞皇县	90723	13.59	100870	11.18	85514	−15.22
无极县	168688	−3.44	175450	4.01	153798	−12.34
平山县	213556	10.08	242021	13.33	175793	−27.36
元氏县	197353	12.23	197678	0.16	190986	−3.39
赵　县	222898	19.47	201686	−9.52	200139	−0.77
藁城市	376522	31.18	457561	21.52	350154	−23.47
晋州市	227574	5.97	247896	8.93	257046	3.69
新乐市	244828	9.88	266960	9.04	215661	−19.22
鹿泉市	368902	15.95	424832	15.16	427200	0.56
辛集市	305519	10.44	361664	18.38	306443	−15.27

1997—2015 年分县（市）区金融机构人民币贷款（五）

14—10 续 4　　计量单位：万元、%

行政单位	2009 年	增长速度	2010 年	增长速度
全　市	**28865696**	**38.78**	**32720979**	**13.36**
市　区	24231048	40.07	26219403	8.21
井陉县	267119	65.12	331011	23.92
正定县	478347	32.34	710170	48.46
栾城县	262050	24.14	314539	20.03
行唐县	125929	24.30	178851	42.03
灵寿县	148897	26.62	168737	13.32
高邑县	108653	33.47	142801	31.43
深泽县	116809	13.65	151307	29.53
赞皇县	106962	25.08	153612	43.61
无极县	186955	21.56	226115	20.95
平山县	218361	24.21	275416	26.13
元氏县	210053	9.98	251238	19.61
赵　县	230460	15.15	297605	29.14
藁城市	478186	36.56	630210	31.79
晋州市	336320	30.84	441472	31.27
新乐市	265734	23.22	278099	4.65
鹿泉市	647678	51.61	808933	24.90
辛集市	446132	45.58	553523	24.07

1997—2015年分县(市)区金融机构人民币贷款(六)

14—10续5　　计量单位:万元、%

行政单位	2011年	增长速度	2012年	增长速度	2013年	增长速度
全　市	**36597860**	**11.85**	**39950667**	**9.16**	**45004998**	**12.94**
市　区	29296795	11.74	31519723	7.59	34884903	11.06
井陉县	351469	6.18	384027	9.26	466201	21.40
正定县	1121021	57.85	1465645	30.74	1946043	32.78
栾城县	385572	22.58	458521	18.92	548003	19.52
行唐县	219346	22.64	269156	22.71	301164	11.89
灵寿县	214281	26.99	257701	20.26	293962	14.07
高邑县	175698	23.04	214111	21.86	256139	19.63
深泽县	172584	14.06	179854	4.21	212115	17.94
赞皇县	208548	35.76	235289	12.82	258001	9.65
无极县	262898	16.27	249866	-4.96	288434	15.44
平山县	374274	35.89	441486	17.96	458558	3.87
元氏县	282462	12.43	372368	31.83	358350	-3.76
赵　县	336898	13.20	427802	26.98	464298	8.53
藁城市	719903	14.23	769641	6.91	888714	15.47
晋州市	504791	14.34	558213	10.58	693827	24.29
新乐市	320353	15.19	359065	12.08	455719	26.92
鹿泉市	959847	18.66	1047934	9.18	1199306	14.44
辛集市	691120	24.86	740265	7.11	1031262	39.31

1997—2015 年分县（市）区金融机构人民币贷款（七）

14—10 续 6 计量单位：万元、%

行政单位	2014 年	增长速度	2015 年	增长速度
石家庄市	**50989203**	**13.01**	**61211043**	**20.05**
市 区	42469849		50863730	
井 陉 县	458848	-1.58	531196	15.77
正 定 县	2138083	9.87	2313868	8.22
行 唐 县	368116	22.23	401376	9.04
灵 寿 县	334062	13.64	361830	8.31
高 邑 县	247682	-3.30	288756	16.58
深 泽 县	265753	25.29	300112	12.93
赞 皇 县	302560	17.27	341265	12.79
无 极 县	370323	28.39	426734	15.23
平 山 县	518217	13.01	897015	73.10
元 氏 县	481806	34.45	626558	30.04
赵 县	511317	10.13	564590	10.42
晋 州 市	766372	10.46	918986	19.91
新 乐 市	593940	30.33	711508	19.79
辛 集 市	1162275	12.70	1490896	28.27

1996—2015 年分县（市）区城乡居民人民币储蓄存款（一）

14—11　　计量单位：万元、%

行政单位	1996 年	1997 年	增长速度	1998 年	增长速度	1999 年	增长速度
全　市	**4223768**	**4857888**	**15.01**	**5941832**	**22.31**	**7092875**	**19.37**
市　区	1892453	2169085	14.62	2716587	25.24	3259295	19.98
井 陉 县	129507	150462	16.18	172827	14.86	192385	11.32
正 定 县	220307	256426	16.39	338198	31.89	411828	21.77
栾 城 县	130261	149094	14.46	173095	16.10	188394	8.84
行 唐 县	98437	112086	13.87	132786	18.47	145034	9.22
灵 寿 县	80690	87309	8.20	102662	17.58	118505	15.43
高 邑 县	43392	51315	18.26	60107	17.13	72029	19.83
深 泽 县	114732	132749	15.70	162650	22.52	191996	18.04
赞 皇 县	60793	68023	11.89	77969	14.62	85520	9.68
无 极 县	144437	175845	21.75	221033	25.70	243197	10.03
平 山 县	123624	141770	14.68	171660	21.08	180441	5.12
元 氏 县	107729	115407	7.13	132304	14.64	145923	10.29
赵　县	105390	125068	18.67	142532	13.96	174475	22.41
藁 城 市	213575	244522	14.49	288149	17.84	377022	30.84
晋 州 市	197558	238395	20.67	266911	11.96	354866	32.95
新 乐 市	101655	116710	14.81	144509	23.82	178144	23.28
鹿 泉 市	206700	232754	12.60	274596	17.98	307399	11.95
辛 集 市	252528	290868	15.18	363257	24.89	469422	29.23

1996—2015 年分县（市）区城乡居民人民币储蓄存款（二）

14—11 续 1　　计量单位：万元、%

行政单位	2000 年	增长速度	2001 年	增长速度	2002 年	增长速度
全　市	**7514860**	**5.95**	**8235602**	**9.59**	**9251029**	**12.33**
市　区	3929041	20.55	3943653	0.37	4658726	18.13
井陉县	202493	5.25	217003	7.17	233408	7.56
正定县	434413	5.48	459898	5.87	487313	5.96
栾城县	193949	2.95	204920	5.66	218220	6.49
行唐县	152711	5.29	161879	6.00	165108	1.99
灵寿县	127083	7.24	138584	9.05	155788	12.41
高邑县	78389	8.83	83705	6.78	92091	10.02
深泽县	201044	4.71	209272	4.09	220508	5.37
赞皇县	91669	7.19	97763	6.65	105805	8.23
无极县	266499	9.58	288318	8.19	311136	7.91
平山县	190674	5.67	200881	5.35	209772	4.43
元氏县	155133	6.31	169937	9.54	184328	8.47
赵　县	174653	0.10	184425	5.60	200265	8.59
藁城市	382872	1.55	415056	8.41	433776	4.51
晋州市	366679	3.33	391400	6.74	419175	7.10
新乐市	178555	0.23	192290	7.69	200237	4.13
鹿泉市	326028	6.06	325849	–0.05	364993	12.01
辛集市	497188	5.91	550769	10.78	590380	7.19

1996—2015 年分县（市）区城乡居民人民币储蓄存款（三）

14—11 续 2　　计量单位：万元、%

行政单位	2003 年	增长速度	2004 年	增长速度	2005 年	增长速度
全　市	**10444919**	**12.91**	**11894588**	**13.88**	**13551916**	**13.93**
市　区	5436477	16.69	6314369	16.15	7418651	17.49
井陉县	249483	6.89	275542	10.45	303792	10.25
正定县	527629	8.27	579859	9.90	633812	9.30
栾城县	245869	12.67	285131	15.97	310090	8.75
行唐县	165202	0.06	191407	15.86	208053	8.70
灵寿县	169063	8.52	186813	10.50	209050	11.90
高邑县	104068	13.01	116106	11.57	130750	12.61
深泽县	235009	6.58	252784	7.56	254864	0.82
赞皇县	120014	13.43	134628	12.18	132516	-1.57
无极县	337044	8.33	365607	8.47	383987	5.03
平山县	232835	10.99	273447	17.44	310792	13.66
元氏县	205982	11.75	235231	14.20	255387	8.57
赵　县	213825	6.77	237835	11.23	261973	10.15
藁城市	467139	7.69	530680	13.60	599963	13.06
晋州市	454340	8.39	503031	10.72	561204	11.56
新乐市	218368	9.05	237909	8.95	260700	9.58
鹿泉市	395003	8.22	438670	11.05	483864	10.30
辛集市	667569	13.07	735539	10.18	832469	13.18

1996—2015 年分县（市）区城乡居民人民币储蓄存款（四）

14—11 续 3 计量单位：万元、%

行政单位	2006 年	增长速度	2007 年	增长速度	2008 年	增长速度
全 市	**15532428**	**14.61**	**16947183**	**9.11**	**21801690**	**28.64**
市 区	8549036	15.24	9115834	6.63	11982365	31.45
井陉县	339911	11.89	390372	14.85	499922	28.06
正定县	685058	8.09	736921	7.57	941836	27.81
栾城县	342677	10.51	371001	8.27	434484	17.11
行唐县	248660	19.52	303252	21.95	400343	32.02
灵寿县	235175	12.50	282455	20.10	382554	35.44
高邑县	149486	14.33	161695	8.17	216960	34.18
深泽县	283158	11.10	311422	9.98	391938	25.85
赞皇县	150544	13.60	177775	18.09	220247	23.89
无极县	432280	12.58	480424	11.14	598436	24.56
平山县	357692	15.09	417592	16.75	537691	28.76
元氏县	299038	17.09	335513	12.20	438137	30.59
赵 县	300836	14.83	335322	11.46	400258	19.37
藁城市	686323	14.39	763798	11.29	950779	24.48
晋州市	640164	14.07	716995	12.00	888400	23.91
新乐市	313728	20.34	356947	13.78	452934	26.89
鹿泉市	545007	12.64	603573	10.75	727853	20.59
辛集市	973656	16.96	1086292	11.57	1336554	23.04

1996—2015 年分县（市）区城乡居民人民币储蓄存款（五）

14—11 续 4　　计量单位：万元、%

行政单位	2009 年	增长速度	2010 年	增长速度
全　市	**25674597**	**17.76**	**29203989**	**13.75**
市　区	14674605	22.47	16736357	14.05
井 陉 县	564372	12.89	611986	8.44
正 定 县	1119251	18.84	1301585	16.29
栾 城 县	480253	10.53	550039	14.53
行 唐 县	441452	10.27	517478	17.22
灵 寿 县	427193	11.67	479517	12.25
高 邑 县	257563	18.71	291375	13.13
深 泽 县	437578	11.64	487103	11.32
赞 皇 县	250941	13.94	301049	19.97
无 极 县	631828	5.58	721112	14.13
平 山 县	613920	14.18	700174	14.05
元 氏 县	476693	8.80	543225	13.96
赵　县	470748	17.61	539746	14.66
藁 城 市	1034815	8.84	1136136	9.79
晋 州 市	958566	7.90	1041133	8.61
新 乐 市	514730	13.64	600659	16.69
鹿 泉 市	871114	19.68	1018725	16.95
辛 集 市	1448975	8.41	1565905	8.07

1996—2015 分县（市）区城乡居民人民币储蓄存款（六）

14—11 续 5 计量单位：万元、%

行政单位	2011 年	增长速度	2012 年	增长速度	2013 年	增长速度
全　市	**32435792**	**11.07**	**37354986**	**15.17**	**41565885**	**11.27**
市　区	18196341	8.72	21037653	15.61	23454418	11.49
井陉县	713976	16.67	817042	14.44	900342	10.20
正定县	1540692	18.37	1763733	14.48	2002068	13.51
栾城县	649548	18.09	756934	16.53	867700	14.63
行唐县	606989	17.30	699885	15.30	805753	15.13
灵寿县	546620	13.99	621350	13.67	666850	7.32
高邑县	342282	17.47	399471	16.71	439681	10.07
深泽县	561101	15.19	643798	14.74	702937	9.19
赞皇县	347289	15.36	379686	9.33	413503	8.91
无极县	832315	15.42	956281	14.89	1060818	10.93
平山县	842290	20.30	962398	14.26	1077958	12.01
元氏县	579652	6.71	697945	20.41	736387	5.51
赵　县	637962	18.20	744525	16.70	840116	12.84
藁城市	1303369	14.72	1487914	14.16	1675704	12.62
晋州市	1143758	9.86	1305811	14.17	1389979	6.45
新乐市	685595	14.14	798884	16.52	913601	14.36
鹿泉市	1149565	12.84	1288619	12.10	1418660	10.09
辛集市	1756448	12.17	1993059	13.47	2199412	10.35

1996—2015 分县（市）区城乡居民人民币储蓄存款（七）

14—11 续 6 计量单位：万元、%

行政单位	2014 年	增长速度	2015 年	增长速度
全　市	**43891354**	**5.59**	**48689313**	**10.93**
市　区	27983378		30402326	
井 陉 县	972539	8.02	1078459	10.89
正 定 县	2196246	9.70	2569788	17.01
行 唐 县	935307	16.08	1090531	16.60
灵 寿 县	760063	13.98	879883	15.76
高 邑 县	481446	9.50	547638	13.75
深 泽 县	784023	11.54	877627	11.94
赞 皇 县	492061	19.00	563323	14.48
无 极 县	1172975	10.57	1394748	18.91
平 山 县	1216285	12.83	1372690	12.86
元 氏 县	896479	21.74	1080962	20.58
赵　县	965880	14.97	1133397	17.34
晋 州 市	1531638	10.19	1773840	15.81
新 乐 市	1018484	11.48	1137324	11.67
辛 集 市	2484550	12.96	2781329	11.94

1995—2015 年分县（市）区农村居民人均可支配收入（一）

14—12 计量单位:万元、%

行政单位	1995 年	1996 年	增长速度	1997 年	增长速度	1998 年	增长速度
全　市	**1995**	**2502**	**25.41**	**2837**	**13.39**	**2988**	**5.32**
矿　区	2511	3069	22.22	3481	13.42	3665	5.29
井陉县	1574	1821	15.69	2172	19.28	2410	10.96
正定县	2308	3004	30.16	3207	6.76	3335	3.99
栾城县	1998	2686	34.43	2900	7.97	3045	5.00
行唐县	1248	1850	48.24	2163	16.92	2361	9.15
灵寿县	998	1499	50.20	2016	34.49	2250	11.61
高邑县	1901	2366	24.46	2598	9.81	2800	7.78
深泽县	1863	2582	38.59	2789	8.02	2988	7.14
赞皇县	970	1203	24.02	1134	–5.74	1306	15.17
无极县	1863	2672	43.42	3045	13.96	3170	4.11
平山县	1554	1232	–20.72	2202	78.73	2371	7.67
元氏县	1759	2321	31.95	2552	9.95	2570	0.71
赵　县	1825	2579	41.32	2802	8.65	2942	5.00
藁城市	2407	3048	26.63	3513	15.26	3508	–0.14
晋州市	2498	3001	20.14	3300	9.96	3386	2.61
新乐市	2497	3012	20.62	3418	13.48	3506	2.57
鹿泉市	2585	2121	–17.95	3566	68.13	3678	3.14
辛集市	2579	2961	14.81	3207	8.31	3354	4.58

注：2013 年以前农村居民家庭为纯收入，2013 年以后为新口径可支配收入。

1995—2015 年分县（市）区农村居民人均可支配收入（二）

14—12 续 1　　计量单位：万元、%

行政单位	1999 年	增长速度	2000 年	增长速度	2001 年	增长速度
全　市	**3071**	**2.78**	**3158**	**2.83**	**3149**	**-0.28**
矿　区	3736	1.94	3886	4.01	4019	3.42
井陉县	2506	3.98	2602	3.83	2680	3.00
正定县	3465	3.90	3605	4.04	3621	0.44
栾城县	3174	4.24	3305	4.13	3421	3.51
行唐县	2428	2.84	2468	1.65	2542	3.00
灵寿县	2308	2.58	2396	3.81	2397	0.04
高邑县	2860	2.14	3001	4.93	3125	4.13
深泽县	3060	2.41	3182	3.99	3308	3.96
赞皇县	1370	4.90	1652	20.58	1706	3.27
无极县	3240	2.21	3310	2.16	3429	3.60
平山县	2472	4.26	1992	-19.42	1999	0.35
元氏县	2617	1.83	2701	3.21	2812	4.11
赵　县	3059	3.98	3086	0.88	3049	-1.20
藁城市	3576	1.94	3656	2.24	3805	4.08
晋州市	3449	1.86	3539	2.61	3667	3.62
新乐市	3574	1.94	3616	1.18	3688	1.99
鹿泉市	3747	1.88	3852	2.80	4008	4.05
辛集市	3485	3.91	3235	-7.17	3365	4.02

1995—2015年分县（市）区农村居民人均可支配收入（三）

14—12 续2

计量单位：万元、%

行政单位	2002年	增长速度	2003年	增长速度	2004年	增长速度
全 市	**3245**	**3.05**	**3394**	**4.59**	**3799**	**11.93**
矿 区	4140	3.01	4265	3.02	4854	13.81
井陉县	2787	3.99	2941	5.53	3342	13.63
正定县	3770	4.11	3885	3.05	4375	12.61
栾城县	3558	4.00	3755	5.54	4247	13.10
行唐县	2619	3.03	2698	3.02	2836	5.11
灵寿县	2428	1.29	2477	2.02	2599	4.93
高邑县	3250	4.00	3407	4.83	3680	8.01
深泽县	3408	3.02	3579	5.02	3956	10.53
赞皇县	1785	4.63	1878	5.21	2133	13.58
无极县	3497	1.98	3619	3.49	4107	13.48
平山县	2019	1.00	2080	3.02	2298	10.48
元氏县	2897	3.02	3021	4.28	3431	13.57
赵 县	3141	3.02	3283	4.52	3730	13.62
藁城市	3919	3.00	4086	4.26	4621	13.09
晋州市	3777	3.00	3892	3.04	4429	13.80
新乐市	3800	3.04	3961	4.24	4461	12.62
鹿泉市	4170	4.04	4387	5.20	4913	11.99
辛集市	3470	3.12	3609	4.01	4061	12.52

1995—2015 年分县（市）区农村居民人均可支配收入（四）

14—12 续 3　　计量单位：万元、%

行政单位	2005 年	增长速度	2006 年	增长速度	2007 年	增长速度
全　市	**4118**	**8.40**	**4456**	**8.21**	**4954**	**11.18**
矿　区	5267	8.51	5740	8.98	6328	10.24
井陉县	3643	9.01	3993	9.61	4527	13.37
正定县	4797	9.65	5253	9.51	5952	13.31
栾城县	4667	9.89	5006	7.26	5788	15.62
行唐县	2929	3.28	3076	5.02	3287	6.86
灵寿县	2681	3.16	2787	3.95	2898	3.98
高邑县	3975	8.02	4293	8.00	4551	6.01
深泽县	4155	5.03	4350	4.69	4611	6.00
赞皇县	2316	8.60	2584	11.57	2798	8.28
无极县	4476	8.98	4875	8.91	5321	9.15
平山县	2430	5.74	2588	6.50	2842	9.81
元氏县	3726	8.60	4076	9.39	4658	14.28
赵　县	4110	10.19	4282	4.18	5005	16.88
藁城市	5060	9.50	5465	8.00	6184	13.16
晋州市	4828	9.01	5320	10.19	6012	13.01
新乐市	4872	9.21	5391	10.65	5984	11.00
鹿泉市	5313	8.14	5866	10.41	6460	10.13
辛集市	4467	10.00	4874	9.11	5514	13.13

1995—2015 年分县（市）区农村居民人均可支配收入（五）

14—12 续 4

计量单位：万元、%

行政单位	2008 年	增长速度	2009 年	增长速度	2010 年	增长速度
全　市	**5469**	**10.40**	**5977**	**9.29**	**6577**	**10.04**
长安区						
桥东区						
桥西区						
新华区						
裕华区						
矿　区	7025	11.01	7657	9.00	8461	10.50
井陉县	5051	11.57	5557	10.02	6006	8.08
正定县	6726	13.00	7399	10.01	8139	10.00
栾城县	6541	13.01	7215	10.30	7938	10.02
行唐县	3468	5.51	3470	0.06	3647	5.10
灵寿县	2956	2.00	2960	0.14	3167	6.99
高邑县	4970	9.21	5448	9.62	6105	12.06
深泽县	4920	6.70	5316	8.05	5745	8.07
赞皇县	2886	3.15	2910	0.83	3082	5.91
无极县	5806	9.11	6272	8.03	6790	8.26
平山县	2945	3.62	3312	12.46	3681	11.14
元氏县	5226	12.19	5878	12.48	6600	12.28
赵　县	5553	10.95	6116	10.14	6815	11.43
藁城市	6990	13.03	7731	10.60	8603	11.28
晋州市	6794	13.01	7495	10.32	8327	11.10
新乐市	6642	11.00	7360	10.81	8169	10.99
鹿泉市	7106	10.00	7834	10.24	8638	10.26
辛集市	6291	14.09	6890	9.52	7652	11.06

1995—2015 年分县（市）区农村居民人均可支配收入（六）

14—12 续 5　　计量单位：万元、%

行政单位	2011 年	增长速度	2012 年	增长速度	2013 年	增长速度
全　市	**7822**	**18.93**	**8993**	**14.98**	**9546**	**12.60**
长安区	10199	20.26	12390	21.48		
桥东区	11525	27.70	14199	23.20		
桥西区	14553	31.00	17888	22.92		
新华区	10762	30.21	13125	21.95		
裕华区	13247	31.00	16432	24.04		
矿　区	9817	16.03	11270	14.80	12482	
井陉县	6961	15.90	7968	14.46	8688	
正定县	9459	16.22	10996	16.25	12004	
栾城县	9226	16.23	10619	15.10	11442	
行唐县	3995	9.54	4038	1.07	4723	
灵寿县	3455	9.09	3804	10.10	4417	
高邑县	7204	18.00	8346	15.85	9142	
深泽县	6671	16.12	7586	13.72	8666	
赞皇县	3405	10.48	3780	11.01	4487	
无极县	7876	15.99	9097	15.50	9955	
平山县	4168	13.23	4714	13.10	5137	
元氏县	7656	16.00	8819	15.19	9618	
赵　县	7910	16.07	9079	14.78	10100	
藁城市	9999	16.23	11714	17.15	12846	
晋州市	9675	16.19	11555	19.43	12683	
新乐市	9035	10.60	10059	11.33	11575	
鹿泉市	10063	16.50	11245	11.74	12666	
辛集市	8789	14.86	10073	14.61	11115	

1995—2015 年分县（市）区农村居民人均可支配收入（七）

14—12 续 6　　计量单位：万元、%

行政单位	2014 年	增长速度	2015 年	增长速度
石家庄市	**10542**	**10.40**	**11442**	**8.54**
长安区				
桥西区				
新华区				
裕华区				
矿　区	13605	9.00	14762	8.50
藁城区	13951	8.61	15095	8.20
鹿泉区	13933	10.00	15106	8.42
栾城区	12723	11.19	13792	8.40
井陉县	9595	10.44	10449	8.90
正定县	13372	11.40	14508	8.49
行唐县	5420	14.76	6068	11.97
灵寿县	5049	14.31	5528	9.49
高邑县	9984	9.21	10978	9.96
深泽县	9758	12.60	10540	8.01
赞皇县	4509	0.49	5084	12.75
无极县	11079	11.29	11999	8.30
平山县	5885	14.56	6615	12.41
元氏县	10547	9.66	11604	10.02
赵　县	11165	10.54	12181	9.10
晋州市	13881	9.45	15045	8.38
新乐市	12285	6.13	13337	8.56